어머니는 살아 있다

어머니가 남긴 상처의 흔적을 찾아서

정신건강의학과 전문의 이병욱 지음

학지사

어머니의 영전에
이 책을 바친다

프롤로그: 영원한 숨바꼭질, 상실과 이별의 아픔

우리 모두는 어머니의 자궁에서 나왔다. 그리고 우렁차게 고고성을 울리며 세상에 나오는 순간 곧바로 탯줄이 잘리면서 영원히 돌아설 수 없는 길로 들어선다. 구약성서에는 태초에 말씀이 있었다고 하지만, 우리 자신의 태초에는 울음이 있었을 뿐이다. 어머니와 일심동체를 이루고 있던 낙원에서 억지로 떠밀려 나오는 것에 대한 거부의 몸짓으로 그토록 자지러지게 울음을 터뜨린 것일까. 하지만 밑으로 빠져나온 아기는 곧 엄마 품에 안겨 분리의 아픔을 잊게 된다.

부드럽고 따스한 엄마 젖가슴에 안겨 정신없이 젖을 빨고 나면 그녀의 자장가 소리에 맞춰 깊은 잠에 빠져든다. 그리고 잠에서 깨어나 배고 픔에 겨워 다시 또 요란하게 울어 젖히면 엄마는 기다렸다는 듯 곧바로 말랑한 젖꼭지를 입에 물린다. 그렇게 엄마의 가슴에 안기고 등에 업히 면서 엄마의 따스한 체온과 냄새, 음성에 익숙해진다. 그런 과정을 통해 점차 그녀의 존재는 아기에게 세상 전부가 된다.

하지만 젖꼭지가 폐쇄되는 제2의 분리시기로 접어들면 아기는 처음으로 자기 뜻대로 되지 않는 부당한 현실에 분노와 좌절을 경험하게 되며, 곧이어 걸음마를 시작하는 제3의 분리시기로 접어들면 비록 엄마 품을 떠나 독자적인 길로 나서고자 하지만 그 첫걸음은 몹시 불안하기 그지없다. 당연히 그것은 매우 무모한 도전이라는 점에서 엄마의 손길은 여전히 절대적으로 필요할 수밖에 없다. 설령 그렇다 해도 아기는 뒤뚱거리며 걷다가 넘어지게 될 때 뒤에서 지켜보던 엄마가 곧바로 달려와 일으켜주고 달래준다는 믿음이 있기 때문에 마음 놓고 앞으로 무작정 내닫는 것이다.

마침내 아기가 말도 배우고 혼자 놀 줄도 알게 되면 엄마는 안심하고 잠시 자리를 비우기도 한다. 하지만 엄마의 모습이 시야에서 사라지는 상황을 한순간도 견디지 못하는 아기들은 극도의 불안감에 사로잡혀 세상이 떠나가라 울어 젖히기도 한다. 그래서 세상의 모든 엄마는 누가 시키지도 않은 숨바꼭질 놀이를 아기와 함께하기 마련이다. 그렇게 서로 숨고 찾기를 반복하는 놀이를 통해, 이별에 대한 저항력 키우기 훈련을 통해 아기를 자연스럽게 강화시키는 것이다. 왜냐하면 앞으로 살아가면서도 그런 이별과 만남은 계속해서 되풀이되기 때문이다.

사실 우리의 삶은 그렇게 끝없이 반복되는 숨바꼭질의 연속이라 할 수 있다. 더군다나 요즘처럼 맞벌이 부부가 많은 시절에는 갓난아기 때부터 할아버지, 할머니에게 아기를 맡기는 경우도 적지 않은데, 좀 더 성장한 후에도 어차피 유치원이나 초등학교에 보내면서 엄마와 떨어질 수밖에 없게 된다. 수업이 끝나고 집에 돌아오면 가장 먼저 찾는 게 '엄마' 아니겠는가. 하지만 분리불안이 심한 아동들은 이때부터 이미 등교 거부를 하는 수가 많다. 물론 그것은 학교가 싫어서가 아니라 엄마와 떨어지는 것을 불안해하기 때문이다. 그런 문제는 아이가 부득이하게 병원에 입원하는 경우에도 발생할 수 있다.

어쨌든 이별의 문제는 그 후에도 계속 마주치며 넘어서야 할 중요한 과제로 등장한다. 학교에서도 학년이 올라가면서 정든 급우들, 선생님과도 헤어져야 하고, 졸업한 후에는 군대에 가거나 멀리 유학을 떠나기도 한다. 요즘 엄마들은 아예 훈련소 입구까지 아들과 동행하는 수가 많은데, 마치 전쟁터로 떠나기라도 하듯이 모자가 부둥켜안고 울기까지 한다. 더 장성해서 결혼하게 되면 자연스럽게 분가를 하면서 부모와 떨어져 지내고, 세월이 지나면 부모님들이 세상을 뜨면서 영원한 이별의 아픔을 겪기 마련이다. 그 후로는 자신의 자식들이 분가할 뿐만 아니라 나이가 들면서 배우자나 친구들도 하나둘씩 사라지게 된다. 그리고 마지막으로 자신이 이 세상과 작별할 시기가 닥쳐오면 뒤에 남은 가족들과 헤어지는 문제로 괴롭기도 하지만 먼저 가신 부모님과 저 세상에서 다시 만날 수 있기를 바라기도 한다.

이처럼 우리는 태어나서 죽을 때까지 수시로 이별과 만남의 과정을 되풀이하지만, 유독 그런 순간에 정서적으로 힘겨워하는 사람들이 세상에는 의외로 많다. 물론 그것은 저절로 그렇게 된 것이 아니라 어려서부터 불가피한 사정 때문에 애정결핍과 분리불안에 시달린 경험들이 있기 때문이다. 불가피한 사정이라는 것은 쉽게 말해서 일찍 어머니를 잃었기 때문에 적절한 보살핌을 받지 못한 경우도 있고, 설사 어머니가 있었더라도 버림을 받았거나 사랑을 제대로 받지 못한 경우 등을 모두 포함해서 하는 말이다.

그런 점에서 어린 시절에 자애롭고 헌신적인 어머니의 손에 의해 자랄 수 있었던 대다수의 사람은 축복받은 사람들이며, 행운이라고 할 수 있다. 그렇기 때문에 많은 사람이 어머니의 존재를 지상에서 가장 위대한 인물로 이상화시키는 것이기도 하겠지만, 그렇다고 해서 세상의 모든 어머니가 위대한 것은 결코 아니다. 오히려 어머니라는 존재 때문에 상처받고 고통에 시달린 인물들 또한 적지 않기 때문이다. 물론 그것은 어머니 자신의 뜻과 무관한 경우도 많겠지만, 본의든 아니든 간에 자식들에게 고통과 상처를 남긴 경우라고 해서 반드시 부정적인 악영향만을 일으킨 것으로 보기는 어렵다. 왜냐하면, 남긴 상처가 클수록 오히려 남다른 각오로 자신의 삶과 투쟁하는 모습을 보인 경우도 많기 때문이다.

그래서 아픔을 먹고 자란 나무가 더욱 강해진다는 말이 매우 설득력 있게 다가온다. 온실 속에서 곱게 큰 나무는 거센 바람에 부러지기 쉽지만, 황량한 비탈에서 자란 나무는 거센 비바람에도 손쉽게 굴복하는 법이 없지 않은가. 어쨌든 정도의 차이야 개인마다 있겠지만, 이 책에서 소개한 다양한 분야의 인물들이 그런 시련과 갈등을 어떻게 극복해 나가고 어떤 방식으로 처리하며 일생을 보냈는지 살펴보노라면 나름대로 생생한 교훈을 얻을 수 있을 것이다. 물론 그중에는 본받아야 할 위대한 인물도 있는 반면에 절대로 본받아선 안 될 인물도 있을 것이다. 하지만 분명한 사실 하나는, 이 모든 사람의 행적을 통해 어머니의 존재가 한 개인의 삶에서 얼마나 중요한 역할을 수행하는지 더욱 실감할 수 있는 기회를 갖게 될 것이라는 점이다.

이 책에서 소개하는 인물들의 대다수는 긍정적이든 부정적이든 역사적 기록에 그 발자취를 분명하게 남긴 사람들이다. 물론 그들의 삶의 행적에 대해서 지금까지 많은 연구가 시도되어 왔지만, 대부분이 성인기 활동에만 초점을 맞춘 것이어서 어린 시절에 겪은 마음의 상처 부분에는 별다른 주목을 하지 못한 감이 있다. 그런 점에서 여기서 다룬 내용 역시 초기 어머니와의 관계에 초점을 맞추기는 했으나 워낙 방대한 숫자의 인물들을 다루다 보니 다소 피상적인 차원에 머물고 말았다는 자괴감을 솔직히 고백하지 않을 수 없다. 하지만 설사 그렇다 쳐도 어린 시절 겪은 상실의 아픔이나 갈등에도 불구하고 그토록 많은 인물이 그런 시련을 극복하고 정상적으로 자란 사람들보다 더욱 뛰어난 업적을 낳았다는 점은 우리 모두에게 큰 교훈을 안겨 주기도 한다.

어쨌든 이 책의 제목을 '어머니는 살아있다'로 정한 것은, 비록 오래전에 어머니의 존재가 한 줌의 재로 화했다손 치더라도 그녀에 대한 기억만큼은 우리의 마음속 깊이 새겨진 존재로 영원히 남아 있다는 점에서 붙인 제목이다. 아니, 영원하다는 것은 너무 과장된 표현일지 모른다. 어차피 우리는 죽으면서 그런 소중한 존재들의 기억과 함께 소멸해 갈 테니 말이다. 그럼에도 불구하고 어머니의 존재는 우리의 삶을 결정짓는 가장 중요한 키워드인 동시에 방향타 노릇을 한다는 점에서 우리가 인식하지 못하는 이 순간에도 여전히 우리의 마음속에 살아남아 오염된 세상으로부터 우리를 보호해 주고 있을 것이다. 그리고 그런 믿음이 있기 때문에 우리는 아무리 오염된 세상일지라도 스스로 험한 세파를 홀로 헤쳐 나가는 연습에 힘쓰면서 지금의 나로 거듭날 수 있게 된 것이 아니겠는가.

물론 이 책에서 다룬 인물들의 공통점은 어린 시절 부득이한 사정으로 어머니의 적절한 보살핌과 사랑을 받지 못했다는 점에 있다. 그들 가운데에는 사생아로 태어나거나 일찍 고아가 된 사람도 있고, 어머니로부터 버림을 받거나 학대를 받은 사람, 불가피하게 어머니와 헤어져야만 했던 사람, 심지어는 정신병에 걸린 어머니 때문에 어려서부터 정신적 혼란을 겪은 사람도 있다. 그럼에도 그들 대부분은 자신들의 불리한 조건을 홀로 딛고 일어서 다양한 분야에서 독보적인 존재로 우뚝 서게 되었으니 실로 대단한 정신력의 소유자가 아닐 수 없다. 그런 점에서 어머니의 충분한 애정과 영양가 풍부한 젖을 먹고 자란 우리는 고마움과 동시에 부끄러움도 함께 느껴야 하지 않을까. 물론 모든 사람이 다 유명해지고 커다란 업적을 쌓는 것은 아니지만 말이다.

끝으로 부족한 점이 많은 이 책의 출간을 선뜻 허락해 주신 학지사의 김진환 사장님과 수고하신 편집부 임직원 여러분께 이 자리를 빌려 감사의 말씀 올린다.

이병욱

차례
c o n t e n t s

프롤로그 005

1장 애정에 굶주린 사람들

단테의 영원한 첫사랑 베아트리체 017
사랑의 전도사를 자처한 카사노바 020
바다에서 일생을 보낸 넬슨 제독 024
일과 사랑에 모두 실패한 스탕달 027
발자크의 애정결핍 029
흑인 창녀의 딸을 사랑한 보들레르 031
하녀의 아들로 태어난 스트린드베리 034
연상의 매정부와 동거한 고흐 037
귀족 출신의 난쟁이 화가 로트렉 040
사생아로 태어난 수잔 발라동과 아들 위트릴로 042
예술계의 거장들을 거느린 알마 쉰들러 046
사랑에 중독된 시인 아폴리네르 049
스승의 아내를 빼앗아 달아난 D.H. 로렌스 053
다자이 오사무의 동반자살 056
아내를 목 졸라 살해한 철학자 알튀세르 061
어머니와 의절한 마리아 칼라스 064
새장 속에 갇힌 다이애나 비 068

2장 독신을 고수한 사람들

미켈란젤로의 고뇌와 열정 075
대영제국과 혼인한 엘리자베스 1세 079
숫총각으로 생을 마친 아이작 뉴턴 082
자신이 태어난 고향을 벗어나본 적이 없는 칸트 083
여성을 혐오한 염세주의 철학자 쇼펜하우어 085
들라크루아와 드가의 출생에 관한 비밀 088
동화의 아버지 안데르센의 비밀 090
키르케고르의 파혼 093
어머니를 두려워한 투르게네프 095
얼굴 없는 시인 에밀리 디킨슨 097
어머니의 죽음으로 술독에 빠진 무소르그스키 100
봉사활동에 일생을 바친 제인 애덤스 102
여성과 담을 쌓고 지낸 뭉크 104

3장 구도의 길을 걸은 사람들

왕궁을 버리고 출가한 석가모니 109
탕자에서 성자로 거듭난 성 아우구스티누스 112
사막의 예언자 무함마드 115
어머니의 죽음에 충격 받고 출가한 원효대사 117
교황청의 수호자가 된 이냐시오 데 로욜라 119
데카르트의 이성과 파스칼의 감성 122
세상으로부터 따돌림 당한 스피노자 126
톨스토이의 모순에 찬 구도의 길 129
세상을 바꾼 교황 요한 바오로 2세 132

4장 정의로운 사회를 추구한 사람들

어머니 장례식에 불참한 조지 워싱턴 139

실학의 거두 다산 정약용 142

남미 독립의 영웅 시몬 볼리바르 144

노예해방을 선언한 링컨 147

계급 없는 사회를 꿈꾼 마르크스 149

민중문학의 거장 막심 고리키 152

여성해방운동의 선구자 콜론타이 155

정의를 위해 투쟁한 버트런드 러셀 159

악의 세력을 물리친 프랭클린 루스벨트 161

불가촉천민의 지도자 암베드카르 163

전체주의를 비난한 빌헬름 라이히 167

동방정책으로 통독의 기틀을 마련한
빌리 브란트 169

5장 미지의 세계를 찾아 나선 사람들

마르코 폴로의 《동방견문록》 175

티코 브라헤와 요하네스 케플러 177

대니얼 디포와 조너선 스위프트 181

방랑시인 김삿갓 185

인류의 기원을 밝힌 찰스 다윈 187

리빙스턴을 찾아낸 헨리 스탠리 189

청각장애인의 아버지 알렉산더 벨 192

남태평양에서 원시적 삶을 구가한 고갱 194

천막에서 일생을 보낸 아우렐 스타인 197

새로운 물질의 세계를 탐구한 퀴리 부인 200

하늘에 도전한 라이트 형제 203

극지 탐험의 영웅 난센과 아문센 206

집단무의식 세계를 탐구한 카를 융 210

사막을 사랑한 아라비아의 로렌스 215

고대의 환상세계로 돌아간 톨킨 218

어머니와 시력을 함께 상실한 헉슬리의 이상향 222

아동심리의 세계를 탐구한 에릭 에릭슨 225

초현실적 환상의 세계를 추구한 살바도르 달리 228

컴퓨터세계에 도전한 스티브 잡스 231

6장 예술적 승화의 달인들

무지개를 사랑한 호반시인 워즈워스 239

의사의 길을 포기하고 시인이 된 존 키츠 241

네르발의 꿈과 환상 243

에드거 앨런 포의 암울한 생애 245

결핵으로 쓰러진 브론테 자매 247

도스토옙스키의 상실과 구원 250

어머니로부터 도망친 제임스 휘슬러 254

제임스 배리와 피터 팬 증후군 257

어머니의 사랑을 받지 못한 쥘 르나르 260

어머니를 잃고 작가가 되기로 결심한 나쓰메 소세키 263

나폴리의 명가수 카루소 265

루시 몽고메리와 빨강 머리 앤 267

기도하는 마음으로 시를 쓴 릴케 268

서부의 야생마 잭 런던 271

실성한 어머니를 두려워한 아쿠타가와 류노스케 274

어린이를 사랑한 소파 방정환 276

노추를 두려워한 가와바타 야스나리 279

영원한 산골나그네 김유정 283

띄어쓰기를 거부한 이상의 분리불안 285

감옥을 안방처럼 드나든 장 주네 288

이중섭의 굶주린 황소 290

어머니의 학대에 시달린 구사마 야요이 296

7장 동성애로 도피한 사람들

레오나르도 다 빈치와 살라이 301

아동기에 성추행을 당한 바이런 304

동성애를 숨기고 결혼한 차이코프스키 307

앙드레 지드의 이중생활 309

서머셋 몸의 복잡한 사생활 311

과거의 악몽에 시달린 버지니아 울프 314

어머니의 사랑을 받지 못한 해리 스택 설리반 316

어머니의 마지막 부탁을 거부한 앨런 긴즈버그 318

어머니 장례식에 불참한 스티븐 손드하임 321

약물과용으로 숨진 파스빈더 감독 322

8장 세상을 상대로 복수한 사람들

중국 최대의 폭군 진시황제 **329**
어머니를 죽인 패륜아 폭군 네로 **332**
칠삭둥이 미숙아로 태어난 한명회 **335**
생모의 죽음에 복수의 칼을 휘두른 연산군 **338**
잉카의 정복자 피사로 **341**
러시아의 폭군 이반 4세 **342**
변태적인 소설로 세상을 조롱한 사드 후작 **344**
혁명의 이름으로 피의 공포정치를 자행한
로베스피에르 **347**
스파이 혐의로 처형당한 마타 하리 **350**
조국을 배신한 코코 샤넬 **353**
천황 암살을 기도한 가네코 후미코 **356**
전설적인 은행 강도 존 딜린저 **358**
마지막 황제 푸이 **361**
짐 존스의 인민사원과 집단자살 **363**
반사회적 히피 두목 찰스 맨슨 **367**
죽음의 천사로 불린 연쇄살인범
해럴드 시프먼 **371**

9장 대중적 인기를 누린 사람들

사라 베르나르의 집념과 투혼 **377**
존 배리모어의 어두운 과거 **378**
찰리 채플린의 작은 왕국 **380**
전설적인 재즈 가수 루이 암스트롱 **383**
어머니가 죽은 줄만 알았던 케리 그랜트 **385**
어머니의 불치병을 이어받은 우디 거스리 **388**
천의 얼굴을 가진 배우 알렉 기네스 **391**
홍등가에서 자란 에디트 피아프 **394**
어머니의 학대에 시달린 프랭크 시나트라 **396**
말론 브란도의 문란한 사생활 **399**
마릴린 먼로의 불행한 삶 **402**
흑인 맹인 가수 레이 찰스 **405**
사생아로 태어난 프랑수아 트뤼포 **408**
홀로코스트 생존자 로만 폴란스키 **411**
반전운동의 기수 제인 폰다 **414**
존 레논과 폴 매카트니 **416**
천재 소녀가수 장덕의 비극 **419**
체조의 검은 요정 시몬 바일즈 **423**

에필로그 **425**
정신분석 용어해설 **429**
참고문헌 **441**

1장

—

애정에 굶주린 사람들

단테의 영원한 첫사랑 베아트리체

중세 이탈리아의 위대한 시인으로 불후의 걸작《신곡(神曲)》을 남긴 단테(Dante Alighieri, 1265-1321)는 정치적 분쟁에 휘말려 궐석재판에서 사형선고까지 받으며 망명지에서 외롭게 죽음을 맞이할 수밖에 없었다. 그럼에도 죽는 순간까지 어릴 적부터 마음속에 담아둔 구원의 이상적인 여인상 베아트리체를 한시도 잊은 적이 없었다.

단테가 베아트리체를 처음 본 것은 그의 나이 불과 아홉 살 때로 그 무렵 그는 어머니 벨라를 잃은 상태였다. 아버지의  재혼으로 두 이복형제와 함께 계모 밑에서 자라야 했던 그는 당시 관습에 따라 12세 때 세도가의 딸 젬마와 정략적인 약혼을 이룬 상태였지만, 그의 마음은 온통 베아트리체에게만 쏠려 있었다. 어린 나이에 어머니를 잃고 슬픔에 잠긴 단테로서는 외롭고 허전한 마음의 공백을 오로지 베아트리체를 향한 연모의 정으로 채웠다고 볼 수 있겠다.

하지만 단테보다 한 살 어렸던 그녀는 아버지

단테

의 강요에 의해 돈 많은 금융업자에게 시집을 간 후 24세라는 젊은 나이로 세상을 뜨고 말았으니 그녀를 짝사랑했던 단테로서는 하늘이 무너지는 아픔을 느꼈을 것이다. 베아트리체가 세상을 떠난 이듬해에 마음에도 없는 혼인을 한 단테는 그 후에도 청순지고의 상징이었던 베아트리체를 잊지 못하고 그녀를 위해 계속해서 시를 썼으며, 마침내 말년의 대작《신곡》마지막 부분에서는 베아트리체의 인도로 천국에 도달하는 장면을 통해 자신의 오랜 꿈을 성취하기도 했다.

단테는《신곡》의 지옥 편에서 베아트리체의 아버지 포르티나리를 부패하고 무능한 교황들, 속물적인 고리대금업자들과 함께 고통스러운 지옥의 밑바닥에 떨어트려 복수하고 있다. 그것은 부유한 남성에게 강제로 시집을 보낸 속물적인 인간에 대한 시인의 가혹한 응징이었던 셈이다. 하지만 그녀에 대한 단테의 사랑은 단지 홀로 냉가슴만 앓는 짝사랑이었을 뿐이다. 비록 그는 그녀를 처음 본 순간부터 사랑을 느꼈다고 주장하지만, 생전에 그녀에게 단 한마디도 말을 건네 본 적조차 없었으며, 성장한 후 길에서 그녀와 우연히 마주쳤을 때도 그저 가벼운 인사만 나누는 정도였다. 감히 범접할 수 없는 너무도 신성한 존재로 비쳐졌기 때문일지도 모른다.

하여튼 그녀의 존재는 죽은 후에도 단테의 마음속에 영원히 자리 잡고 앉아 그가 살아가는 유일한 이유가 되었으며, 그 숱한 곤경 속에서도 가혹한 운명을 견디어나갈 힘의 원천이자 수호천사로 자리잡게 된 것이다. 또한 단테는 그녀가 죽은 20대 중반부터 정치적 당파싸움에 적극적으로 가담하기 시작했는데, 물론 그것은 자신의 집안 배경 때문이기도 하겠지만, 자신의 생존 이유이기도 했던 그녀의 죽음에 따른 좌절감이 그만큼 컸기 때문으로 보이기도 한다.

이유야 어쨌든 그는 정적과의 싸움에서 패한 후 영구 추방되어 망명자의 신분으로 전락했을 뿐만 아니라 사형선고까지 받는 수모를 겪어야 했다. 결국, 자신의 고향 피렌체로 영원히 돌아갈 수 없게 된 그는 망명지인 라벤나에서 《신곡》을 완성한 후 말라리아에 걸려 56세를 일기로 눈을 감았다. 그의 딸 안토니아는 나중에 자라서 수녀가 되었는데, 자신의 아버지가 그토록 잊지 못하던 구원의 여인 베아트리체의 이름을 따서 베아트리체 자매로 불렸다고 전해진다.

우리는 흔히들 첫사랑은 이루어질 수 없는 것이라고 말하기도 한다. 그 말은 맞는 말이기도 하다. 왜냐하면, 우리의 진정한 첫사랑은 태어난 직후 우리를 품에 안아주는 엄마이기 때문이다. 그리고 성장해서는 어머니를 대신할 상대를 찾고 평생 반려자로 삼는 것이 일반적인 남성들의 모습이다. 그런 점에서 볼 때 단테가 일찍 어머니를 잃고 어머니 대신 베아트리체를 자신의 이상적인 존재로 받아들인 것은 매우 당연한 결과였는지도 모른다. 정신분석에서는 그런 현상을 전이(transference)라고 부르는데, 어린 시절 마음속에 각인된 중요한 인물, 특히 부모에 대한 감정이 다른 제3자에게 쏠리는 현상을 가리키는 용어다. 치료현장에서는 정신분석가에게도 그런 태도를 보일 수 있으며, 정신분석에서는 이런 전이적 태도에 대한 해석을 매우 중요하게 다루기 마련이다.

결국 단테의 삶을 요약하자면, 어머니의 상실로 인한 정서적 공백을 청순지고의 상징으로 비쳐진 베아트리체의 존재로 메우고자 했으며, 그녀마저 일찍 세상을 하직하자 크게 절망한 그는 마음에도 없는 정략결혼에 더욱 실망한 나머지 그런 자신의 불행을 정치적 야망을 통해 보상받고자 했던 것으로 보인다. 하지만 그에게 주어진 운명은 정적들에 의한 영구 추방과 사형선고뿐이었다. 더 이상의 행운이 자신에게 찾아오지 않을 것을 깨달은 단테는 결국 불후의 걸작 《신곡》을 통해 자신의 어긋난 삶에 대한 마지막 보상으로 어머니를 대신한 베아트리체의 구원을 받는 설정으로 작품을 마무리하고 있다. 하기야 모든 것을 잃은 그에게 어머니와 베아트리체가 없는 삶은 지옥이나 다름없었을 것이다.

사랑의 전도사를 자처한 카사노바

18세기 유럽 전국을 섭렵하며 국적과 신분 고하를 막론하고 수많은 여성을 농락한 희대의 바람둥이 카사노바(Giacomo Casanova, 1725-1798)는 말년에 쓴 실로 방대한 분량의 회상록을 통해 자신이 어릴 때 겪은 가장 고통스러운 기억은 부모의 무관심이라고 술회하기도 했다. 당시 그의 부모는 베니스에서 상당한 인기를 끌었던 배우로 바쁜 공연 활동 때문에 자식을 돌볼 겨를조차 없었으며, 그런 이유로 카사노바는 전적으로 할머니의 보살핌에 힘입어 자랄 수밖에 없었다.

설상가상으로 그가 8세 때 아버지 가에타노가 세상을 떴으며, 과부가 된 어머니 자네타는 지방순회공연을 핑계로 자식들과 거의 상종하지 않았다. 또한, 원래 문란한 사생활로 정평이 나 있던 여성이었기 때문에 카사노바 본인도 자신의 생부는 가에타노가 아니라 부모가 일하던 극장 소유주인 귀족 출신 미셸 그리마니일 것으로 믿었는데, 신분이 낮은 배우들의 자식으로 태어난 사실에 불만과 열등감을 지녔던 그로서는 자신의 핏줄이 고귀한 귀족 가문의 일원이라는 일종의 가족환상(family romance)에 사로잡혔던 것으로 볼 수 있다.

아버지가 죽은 후 9세 때 할머니는 어린 손자를 파두아의 기숙학교에 보냈는데, 그곳에서 그는 스승의 누이동생 베티나를 사랑하게 되었다. 그것은 마치 단테가 9세 때 베아트리체를 처음 본 순간 사랑에 빠진 것과 비슷한 모습이기도 하다. 비록 베티나는 다른 남자와 혼인했지만, 그 후에도 오랫동안 카사노바는 그녀를 잊지 못해 힘겨워했다. 어머니의 사랑을 제대로 받아본 적이 없던 그였기에 특히 이성에 대한 갈망이 날이 갈수록 더욱 깊어져만 갔던 것으로 보인다.

원래 머리가 비상하고 조숙했던 그는 불과 12세 나이로 대학에 입학할 정도로 총명한 인물이었다. 하지만 재학시절부터 이미 도박에 빠져 큰 빚을 지는 등 문제를 일으키는 바람에 화가 난 할머니가 학업을 중단하고 베니스로 당장 돌아오라고 요구할 정도로 할머니의 속을 썩였다.

어쨌든 카사노바는 베니스에서 생후 처음으로 성적 쾌락을 경험하게 되는데, 자신의 후원자이기도 했던 그리마니 일가의 먼 친척으로 10대 소녀 자매인 나네타와 마리아가 바로 그 상대였다. 이들 자매와의 성적 체험은 그 후 카사노바가 전개한 오랜 쾌락적 대장정의 시발점이 된 사건으로 신분적 열등감에 사로잡혀 지내던 그가 귀족 출신 여성들을 한꺼번에 굴복시키고 정복했다는 점에서 그에게는 남다른 의미가 있었을 법하다.

하지만 부모의 양육을 제대로 받지 못해 성격적으로 문제가 많았던 카사노바는 유일한 보호자였던 할머니마저 세상을 떠나자, 그야말로 천방지축으로 사방에 문제를 일으키고 다니는 실로 골치 아픈 사회적 이단아가 되고 말았다. 우선 그는 감당할 수 없는 빚더미에 올라 도망자 신세로 전락하고 말았는데, 군인, 비서, 바이올린 연주가, 도박사, 산업스파이 등 여러 직업을 전전하는 가운데서도 숱한 여성들과 잠자리를 함께 하며 전설적인 유혹의 달인으로 군림하기에 이르렀다. 물론 그 자신은 스스로를 사랑의 화신으로 부르며, 자신이 여성들을 유혹한 것이 아니라 오히려 여성들

카사노바

이 자신을 먼저 유혹한 것일 뿐이라고 주장했지만, 그런 말을 믿을 사람은 아무도 없으리라고 본다.

어쨌든 고향에서 쫓겨난 지 거의 20년이 다가오는 나이 50세 무렵에 가까스로 베니스로 돌아온 그는 이미 예전의 세련되고 멋진 바람둥이의 모습이 아니었다. 그토록 초인적이던 정력도 모두 소진해버린 상태였으며, 천연두 곰보 자욱이 두드러진 초췌한 몰골의 볼품없는 사내였을 뿐이다. 그의 어머니는 이미 오래전에 유명을 달리한 상태였고, 그를 반겨줄 여성이나 지인들도 없었다. 다만 그에게 그나마 위안이 된 게 있다면 그의 첫사랑이었던 베티나가 자신의 품에 안겨 숨을 거두었다는 사실뿐이다.

그 후 필화사건에 연루되어 다시 베니스에서 추방된 그는 보헤미아 지방의 둑스 성에 얹혀살며 그곳 사람들로부터 무시와 냉대를 받고 살았다. 그는 그런 모멸과 좌절감에서 벗어나기 위해 죽을 때까지 자신의 회상록 집필에 몰두하다 73세 나이로 외롭게 숨을 거두었다. 프랑스 대혁명의 열기가 유럽 전국을 휩쓸고 있을 무렵, 그는 오로지 자신의 과거를 회상하는 일에만 몰두하며 숱한 여성들과 얼마나 꿀맛 같은 밤을 보냈는지에 대해서만 온 정신을 집중하고 있었으니 참으로 희대의 바람둥이다운 모습이 아닐 수 없다.

그런 회상록에서 자신은 일생동안 그 누구도 해친 적이 없으며, 오히려 120여 명에 달하는 정에 굶주린 여성들에게 사랑을 베푼 사랑의 전도사였음을 주장한 카사노바는 고독이 병을 만들고 사랑이야말로 만병통치약이라는 자신의 독자적인 철학을 실천에 옮긴 것으로 볼 수도 있다. 하지만 그중에는 어린 소녀도 포함되어 있었으니 그가 펼친 논리에는 앞뒤가 맞지 않는 부분도 눈에 띈다. 더군다나 너무 손쉽게 정복할 수 있는 여성은 상대하지 않았다는 주장은 다시 말해 성적인 쾌락 못지않게 유혹

의 과정을 통해 상대를 자신에게 굴복시키는 과정 자체를 즐겼다는 사실
도 알게 해준다.

그런 점에서 카사노바는 홀로 남겨지는 상황을 특히 견디기 힘들어한
인물임을 알 수 있다. 물론 그것은 모성적 사랑을 충분히 받지 못한 사람
일수록 홀로서기에 어려움을 겪을 뿐 아니라 과거의 분리불안(separation
anxiety)에서 비롯된 거절에 대한 유별난 민감성 탓이기 쉽다. 결국, 여성
에 대한 그의 병적인 집착은 단순한 성적 쾌락의 차원이라기보다 애정을
구걸하는 비굴한 자신의 본색을 감추고 오히려 자신이 상대의 유혹에 넘
어간 것이라는 전도된 의식을 통해 자신에게 문제가 있는 게 아니라 반
대로 상대측 여성에게 있다는 왜곡된 신념을 드러낸 것으로 보인다.

더군다나 일단 한번 정복한 여성은 두 번 다시 돌아보지 않고 사라져
버리는 행동 자체부터가 거절에 대한 두려움을 나타낸 것으로 볼 수 있
다. 왜냐하면, 버림을 받는 것에 두려움이 큰 사람은 버림을 당하기 전에
자기가 먼저 상대를 버려야 자존심에 상처를 입지 않기 때문이다. 따라
서 카사노바는 남성 히스테리보다는 차라리 지독한 나르시시즘에 더 가
까운 인물이라 할 수 있다. 그렇게 자기도취에 빠진 나르시시스트는 당
연히 자기기만에 빠질 수밖에 없다. 따라서 그는 스스로 사랑을 베푼 자
선가를 자처하고 있지만, 실제로는 자신의 이기적인 욕망과 환상을 충족
시키기 위해 상대를 이용하고 착취할 뿐이며, 참된 사랑의 의미나 교류
에는 무지할 따름이다. 그러니 당연히 상대를 굴복시키고 자신의 욕망이
채워지면 미련 없이 상대를 배신하고 떠나버리는 것이다.

카사노바는 일생동안 일정한 직업도 없이 오로지 도박과 섹스에 목숨
을 걸었다. 하지만 그의 삶을 파국으로 몰고 간 고질적인 도박벽도 알고
보면 어머니의 사랑을 되찾고 싶은 간절한 욕구의 표출로 볼 수 있다. 돈
을 따고 잃는 행위 자체가 일종의 사랑에 대한 도박이요, 게임을 상징하

는 것일 수 있기 때문이다. 물론 그는 다른 도박꾼들과 마찬가지로 자신에게만 행운을 가져다 주는 행운의 여신이 존재한다고 굳게 믿었는지도 모른다.

그런 무책임한 낙천가들은 대부분 돈을 따는 일에만 관심을 기울일 뿐 돈을 잃는다는 사실에는 관심을 기울이지 않는다. 왜냐하면, 자신을 지켜 주는 행운의 여신이 단 한 순간에 그런 불운을 만회시켜 주리라 굳게 믿기 때문이다. 게다가 자신이 돈을 딴 경우에도 그것이 타인의 희생을 대가로 얻은 결과라는 사실을 인정하지 않는다. 그런 점에서 카사노바는 돈과 사랑을 따기 위해 일생을 바친 무모한 도박꾼이었던 셈이다. 하지만 결국 그는 아무것도 얻지 못한 채 세상을 뜨고 말았다.

바다에서 일생을 보낸 넬슨 제독

나폴레옹 전쟁 당시 트라팔가르 해전에서 위기에 처한 영국을 구하고 장렬하게 전사한 넬슨 제독(Horatio Nelson, 1758-1805)은 영국 해군이 자랑하는 국민적 영웅으로 셰익스피어를 능가하는 영국인의 자부심이기도 하다. 성공회 신부의 11명의 자녀 중 6번째로 출생한 그는 9세 때 어머니를 여읜 후 일찍부터 바다를 동경한 나머지 불과 12세 때 해군에 지원, 외삼촌이 지휘하는 함선에 근무하며 경력을 쌓기 시작했다.

처음에는 키잡이로 시작해 나중에 영국 함대 총사령관에 오르기까지 오로지 바다에서 벌어지는 전투에만 일생을 바친 그는 수많은 전투를 통해 화려한 전적을 쌓고 그야말로 고속승진을 거듭하며 영국 해군의 풍운아로 떠올랐으나, 결혼한 유부남의 신분으로 나폴리 주재 영국대사 윌리엄 해밀턴 경의 젊은 아내 엠마 해밀턴과 관계를 맺어 딸까지 낳는 불륜을 일으켜 상부의 눈총을 받고 한동안 좌천까지 당하기도 했다. 원래 카리브 해 연안에서 작전 중에 만난 젊은 과부 프랜시스와 혼인한 그는 밤낮으로 전투에 참여하느라 집에 붙어있을 날이 거의 없었으며, 따라서 그들 부부에게는 자식도 없었다. 일각에서는 그가 프랜시스를 진정으로 사랑해서가 아니라 그녀가 물려받은 막대한 유산을 탐낸 것으로 보기도 하나 입증된 사실은 아니다.

결국, 집으로 돌아오라는 아내의 간절한 애원도 뿌리친 채 죽을 때까지 엠마 해밀턴과 내연관계를 유지하던 중에 넬슨이 갑자기 전사해버리자 그동안 늙은 시아버지를 모시고 살며 현모양처 역할에만 충실했던 가엾은 아내 프랜시스는 두 번 다시 남편과 상종하지 못한 채 쓸쓸히 독수공방하며 여생을 보내다 70세 나이로 세상을 뜨고 말았다. 이처럼 넬슨 제독과 엠마 해밀턴은 두 사람 모두 배우자가 있는 상태에서 공공연하게 동거생활을 유지했음에도 불구하고 주된 비난은 엠마 해밀턴에게만 쏟아졌다. 넬슨 제독이 워낙 국민적 영웅으로 널리 추앙받았기 때문에 감히 그를 비난할 수 없었던 모양이다.

바다의 영웅 넬슨 제독이 어떻게 그토록 참하고 헌신적이던 아내 프랜시스를 거들떠보지도 않고 엠마 해밀턴에게만 빠져들게 된 것인지는 지금도 풀리지 않는 수수께끼라 할 수 있다. 하지만 고아 출신으로 첫 남편과도 일찍 사별하면서 무척 조용하고 내성적인 성격으로 변한 프랜시스에 비해 불우한 환경 속에서도 수단방법을 가리지 않고 신분 상승에 혈안이 되었던 엠마 해밀턴의 열정적인 모습이 그녀 못지않게 출세욕과 신분 상승에 대한 야망을 지니고 있던 넬슨 제독에게는 더욱 큰 매력으로 다가왔을 것으로 보인다.

더군다나 그는 어린 나이에 어머니를 잃고 일찍부터 바다로 진출해 자신의 상실감을 떨쳐내고자 했는데, 그의 어머니 캐서린은 24세 때 결

넬슨 제독

혼해 42세 나이로 사망할 때까지 18년 동안 무려 11명의 자녀를 계속 낳았으며, 그중에서 3명은 일찍 죽고 말았다. 이처럼 연이은 출산과 형들의 죽음으로 인해 어머니의 사랑을 제대로 받을 기회가 없었던 넬슨은 설상가상으로 태어날 때부터 몹시 병약해서 그의 부모는 어린 아들이 오래 살 수나 있을지 걱정할 정도였다. 하지만 프랑스를 몹시 증오했던 어머니에 대한 기억으로 그는 어린 나이에 해군에 지원해 죽을 때까지 일생동안 프랑스를 상대로 전투를 벌였는데, 고질적인 뱃멀미에 시달리면서도 생의 대부분을 바다 위에서 보낸 것으로 보아 바다에 대한 동경이 얼마나 컸는지 알 수 있다.

사실 바다는 심리학적으로 어머니를 상징하는 것으로, 우리는 모두 태어나기 이전에 이미 어머니의 뱃속에서 양수라는 작은 바다를 헤엄치고 있었던 셈이다. 그런 점에서 바다는 인간의 근원적인 향수를 자극하는 매우 원초적인 세계를 상징하는 것이며, 항해 중에 선원이 죽었을 때 바다에 그대로 수장시킨 예전의 관습도 따지고 보면 어머니의 태내로 다시 되돌려주는 상징적 의례 행위였다고 볼 수 있다. 심지어 한때 프로이트의 오른팔이기도 했던 헝가리의 정신분석가 산도르 페렌치는 《바다》라는 저서에서 자궁으로 회귀하고자 하는 욕구야말로 인간의 근원적인 욕망 가운데 가장 뿌리 깊은 욕구라고 주장하기도 한다. 그런 원초적 욕구는 어머니의 둥근 젖가슴을 닮은 우리나라의 전통적인 묘지 형태나 젖무덤이라는 표현, 그리고 여성의 신체를 닮은 음택풍수의 묘혈 선정과정을 통해서도 엿볼 수 있다. 어쨌든 바다의 영웅 넬슨 제독은 우리나라의 이순신 장군과 마찬가지로 바다에서 전투 중에 장렬히 전사했다는 점에서 진정한 바다의 아들이었다고 할 수 있다.

일과 사랑에 모두 실패한 스탕달

소설《적과 흑》,《파르므의 승원》 등으로 19세기 프랑스 문학을 대표하는 작가로 통하는 사실주의 문학의 대가 스탕달(Stendhal, 1783-1842)은 프랑스 남동부에 위치한 알프스 산악지대의 도시 그르노블에서 변호사의 아들로 태어났다. 불과 7세 때 자신이 몹시 사랑했던 어머니가 세상을 떠나면서 외롭고 불행한 아동기를 겪어야 했던 그는 냉담하고 완고한 아버지와 까다롭고 잔소리가 심한 숙모 밑에서 자란 탓에 일찍부터 위선적인 어른들의 세계에 반감을 지니기 시작했으며, 특히 권위적인 아버지에 대한 증오심이 컸다. 그에게 유일한 대화 상대는 다정한 누이동생 폴린뿐이었다.

이처럼 어려서부터 위선적인 권위주의와 종교에 반항심이 컸던 그는 나폴레옹을 숭배한 나머지 17세 무렵 나폴레옹의 이탈리아 원정군에 가담해 알프스산맥을 넘기도 했으며, 누이동생 폴린이 결혼해 자신의 곁을 떠난 후에는 러시아 원정군에도 따라나서 모스크바가 불타는 모습을 멀리서 지켜보기도 했다. 하지만 나폴레옹이 몰락하자 곧바로 군대를 떠난 그는 이탈리아로 건너가 밀라노에 자리를 잡았다. 정열적인 이탈리아의 풍물에 매료된 탓도 있었겠지만, 다른 무엇보다도 사랑하는 어머니와 누이동생이 곁에 없는 프랑스는 이미 그에게 아무런 의미도 없었을 것이다. 하지만 그곳에서 마틸데 뎀보프스카야 백작 부인에 대한 사랑이 실패한 데다가, 설상가상으로 프랑스 정부의 스파이 혐의를 받고 실의에 잠겨 귀국할 수밖에 없었다.

어쨌든 그런 실연의 아픔을 토대로 쓴《연애론》은 스탕달 자신의 독특한 연애관을 전개한 명저임이 틀림없지만, 이상하게도 친구들과 여성들 모두가 그를 가까이하지 않았다. 세상 전체를 적으로 간주하고 맞서 싸워야 할 대상으로만 보는 그의 반항적 태도에 위화감을 느꼈기 때문일지도 모른다. 결국, 스탕달은 세상에서 환영받지 못하는 자신의 고립된 처지를 소설을 통해 묘사하기에 이르렀는데,《적과 흑》에서 세속적 야망을 불태우다 희생당하는 청년 줄리앙 소렐의 비극적인 모습은 바로 스탕달 자신의 모습이기도 하다. 하지만 그의 소설들은 세상의 이목을 전혀 끌지 못했으며, 문단에서도 제대로 인정을 받지 못하고 말았다.

이처럼 스탕달은 일생동안 일정한 집도 가족도 없이 고독한 삶을 살았으며, 여성들로부터도 외면당해 애인조차 없는 외톨이가 되었다. 결국, 생전에 그는 군인으로서도 작가로서도 모두 실패한 셈이며, 연애에서도 참담한 실패만을 거듭했을 뿐이다. 물론 그것은 세상이 요구하는 교양 있고 처세에 능숙한 신사가 되기를 완강하게 거부한 그의 반항적 기질에서 비롯된 결과이기도 하지만, 적절한 사랑을 받으며 자랄 기회를 얻지 못한 그로서는 솔직히 이성과 사랑을 주고받는 일에 몹시 미숙할 수밖에 없었을 것이다.

스탕달

남달리 강한 세속적 야심과 여성에 대한 정복욕에 사로잡혔으면서도 그럴수록 오히려 철저하게 세상에서 외면당한 그는 결국 아무것도 이루지 못한 채 쓰디쓴 인생 실패자로 전락하고 말았는데, 말년에 이르러서는 매독까지 걸려 몹시 고통스러운 나날을 보내야만 했다. 당시 그는 매독을 치료하는 수은에 중독되어 음식을 삼키지도 못하고 부종과 고환의 통증, 빈맥, 이명, 불면증에 시달렸는데, 손이 떨려 펜으로 글을 쓰기도 힘들 정도였다.

마침내 그는 파리 거리에서 경련을 일으키고 쓰러져 59세 나이로 숨을 거두고 말았다. 세상의 철저한 무관심 속에서 그렇게 대작가는 외로운 생을 마감한 것이다. 이탈리아를 제2의 고향으로 여기며 사랑했던 스탕달은 생전에 이미 자신의 묘비명을 이탈리아어로 남겨두었는데, 그 내용은 '밀라노인 벨, 살았다, 썼다, 사랑했다'였다. 자신의 조국 프랑스에서 푸대접을 받은 그였지만, 그는 여성뿐 아니라 나라마저 짝사랑한 셈이다.

발자크의 애정결핍

스탕달과 함께 19세기 프랑스 사실주의 문학의 거장으로 꼽히는 발자크(Honoré de Balzac, 1799-1850)는 20년에 가까운 작가 생활을 통해 100여 편에 달하는 장편 소설을 남긴 매우 보기 드문 다작가에 속한다. 특히 〈인간희극〉으로 통칭하는 총서 시리즈는 그의 대표작인《외제니 그랑데》,《고리오 영감》,《골짜기의 백합》,《종매(從妹) 베트》 등이 모두 포함된 대작으로 2천 명이 넘는 등장인물들을 통해 대혁명 직후의 사회적 격동기를 살아가는 프랑스인들의 생활상을 매우 사실적인 파노라마 형식으로 담아낸 불후의 걸작이 아닐 수 없다.

하지만 그는 어려서부터 어머니의 사랑을 전혀 받지 못해 극심한 애정 결핍증에 시달렸는데, 그도 그럴 것이 그의 어머니는 18세라는 어린 나이에 사랑하지도 않는 50세의 남자에게 시집을 가면서 자식들에게도 아무런 관심조차 기울이지 않았기 때문이다. 태어나자마자 유모의 손에서 자란 발자크는 10세 무렵 가톨릭 수도회에서 운영하는 기숙학교로 보

발자크

내겼다. 그곳에 적응하지 못해 숱한 체벌을 당하며 힘겨운 시기를 보냈지만, 그럴 때조차 어머니는 아들을 한 번도 찾지 않을 정도로 냉담하고 무심한 여성이었다. 기진맥진한 상태로 가까스로 집에 돌아온 발자크는 얼마나 힘겨웠던지 불과 15세 나이로 강물에 뛰어들어 자살을 기도할 정도였다. 그리고 이처럼 냉정한 어머니의 모습은 그 후 발자크의 소설에 큰 영향을 미쳤다고 할 수 있다.

법률가가 되기를 바라는 아버지의 뜻을 어기고 작가의 길로 들어선 발자크는 20대 초반, 자신보다 22세나 연상인 베르니 부인을 만나 그녀의 후원과 조언 아래 오랜 세월 연인관계를 유지하기도 했는데, 그녀의 존재는 발자크에게 있어서 어머니를 대신하는 상징적 인물이기도 했다. 그는 이외에도 15세 연상의 아브랑테스 공작 부인을 비롯해 많은 여성과 사귀며 물질적 도움을 받기도 했으며, 30대 초반에는 나이든 남자와 결혼한 마리아 뒤 프레네를 통해 사생아 딸을 얻기도 했다.

하지만 발자크는 나이 50세가 되도록 결혼하지 않고 독신으로 지내다가 세상을 뜨기 불과 5개월 전에 에벨리나 한스카 백작부인과 혼인했다. 그들의 관계는 무려 15년에 걸친 서신 교류를 통해 더욱 돈독해졌으며, 그녀에 대한 일편단심이 얼마나 집요했던지 그녀의 남편이 죽은 후에도 8년이나 참고 기다린 끝에 힘겹게 이루어진 결혼이었다. 그러나 당시 발자크의 건강은 무리한 집필활동에 따른 과로로 인해 이미 돌이킬 수 없을 정도로 악화된 상태에 있었으며, 한스카 역시 건강이 여의치 않은 상태였다.

'나폴레옹이 칼로써 이루지 못한 것을 펜으로 이루겠다.'고 다짐하며

'문학의 나폴레옹'이 되고자 했던 발자크는 공교롭게도 나폴레옹과 똑같이 51세를 일기로 생을 마감했다. 또한, 그의 마지막 순간을 곁에서 지켜본 사람은 얄궂게도 일생동안 애정을 주지 않아 고통을 안겨준 장본인, 발자크의 어머니였다. 그녀는 아들이 죽은 지 4년 뒤에 세상을 떴다. 당시 통풍을 앓던 한스카는 자신의 방에서 잠시 휴식을 취하느라 임종을 지켜보지 못했으며, 그가 죽은 후 한동안 시어머니를 돌보며 함께 지내기도 했다.

흑인 창녀의 딸을 사랑한 보들레르

19세기 프랑스의 상징주의를 대표하는 시인 보들레르(Charles Pierre Baudelaire, 1821-1867)는 그의 파격적인 시집《악의 꽃》을 통해 동시대에 숱한 논란을 불러일으켰던 장본인이다. 시집 전편에 흐르는 섹스와 죽음, 동성애, 우울한 파리의 모습 등으로 인해 당시 비평가들로부터 조소의 대상이 되었으며, 심지어는 가장 퇴폐적이고도 불건전한 외설로 간주되어 풍기문란 혐의로 법원에 고소까지 당해 벌금형을 받기도 했다.

보들레르는 작품뿐만 아니라 그의 삶 자체가 정서적으로 매우 불안정한 상태의 연속이었으며, 특히 어머니를 포함한 여성들과의 관계에서 몹시 불안정한 모습을 보였다. 46년이라는 짧은 생애 동안 시종일관 좌충우돌하며 혼란스러운 삶을 보낸 그는 불과 6세 때 아버지를 잃은 후 어머니가 곧바로 군인과 재혼하자 그때부터 계부와 갈등을 빚으며 문제아로 말썽을 피우기 시작했다. 자신이 독점했어야 할 어머니의 애정을 가로채간 계부였으니 얼마나 미웠겠는가. 당시 그는 아버지의 유산을 그대로 물려받은 상태였으나 어머니는 엄격한 유산관리를 통해 아들을 통제하고 감독했으며, 이들 모자는 그 후에도 계속해서 돈 문제로 티격태격하며 충돌하는 모습을 보였다.

어머니와 떨어져 기숙학교에서 학창시절을 보낸 보들레르는 학업을 등한시하고 문학에만 관심을 두었는데, 나태함과 반항심으로 일관한 그는 결국 선생에 대한 불복종으로 퇴학당하고 말았다. 계부의 강요로 마지못해 법대에 들어갔으나 이미 작가가 되기로 결심한 그는 강의시간을 빼먹고 사창가를 드나들며 방탕한 생활로 일관했다. 더욱이 고등학교 시절부터 이미 성병에 걸린 그는 극심한 돈 낭비로 큰 빚을 지게 되면서 어머니의 속을 썩였다. 참다못한 계부가 사창가 출입을 하지 못하도록 그를 붙잡아 강제로 인도 여행을 보냈지만, 도중에 제멋대로 돌아오고 말았다.

성인이 되면서 그는 상당한 토지를 상속받았으나 그것마저 불과 2년 만에 탕진해버리게 되자, 마침내 가족회의 끝에 법원에서 금치산 선고를 받고 법정 후견인을 통해 정기적으로 연금을 타서 쓰는 입장에 놓이고 말았다. 하지만 보들레르의 탈선행위는 그 후에도 계속 멈출 줄 몰랐다. 오히려 그는 한술 더 떠서 아이티 출신 창녀의 딸인 흑백 혼혈 여성 잔 뒤발과 동거생활에 들어감으로써 어머니의 속을 뒤집어 놓았는데, 어머니가 보기에는 잔이야말로 자신의 순진한 아들을 뒤에서 부추겨 돈이나 뜯어내는 사악한 창녀에 불과했을 것이다. 실제로 보들레르는 아무 일도 안 하고 온종일 빈둥거리면서 수시로 어머니를 찾아가 돈을 요구하기 일쑤였으며, 한때는 자살까지 시도하며 어머니의 도움을 요청하기도 했지만, 그녀는 매정하게 돌아서 버렸다.

30대 중반에 《악의 꽃》을 출간한 후 잔 뒤발이 뇌졸중으로 반신불수가 되자 한동안 그녀를 돌봐주던 보들레르는 그 후 그녀의 다른 애인이 한 지붕 밑에 동거하게 되자 엄청난 굴욕감과 배신감에 사로잡힌 나머지

그 집을 나오고 말았다. 그 후 그는 40대에 접어들
면서 고질적인 매독의 재발과 아편중독, 중풍 등
으로 건강이 더욱 악화되었으며, 사지 마비와 실
어증, 우울증까지 겹치면서 절망감에 빠진 끝에
수시로 자살 충동을 느끼며 살아야 했다. 그런 아
들의 비참한 꼴을 보다 못한 어머니는 마침내 자
신의 곁에서 함께 지내도록 허락했으며, 그녀의
도움으로 요양 생활을 마치고 귀가한 직후 그토록
말도 많고 탈도 많던 생을 마감하고 말았다. 그 후

보들레르

어머니는 아들이 진 모든 빚을 갚아주고 4년 뒤에 세상을 떴다.

이처럼 보들레르는 일생을 두고 어머니의 속을 썩였지만, 사실 그것
은 끊임없이 어머니의 관심을 끌고자 했던 무의식적 동기에서 비롯된 결
과로 볼 수 있다. 그는 평소에도 입버릇처럼 어머니의 존재가 자신의 전
부라고 고백하기도 했는데, 어머니의 냉담한 반응에도 불구하고 끊임없
이 어머니에게 사랑을 구걸하면서도 다른 한편으로는 어머니로부터 영
원히 버림받지나 않을까 몹시 두려워했던 그의 모순된 입장은 정신분석
적 용어로 요구-공포 딜레마(need-fear dilemma) 현상이라고 부른다. 그런
이율배반적인 상황은 엄마의 사랑을 간절히 바라는 아기에게 정작 엄마
가 다가갈 때 오히려 엄마가 자신을 거절하지나 않을까 두려움에 사로잡
히는 경우를 가리키는 것으로 이처럼 매우 역설적인 관계를 보여준 보들
레르 모자를 계속해서 이어준 가장 중요한 매개체는 두 사람이 공유했던
돈이었다.

더군다나 어머니의 가슴을 가장 아프게 만든 사실은 자신의 아들이
하고많은 여자 중에 하필이면 흑인 창녀의 딸을 골라 함께 동거한 점에
있다고 할 수 있다. 그런데 어머니 자신도 매우 기구한 삶을 살았던 여성

이 아닐 수 없다. 천애 고아로 태어난 그녀는 자신보다 무려 34년이나 연상인 남성과 결혼한 데다 그것도 얼마 가지 않아 사별하는 바람에 재혼했을 뿐만 아니라 천방지축인 아들 보들레르가 죽을 때까지 끊임없이 자신을 괴롭혔다는 점에서 참으로 기구한 팔자를 타고난 여성이었다고 할 수 있다.

오이디푸스 갈등에 대한 부가적인 설명에서 프로이트는 마돈나–창녀 콤플렉스(Madonna-whore complex)라는 용어를 사용하기도 했는데, 근친상간적 욕망에 대한 죄의식과 두려움 때문에 성스럽고 이상적 존재로 여기는 어머니에게 선뜻 다가가지 못하는 대신, 그런 도덕적 감정에서 비교적 자유로운 창녀나 천한 신분의 여성과 부담 없이 성관계를 맺을 수 있는 매우 특이한 경우를 가리킨다. 그런데 창녀 콤플렉스는 보들레르의 경우에도 그대로 맞아떨어진다. 왜냐하면, 창녀의 딸이며 흑백 혼혈 여성인 잔 뒤발의 존재는 적어도 보들레르 개인의 입장에서는 어머니를 대신할 수 있는 상징적 대리인인 동시에 죄의식과는 무관하게 안심하고 잠자리를 나눌 수 있는 상대였기 때문이다. 어쨌든 영원한 응석꾸러기이자 말썽쟁이로 일관했던 보들레르는 너무도 먼 길을 돌아서 그리운 어머니의 품 안으로 다시 돌아갈 수 있었지만, 그들이 함께한 시간은 지극히 짧은 순간에 불과했다.

하녀의 아들로 태어난 스트린드베리

19세기 북유럽을 대표하는 극작가로 입센과 쌍벽을 이룬 스트린드베리(August Strindberg, 1849-1912)는 지독한 염세주의자로 특히 여성에 대한 극도의 혐오증은 《인형의 집》을 통해 여성해방의 상징으로 간주되는 입센과 기묘한 대조를 이룬다. 하지만 스트린드베리의 여성 혐오는 매우 이율배반적이고도 양가적이다. 왜냐하면, 그는 63세 나이로 죽을 때까지 줄기차게 여성들의 애정을 갈망하며 매우 복잡하고도 좌충우돌하는 모습으로 일관했기 때문이다.

물론 그의 그런 특성은 스트린드베리 자신의 출생배경에서 찾아볼 수 있을 것이다. 스웨덴의 스톡홀름에서 해운업자의 아들로 태어난 그는 자신의 어머니가 하녀 출신이었다는 사실에 몹시 수치심을 지녔는데, 그런 모멸감은 나중에 자전적 소설 《하녀의 아들》에 그대로 반영되어 나타난다. 이처럼 하녀의 자식으로 태어난 사실로 인해 일생동안 자신의 떳떳지 못한 출생을 원망하며 자학하는 모습을 보인 그는 13세 무렵 어머니가 39세라는 젊은 나이로 세상을 떴을 때도 크게 슬퍼하지 않았다고 한다.

더욱이 어머니가 죽은 후 아버지가 곧바로 30년이나 연하인 가정교사와 재혼하자 그런 아버지에 대한 증오심까지 겹쳐 나중에 아버지가 사망했을 때는 장례식에 참석조차 하지 않을 정도였다. 젊은 계모는 스트린드베리보다 불과 8년 연상이었으니, 어려서부터 그가 목격한 결혼 생활이란 남녀 간에 벌어지는 매우 부도덕하고 추잡한 유희로만 보였기 쉽다. 하지만 그는 삶의 산전수전을 모두 다 겪고 난 말년에 이르러서야 비로소 자신의 어머니를 이상적인 존재로 여기며 새삼스레 그녀를 잃은 상실감에 사로잡혀 몹시 그리워했다고 하니 참으로 머나먼 길을 돌아 맞이한 때늦은 화해라 할 수 있다.

스트린드베리의 여성 관계는 마치 돛을 잃어버린 난파선에 비유할 수 있을 정도로 매우 불안정한 삶의 연속이었다. 20대 중반에 귀족 출신의 유부녀 시리 폰 에센을 만나 사랑에 빠진 그는 억지로 이혼까지 시키며 그녀와 결혼하는 데 성공했으나, 이들 부부는 처음부터 격렬한 언쟁이 그칠 날이 없을 정도로 서로 한 치의 양보도 없는 그런 사이였다. 물론 하녀의 아들로 태어났다는 뿌리 깊은 열등감이 귀족 여성을 아내로 선택하게 만든 동기가 되었는지는 모르겠으나, 그래도 그는 그런 지옥과도 같은 결혼 생활을 14년간이나 계속했다.

결국 42세 때 시리와 헤어지고 나서 한동안 우울증에 빠진 그는 2년이 지나 20대 초반의 오스트리아 여성 프리다 울과 재혼했으나 불과 2년 만에 헤어지고 말았다. 그 후 50대에 접어들면서 무려 30년이나 연하인 여배우 하리에트 보세와 세 번째로 결혼했지만, 역시 3년을 버티지 못하고 헤어졌다. 이처럼 연이어 결혼에 실패한 그는 60세를 바라보는 나이에도 불구하고 18세의 어린 여배우 파니 팔크너와 사랑에 빠져 결혼까지 하려다가 무려 40년 이상 차이가 나는 연령 때문에 스스로 포기하고 말았다. 그리고 불과 3년 후 그는 위암과 폐렴이 겹친 상태로 세상을 떴는데, 숨을 거두는 순간까지 죽음에 대한 두려움에 떨며 몹시 힘겨워했다고 한다. 어쩌면 마지막 순간에 이르러서야 비로소 어머니를 찾았는지도 모르겠다.

이처럼 스트린드베리는 한평생을 극도의 정서적 불안정에 휩싸여 살면서 끊임없이 자신의 이상적인 여성상을 찾아 실패와 좌절을 거듭했는데, 그것은 결국 자신의 출생 자체가 도덕적으로 불결한 남녀의 결합에서 비롯된 결과였다는 매우 자학적인 자괴감을 극복하려는 필사적인 시도였던 것으로 보인다. 시중에 나도는 우스갯소리에 결혼은 판단력 장애요, 이혼은 인내력 장애, 재혼은 기억력 장애라는 말도 있지만, 거듭된 결혼실패, 극심한 불안과 우울증에 시달린 스트린드베리야말로 그런 농담에 딱 들어맞는 전형적인 사례에 속한다. 왜냐하면, 모든 남녀의 결합이란 결국 실

스트린드베리

패로 돌아갈 수밖에 없으며, 세상의 그 어떤 여성도 믿을 수 있는 존재가 될 수 없다는 뿌리 깊은 염세주의자였음에도 불구하고 그는 계속해서 그런 악순환의 고리를 반복했기 때문이다.

연상의 매춘부와 동거한 고흐

19세기 서양미술에서 가장 위대한 화가의 한사람으로 꼽히는 네덜란드의 천재 화가 빈센트 반 고흐(Vincent van Gogh, 1853-1890)는 생전에는 인정을 받지 못하고 가난과 외로움, 정신질환에 시달리며 불행한 삶을 살다가 결국에는 37세라는 아까운 나이에 총기 자살로 생을 마감한 비운의 인물이다. 춤추는 불덩이처럼 이글거리며 타오르는 그의 독특한 화풍은 광기에 휘말린 고흐 자신의 내적인 혼란을 그대로 반영한 것으로 평가되기도 한다. 특히 고갱과 불화 끝에 헤어진 뒤 그린 붕대를 감은 자화상에서도 보듯이 당시 그는 극도의 피해망상과 환각 증세로 인해 곧바로 정신병원에 입원까지 해야 했다.

고갱과 말다툼 끝에 발작을 일으킨 고흐가 흥분을 이기지 못한 나머지 자신의 귀를 면도칼로 자른 후 그것을 신문지에 싸서 사창가로 달려가 매춘부에게 잘 보관하라고 맡기는 이상한 행동뿐 아니라 정신병원에 입원한 후에도 그는 혼자 잠을 자는 것을 거부하고 다른 환자들과 함께 자겠다고 떼를 쓰는가 하면, 간호사의 뒤를 쫓아다니며 어린애처럼 조르기도 했는데, 그것은 마치 엄마 치마폭에서 떨어지지 못하고 보채는 어린아이의 모습과 매우 닮은 퇴행적인 행동이기도 했다. 더군다나 그는 누가 시키지도 않았음에도 불구하고 종교적인 속죄의식을 치르기라도 하듯이 병동 구석에 놓인 석탄 양동이를 자주 씻는 이상한 행동까지 보였다. 어쩌면 자신의 내면에 억압된 부도덕한 욕망에서 비롯된 죄의식이 작용했기 때문이 아니었을까 짐작되기도 한다.

이처럼 몹시 혼란스러운 광기를 보였던 고흐는 네덜란드의 준데르트에서 개신교 목사의 아들로 태어났는데, 독실한 신자였던 어머니는 매우 엄격하고 고지식한 편이어서 애정 표현에 인색한 여성이었다. 그런 영향 때문인지 어려서부터 남달리 예민하고 정서적으로 불안정한 모습을 보였던 고흐는 특히 집을 떠나있기를 몹시 두려워해서 10세 무렵 기숙학교에서 지낼 때는 자신이 버림받은 것으로 여기고 집에 보내달라며 떼를 쓰기도 했다. 한때 아버지처럼 목사가 되고자 암스테르담 대학 신학과를 지망했다가 시험에 낙방한 후 탄광촌에 가서 전도사로 일하기도 했으나 상식 밖의 행동으로 인해 교회 당국과 마찰을 일으킨 끝에 결국 귀가하고 말았다. 당시 고집불통인 아들과 극심한 불화를 겪은 아버지가 한동안 고흐를 정신병원에 입원시킬 생각까지 할 정도로 고흐의 행동은 분명 정도에서 벗어나 있었다.

하지만 그것은 오히려 약과였다. 동생 테오의 권유로 힘겹게 회화 공부에 착수한 그는 28세 때 뜬금없이 7년 연상의 외사촌 누나인 아들 딸린 과부 케 보스-스트리커에게 청혼해 사람들을 놀라게 했다. 당연히 그녀는 일언지하에 거절했지만, 그녀의 부모인 큰이모와 당시 유명 신학자였던 이모부 역시 완강히 반대했다. 크게 낙심한 고흐는 그 후로 교회에 발도 끊고 아버지와도 크게 다투게 되었다. 더욱이 고흐는 성병에 걸려 병원에 입원까지 했으며, 한술 더 떠서 아이가 딸린 주정뱅이 매춘부 마리아 호르니크와 동거하는 등 전통적인 성직자 집안의 체면에 먹칠하는 행동으로 부모를 골탕 먹이기도 했다.

마리아 호르니크는 고흐보다 세 살 연상으로, 그녀가 낳은 아들 빌렘은 자신의 아버지가 고흐라고 믿기도 했지만, 입증된 사실은 아니다. 어

째든 고흐는 그녀와 아이들을 단념하고 헤어지라
는 아버지의 요구를 처음에는 완강하게 거절하다
가 그런 생활이 자신의 창작 활동에 걸림돌로 작
용할 것임을 깨닫고 비정상적인 동거 생활을 청산
하고 헤어졌다. 그 후 호르니크는 고흐가 죽은 지
14년이 지나 강물에 투신자살하고 말았다.

빈센트 반 고흐

이처럼 기이할 정도로 매춘부에 강한 집착을
보인 고흐의 심리 자체를 모두 광기의 소산으로
보기는 어려울 것이다. 더군다나 단순한 성적 욕
구의 해소 차원으로 보기도 어렵다. 다만 정신분석적인 차원에서 굳이
설명하자면, 어려서부터 집을 떠나기 몹시 두려워했던 사실로 보아 분리
불안과 극심한 애정결핍에 시달린 것으로 볼 수 있다. 그런 점에서 고흐
는 누군가에게 의지하지 않으면 홀로 일어설 수 없는 매우 유아적 단계
에 머문 퇴행 심리의 소유자였다고 할 수 있다.

또한, 사랑을 구걸하기에는 너무도 신성한 위치에 있는 어머니라고
여겼기 때문에 감히 범접할 수 없는 어머니 대신 결코 자신을 거부하는
법이 없는 창녀를 상대하는 일이 그에게는 더욱 현실적인 의지가 되었을
것이다. 여성을 상대하는 기술이 매우 서툴렀던 고흐는 실제로 지지리도
여복이 없었으며, 숱하게 사랑을 구걸하고 때로는 막무가내식으로 스토
킹을 하기도 했지만, 번번이 퇴짜를 맞았다. 결국, 그를 기꺼이 받아들인
여성은 창녀밖에 없었다.

특히 고흐는 몸집이 큰 연상의 창녀를 좋아했는데, 그의 어머니 역시
몸집이 풍만한 여성이었다. 그가 자살하기 2년 전에 그린 어머니의 초상
화를 보면 자애로운 미소를 머금은 매우 이상적인 모습을 보이고 있으
며, 그녀의 초상만큼은 평소 거칠게 흔들리는 그만의 독특한 화풍과는

달리 몹시 투명하고 안정적인 모습으로 그린 작품임을 알 수 있다. 반면에 그토록 신성한 어머니를 독점한 성직자 아버지에 대해서는 부도덕한 성병과 매춘부 관계를 통해 통쾌한 복수를 가한 것으로 볼 수도 있다.

하지만 정작 행복한 가정을 한 번도 꾸려보지 못했던 고흐 개인으로서는 너무나 고독하고 불안정한 삶의 연속이었을 뿐이다. 말년에 이르러 그의 유일한 후원자였던 동생 테오마저 자신을 이용해 돈을 벌려고 든다는 피해망상까지 보였던 그는 숨을 거두기 직전에 동생에게 마지막으로 "슬픔은 영원히 지속될 거야."라는 말을 남겼는데, 최후의 순간에 자신의 불행했던 삶을 이처럼 간단명료하게 요약한 화가도 드물 것이다. 그런 형을 잃은 뒤 급격히 건강이 나빠진 동생 테오는 이듬해 34세 나이로 사망했다. 테오의 부인은 남편의 유해를 고흐의 곁에 나란히 묻어 주었다.

로트렉

귀족 출신의 난쟁이 화가 로트렉

프랑스의 인상파 화가 로트렉(Henri de Toulouse Lautrec, 1864-1901)은 파리 몽마르트에서 매우 특이한 화가로 정평이 나 있던 인물이다. 귀족 출신의 난쟁이에다 항상 헐렁한 바지 차림에 롱코트와 중절모자를 걸치고 지팡이를 짚고 다니며, 사창가를 드나들거나 저속한 캉캉 춤의 발상지인 술집 물랭루주에 틀어박혀 온종일 술에 취한 상태에서 가수나 무희들의 모습을 화폭에 담고 있었으니 화제의 주인공이 될 수밖에 없었을 것이다.

몽마르트의 명물로 소문난 그는 프랑스 남부

스페인 국경 부근에 위치한 유서 깊은 도시 알비에서 알퐁스 툴루즈-로트렉 백작의 아들로 태어났다. 하지만 어려서부터 부모의 근친혼으로 인한 선천성 질병에 시달린 데다 다리 골절상이 낫지 않아 더 이상 자라지 못하고 난쟁이가 되고 말았다. 설상가상으로 그가 5세 때 어린 동생이 숨지자 부모가 별거 생활로 접어들면서 어머니마저 집을 떠나 멀리 파리로 가버렸다. 따라서 로트렉의 양육은 전적으로 유모에게 맡겨졌다. 그후 8세 무렵에 어머니가 그리워 파리에 살던 그녀를 찾아가 함께 지내기도 했으나 11세 때 아들의 건강을 염려한 어머니는 그를 다시 아버지가 있는 알비로 보내고 말았다. 피레네 산중의 온천 도시에서 요양을 마친 뒤 다시 파리로 간 그는 아들을 화가로 성공시키겠다는 어머니의 야심에 따라 미술공부에 전념했다.

몽마르트 화가들의 보헤미안 스타일에 매료된 로트렉은 자신의 부모를 포함한 귀족사회에 강한 반감을 지니고 위선적인 그들과는 반대로 자유분방한 모습으로 살아가는 서민들의 애환을 자신의 화폭 속에 담기 시작했다. 따라서 그가 주로 그린 대상들은 서커스, 술집, 가수, 창녀, 무도장 등으로 귀족들의 삶과는 전혀 무관한 세상이었다. 더욱이 그는 의도적으로 부모를 골탕 먹이려는 듯이 몹시 방탕한 생활로 일관했는데, 사창가를 드나들며 매독에 걸려 고생하는가 하면, 온종일 술집에 처박혀 술을 마시며 그림을 그리는 생활을 계속했다.

그렇게 알코올 중독에 빠져 지낸 그는 술뿐만 아니라 주로 무희들과 가수, 창녀들에 의지함으로써 마음의 위안을 얻었다. 특히 여성들의 풍만한 젖가슴에 파묻혀 오똑 선 콧날의 콧구멍을 올려다보는 순간 가장 큰 희열을 느꼈다고 하는데, 유달리 큰 성기를 지녔던 그는 적어도 섹스만큼은 자신감에 가득 차 있었다고 한다. 이처럼 무절제한 생활로 건강이 악화된 그는 한때 요양원 신세를 지기도 했으나, 결국 그런 아들을 보다 못한 어머니가 자신의 영지인 말로메 성으로 데려간 후 그곳에서 숨을 거두고 말았다. 그가 죽으면서 내뱉은 마지막 말은 '바보 같은 늙은이'였는데, 이는 그의 아버지를 염두에 둔 말처럼 들린다. 아들이 죽은 후 어머니는 로트렉의 작품을 널리 홍보하는 일에 주력했으며, 그가 태어난 고향 알비에 미술관을 세워 아들의 그림들을 전시하기도 했다. 그녀는 아들을 잃은 후에도 30년을 더 살다 죽었다.

이처럼 불행한 삶을 보내다 36세라는 젊은 나이로 숨진 로트렉은 한마디로 설명하기 어려운 복잡한 심리의 소유자였다고 할 수 있지만, 장애인이라는 열등감을 성적인 우월감으로 만회하고자 했던 것만큼은 분명해 보인다. 또한, 어린 나이에 자신의 곁을 매정하게 떠나버린 어머니에 대한 원망과 그렇게 어머니를 떠나게 만든 아버지에 대한 적개심이 제멋대로 망가진 삶을 보내게 만든 원인이었을 수 있다. 다른 한편으로 그가 그토록 창녀에 의지해 마음의 위안으로 삼은 사실 또한 보들레르의 경우와 비슷한 동기로 이해할 수 있다. 감히 범접하기 어려운 어머니 대신 양심의 가책을 덜 받는 창녀를 상대하는 것이 도덕적으로 보다 수월한 길이었기 때문이다. 두 사람 모두 한평생 어머니의 속을 썩이다 마지막으로 죽기 직전에 가서야 어머니의 품으로 돌아간 점도 비슷하다.

사생아로 태어난 수잔 발라동과 아들 위트릴로

프랑스의 화가 수잔 발라동(Suzanne Valadon, 1865-1938)과 그녀의 아들 위트릴로(Maurice Utrillo, 1883-1955)는 참으로 기구한 운명을 안고 태어난 인물들이다. 사생아로 태어난 어머니가 자기 아들 역시 사생아로 낳았기 때문인데, 이처럼 대를 이어 사생아 신분으로 산 경우는 참으로 희귀한 일

이 아닐 수 없다. 더군다나 어머니와 아들 모두가
화가로 성공했다는 점에서 더욱 놀랍기 그지없다.

수잔 발라동

프랑스 중부의 한 작은 마을에서 가난한 세탁
부의 사생아로 태어난 수잔 발라동은 어려서부터
매우 힘겹고도 불행한 시기를 겪을 수밖에 없었
다. 소녀 시절 여러 직업을 전전하는 가운데 혼자
힘으로 생계를 꾸려나가야 했던 그녀는 서커스단
에 들어가 곡예사로 일하다가 그만 공중그네에서
떨어져 부상을 입는 바람에 곡예사 노릇마저 그만
둘 수밖에 없었다. 어쩔 수 없이 몽마르트에서 화가들의 모델 노릇을 하
게 된 그녀는 르누아르, 드가, 로트렉 등의 모델로 활동하는 가운데 그들
의 연인 노릇도 함께 하면서 어깨너머 배운 실력으로 자신도 화가로 데
뷔하기에 이르렀다.

그런데 문제는 그런 와중에 낳게 된 아들 위트릴로였다. 당시 18세에
불과했던 그녀는 무분별한 남자관계 끝에 낳은 아들인지라 누가 생부인
지 본인도 알 수 없는 상황이었기 때문에 아들의 출생신고를 어떻게 해
야 할지 난감한 처지에 빠지고 말았다. 우선 그녀는 한때 연인 사이였던
르누아르와 드가를 찾아가 아기를 직접 보여주기까지 했으나, 그들은 펄
쩍 뛰며 자신들은 아버지가 아니라고 잡아떼었다. 어쩔 수 없이 그녀는
카페에서 우연히 마주친 스페인 출신 화가 미구엘 위트릴로에게 친부 서
명을 부탁해 가까스로 출생신고를 하게 되었는데, 그렇게 해서 졸지에
사생아 아들은 본의 아니게 위트릴로의 성을 얻게 된 것이다.

사생아로 태어나 불우한 어린 시절을 보낸 발라동이 사생아를 낳은
사실을 두고 불교식으로 말하자면 그녀의 업보라고 할 수 있을지 모른
다. 하지만, 정상적인 가정에서 어머니의 충분한 사랑을 받고 자란 경험

이 없는 그녀로서는 당연히 애정에 굶주린 심리적 공허감을 숱한 남성 편력을 통해 자신의 외로움을 해소하고자 했을 것이 분명하다. 그녀는 매우 불안정한 심리적 상태에서 미혼모가 된 이후에도 작곡가 에릭 사티와 한동안 내연관계를 맺기도 했으나 그들 관계는 6개월로 끝나고 말았다. 이처럼 변덕이 죽 끓듯 하는 발라동이 뒤도 돌아보지 않고 사라져버리자 큰 충격과 함께 상심에 빠진 에릭 사티는 죽을 때까지 그녀를 잊지 못하고 독신으로 지내다가 결국 알코올 중독에 의한 간경화로 세상을 뜨고 말았다.

수잔 발라동의 무분별한 애정행각은 좋게 말하면 인습에 얽매이지 않는 자유분방한 보헤미안 기질의 발로라고 할 수도 있겠다. 하지만, 자신을 사생아로 낳은 어머니에 대한 원망과 더불어 그런 모녀를 불행에 빠뜨리고 어디론가 사라져버린 무책임한 생부에 대한 복수심 등이 복합적으로 작용한 결과로 볼 수도 있다. 결국, 그녀는 세상의 모든 남성을 믿을 수 없었으며, 얼굴조차 알 수 없는 아버지가 불쌍한 모녀를 비정하게 버렸듯이 자신과 관계한 남성들 역시 마찬가지라고 여기고 그들이 자신을 버리기 전에 자신이 먼저 상대를 버림으로써 부모에 대한 오랜 원한을 앙갚음한 셈이다.

그녀는 사티와 헤어진 뒤 주식중개인 폴 무시와 결혼해 그의 재정적인 도움으로 화가 활동에 몰두하며 그런대로 안정적인 생활을 13년간이나 유지했는데, 40대 중반에 이르러 아들의 동료인 20대의 젊은 화가 앙드레 위테와 불륜에 빠지면서 아들의 극심한 반발을 사기에 이르렀다. 하지만 아무도 못 말릴 그

수잔 발라동(왼쪽)과 아들 위트릴로
(오른쪽)

녀의 고집으로 인해 결국 무시와 이혼한 후 50세를 바라보는 나이에 자신보다 20년이나 연하인 위테와 결혼을 강행하고 말았다. 자신의 친구를 졸지에 아버지로 모시게 된 기묘한 상황에서 아들 위트릴로의 심경이 어땠을지는 충분히 상상이 가고도 남을 것이다. 그래도 위테와는 금슬이 좋아서 20년을 함께 살다 70세를 바라보는 나이에 헤어졌는데, 그 이듬해에 나이 52세가 된 아들 위트릴로가 뒤늦게 결혼에 성공하자 비로소 마음이 놓인 듯이 얼마 뒤에 세상을 하직했다.

이처럼 몹시 굴곡진 삶을 보낸 발라동의 사생아로 태어난 위트릴로였으니 그 역시 순탄한 코스를 밟을 리 없었다. 어려서부터 반항심에 가득 찬 그는 어린 나이에 술이나 마시고 돌아다니며 온갖 비행을 저지르는 문제아가 되고 말았다. 그렇게 말썽만 부리고 다니는 아들의 마음을 잡기 위해 어머니가 그림을 가르친 결과, 놀랍게도 더 이상 사고를 치지 않게 되었다. 미술에 재미를 붙인 아들이 몽마르트 거리를 미친 듯이 돌아다니며 닥치는 대로 그림을 그리기 시작하면서 다른 데 신경 쓸 여지가 없어졌기 때문이다. 역시 피는 속일 수 없었던 모양이다.

하지만 화가로서 어머니를 능가하는 국제적인 명성을 얻은 후에도 위트릴로는 줄곧 정서적인 불안정과 알코올 중독 상태에 빠져 거의 폐인이 되다시피 했으며, 수시로 정신병원을 드나드는 통에 50세가 넘도록 결혼조차 하지 못한 상태였다. 어머니가 자신의 동료였던 위테와 이혼한 이듬해에 가서야 뒤늦게 루시 발로르와 결혼해 겨우 안정을 찾았으나, 이미 기력이 다 떨어진 그는 거동조차 힘들어진 상태로 방안에서 창문 건너 보이는 거리 풍경을 그릴 수밖에 없는 처지가 되고 말았다. 그래도 어머니가 죽은 후 신앙에 의지하며 경건한 삶을 유지해나간 위트릴로는 72세까지 살다 죽었는데, 몽마르트에서 사생아로 태어나 일생동안 몽마르트 거리 풍경을 그리다가 죽어서도 몽마르트에 묻힌 이 특이한 화가만큼 기구한 운명을 타고난 화가도 드물 것으로 보인다.

예술계의 거장들을 거느린 알마 쉰들러

오스트리아 빈에서 화가의 딸로 태어나 미국 뉴욕에서 85세를 일기로
세상을 뜰 때까지 대중적 관심의 대상이 되어 사교계의 여왕으로 군림하
며 살았던 알마 쉰들러(Alma Maria Schindler, 1879-1964)는 다양한 분야의 수
많은 예술가와 교분을 나눴을 뿐만 아니라, 3명의 위대한 예술가를 남편
으로 맞이해 더욱 큰 화제의 주인공이 되었던 여성이다. 그녀가 함께 살
았던 3명의 남편들은 유대인 출신의 대작곡가 구스타프 말러, 현대건축
의 대가로 불리는 발터 그로피우스, 그리고 유대인 출신의 소설가 프란
츠 베르펠이었으니 당연히 세인들의 관심을 끌 수밖에 없었다.

하지만 그녀는 화려한 명성에 걸맞게 불륜과 스캔들로 얼룩진 개인사
로도 유명하다. 말러와 결혼 중에 이미 그로피우스와 불륜관계를 맺었으
며, 말러가 죽은 후로는 화가 코코슈카와 관계했으나 그가 전선에서 중
상을 입자 그를 버리고 그로피우스와 재혼하는가 하면, 그 후에도 베르
펠과 불륜 상태에서 아이를 낳았다. 그로피우스는 한동안 그 아이가 자
신의 소생이라고 믿고 지냈으니 참으로 복잡한 애정행각이 아닐 수 없
다. 이처럼 그녀는 한시도 자신의 곁에 남자가 없으면 안 되었는데, 그만
큼 그녀는 사랑에 매우 굶주린 존재였음을 알 수 있다.

알마 쉰들러는 오스트리아 화가 에밀 야콥 쉰들러와 오페라 가수 안
나 베르겐의 딸로 태어났다. 그런데 그녀의 한 살 아래인 여동생 그레테
는 아버지가 출타 중에 어머니가 불륜을 일으켜 낳은 딸이었다. 당시 부
모는 동료 화가인 율리우스 베르거와 한 아파트에 함께 기거하고 있었는

데, 아버지가 건강문제로 잠시 한눈을 파는 사이에 그만 사고가 벌어지고 만 것이다. 하지만 베르거와 관계를 끝낸 후에도 어머니의 바람기는 멈출 줄을 몰라서 이번에는 은밀히 남편의 조수인 화가 카를 몰과 관계를 맺기 시작했다.

어쨌든 알마 쉰들러가 13세 때 불쌍한 아버지는 세상을 뜨고 말았으며, 이를 기다렸다는 듯이 어머니와 카를 몰이 얼마 후에 결혼해서 또 다른 의붓동생 마리아까지 태어났다. 한창 감수성이 예민할 나이였던 알마로서는 어머니와 계부에 대한 반감이 클 수밖에 없었을 것이다. 더군다나 불륜으로 얼룩진 어머니처럼 그녀 자신도 성인이 되어 불륜을 일삼았는데, 정신분석에서 말하는 자아의 방어기제 가운데 적대적 동일시(hostile identification)에 해당하는 현상으로 볼 수 있다. 이상적으로 여기는 대상을 동일시하는 과정과는 정반대로 오히려 증오하고 경멸하는 대상을 동일시하는 경우를 가리키지만, 이는 결코 정상적인 현상이라 할 수 없다.

이처럼 불만에 가득 찬 알마는 어떻게든 집에서 벗어나기 위해 22세라는 이른 나이에 19년이나 연상인 유대인 출신의 작곡가 구스타프 말러와 서둘러 결혼하고 말았다. 하지만 일종의 도피성 경향이 농후한 그 결혼은 그녀에게 행복을 가져다주진 못했다. 왜냐하면, 말러의 성격이 매우 강박적이고도 권위적인 데다 자신에 대한 내조에만 충실할 것을 요구했을 뿐만 아니라, 그녀의 간절한 꿈이기도 했던 음악 활동마저 금지시켰기 때문이다. 더욱이 첫딸 마리아가 열병에 걸려 다섯 살이라는 어린 나이로 죽게 되자 극심한 우울증에 빠진 그녀는 그때부터 4년 연하의 젊은 건축가 발

알마 쉰들러

터 그로피우스와 불륜관계를 맺기 시작했다. 그것은 마치 4년 연하인 카를 몰과 불륜에 빠진 어머니의 모습을 연상시키기도 한다. 다행히 차녀 안나는 잘 자라서 나중에 조각가로 성공했지만, 피는 속일 수 없었던지 어머니 알마처럼 애정 생활에 어려움을 보여 5번이나 결혼하는 불행을 겪어야 했다.

어쨌든 아내의 불륜 사실을 알게 된 말러는 정신분석의 대가 프로이트에게 도움을 청하고 그의 충고에 따라 알마의 음악 활동을 허락하며 뒤늦게 사태 수습에 나섰으나 이미 때를 놓친 상태였다. 더욱이 당시 말러는 심장병이 도져 건강이 좋지 못한 상태로 얼마 후에 나이 50세로 세상을 뜨고 말았다. 30대 초반의 한창나이에 과부가 된 알마는 그 후 7년 연하의 화가 오스카르 코코슈카와 뜨거운 사이가 되었으나, 그가 제1차 세계대전으로 군대에 징집되어 전선으로 끌려갔다가 부상을 입게 되자 미련 없이 그를 버리고 다시 그로피우스에 접근해 재혼한 후 딸 마논을 낳았다.

하지만 마논을 낳은 후 2년 뒤에 태어난 아들 마르틴은 미숙아에 뇌수종을 지닌 상태로 생후 10개월에 사망하고 말았다. 당시 군대에 복무 중이던 그로피우스는 마르틴이 자신의 아이라고 믿고 있었으나 이미 그사이에 알마가 유대인 출신 작가 프란츠 베르펠과 불륜에 빠진 상태에서 낳은 아기였으니 참으로 기가 막힐 일이었다. 결국 그로피우스와 이혼한 후 나이 50세에 이르러 11년 연하인 베르펠과 혼인했으나, 오랜 기간 그로피우스와 딸 마논의 접견을 냉정하게 금지시킨 알마는 소아마비에 걸린 마논이 1935년 18세 나이로 죽게 되자 한동안 엄청난 회환에 사로잡히기도 했다.

1938년 독일이 오스트리아를 합병하자 그녀는 유대인이었던 남편 베르펠과 함께 프랑스로 도피했으나, 독일군이 프랑스를 점령하자 이번에는 피레네 산맥을 넘어 스페인과 포르투갈을 경유해 미국으로 이주했다. 하지만 베르펠은 1945년 심장마비로 사망하고 말았으며, 그 후 알마는 미국에서 사교계의 여왕으로 군림하다가 1964년 뉴욕에서 85세로 눈을 감았다. 현대 건축의 상징인 바우하우스를 설계한 그로피우스는 1969년 미국 보스턴에서 죽었으며, 알마의 어머니 안나 베르겐은 오스트리아가 독일에 합병된 바로 그 해에 81세 나이로 사망했고, 계부 카를 몰은 제2차 세계대전 말 독일이 항복하기 직전에 빈에서 84세 나이로 자살했는데, 정확한 이유는 알 수가 없다.

어머니에 대한 오랜 반감으로 인해 자신도 어머니처럼 많은 연하의 남성과 스캔들을 일으킨 알마는 반유대감정이 팽배하던 사회 분위기에서 굳이 유대인 출신의 말러와 베르펠을 남편으로 맞이한 점도 어머니에 대한 반항심의 표시이자 보복이었을 수 있다. 하지만 두 번이나 유대인과 혼인했으면서도 그녀는 반유대주의자로 알려진 바그너를 숭배했으며, 니체의 추종자이기도 했는데, 두 번째 남편이었던 그로피우스를 자신과 가장 궁합이 잘 맞은 전형적인 아리안 혈통의 남성이었다고 술회한 사실을 보더라도 매우 일관성 없는 태도를 보인 여성이었음을 알 수 있다. 그런 점에서 과장과 왜곡이 심한 것으로 정평이 있는 그녀의 회상록은 자료적 가치가 매우 떨어진다고 볼 수 있다. 오히려 독일의 퍼시 아들론 감독이 2010년에 발표한 영화 〈카우치 위의 말러〉에서 다룬 말러와 알마 사이의 갈등 관계가 더욱 사실적으로 다가오기도 한다.

사랑에 중독된 시인 아폴리네르

20세기 프랑스 초현실주의를 대표하는 시인으로 기존의 모든 예술형태에 반기를 든 아방가르드 운동의 기수로 활약한 기욤 아폴리네르 (Guillaume Apollinaire, 1880-1919)는 매우 혁신적인 형태의 새로운 시를 선보여 현대 프랑스 시단에 돌풍을 일으킨 장본인이었다. 특히 제1차 세계대전의 전운이 감돌기 시작한 1913년에 발표한 그의 파격적인 첫 시집《알코올》은 세상에 신선한 충격을 안겨주며 대중적 인기를 독차지했다.

그중에서 가장 널리 알려진 시 '미라보 다리'는 한때 그의 연인이었던 마리 로랑생에게 당한 실연의 아픔을 담고 있는 작품으로 과감하게 구두점을 생략한 것이 특징이기도 하다. 물론 그것은 불연속적인 모호함을 통해 자신의 시에 유연성을 부여하기 위한 의도적인 시도로 풀이되기도 하지만, 1930년대에 우리나라의 괴짜 시인 이상이 발표한 일련의 작품들에서 극단적으로 띄어쓰기를 거부한 사실과 결코 무관치 않아 보인다. 왜냐하면, 모든 구두점을 삭제한 것은 이별과 분리에 대한 거부요, 저항을 의미한 것일 수 있기 때문이다.

실제로 아폴리네르와 이상은 일찌감치 부모에게 버림을 받고 분리불안에 시달린 사람들이었다. 그렇지만 이상이 갓난아기 시절 부모의 가난때문에 백부의 양자로 입양되어 그나마 제대로 교육받고 자란 것과는 달리 아폴리네르는 아버지가 누군지도 모르는 사생아로 태어나 교육조차 변변히 받아보지 못한 불운의 주인공이었다.

아폴리네르

원래 아폴리네르는 로마에서 사생아로 태어났는데, 몰락한 폴란드 귀족의 후예였던 어머니 안젤리카는 평소 행실이 좋지 못한 여성으로 아폴리네르보다 두 살 아래인 동생 알베르 역시 아버지가 다른 사생아였다. 어려서부터 아버지가 없는 사생아라는 사실 때문에 항상 열등감에 젖어 살아야 했던 아폴리네르는 어머니의 손에 이끌려 여기저기를 전전하는 떠돌이 생활 속에 성장했다. 이들 세 식구는 모나코에 살다가 파리로 이주했으며, 그 후 어머니와 함께 벨기에의 왈롱 지방을 여행했을 때에는 다른 남자와 눈이 맞은 어머니가 어린 형제를 남겨두고 종적을 감춰버리는 바람에 아폴리네르는 동생을 데리고 머물던 집에서 야반도주를 감행해야만 했다.

이처럼 무책임한 어머니였으니 어려서부터 그가 극심한 정서적 불안정을 겪을 수밖에 없었을 것이다. 그는 어머니 부재중에 그곳에서 처음으로 마리아 뒤보아라는 이름의 처녀를 짝사랑하게 되었지만, 불가피하게 야반도주를 하게 되면서 그 사랑은 불발로 끝나버리고 말았다. 그런 우여곡절 끝에 파리로 다시 돌아온 그는 몽마르트 거리의 젊은 예술가들과 어울리며 급진적인 예술운동에 동참하게 되면서 다다이즘, 큐비즘, 초현실주의 운동 등에 심취했는데, 초현실주의라는 용어도 그가 처음으로 만든 것이었다.

아폴리네르는 당시 신예화가 마리 로랑생과 사랑에 빠졌는데, 자신과 똑같이 사생아 출신이면서도 밝고 쾌활한 그녀의 모습을 보고 첫눈에 반하고 말았다. 미라보 다리를 오가며 애타게 그녀를 만나던 아폴리네르는 마침내 다리 건너에 사는 그녀의 집 근처로 이사까지 했으나, 그 후로는 두 사람 사이에 언쟁이 늘기 시작했다. 스토킹 수준에 가까운 너무도 강한 그의 집착과 질투심에 그녀가 지친 탓도 있었고, 설상가상으로 1911년 루브르 박물관에서 발생한 명화 모나리자 도난사건의 주범으로 몰려 그가 경찰에 체포되었다가 무혐의로 풀려나는 일이 발생하자 로랑생은 완전히 그에게 결별을 선언하고 말았다. 나중에 밝혀진 사실이지만 로랑생은 양성애자로 알려졌다.

로랑생과 헤어진 아폴리네르는 외로움을 견디지 못하고 곧바로 다른 여성들과 사랑에 빠졌으나 번번이 실패하고 말았는데, 그중에서도 마들렌 파제와의 파혼은 그에게 가장 큰 아픔을 주었다. 그가 전장에서 쓴 유명한 시구 '내가 가장 좋아하는 포탄은 그대의 젖가슴'의 주인공은 바로 교사 출신인 마들렌이었다. 물론 그는 로랑생과 만나기 이전에도 영국인 교사 애니 플레이든을 사랑한 적이 있었지만, 그녀에게서도 역시 뼈아픈 거절의 아픔을 맛봐야 했다. 심지어 마지막 수단으로 그녀를 납치하겠다는 협박까지 가했지만 이를 견디다 못한 그녀는 결국 미국으로 이주해버렸다. 참담한 심경에 빠진 그는 〈사랑받지 못한 사내의 노래〉라는 시를 통해 자신의 비통함을 하소연하기도 했다. 물론 그 시에서 아폴리네르는 자신의 사랑이 거짓된 사랑임을 고백하기도 했지만, 사랑에 굶주린 나머지 다른 아무것도 보이지 않는 시인의 입장에서는 사랑은 베푸는 것이며 서로 주고받는 관계에서 기쁨을 누리는 것이지, 일방적으로 매달리고 강요하는 병적인 집착과는 질적으로 다르다는 사실을 깨닫지 못한 듯싶다.

어쨌든 자신과 처지가 비슷했던 로랑생을 잃고 난 그는 제정신이 아닌 상태에서 때마침 제1차 세계대전이 발발하자 군대에 자원입대해 격전지로 떠났는데, 그것은 일종의 자포자기 상태에서 스스로 죽음을 자초하는 매우 자학적인 동기에서 비롯된 결정으로 보인다. 결국, 그는 1916년 참호 속에서 자신의 작품을 읽고 있다가 적진에서 날아온 포탄에 맞아 뇌에 치명적인 부상을 입고 말았다. 두 번에 걸친 뇌수술로 겨우 목숨만은 건졌으나, 완전한 회복을 기대하기는 어려운 상태였다. 그런 상태에서도 그는 자클린 콜브와 결혼하는 데 성공하기도 했지만, 불과 수개월 후 스페인 독감에 걸려 종전을 불과 이틀 앞두고 38세라는 아까운 나이로 숨을 거두고 말았다. 그에게는 신혼의 행복과 종전의 기쁨을 누릴 기회조차 주어지지 않았으니 참으로 불행한 운명의 주인공이 아닐 수 없다.

이처럼 아폴리네르의 삶은 끊임없이 사랑을 찾아 헤매는 시련과 아픔의 연속이었는데, 물론 이는 자식을 제대로 돌보지 않고 무책임하게 내버린 어머니로 인해 적절한 사랑을 받지 못한 일종의 애정 결핍증 때문이라고 볼 수 있다. 그렇게 항상 사랑을 구걸하는 입장이었던 그에게는 사생아라는 불명예까지 꼬리표처럼 따라붙어 극심한 열등감과 외로움에 시달리며 살아야 했다. 사랑 앞에서 항상 초조한 빛을 감추지 못한 그는 결국 사랑의 교류에 대한 경험 부족과 미숙함 때문에 그토록 엄청난 고통과 좌절을 겪어야 했던 것이다.

어느 한순간도 누군가로부터 사랑을 받지 못하면 견딜 수 없는 외로움과 허전함에 몸부림쳐야만 했던 이 불행한 시인은 그런 아픔과 외로움을 오로지 술에 의지해 잊고자 했다. 화가 모딜리아니와 위트릴로는 그와 가장 절친한 술친구로 이들 셋은 술독에 빠져 지내면서 현실적인 괴로움을 떨쳐내려 애썼다. 위트릴로 역시 아폴리네르처럼 사생아 출신으로 두 사람은 서로에 대해 남다른 공감을 느꼈을 법하다. 아폴리네르가 죽고 일 년이 지나 모딜리아니도 36세 나이로 요절하고 말았지만, 위트릴로는 알코올 중독에 시달리며 수없이 정신병원을 드나들면서도 72세까지 장수하는 저력을 발휘했다.

스승의 아내를 빼앗아 달아난 D. H. 로렌스

20세기 영문학에서 에로티시즘 문학을 대표하는 작가로 알려진 D. H. 로렌스(David Herbert Lawrence, 1885-1930)는 과감한 성 묘사로 인해 외설 시비에 휘말린 소설 《채털리 부인의 사랑》, 《무지개》, 《사랑하는 여인들》 등으로 숱한 오명에 시달린 데다 실생활에서도 대학 시절 자신의 은사였던 교수의 아내를 유혹해 둘이 함께 해외로 달아남으로써 사회적 지탄의 대상이 되기도 했다. 결국, 보수적인 영국 사회에 발을 붙일 수 없었던 그는 마지막 정착지로 자유롭게 숨 쉴 수 있는 땅인 미국을 택해 뉴멕시코의 한 목장에 안주했으나, 결국에는 고질적인 결핵으로 쓰러져 44세를 일기로 생을 마감해야 했다.

영국 중부에 위치한 탄광촌 이스트우드에서 가난한 광부의 아들로 태어난 그는 술주정뱅이에 툭하면 폭력이나 휘두르는 무식한 폭군 아버지와 그런 남편에게 실망하고 오로지 아들에게만 의지해 위안을 얻고자 했던 어머니 사이에서 힘겨운 어린 시절을 보내야 했다. 아버지로부터 학대받는 어머니를 폭군의 손아귀에서 어떻게든 구해내야만 한다는 구원환상(rescue fantasy)에 사로잡힌 그는 청년 시절 어머니가 일찍 세상을 뜨자 하늘이 무너지는 듯한 충격에 빠졌다. 그 후 얼마 가지 않아 스승의 아내를 빼앗아 달아나는 불륜을 일으켜 거센 여론의 뭇매를 맞기도 했지만, 로렌스 개인의 입장에서 보자면 그것은 오래전부터 자신에게 주어진 신성한 임무를 상징적으로 완수한 것에 지나지 않았다.

문맹인 남편과는 달리 전직 교사 출신의 지식인이었던 어머니 리디아는 특히 어려서부터 허약체질이었던 아들 로렌스를 마치 연인처럼 대했으며, 그런 어머니와 맺은 밀착된 관계는 아들의 성격 형성과 작품 활동에도 결정적인 영향을 끼쳤다고 할 수 있다. 특히 어머니에 대한 죄책감으로 인해 이성 교제에 어려움을 겪었는데, 어머니 이외의 다른 여성을 사랑한다는 자체가 그녀를 배신하는 행위였기 때문이다. 솔직히 말하면 아들에 대한 독점욕에 사로잡힌 어머니가 아들로 하여금 한눈팔 수 없도록 어려서부터 세뇌를 시킨 셈이다. 그런 이유로 그의 오랜 문학적 조력자로 알려진 제시 체임버스와의 사랑도 불발로 그치고 말았던 것이다.

노팅엄 대학을 졸업한 로렌스는 소설 《하얀 공작》으로 문단에 정식 데뷔했으나, 그 해에 어머니가 암으로 사망하자 거의 탈진상태에 빠져 한동안 아무 일도 할 수 없을 정도로 큰 충격을 받았다. 가까스로 원기를 되찾은 후 자전적인 소설 《아들과 연인》을 써서 비로소 어머니의 보이지 않는 굴레에서 벗어나는 듯싶었으나, 곧이어 대학 시절의 은사였던 위클리 교수의 부인 프리다를 만나 걷잡을 수 없는 사랑에 빠지면서 그동안 어머니라는 틀에서 벗어나고자 했던 그의 노력도 한순간에 수포로 돌아가고

D. H. 로렌스

말았다. 솔직히 말해서 《아들과 연인》에 나오는 모렐 부인은 작가 자신의 어머니 리디아를 모델로 한 것으로 소설에서 묘사된 모자 관계는 마치 연인 사이처럼 끈끈히 맺어진 밀착 관계라 할 수 있으며, 그런 모습은 결국 프로이트가 말한 오이디푸스 콤플렉스를 그대로 드러낸 것이다.

어쨌든 자신보다 6년이나 연상인 유부녀 프리다를 유혹해 단둘이 해외로 애정의 도피행각을 떠난 로렌스에 대해 세인들은 거센 비난의 욕설을 퍼부었다. 하지만 젊은 작가와 눈이 맞아 가정을 버리고 달아난 프리다도 욕먹기는 마찬가지였다. 그도 그럴 것이 그녀는 독일 귀족의 후예로 품위 있는 교수의 아내이자 세 자녀의 어머니였기 때문이다. 그런 여성이 20대의 젊고 야심에 가득 찬 노동자 계급 출신의 신진작가와 함께 놀아나 평화로운 가정을 헌신짝 내던지듯 버렸으니 보수적인 영국사회에서 따가운 눈총을 받을 수밖에 없었다.

세인들의 비난을 피해 한동안 독일로 달아났다가 이탈리아를 거쳐 귀국한 이들에 대해 마침내 위클리 교수가 한발 물러나 이혼을 승낙함으로써 두 사람은 1914년 정식으로 결혼하는 데 성공했다. 하지만 곧바로 제1차 세계대전이 발발하면서 이들 부부는 새로운 곤경에 처하고 말았는

데, 프리다가 적국인 독일의 스파이 혐의를 받고 군 당국으로부터 거주지를 떠나라는 명령을 받았기 때문이다. 그렇지 않아도 소설 《무지개》가 외설 시비에 휘말려 경찰에 압수당하는 수모를 겪은 로렌스는 이래저래 못살게 구는 영국 사회에 환멸을 느끼고 프리다와 함께 정처 없는 해외 여정 길에 올랐다. 그는 스스로 그 여행을 '야만의 순례길'이라 지칭했는데, 결국에는 자신들의 마지막 정착지를 미국으로 정하고 1922년 뉴멕시코 타오스의 목장에 삶의 터전을 잡았다.

하지만 당시 폐결핵에 걸린 상태였던 그는 원시적인 목장 생활을 즐길 짬도 없이 다시 이탈리아로 건너가 요양 생활을 보내야 했으며, 요양소를 나온 직후 프랑스 방스에 머물던 중에 숨을 거두고 말았다. 당시 요양기간 중에 이미 프리다는 12년이나 연하인 이탈리아인 남성 안젤로 라발리와 불륜관계에 있었는데, 그들의 불륜현장을 직접 목격하기도 했던 로렌스는 그런 사건을 토대로 《채털리 부인의 사랑》을 쓰게 되었다고 전해진다. 어쨌든 로렌스의 재는 그의 유언에 따라 뉴멕시코로 옮겨져 그곳에 안장되었는데, 그 후 프리다는 라발리와 함께 타오스 목장에 계속 살았으니 지하에 묻힌 로렌스가 땅을 치고 통곡할 노릇이었을 것이다.

다자이 오사무의 동반자살

일본 데카당스 문학을 대표하는 소설 《인간 실격》으로 유명한 작가 다자이 오사무(太宰 治, 1909-1948)는 38세라는 젊은 나이로 생을 마감하기까지 무려 다섯 번에 걸쳐 자살을 시도할 만큼 죽음에 강한 집착을 보였다. 삶의 실패자요, 무능력자임을 자처한 그에게는 어떻게 사느냐 하는 문제보다 어떻게 죽을 것이냐 하는 문제가 더욱 중요했던 것으로 보이기까지 한다. 그런 유약한 모습을 보인 다자이에 대해서 남성 우월주의에 사로잡힌 미시마 유키오는 한때 극도의 혐오감을 표시하면서 냉수마찰이나 기계체조 등 규칙적인 생활을 통해서도 얼마든지 극복할 수 있는 문제라고 일축하기도 했다. 하지만, 천황제 복귀와 사무라이 정신의 부활을 외치며 자위대 본부에서 할복자살한 미시마의 객기 어린 모습은 솔직히 말해서 남성다움을 가장한 유아적 치졸함의 극치라 할 수 있겠다.

일본 북단에 위치한 아오모리 현 가네기 시에서 부유한 대지주의 11남매 중 6남으로 태어난 다자이 오사무는 비록 남부러울 것 없는 유복한 환경에서 자랐으나, 무리한 다산으로 인해 어머니가 몹시 병약했기 때문에 주로 유모의 보살핌을 받으며 컸다. 그런 성장 배경 탓인지 유달리 심약하고 예민한 감수성을 지니게 된 그는 13세 때 아버지가 사망한 후로는 자신의 집안 배경에 대해 오히려 극심한 죄의식을 느낀 나머지 고교 시절부터 술과 여자에 탐닉하면서 학업을 게을리했을 뿐만 아니라, 그 시기에 이미 좌익사상에 입각한 작품을 쓰면서 자신의 가문을 지상에서 멸망해 사라져야 할 존재로 규정하기까지 했다.

그렇게 자포자기 상태에 빠져 지내던 그는 고교 재학 중일 때 자신의 우상이었던 작가 아쿠타가와 류노스케가 자살한 사실에 충격을 받고 생애 첫 번째 자살을 시도했으며, 그 후 두 번째 자살 시도는 동경제국대학에 다닐 때 이루어졌다. 당시 좌익운동에 몰두해 있던 그는 방탕한 생활로 일관하다가 학업을 제멋대로 중단하고 기녀 오야마 하쓰요와 함께 멀리 달아났는데, 그런 망나니 노릇 때문에 결국 집안에서도 쫓겨나고 말았다. 가족으로부터 의절한다는 통보를 받은 직후 긴자의 카페 여급 다나베 시메코와 함께 가마쿠라 해변에서 바다에 투신자살을 시도한 그는 애꿎은 시메코만 죽고 혼자 살아남게 되자 자살방조 혐의로 경찰 조사를 받고 구류처분을 받았으나, 그나마 가족이 손을 써서 기소 유예로 풀려날 수 있었다.

당시 정계에 입문한 큰형 분지는 자신의 정치적 생명에 금이 갈까 염려하여 하쓰요와의 결혼을 인정해주고 생활비를 보태주는 대신, 불법적인 공산주의운동과는 손을 끊을 것을 요구했으며, 결국 형의 요구를 받아들인 그는 하쓰요와 결혼해 소설 창작에 몰두했다. 그 후 불법단체인 공산당과의 관련 혐의로 경찰에 다시 체포되었다가 이번에도 역시 형의 도움으로 풀려나게 되었다. 이처럼 숱하게 말썽을 피우던 그는 마침내 형과의 약속대로 모든 이념적 활동에서 손을 떼게 되었지만, 그동안 학업에 소홀했던 탓에 대학 졸업이 어려워지게 되자 막다른 골목에 처한 나머지 산에서 목을 매 세 번째 자살을 시도하게 되었다.

생활 무능력자라는 자괴감과 함께 남보다 뛰어난 선택받은 자라는 자부심 사이를 오가며 갈팡질팡하고 있던 그는 1935년 당시 이미 폐결핵에 걸린 상태에다가 맹장염 수술 합병증으로 생긴 복막염으로 중태에 빠진 후, 회복기에 이르러 진통제에 중독되고 말았다. 이듬해 약물중독 치료를 위해 정신병원에 수용된 그는 폐쇄 병동 생활에서 더욱 큰 충격을 받고 엄청난 공포심에 사로잡혔는데, 설상가상으로 그가 입원해 있는 사이에 아내 하쓰요가 자신의 친구와 불륜을 저지른 사건이 발생하자, 이번에는 그녀와 동반 자살을 시도하지만 실패하고 결국 이혼하고 말았다.

다자이 오사무

그 후 다자이는 교사 출신 이시하라 미치코와 재혼해서 비로소 안정된 삶을 되찾고 잠시 행복한 시절을 보냈으며, 이 시기에 모처럼 진지한 자세로 창작 활동에 몰두하게 되었다. 하지만 때마침 불어 닥친 태평양 전쟁의 열기로 그는 세상에서 더욱 고립되고 말았으며, 더욱이 패전 후의 일본은 그에게 더욱 큰 환멸과 분노만을 안겨 주었을 뿐이었다. 비록 그의 존재는 전후 일본에서 인기작가로 부상했지만, 정작 다자이 자신의 분노와 좌절, 그리고 극도의 혐오감을 동반한 자포자기적인 성향은 날이 갈수록 깊어만 갔다. 이때 이미 알코올 중독에 빠진 그는 자신의 열렬한 팬인 오다 시즈코와 깊은 관계를 맺고 딸 하루코를 낳았다.

하지만 날이 갈수록 건강이 더욱 악화되자 그는 자신의 처자식도 내버리고 그 전에 이미 알고 지내던 전쟁미망인 야마자키 도미에와 함께 온천 휴양지 아타미로 가 그곳에서 소설 《인간 실격》을 썼다. 그러나 각혈증세가 심해지면서 더 이상 살 가망이 없음을 깨달은 그는 자신의 곁을 지키던 야마자키 도미에와 함께 약을 먹고 다마가와 운하에 투신함으로써 결국 다섯 번째 자살시도 끝에 짧은 생을 마감하고 말았다. 마지막 세 차례의 시도는 여성과 함께하는 동반자살이었다는 점이 특징이기도 하다.

이처럼 그는 자신뿐 아니라 사랑하는 여성들도 함께 죽음으로 몰고 갔는데, 그것은 마치 사랑과 미움이 교차하는 매우 역설적인 모순을 드러낸 모습이기도 하다. 물론 그의 첫 번째 자살시도는 무절제한 방종 때문에 집안에서 의절을 통보받은 직후에 벌어진 일이지만, 다른 무엇보다 자신이 가족으로부터 버림을 받았다는 유기불안과 좌절감 때문에 그랬을 가능성이 더욱 크다고 할 수 있다. 왜냐하면, 그의 마음 한구석에는 항상 모정에 대한 그리움뿐만 아니라 자신을 처음부터 끝까지 돌봐주지 않았던 어머니에 대한 원망과 분노 역시 자리 잡고 있었을 것이다. 그런 부정적 감정의 흔적으로 인해 자신의 어머니상을 대신하는 여성들과 함께 동반자살을 시도한 것으로 볼 수도 있기 때문이다. 다시 말해서 그의 죽음이 의미하는 것은 모자 일심동체의 상징적인 동반자살을 뜻하는 것이기 쉽다.

《인간 실격》의 주인공 요조가 늙은 식모의 보살핌을 받으며 기묘한 동거생활을 계속하는 모습은 곧 어머니에 대한 원초적인 욕망을 반영하는 것이라 할 수 있다. 실제로 다자이의 어머니는 항상 병약했기 때문에 그는 주로 유모의 손에 의해 컸으며, 더군다나 열한 명이나 되는 많은 형제 가운데서 자랐으니 부모의 관심을 제대로 받기 어려웠을 것이다. 이처럼 모정에 대한 그리움과 원망이 그에게 항상 채울 수 없는 공허감에 시달리게 했으며, 숱한 여성들 사이에서 방황을 거듭하게 만든 원인을 제공했을 것으로 보인다.

결국, 다자이는 홀로서기에 실패한 인간이었다고 할 수 있다. 인간은 누구나 따스한 엄마 품을 떠나 걸음마를 시작하는 순간부터 홀로서기 연습에 들어가지만, 그렇게 엄마 곁을 손쉽게 떠나지 못하는 아기들은 어른이 되어서도 여전히 분리불안에 사로잡혀 숱한 만남과 헤어짐을 반복하는 가운데 계속해서 마음의 상처를 받기 마련이다. 그런 상처가 두려워 다자이는 《인간 실격》의 주인공 요조처럼 여자가 없는 세상을 바라기도 하지만 그것은 현실적으로 불가능한 일이다. 더군다나 그에게 아버지와 큰형의 존재는 단지 겁을 주고 위협하는 권위상으로 기억에 남아 그로 하여금 계속 주눅 들게 만든 장본인들이었을 뿐이다. 이처럼 그는 세상을 지배하는 실세로서의 남성 세계와 그들에게 지배되어 살아가는 여성 세계 사이 그 어느 곳에도 속하지 못하고 소외된 존재로 전락하여 서서히 인간 실격자가 되어가는 주인공 요조처럼 자신과 세상 모두를 혐오하고 자학하는 모습을 보인 것이다.

다자이가 일생을 통해 계속해서 파멸과 죽음에 집착한 것은 자신의 내면에 간직된 부정적인 인물상과의 투쟁에서 실패를 자인했기 때문이다. 물론 거기에는 이런 저런 죄의식도 함께 작용했겠지만, 보다 근원적으로는 자신의 내면에서 적절한 타협을 이루지 못한 데서 그 원인을 찾을 수 있겠다. 정상적인 모자관계를 통해 험난한 세상에서 홀로 헤쳐 나갈 힘을 키울 훈련이 채 마련되지 못했던 그로서는 자신의 근원적인 의존성을 현실세계에서 찾지 못하고 결국에는 자포자기 상태에서 그 모든 내적 대상들과 함께 동반자살 하는 것으로 생을 마감한 셈이다.

아내를 목 졸라 살해한 철학자 알튀세르

현대 프랑스의 저명한 마르크스주의 철학자요 사상가로 알려진 루이 알튀세르(Louis Pierre Althusser, 1918-1990)는 프랑스에서 진보적 학생운동이 극에 달했던 1960년대와 1970년대에 걸쳐 좌파 지식인의 선봉에 서서 사상적 토대를 마련한 인물이기도 했지만, 소련의 붕괴로 공산주의가 몰락한 후로는 사람들의 관심 밖으로 밀려난 존재가 되고 말았다.

더군다나 그는 1980년 11월 16일 새벽, 자신의 아파트 침대 위에서 부인 엘렌의 목을 졸라 살해함으로써 프랑스 국민뿐 아니라 전 세계 지식인들을 충격에 빠트리고 말았다. 이미 오래전부터 조울병에 시달려왔던 그는 법원의 명령에 따라 곧바로 정신병원에 수용되었지만, 당시 세계적인 명성을 날리며 세상에서 존경받던 철학자가 그것도 62세라는 노령에 접어들어 생의 반려자를 무참하게 목 졸라 살해한 행위는 어느 누구도 상식적으로 손쉽게 납득할 수 없는 미궁의 수수께끼이자 미스터리가 아닐 수 없었다.

그 후 사람들은 마치 약속이라도 한 듯 일시에 입을 다물고 침묵했으며, 알튀세르에 대한 화제는 유럽의 지식인사회에서 결코 입에 올려서는 안 될 일종의 금기처럼 되다시피 했다. 서구인들의 자존심에 먹칠을 한 광기의 철학자 알튀세르는 그들에게 있어서 마치 악몽과도 같은 존재였을지도 모른다. 그러나 세상뿐만이 아니라 정신병원에 갇힌 알튀세르 자신도 굳게 입을 다물어 버렸다.

그런데 살인 사건 이후 10년의 세월이 지난 뒤에 사람들의 뇌리에서 그에 대한 기억이 희미해져 갈 무렵, 세상을 발칵 뒤집어놓은 사건이 또 다시 일어났다. 알튀세르가 사망한지 2년 후인 1992년, 그가 유작으로 남긴 자서전《미래는 오래 지속된다》가 발간된 것이다. 하지만 이 저서는 통상적인 자서전이나 고백록과는 달리 자기 자신에 대한 철저한 분석을 시도한 것이었다. 물론 그것은 생전에 그가 라캉파 분석가로부터 오랜 기간 정신분석을 받았기 때문에 가능한 일이었는지도 모르나, 그 내용은 처절한 절규에 가까운 것으로 그토록 치열하게 자기 자신을 분석하고 해부한 경우는 그야말로 전무후무한 일이었다.

자서전에서 알튀세르는 자신의 불행한 삶의 기원이 어머니의 거짓된 사랑에서 비롯되었다고 스스로 분석하고 있다. 비록 그 사연이 다소 복잡하긴 하지만, 어쨌든 어머니가 진정으로 사랑했던 남성 루이가 전장에서 전사하자 본의 아니게 그의 형과 결혼한 그녀는 자신이 낳은 아들에게도 루이라는 이름을 붙여준 것이다. 문제는 그 아들이 그녀에게서 진정한 모정을 느끼지 못했다는 사실에 있다. 왜냐하면, 어머니가 자신의 이름을 부를 때마다 알튀세르는 그녀의 시선이 아들이 아닌 이미 오래 전에 죽고 없는 다른 남성 루이에게로 향해져있다고 느꼈기 때문이다.

알튀세르는 어머니의 사랑을 빼앗아간 삼촌 루이뿐 아니라 그녀의 인생을 망가뜨린 아버지에 대해서도 극심한 분노와 복수심을 드러내면서 그런 이유 때문에 자신은 비천한 신분의 유대인 여자를 사랑했고, 여동생은 일반 서민과 결혼했으며, 자신도 아버지가 죽은 후가 되어서야 비로소 결혼한 것이라고 주장했다. 결국 어린 시절 심각한 좌절을 겪은 이들 남매는 성인이 되어 함께 나란히 프랑스 공산당에 입당했는데, 당시 교제 중이던 유대인 여성 엘렌 리트만 역시 공산주의자였다.

알튀세르

평소에도 여성의 성적인 유혹에 대해 극도의 두려움을 지니고 살았던 알튀세르는 틈만 나면 아내와 충돌을 일으키며 서로 자살하겠다고 위협했는데, 실제로 알튀세르는 끊임없이 자신의 아내를 가학적으로 괴롭힌 것으로 알려졌다. 그런 아내를 살해한 후 정신병원에 수용된 알튀세르에게 조르주 바타이유는 영원히 침묵할 것을 요구하기도 했지만, 고통은 사랑하는 사람의 의미를 더욱 완성시켜주기도 한다는 주장을 했던 바타이유는 자신의 아내 실비아를 정신분석가 자크 라캉에게 빼앗긴 인물이었으니 그럴 만도 했을 것이다.

정신병원에 수용된 알튀세르는 자신을 면회 온 정신분석가 앙드레 그린에게 자신도 왜 아내를 죽였는지 모르겠다고 하면서 그 이유를 설명해 달라고 부탁했는데, 그때 그린은 분석가를 대신해 아내를 죽인 것이 아니냐는 해석을 해주었다고 한다. 친구의 그 한마디에 알튀세르는 큰 충격을 받은 듯 한동안 넋 나간 표정을 짓더니 이내 살기등등한 모습으로 친구가 사다 준 초콜릿 덩어리를 아주 게걸스럽게 씹어 삼켰으며, 그것을 미친 듯이 다 먹어치운 다음 곧바로 버림받지나 않을까 두려움에 떠는 아이처럼 몹시 겁에 질린 모습을 보였다고 한다. 물론 그린은 그런 친구에게 아무도 자네를 버리지 않을 거라고 안심시켜 주었다고 회상했다. 하지만 그토록 퇴행적인 행동을 불러일으킨 문제의 초콜릿은 알튀세르가 병원에 입원한 어머니를 문병 갈 때마다 항상 선물로 갖다 드린 것이기도 했으니, 결국 정에 굶주린 그는 어머니 대신 초콜릿을 그토록 게걸스럽게 씹어 삼킨 것이 아니겠는가.

그는 스스로도 고백했듯이 어머니의 진정한 사랑과 관심을 얻지 못한 사실과 그런 결과를 초래한 아버지에 대한 복수심 때문에 사랑과 미움의 적절한 타협에 실패한 인물이었다. 따라서 그는 가족이라는 구조 자체를 경멸했으며, 대신에 가톨릭과 공산당이라는 상호 모순된 거대 조직에 의지해 살았던 셈이다. 그러나 엘렌과의 결혼 생활은 그의 잠재된 성적 두려움을 계속 자극했으며, 결국 비극적인 사건으로 그들 관계는 종말을 고하고 말았다. 게다가 엎친 데 덮친 격으로 조울병까지 겹쳐 그의 삶은 더욱 큰 불행으로 치달았던 것이다. 그렇게 그는 수도 없이 정신병원을 드나들면서도 초인적인 힘으로 자신의 지적 활동을 계속했지만, 불행히도 어머니의 진정한 사랑을 받아보지 못해 일생동안 애정 관계의 미숙함으로 큰 어려움을 겪었으며, 종국에는 어머니 대신 애꿎은 아내를 살해하는 참극을 일으키고 만 것이다.

어머니와 의절한 마리아 칼라스

20세기 최고의 소프라노 가수로 알려진 마리아 칼라스(Maria Callas, 1923-1977)는 동시대의 강력한 라이벌 레나타 테발디에 대한 비하적인 발언은 물론 그리스의 선박왕 오나시스와의 염문, 그리고 연적인 재클린 여사와의 갈등과 마찰 등으로 한 시대를 화려하게 장식한 현대 성악계의 여걸이었다. 하지만 그토록 화려한 명성과 더불어 수많은 주변 인물들과 충돌하며 잡음을 일으키는 바람에 대중매체로부터 숱한 빈축과 조롱을 당하기도 했다. 비록 그녀는 무대 위에서 뛰어난 가창력과 힘찬 연기력으로 강력한 카리스마를 내뿜으며 수많은 청중을 압도했으나, 사생활 측면에서는 오만방자하고 변덕이 죽 끓듯 하는 성격 때문에 수시로 좌충우돌하는 모습을 보여 악평을 얻기 일쑤였다.

미국 뉴욕에서 그리스계 이민의 둘째 딸로 태어난 그녀는 출생 직후부터 부모의 냉대와 무관심 속에 지내야 했다. 힘겹게 약국을 개업한 아버지는 아들을 기대했다가 딸이 태어나자 크게 실망한 나머지 별다른 관심을 두지 않았고, 젖먹이 아들을 뇌막염으로 잃고 난 후 크게 상심했던 어머니는 이듬해에 딸 마리아가 태어나자 아기를 보여주는 의사에게 저리 치우지 못하겠냐며 외면했을 뿐만 아니라 수개월이 지나도록 좀처럼 그녀의 출생을 인정하지 않을 정도로 자신의 딸을 거들떠보지도 않았다.

더욱이 어려서부터 뚱뚱한 체구와 고도 근시를 지녔던 마리아는 날씬한 체격의 언니와 비교당하며 푸대접을 받았다. 어머니 자신이 남편과의 불화, 집안의 결혼반대, 배우나 성악가로 성공하려던 자신의 꿈을 이루지 못한 것에 대한 불만 등으로 결코 웃는 법이 없었으며, 그나마 미소를 살짝 머금었을 경우는 마리아가 노래를 부를 때뿐이었다. 마리아가 14세 때 결국 부모가 이혼하면서 어머니와 함께 지내게 되었지만, 계속 돈타령이나 늘어놓으며 돈을 요구하는 어머니 때문에 마리아는 무척 골머리를 앓았다.

소녀 시절 아테네 음악원에 재학 중일 때도 어머니의 돈 요구는 멈출 줄을 몰라서 거의 연락을 끊다시피 한 그녀는 이런저런 스트레스 때문에 한동안 폭식증에 걸려 고생하기도 했다. 하지만 오페라 가수로 성공하기 위해서는 과도한 비만이 걸림돌이 된다고 판단해 필사적인 노력으로 체중 감량을 시도하기도 했다. 음악원을 졸업한 후 그동안 아무런 소식도 없던 아버지가 서로 헤어진 지 7년 만에 연락을 해오자 그녀는 뉴욕으로 귀환해 한동안 아버지와 함께 지내기도 했다. 하지만 미국에서 별다른 인정을 받지 못하자 그녀는 뚱뚱한 몸매로는 결코 오페라 가수로 성공할 수 없다는 주위의 권고를 무시하고 다시 이탈리아로 돌아갔으며, 마침내 그녀의 재능을 알아본 부유한 사업가 조반니 메네기니의 후원으로 그때부터 돈 걱정 없이 마음 놓고 음악에만 몰두하면서 승승장구하기 시작했다.

그녀의 열렬한 팬이자 후원자였던 메네기니는 마리아보다 27년이나 연상이었지만, 결국 두 사람은 동거생활을 청산하고 1949년 정식 결혼하기에 이르렀는데, 당시 그녀 나이 26세, 신랑은 53세였다. 하지만 딸의 결혼에 대해 못마땅하게 여긴 어머니는 《내 딸 칼라스》라는 저서를 통해 무자비한 인신공격을 퍼부으며 딸을 비난했으며, 방송에도 출연해 자신의 딸이 진정한 사랑을 모르기 때문에 영원히 행복하진 못할 것이라는 등 악담을 늘어놓았다.

하지만 그 어머니에 그 딸이라고 마리아 역시 그대로 만만히 물러서지 않았다. 그녀는 어머니가 어려서부터 언니만 사랑하고 자신에게는 돈이나 벌어오는 창녀 취급을 했으며, 자신의 소중한 유년 시절을 송두리째 빼앗아간 어머니를 결코 용서하지 않을 것이라며 맹공을 퍼부었는데, 말로만 그런 게 아니라 공개적으로 어머니와 의절을 선언한 이래 죽을 때까지 일절 상종하지 않았으니, 참으로 대단한 모녀가 아닐 수 없다.

그럼에도 불구하고 어머니의 불길한 예언은 이상하게도 들어맞았는데, 그 후 마리아 칼라스는 그리스의 선박왕 오나시스의 구애를 받고 그의 호화로운 유람선 항해에 동참하여 각종 값비싼 선물 공세에 굴복한 나머지 그동안 자신을 헌신적으로 돌보며 프리마돈나로 키워준 메네기니를 헌신짝처럼 내버리고 오나시스와 동거에 들어갔다. 오나시스와 함께 상류사회 사교계에 진출한 그녀는 당시만 해도 매우 확신에 찬 태도로 메네기니에게 이혼을 요구하면서 오나시스와 결혼할 뜻을 품고 있었다.

마리아 칼라스

그러나 1968년 느닷없이 오나시스가 존 F. 케네디 대통령의 미망인 재클린 여사와 결혼하면서 그녀의 존재는 졸지에 낙동강 오리 알 신세로 전락해버렸다. 닭 쫓던 개가 지붕 쳐다보는 격이 되어버린 그녀는 이미 그 이전에 오나시스의 아기를 출산한 적이 있었으나 아쉽게도 그 아들은 출생 직후에 죽고 말았다. 이래저래 운이 없었던 그녀는 설상가상으로 목소리에 이상이 생겨 무대 위에서 공연을 중단하거나 취소하는 일까지 벌어지면서 엄청난 비난에 직면해야 했다. 물론 그 이전에도 그녀는 이탈리아 대통령이 관람하는 자리에서 몸이 불편하다는 이유로 도중에 공연을 중단한 적이 있을 정도로 안하무인이었으며, 그런 이유로 감독이나 극장주와도 격렬하게 다툰 적이 많았다.

어쨌든 그녀는 1965년 40대 초반에 〈토스카〉 공연을 끝으로 은퇴를 선언하고 파리의 허름한 아파트에 기거하며 은둔생활로 들어갔다. 우울증과 불면증에 시달리던 그녀는 1975년 갑자기 오나시스의 사망 소식을 접하게 되자 큰 충격을 받은 나머지 더욱 고립된 상태에 빠지고 말았으며, 그 후 2년이 지나 약물 과용으로 숨지고 말았다. 향년 53세였다. 한때 자살설이 나돌기도 했으나 입증된 사실은 아니며, 화장한 그녀의 유해는 고인의 뜻에 따라 그리스 앞바다 에게 해에 뿌려졌다. 그녀의 어머니 에반젤리아는 딸보다 5년을 더 살고 88세 나이로 세상을 떴다.

새장 속에 갇힌 다이애나 비

1981년 7월, 전 세계 수십억 인구의 시선을 사로잡은 세기의 결혼식이 런던에서 거행되었다. 물론 그 결혼식의 주인공은 영국의 찰스 왕세자와 다이애나였다. 당시 왕세자 나이 33세, 다이애나는 20세였다. 동화 속에서나 볼 수 있는 성대한 의식과 붉은 카펫, 왕족들과 전 세계에서 모여든 귀빈들, 화려한 의상과 마차 등 모든 청춘남녀의 부러움을 살만한 그런 꿈같은 장면이 20세기 현실에서 이루어지고 있던 순간이었다. 하지만 그토록 화려한 모습으로 출발한 이들 커플은 10년이 조금 지나 별거에 들어갔으며, 결국 1996년 최종 이혼에 합의하고 파경을 맞이하고 말았다. 더욱이 1년 뒤에 그녀는 이집트의 재벌 2세와 함께 데이트를 즐기던 중에 파파라치들의 추적을 피해 달아나다가 교통사고로 급사함으로써 더욱 큰 충격을 안겨주었다.

물론 다이애나(Diana Frances Spencer, 1961-1997)의 진정한 비극은 그녀의 불행한 성장 과정과 냉랭한 부부관계, 그리고 숨 막힐 듯 답답한 왕궁 생활에 있었다. 순수한 자기로 살아가지 못하고 전적으로 타인의 기대와 시선 속에 거짓된 자기로 살아갈 수밖에 없는 틀에 박힌 의례적인 나날의 연속이 원래 자유분방한 기질의 그녀를 더욱 옥죄고 만 것이다. 더욱이 찰스 왕세자의 마음은 과거 애인이었던 카밀라 보울즈에게 가 있었는데, 그런 사실을 나중에 가서야 알게 된 그녀는 질투심과 배신감에 사로잡힌 나머지 급기야는 폭식과 우울, 히스테리 증세를 보이게 되었지만, 그녀의 힘겨운 속사정을 알아주는 사람은 왕궁 안에 아무도 없었다.

결국 홧김에 서방질한다는 옛말처럼 그에 대한 보복으로 자신도 승마코치와 스캔들을 일으키고 한술 더 떠서 새장 안에 갇힌 신세나 다름없는 자신의 처지를 호소한 회고록까지 출간하게 되자, 시어머니인 여왕과도 극심한 불화를 낳게 되었다. 왕실의 체면이 우선이었던 여왕으로서는 왕궁 내의 모든 잡음이 밖으로 새어나가지 못하게 단속하는 일에만 전념했지 며느리의 정신적 갈등과 고충을 해결하는 일에는 아예 신경조차 쓰지 않았던 것이다. 그리고 왕세자는 다이애나가 죽은 후 2005년에 이르러 그동안 긴 세월을 잘도 참고 기다려준 카밀라 보울즈와 재혼하는 데 성공하긴 했으나 이들 커플을 바라보는 세인들의 시선이 결코 고울 리가 없었다. 사람들의 따가운 눈총에 담긴 무언의 뜻은 결국 왕세자와 카밀라 보울즈의 오랜 불륜관계가 다이애나를 죽음으로 몰고 간 직접적인 계기가 되었다는 비난이 아니겠는가.

그런데 문제는 다이애나의 성장배경도 결코 순탄치 않았다는 데 있다. 순탄치 않은 정도가 아니라 그녀의 어린 시절은 차라리 악몽 그 자체였다고 해도 과언이 아닐 것이다. 어릴 때 일찍 부모가 이혼하고 계모 밑에서 자라면서 매우 반항적인 소녀 시절을 보냈을 뿐만 아니라, 그나마 냉담하기 그지없는 어머니로 인해 사랑을 제대로 받아보지 못했기 때문이다. 물론 그녀의 아버지는 자상한 인품의 소유자이긴 했으나 쌀쌀맞고 자존심 강한 부인과 항상 불화를 일으켰으며, 그런 와중에 막내딸로 태어난 다이애나는 출생 직후부터 집안에서 푸대접을 받는데, 그 이유는 그녀의 부모가 처음부터 스펜서 가문의 대를 이을 아들을 간절히 원하고 있었기 때문이다.

원래 부모는 두 딸을 낳은 후에 아들 존이 태어나자 크게 기뻐했으나 힘겹게 얻은 그 아들이 태어난 직후 사망하게 되면서 부부 사이도 나빠지고 말았다. 그런 마당에 2년 뒤에 다이애나가 태어났으니 다시 아들을 기대했던 어머니는 크게 실망한 나머지 태어난 지 일주일간이나 그녀에게 이름조차 정해주지 않았다. 게다가 전혀 아기를 돌보지도 않고 유모에게 양육을 전적으로 일임해버렸다. 따라서 다이애나가 기억하는 최초의 기억은 어머니의 부드러운 젖가슴이 아니라 유모차 덮개의 플라스틱 냄새였던 것이다.

더군다나 아들에 집착한 부모는 3년이 지나 마침내 그토록 원하던 아들 찰스를 얻었는데, 가뜩이나 부모의 관심을 끌지 못하고 지내던 다이애나로서는 모든 관심이 동생 찰스에게로만 쏟아지고 자기 자신은 마치

투명인간처럼 사람들의 눈에 띄지 않는 있으나마나한 존재로 전락하게 되자 스스로를 쓸모없고 가치 없는 존재로 자학하며 자신이 집안에서 철저하게 무사당하고 버림받은 것으로 여기게 되었다. 이처럼 다이애나는 이미 죽은 오빠 존과 새롭게 태어난 남동생 찰스 사이에서 아무런 관심도 얻지 못한 채 몹시 외롭고 불우한 소녀 시절을 보내야 했으나, 성인이 된 후로는 공교롭게도 그에 대한 보상으로 다른 찰스를 얻게 되었다. 왕세자 찰스를 얻었기 때문이다. 하지만 어려서부터 부모의 관심을 끌기 위해 동생 찰스와 경쟁해야만 했던 다이애나가 이번에는 남편 찰스와 경쟁하며 시부모의 관심과 인정을 받고 싶어 했으나 그들 역시 냉담하기로는 그녀의 친정부모와 다를 게 전혀 없었다.

어쨌든 그녀는 여섯 살 어린 나이에 부모가 별거하면서 한동안 부모 사이를 오가며 지냈는데, 8세 때 부모의 이혼과 더불어 법정소송 끝에 아버지가 어린 남매의 양육을 맡게 되었으며, 어머니의 재혼에 이어 아버지의 재혼으로 새로 계모를 맞이하게 되자 화가 머리끝까지 치민 그녀는 엉뚱하게 나이 든 하인의 뺨을 때리는 무례함까지 보였다. 계모를 몹시 싫어한 다이애나는 그때부터 고함을 지르며 창밖으로 속옷들을 내던지거

다이애나

나 방석을 바늘로 마구 찌르는 등 매우 반항적이고도 난폭한 행동을 보이기 시작해 소문난 악동이 되었다. 이처럼 마음 붙일 곳이 없었던 그녀는 계모와 함께 살기를 거부하고 아버지와 어머니 집 사이를 오가며 지내기도 했으나 그녀를 반기는 사람은 어디에도 없었다. 그랬던 그녀가 평범한 유치원 교사에서 자애롭고 화사한 모습의 왕세자비로 변신했으니 그것은 실로 한 편의 동화 이야기에 나오는 마법의 공주와도 같은 변신이 아닐 수 없다.

이처럼 다이애나는 자신이 태어날 때부터 부모가 원하던 아기가 아니었다는 사실 때문에 일생동안 정서적 불안정에 시달렸으며, 설상가상으로 부모의 이혼과 이어진 양육권 다툼, 계모와 친모, 그리고 시어머니 사이에서 겪을 수밖에 없었던 갈등적 상황, 남동생 찰스와 남편 찰스에 대한 경쟁심과 질투심 등을 통해 알 수 있듯이 36년이라는 지극히 짧은 생애를 항상 정에 굶주린 상태에서 보내야 했다. 하지만 그녀의 존재를 인정하고 받아주는 사람은 어디에도 없었다. 부모가 그녀를 원치 않았고, 찰스가 원하지 않았으며, 왕실도 시어머니도 그녀를 원치 않았다.

　누구도 원하지 않는다는 것은 그녀에게 곧 거절과 버림당함을 뜻하는 것이었다. 오로지 대중들만 그녀를 원하는 듯이 보였지만, 자신의 속마음을 알지도 못한 채 오로지 겉모습만 보고 환호하며 박수를 보내는 그들의 성원은 그녀의 마음을 더욱 공허하게 만들 뿐이었다. 마침내 그녀는 그릇된 쇼윈도 부부 노릇을 청산하고 진정한 자유인으로 돌아가고자 진열대의 마네킹 역할을 거부한 채 숨 막히는 버킹엄 궁을 박차고 나온 것이다. 어차피 처음부터 그런 자리는 그녀에게 어울리는 자리가 아니었다. 우연의 일치인지는 모르나 그녀의 부모는 14년을 함께 살다가 이혼했으며, 다이애나 역시 그들과 비슷하게 15년을 살고 파경을 맞았다.

　인간의 삶에 있어서 결혼은 인격의 성숙도를 나타내는 일종의 리트머스 시험지와도 같은 것이다. 결혼은 성과 공격성, 사랑과 미움이 씨줄과 날줄처럼 교차하는 갈등의 중심이 되기 마련이기 때문이다. 따라서 결혼은 두 배우자 사이에 어느 정도의 타협과 용서, 화해, 책임감, 죄의식, 어른다움 등이 어떻게 자리 잡느냐의 여부에 따라 무덤이 될 수도 있고 낙원이 될 수도 있을 것이다. 그런 점에서 다이애나는 비록 우리 모두에게 신데렐라의 모습으로 비쳐졌지만, 실상은 이루어질 수 없는 서글픈 사랑으로 비극적인 최후를 마친 인어공주였다고 할 수 있겠다.

2장
—

독신을 고수한 사람들

미켈란젤로의 고뇌와 열정

레오나르도 다 빈치와 더불어 중세 르네상스 시대가 낳은 가장 위대한 화가이자 조각가로 알려진 미켈란젤로(Michelangelo, 1475-1564)는 금욕주의와 경건한 삶으로 일관하며 90세 가까이 장수한 인물이었다. 일생 동안 결혼도 하지 않고 독신으로 살았을 뿐만 아니라 타인들과의 접촉마저 거의 끊은 채 오로지 창작 활동에만 전념하는 가운데 불후의 걸작으로 꼽히는 시스티나 성당의 벽화 〈최후의 심판〉과 천장화 〈천지창조〉 외에도 걸작 조각상의 상징인 〈다비드〉와 〈모세〉 〈피에타〉 등을 남겼다. 그는 말년에 이르러서도 무리한 작업에 따른 과로와 부상으로 인해 건강을 몹시 해친 상태임에도 불구하고 쉬지 않고 여러 〈피에타〉 상 제작에 몰두하는 열정과 집념을 보이다가 89세를 일기로 외롭고 기나긴 생을 마감했다.

마치 수도승처럼 세상과 고립된 상태에서 오로지 창작에만 몰두한 그는 자신의 동료들과도 일체 상종하지 않았을 뿐만 아니라 심지어는 잘 때조차도 작업복을 그대로 걸친 채 장화도 벗지 않고 잠자리에 들 정도로 무질서하고 불결한 생활습관을 유지했다. 성격 또한 매우 거칠고 무레하기 짝이 없어서 교황 외에는 아무도 그를 가까이 하지 않으려 했다. 비록 그는 항상 말이 없고 우울한 상태에 있었지만, 신앙심만큼은 매우 깊어서 여자는 물론 배불리 먹고 마시는 일조차 금기시하며 철저하게 금욕적인 태도를 유지해 나갔다. 물론 그의 그런 회피적이고도 고립된 생활태도나 대인관계의 미숙함은 그 자신의 독특한 성격에서 비롯된 결과라 할 수 있겠지만, 어쩌면 어린 나이에 일찍 어머니를 여읜 후 남의 집에 맡겨져 자랐던 불행한 아동기 경험에 기인한 결과일지도 모른다.

이탈리아 토스카나 지방의 시골 마을에서 관리의 아들로 태어난 미켈란젤로는 여섯 살이라는 어린 나이에 어머니를 잃은 후, 아버지 소유의 채석장에서 일하는 석공에게 맡겨져 그 집에서 주로 자랐다. 어릴 적부터 석수 일을 접한 탓에 이미 그때부터 조각에 대한 남다른 관심이 움트고 있었을 것으로 보인다. 하지만 외로운 소년 시절 그에게 유일한 위안거리는 오로지 그림을 그리는 일뿐이었는데, 그런 아들을 못마땅하게 여긴 아버지는 그를 피렌체로 보내 인문학 공부를 시켰으나 학업에 관심이 없었던 그는 일찌감치 회화와 조각을 배우기 시작해 불과 20대에 불후의 걸작 '피에타'와 '다비드' 조각상을 제작함으로써 자신의 천재성을 유감없이 발휘하기 시작했다.

미켈란젤로

원래 프랑스 추기경 장 드 빌레르의 의뢰로 제작된 '피에타'는 죽은 예수의 시신을 안고 비탄에 잠긴 성모 마리아의 모습을 묘사한 걸작이지만, 미켈란젤로는 죽기 직전까지도 여러 개의 피에타 상을 계속해서 제작해 성모와 죽은 예수에 대한 남다른 집착을 보이기도 했다. 물론 그런 집착은 그의 돈독한 신앙심에서 비롯된 것으로 볼 수도 있겠으나, 어려서 자신을 끝까지 돌보지 않고 일찍 세상을 떠나버린 어머니에 대한 그리움 내지는 원망감에서 비롯된 결과로 볼 수도 있겠다.

실제로 죽은 예수의 시신을 안고 있는 성모 마리아의 시선은 아들의 얼굴로 향한 게 아니라 아래쪽으로 떨군 상태다. 너무도 처참하게 죽은 아들의 얼굴을 차마 볼 용기가 나지 않아 외면하고 있는 것으로 볼 수도 있겠지만, 어쩌면 미켈란젤로는 어머니에 대한 자신의 복잡한 감정을 투영한 것일지도 모른다. 또한 그는 자애로운 어머니의 따스한 온정을 받아보지 못하고 살았기 때문에 평생을 독신으로 지냈을 뿐만 아니라 성격 자체도 괴팍해진 것으로 볼 수 있으며, 그런 점에서 피 흘리며 죽은 예수와 자신을 동일시했을 수도 있다.

물론 이런 추측은 지나친 확대해석일 수도 있겠지만, 그가 그린 '최후의 심판'에 묘사된 여러 장면 가운데 성 바솔로뮤의 손에 처참한 몰골로 매달려 있는 희생자의 모습이 바로 미켈란젤로 자신의 자화상이라는 점에서 그의 자학적인 성향을 감지할 수 있다. 뼈와 살은 모조리 사라져버리고 오직 가죽만 앙상하게 남은 그의 흉측스러운 몰골이 실로 끔찍스럽기 그지없기 때문이다. 그것은 마치 세상에서 고립된 그가 교황의 일방적인 강요와 지시에 따라 혹사당하고 있는 자신의 비극적인 현실을 매우 자조적인 화풀이 차원에서 권력자들에게 복수하며 심술을 부린 것으로 보이기도 한다.

실제로 그와 동시대에 활동한 자코피노 델 콘테가 그린 미켈란젤로의 초상화를 보면 그야말로 피골이 상접한 몹시 초췌한 모습을 보이고 있는데, 잔주름이 가득한 노인의 얼굴에서 극심한 피로에 지친 기색이 역력하다. 아무런 손질도 가하지 않은 머리와 수염, 너절한 옷차림은 실로 지저분하기 짝이 없어서 마치 걸인의 행색을 연상시킬 정도인데, 특히 우수에 가득 찬 그의 시선이 보는 이의 마음을 더욱 뭉클하게 만든다. 그렇게 쇠약한 몸에서 어떻게 그토록 강인한 예술혼이 뿜어져 나올 수 있었는지 도저히 믿기지 않을 정도다.

예술에 대한 미켈란젤로의 뜨거운 열정은 교황의 지시에 따라 시스티나 성당의 천장화를 그릴 때 여실히 드러난다. 그는 무리한 작업 때문에 생긴 극심한 허리 통증에도 불구하고 4년에 걸친 각고의 노력 끝에 마침내 작품을 완성했으나, 오랜 시간 발판 위에 누워 쉬지 않고 작업한 결과 관절염과 근육 경직 증세에 시달렸으며, 게다가 천장에서 떨어지는 물감 때문에 안질까지 얻어 고통을 겪으면서도 결코 작업을 중단하지 않았다. 그 후 60대 노령에도 불구하고 다시 교황의 지시로 벽화 '최후의 심판'을 4년의 세월을 들여 완성시켰는데, 기력이 쇠진한 상태에서 작업하다 발판 위에서 떨어지는 부상까지 입으면서도 예술에 대한 집념 하나로 초인적인 힘을 발휘해 끝내 완성을 이루어 내고 말았다.

이처럼 미켈란젤로는 세상에서 철저히 고립된 상태에다가 결혼도 포기한 채 오로지 일에만 몰두했지만, 사랑에 대한 열정이 결코 남들에 비해 부족했던 것도 아니었다. 그는 수백 편에 달하는 시를 쓰기도 했는데, 특히 그의 나이 57세 때 처음 만난 23세의 젊은 청년 토마소 카발리에리에게 보낸 연시는 그 내용이 매우 에로틱한 것으로 알려져 있다. 비록 노골적인 연인관계로 발전하지는 않았지만, 카발리에리는 미켈란젤로가 죽을 때까지 매우 헌신적으로 그를 대해 주었다.

그뿐만이 아니다. 60대에 접어들어서는 로마에서 만난 귀족 출신의 미망인이자 시인이었던 비토리아 콜로나에 대한 뜨거운 열정에 휘말리기도 했다. 이들 남녀는 서로 뜨거운 연애시를 주고받았는데, 그녀가 죽을 때까지 두 사람의 관계는 계속 유지되었으며, 그는 그녀의 얼굴에 키스 한번 제대로 못한 사실을 두고두고 후회했다고 전해진다. 그런 점에서 미켈란젤로는 사랑에 무심했던 인물이 아니라 오히려 사랑에 굶주린 뜨거운 열정의 소유자였다고 할 수 있는데, 다만 이러한 열정을 행동으로 옮길 용기가 없었을 뿐이다. 물론 그것은 어려서 일찍 자신을 홀로 남겨두고 세상을 떠난 어머니에 대한 원망과 분노가 남달리 컸기 때문에 그 누구도 손쉽게 믿기 어려운 태도가 자연스레 몸에 밴 결과로 보이기도 한다.

대영제국과 혼인한 엘리자베스 1세

스페인과 프랑스의 위세에 눌려 유럽 변방의 작은 섬나라에 불과했던 잉글랜드 왕국을 세계 최대의 해양대국으로 발돋움하게 만든 사람은 엘리자베스 1세 여왕(Elizabeth I, 1533-1603)이다. 그녀는 일생동안 독신을 고수하며 자신은 국가와 혼인한 여성임을 공언함으로써 국민의 전폭적인 지지를 한 몸에 받은 인물로, 북미 대륙에 건설된 영국 식민지 버지니아는 '처녀 여왕(The Virgin Queen)'으로 불리기도 했던 그녀의 별명에서 붙여진 명칭이다.

엘리자베스 시대는 스페인의 무적함대를 격파한 영국 해군이 오대양을 누비며 전 세계에 해외식민지 개척의 발판을 마련한 시기로, 신대륙은 물론 동인도회사를 통해 아시아까지 그 세력을 넓혔으며, 적어도 유럽에서는 감히 영국에 대적할 세력이 없을 정도로 국력이 강성해졌다. 그녀의 강인한 카리스마적 리더십에 힘입어 사상 유례없는 번영의 기틀을 마련한 영국은 그 후 400년간 세계를 제패하는 초강대국이 되었다. 비록 말년에는 우울증과 노환으로 기력이 많이 쇠퇴했지만, 70년 평생 독신을 고수한 그녀는 한 치의 흐트러짐도 없이 여왕으로서의 품위를 유지하는 가운데 당당하게 죽음을 맞이하는 의연함을 보여주었다.

엘리자베스 1세

이처럼 결혼도 하지 않고 오로지 국가를 위해 일생을 바친 여왕의 태도는 남다른 애국심의 표본이 되어 오히려 국민의 열렬한 지지와 성원을 받는 계기가 되기도 했으나 그녀가 그토록 완강하게 독신을 고수한 배경에는 어릴 적부터 받아온 정신적 상처가 크게 작용한 것으로 볼 수 있다. 사실 그녀는 그 어떤 국왕도 겪어보지 못한 시련과 고통을 성장 과정 내내 겪을 수밖에 없었는데, 놀라운 인내심과 의지력으로 그런 고난의 시기를 극복한 여장부이기도 했다.

호색한 헨리 8세와 그의 정부 앤 불린 사이에서 사생아로 태어난 그녀는 불과 세 살 때 자신의 어머니가 참수형을 당하는 불행을 겪었는데, 간통을 저지른 반역죄인의 사생아로 취급된 그녀는 궁 안에서도 무시와 냉대를 받으며 항상 외톨이로 지내야 했다. 특히 이복 언니 메리의 구박이 심해 한 치 앞을 내다볼 수 없는 매우 불안정한 나날을 보낼 수밖에 없었다. 게다가 그녀는 이복 동생 에드워드 6세가 왕위에 오른 뒤 자신을 입양한 양부 토머스 시모어 제독으로부터 성추행까지 당하는 수모를 겪게되었다. 결국 그가 참수형에 처해지자 당시 16세였던 엘리자베스는 죄의식에 사로잡혀 이미 그때부터 남녀 간에 벌어지는 애정 문제에 매우 부정적인 시각을 갖게 된 것으로 보인다.

당시 그녀를 입양시켜 딸처럼 키운 부부는 헨리 8세의 마지막 부인 캐서린 파와 왕의 삼촌인 토마스 시모어 제독이었는데, 당시 나이 40세인 토머스는 어린 그녀를 상대로 성추행을 일삼았던 것이다. 두 남녀가 서로 포옹하고 있는 장면을 목격한 캐서린은 곧바로 엘리자베스를 집에서 내쫓아버렸다. 그 후 캐서린이 난산으로 숨지게 되자 시모어 제독은 당시 15세였던 엘리자베스에게 다시 접근해 추근대며 괴롭혔는데, 그런 사건뿐 아니라 반역을 꾀했다는 혐의까지 받아 결국에는 참수형을 당하고 말았다. 어쨌든 그런 일련의 과정들이 그녀에게는 상당한 정신적 상처를 안겨준 결과를 낳았는데, 물론 그 발단은 그녀를 사생아 신세로 홀로 남겨둔 채 저 세상으로 떠나버린 어머니의 이른 죽음에서 비롯된 것이었다.

더군다나 에드워드 6세가 어린 나이로 세상을 뜨자, 여왕의 자리에 오른 이복 언니 메리 1세는 엘리자베스에게 노골적인 박해를 가했으며, 목숨을 부지하기 위해 가톨릭 신도로 위장하기까지 했던 엘리자베스는 런던탑에 갇혀 고문과 협박에 시달리며 고통을 받기도 했다. 하지만 그녀는 놀라운 인내심을 발휘해 그런 위기를 극복해 나갔으며, 메리 여왕이 재위 5년 만에 난소암으로 사망하자 당시 25세의 엘리자베스는 국민의 대대적인 환영을 받는 가운데 메리 1세의 뒤를 이어 여왕의 자리에 오르게 되었다.

당시 백성들이 엘리자베스 여왕의 즉위를 쌍수를 들어 반긴 것은 그동안 가톨릭을 옹호한 메리 1세가 무자비한 개신교 탄압을 자행하며 숱한 피를 흘리게 했기 때문이다. 그래서 '피의 메리'라는 별명으로 불리며 악명이 자자했던 메리 여왕이 죽자 국민은 환호성을 지르며 그녀의 죽음을 축하했던 것이다. 그런 민심을 잘 알고 있던 엘리자베스 여왕은 자신이 겪은 시련과 고통을 교훈 삼아 남다른 애민정책을 펼치는 동시에 여론을 중시하는 모습을 통해 국민의 사랑을 독차지하며 잉글랜드 역사 이래 가장 강력한 대국으로 발돋움하는 계기를 마련하게 되었으니 그녀만큼 전화위복, 새옹지마, 와신상담 등의 고사성어에 딱 어울리는 여성도 없을 것으로 보인다.

숫총각으로 생을 마친 아이작 뉴턴

사과나무에서 떨어지는 열매를 보고 만유인력의 법칙을 발견한 것으로 유명한 영국의 위대한 물리학자 아이작 뉴턴(Isaac Newton, 1643-1727)은 물리학뿐만 아니라 수학, 천문학, 광학, 자연철학 분야에 큰 업적을 남겼다. 그 외에도 성서 해석과 연금술, 오컬트 연구에 몰두한 것으로 알려졌다. 케임브리지 대학에서 공부한 그는 흑사병의 유행으로 휴교령이 내려지자, 그동안에 고향에 내려가 과학과 철학에 대한 사색에 몰두했다. 바로 그 시기에 수학과 물리학, 천문학 분야에서 많은 아이디어를 얻었으며, 만유인력의 법칙도 그때 발견한 것이다.

모든 물체 사이에는 서로를 끌어당기는 힘이 작용한다는 만유인력의 법칙은 아인슈타인의 상대성 이론이 나오기까지 수백 년간 고전물리학에서 불변의 진리로 자리 잡았다. 하지만, 정작 뉴턴 자신은 모든 남녀 사이에 벌어지는 사랑의 인력에는 관심이 없었던지 84세까지 장수하면서도 일생동안 독신으로 지냈는데, 그것도 숫총각이었다고 한다. 물론 그는 동성애자도 아니었지만, 어쨌든 세상의 모든 여성에게는 아무런 관심조차 기울이지 않고 오로지 학문에만 몰두했는데, 독실한 성공회 신자로서 최후의 심판과 부활을 굳게 믿고 그것도 하늘이 아닌 지상에서 영생이 이루어질 것을 믿었다고 한다.

아이작 뉴턴

그런데 그의 독신생활이 신앙심 때문이라기보다는 갓난아기 시절에 자신을 버리고 떠난 어머니에 대한 원망과 증오심 때문으로 보는 게 더욱 타당할 것으로 여겨진다. 원래 조산아로 태어나 어릴 때부터 몸집이 매우 작았던 뉴턴은 그가 태어나기 이미 석 달 전에 아버지가 세상을 떴기 때문에 아버지의 얼굴을 알지도 못하고 자랐다. 게다가 그가 3세 무렵 어머니가 목사와 재혼하면서 외할머니에게 맡기는 바람에 고아나 다름없는 신세가 되었는데, 재혼한 후 어머니는 세 자녀를 더 낳았지만, 뉴턴이 10세 때 다시 과부가 되고 말았다.

어쨌든 계부를 끔찍이도 싫어했던 뉴턴은 자신을 버리고 다른 남자와 혼인한 어머니에 대해서도 엄청난 반감을 지니게 되었으며, 나중에 어머니 곁으로 돌아간 후에도 학교를 그만두고 농부가 될 것을 강요하는 어머니와 크게 충돌을 빚었다. 결국 교장의 설득으로 어머니가 마지못해 아들을 학교로 돌려보내 무사히 학업을 마치기는 했으나 이래저래 모자 사이는 심하게 틀어지고 말았다. 그토록 아들에 무심했던 어머니는 뉴턴이 36세 때 세상을 떴는데, 이처럼 정상적인 가정에서 부모의 정을 받지 못하고 외롭게 자란 어린 시절의 악몽 때문에 뉴턴은 일생동안 결혼도 하지 않고 독신을 고집한 것으로 보인다. 만유인력의 법칙을 발견한 위대한 학자였지만, 사람 사이에 서로 끌리는 인력만큼은 믿지 않았던 것이다.

자신이 태어난 고향을 벗어나본 적이 없는 칸트

철학적 대저 《순수이성 비판》과 《실천이성 비판》으로 18세기 독일 관념 철학을 대표하는 거장으로 우뚝 선 위대한 철학자 칸트(Immanuel Kant, 1724-1804)는 80년 평생 독신으로 살면서 매우 경건하고도 금욕적인 삶을 누리며 살았는데, 일생동안 자신이 태어나고 자란 쾨니히스베르크를 한 번도 떠나본 적이 없다고 한다. 시계처럼 정확하고 규칙적인 생활로 유

칸트

명해서 그의 산책 시간을 보고 시민들이 시계를 맞출 정도였다는 일화가 있을 정도로 모든 면에 철저했던 그에게 유일한 낙이 있었다면 그것은 커피와 담배뿐이었다.

가난한 마구(馬具) 제조업자의 아들로 태어난 그는 매우 청교도적인 삶을 살았던 부모 슬하에서 자라면서 어릴 적부터 경건한 삶의 태도를 몸에 익혔으며, 교육도 어머니와 친분이 있던 신학자 슐츠의 도움으로 종교적 훈련을 강조하는 김나지움에서 받았다. 하지만 그가 13세 때 어머니를 잃고 대학을 졸업한 22세 무렵에는 아버지마저 사망함으로써 졸지에 고아가 된 칸트는 생계를 유지하기 위해 가정교사 노릇을 하면서 홀로 철학적 연구를 계속해나갔다. 비록 그는 철학 교수를 오래전부터 꿈꿨으나 그 꿈을 이룬 것은 그의 나이 45세 때였으니 상당히 늦은 셈이었다. 더욱이 그의 대표적인 저서 《순수이성 비판》이나 《실천이성 비판》도 60대에 접어들어 발표한 것이니 아무래도 그는 대기만성형인물에 속하는 것으로 보인다.

아무튼 한평생을 독신으로 살면서 철학적 사색으로 일관한 칸트는 자신의 고향일 뿐만 아니라 어머니가 태어난 곳이기도 했던 쾨니히스베르크를 죽을 때까지 벗어난 적이 없는데, 그것은 곧 어린 시절에 잃어버린 어머니의 곁에서 떨어지기를 거부한 몸짓이 아닐까 한다. 그가 숨을 거두기 직전에 중얼거리듯 남긴 말은 "그것으로 족하다(Es ist gut)."라는 말이었다고 하는데, 물론 그동안 자신이 이룩한 철학적 업적에 만족해서 한 말이기도 하겠지만, 평생 어머니가 아닌 다른 여성을 넘보지도 않고 어머니의 고향을 굳건히 지킨 아들의 자부심을 드러낸 말처럼 들리기도 한다.

일찌감치 어머니의 존재를 상실한 아픔이 매우 컸던 칸트는 그런 고통스러운 감정의 세계를 철저한 이성의 탐구와 철학적 사변의 세계로 극복하며 한평생을 보냈다고 볼 수 있다. 강박적인 인물의 가장 두드러진 특성은 바로 감정적 교류를 회피하고 전적으로 이성적 합리적 사고의 세계에 몰입함으로써 자신의 심리적 균형을 유지해나간다는 점이라 할 수 있다. 그것은 마치 셰익스피어 비극의 주인공 햄릿이 "죽느냐, 사느냐, 그것이 문제로다."라고 읊조리며 깊은 사색에 치우치기만 할 뿐 오필리아의 사랑을 받아들이지 못하는 모습과도 흡사하다. 칸트 역시 젊은 시절 한때 약혼까지 했다가 실패한 경험이 있었다고 하는데, 덴마크의 철학자 키르케고르도 비슷한 과정을 밟고 독신으로 생을 마쳤다.

어쨌든 프로이트가 《꿈의 해석》에서 인용하기도 했던 하이네의 시에 "취침 모에 화장 복을 걸치고서 조각난 세상의 틈을 막는다네."라는 구절은 바로 칸트를 겨냥한 것으로 보이는데, 실제로 잠옷 차림으로 앉아서 저술했다고 알려진 칸트의 모습을 통해 독일 강단 철학의 기만성을 마음껏 조롱한 내용으로 여겨진다. 이처럼 하이네가 독일을 대표하는 대철학자 칸트를 비꼰 것은 결국 세상 물정에 대해 아무것도 모르는 주제에 무슨 여러 말로 그렇게 어렵게 세상에 대해 아는 척을 하느냐는 빈정거림이었을 것이다. 하기야 낭만적 열정을 대표하는 시인 하이네와 이성적 사변을 대표하는 철학자 칸트는 결코 서로 어울릴 수 없는 관계였다고 할 수 있겠다.

여성을 혐오한 염세주의 철학자 쇼펜하우어

칸트와 헤겔로 대표되는 독일의 이성적 관념 철학에 반기를 들고 매우 독특한 염세 철학을 전개한 쇼펜하우어(Arthur Schopenhauer, 1788-1860)는 그의 대표적인 저서 《의지와 표상으로서의 세계》를 통해서도 알 수 있듯이 자아를 포함한 세상 전체가 단지 표상에 불과한 것이며, 궁극적으로는 그 모든 것이 실재하는 것이 아니기 때문에 결국 모든 삶의 현상이 무(無)에 지나지 않는다는 동양철학적 사유에 근접한 결론에 도달한 인물이었다. 하지만 그의 철학은 동시대 학자들로부터 철저히 외면당했으며, 오히려 그의 사후에 문학, 음악 등의 예술계와 심리학 분야에 커다란 반향을 일으킨 것으로 알려졌다.

일생을 독신으로 마친 그는 특히 지독한 여성 혐오증으로도 유명하다. 한때 자신의 집 문밖에서 한 여성이 큰소리를 내 성가시게 했다는 이유로 폭력을 휘둘렀다가 법정소송에 휘말린 끝에 결국 패소하고 무려 20년 동안이나 그녀에게 벌금을 물어줘야 했던 일이 있을 정도다. 그렇게 여성 혐오증에 대한 대가를 톡톡히 치르면서도 그는 30대 초반에 젊은 오페라 가수 카롤리네 리히터와 사랑에 빠졌다가 결혼을 포기한 적도 있으며, 43세 때는 17세의 어린 소녀 플로라 바이스에게 구애했다가 거절당한 적도 있었다. 비록 여성을 혐오하긴 했지만, 금욕주의자는 아니었던 셈이다.

쇼펜하우어

발트 해 연안에 위치한 항구도시 단치히에서 상인의 아들로 태어난 쇼펜하우어는 아버지의 뜻에 따라 소년 시절부터 상인이 되기 위한 견습생 활에 들어갔으나 그의 나이 17세 때 아버지가 갑자기 자살하면서 삶의 진로도 바뀌게 되었다. 아버지의 자살 이유는 정확히 밝혀지지 않았지만, 어쨌든 그의 어머니는 아들이 상인이 되는 것에 반대하고 김나지움에 입학시킨 뒤 자신은 곧바로 누이동생 아델을 데리고 바이마르로 이사해버렸다. 하지만 바이마르로 이사한 후 사교 모임에 몰두한 어머니의 모습을 보고 쇼펜하우어는 극도의 혐오감을 지니게 되었다. 아버지의 비극적인 죽음에도 아랑곳하지 않고 시시덕거리며 유쾌한 삶을 즐기고 있는 어머니를 도저히 이해할 수 없었던 것이다.

결국 그는 김나지움을 도중에 그만두고 괴팅겐 대학으로 떠나 철학과 심리학을 공부했는데, 심지어 어머니는 자신의 아들이 철학을 포기하도록 설득해달고 유력인사에게 청탁을 할 정도였으니 이처럼 사사건건 자신의 진로에 훼방을 놓는 어머니에 대해서 그 아들이 좋은 감정을 지닐 리 만무했다. 더군다나 그의 첫 저서 《충족 이유율의 네 겹의 뿌리에 관하여》를 두고도 어머니는 무슨 소리인지 하나도 모르겠다며 누가 그런 책을 사보겠냐고 핀잔까지 주었으니 참으로 심술궂은 어머니가 아닐 수 없다.

어쨌든 그런 어머니를 통해 이 세상 모든 여성에 대해 환멸감을 지니게 된 그는 "여성이란 그들 자체가 어린애 같고 경박하며 앞을 내다볼 수 있는 안목이 없기 때문에 애들이나 상대하는 간호사, 교사 일에 딱 어울리는 존재들이며, 예술적 감각이나 정의감도 부족하다."라고 일갈하면서 그런 이유 때문에 자신은 일부일처제에 반대한다고 감히 주장했다. 그런 신념을 반영하듯 그는 30대에 접어든 시기에 하녀와의 사이에서 사생아 딸을 낳기도 했지만, 그 아기는 태어난 직후 죽고 말았다. 말년에 프랑크푸르트에 정착한 그는 혼자 외롭게 독신생활을 고수하다 카우치에 앉은 상태로 숨을 거두었는데, 그의 유일한 친구는 두 마리의 강아지뿐이었다.

들라크루아와 드가의 출생에 관한 비밀

19세기 낭만주의를 대표하는 프랑스 화가 들라크루아(Eugène Delacroix, 1798-1863)는 단순히 그리스나 로마의 고전미술을 모방하는 차원을 넘어서 셰익스피어, 월터 스콧, 괴테 등을 포함한 문학적 소재로 많은 작품을 남겼다. 그의 대표작 〈민중을 이끄는 자유의 여신〉, 〈키오스 섬의 학살〉에서 보듯이 고통 받는 민중의 모습을 극적으로 표현하기도 했다.

하지만 상류층 외교관의 아들로 태어난 그에게는 출생의 비밀이 있었는데, 어머니가 그를 임신했을 당시 그의 아버지는 불임 상태였기 때문에 그의 생부는 왕정복고파면서 영국 주재 프랑스 대사를 지낸 탈레랑으로 알려져 있다. 실제로 들라크루아의 외모는 탈레랑과 매우 닮았으며, 화가로 경력을 쌓는 내내 탈레랑의 지원을 받기도 했다.

한마디로 들라크루아는 불륜을 통해 나온 사생아였던 셈인데, 7세 때 법적인 아버지를 잃고 9년 뒤에는 어머니마저 여의는 바람에 16세 어린 나이로 졸지에 고아가 되고 말았다. 이처럼 떳떳지 못한 출생배경을 지녔던 그는 일생동안 결혼도 하지 않고 독신으로 일관했는데, 30대 중반부터 65세로 세상을 뜰 때까지 헌신적인 가정부 잔 마리의 보살핌을 받으며 작품 활동을 계속했다.

들라크루아

들라크루아와는 달리 자신의 혈통에 열등감을 지녔던 드가(Edgar Degas, 1834-1917)는 어머니가 흑백 혼혈 여성이었기 때문에 자신의 몸에 흑인의 피가 흐르고 있다는 사실을 수치스럽게 여긴 나머지 평생을 독신으로 보냈다. 평소에도 화가는 독신으로 살아야 하며 사생활도 공개적으로 알려져

서는 안 된다고 주장한 사실을 보면 마치 자기 자신의 개인적인 문제를 화가 전체의 문제로 일반화시킨 듯한 인상을 받기도 한다.

에드가 드가

어쨌든 드가는 비록 겉으로는 매우 멋쟁이고 위트가 있으며 평탄한 삶을 산 것처럼 보이지만, 실제로는 다소 괴팍하고 심술궂은 성격과 지독한 인간 혐오증에 빠진 염세적인 인물로 알려져 있다. 특히 드레퓌스 사건 이후로 유대인에 대한 혐오감이 더욱 극심해진 나머지 유대인 친구들과도 모든 관계를 끊고 지냈다고 한다. 그와 동시대에 활동한 유대인 화가로 가장 유명한 인물을 꼽자면 카미유 피사로를 들 수 있는데, 그의 반유대주의는 죽을 때까지도 변함이 없었으며, 반유대주의 단체의 일원으로 활동하기도 했다.

물론 그가 그토록 인종적 편견에 빠진 것은 자신이 혼혈녀의 아들이라는 떳떳지 못한 출신 배경을 감추고 싶은 이유 때문에 유독 서구사회에서 천민으로 간주되던 유대인에 대한 혐오감에 사로잡힌 것인지도 모른다. 그의 어머니는 미국 남부 루이지애나 출신의 흑백 혼혈 여성으로 서구사회에서는 그들을 따로 구분해 크레올이라 부르는데, 그가 일생동안 줄기차게 아름답고 우아한 백인 무희들의 모습을 화폭에 담은 사실을 보면 여성에 대한 관심이 유달리 컸음을 알 수 있다. 물론 여성들에 대한 그의 집착은 소년 시절 그가 13세 때 일찍 세상을 뜬 어머니에 대한 그리움 때문이거나 아니면 혼혈아였던 어머니에 대한 부정으로 백인 여성에 그토록 집착했을 수도 있다.

더욱이 전형적인 보수주의자였던 그는 모든 진보적인 사회개혁에 반대하고 전화나 전기 등의 과학적 기술 발전에도 회의적인 입장을 보였는데, 신앙적으로도 편견이 매우 심해서 개신교 신자나 유대인 모델은 일체 쓰지 않았으며, 심지어는 작업 도중에도 개신교도라는 사실을 알게 되면 가차 없이 그 자리에서 해고할 정도로 고루한 편견의 소유자로 알려져 있다. 이처럼 일체의 타협을 거부하고 자기만의 세계에 갇혀 지낸 드가는 말년에 이르러 시력을 거의 상실한 상태에서 파리 시내를 초조한 모습으로 배회하며 다녔다고 한다.

동화의 아버지 안데르센의 비밀

《인어공주》,《미운 오리 새끼》,《성냥팔이 소녀》,《분홍신》,《눈의 여왕》등 주옥같은 걸작 동화로 유명한 한스 크리스찬 안데르센(Hans Christian Andersen, 1805-1875)은 세계적인 동화작가로 성공해 덴마크 정부로부터 연금도 받고 그의 얼굴이 들어간 우표까지 발행되는 등 온갖 예우를 받았다. 심지어 그가 70세를 일기로 세상을 떴을 때는 그의 장례식에 국왕 부처까지 참석할 정도로 그는 덴마크를 상징하는 존재가 되었다.

하지만 그는 동화의 아버지로 불리는 세계적인 유명인사가 되었음에도 불구하고 개인적으로는 몹시 고독한 삶을 보내야 했다. 보잘것없는 외모로 인해 결혼도 하지 못하고 일생을 독신으로 마쳐야 했으며, 더군다나 자신의 치욕스러운 집안 내력이 세상에 알려질까 전전긍긍하며 살아야 했다. 말년에 이르러 쓴 자서전에서도 그는 그런 사실을 철저히 숨기고 사실과 달리 자신의 어머니를 경건한 신앙인으로 미화시켜야 했을 정도로 자신의 아픈 과거가 알려지는 일에 촉각을 곤두세우며 살았던 것이다.

덴마크의 오랜 도시 오덴세에서 가난한 제화공의 외아들로 태어난 그는 일찍 아버지를 여읜 데다 어머니마저 품행이 좋지 못한 매우 천박한 여성이었다. 그녀는 어린 시절 구걸을 하며 살아야 할 정도로 가난한 빈민 출신으로 글조차 제대로 읽을 줄 모르는 무학이었으며, 성적으로도 몹시 난잡해서 안데르센을 낳기 6년 전에 이미 떠돌이 행상과의 사이에서 사생아를 낳기까지 했다. 그래서 안데르센은 평생 동안 자신의 사생아 누이의 존재를 숨기고 살아야만 했다.

안데르센

안데르센이 11세 때 정신이상 증세를 보이던 아버지가 죽었는데, 그 후 어머니는 곧바로 다른 젊은 남자와 재혼했지만, 그 역시 사망하자 생활고에 허덕이다 결국 알코올중독자가 되어 정신병원에 수용된 후 그곳에서 죽었다. 더군다나 그의 외할머니는 사생아를 셋이나 낳은 죄로 감옥 생활을 했던 인물이며, 숙모도 매춘업에 종사했던 여성이었다. 친가 쪽은 성적으로 그렇게 난잡하지는 않았지만, 매우 가난한 소작농 출신들로 제화공이었던 친조부는 여러 마을을 전전하며 행상 노릇도 하면서 아이들의 놀림감이 되곤 했는데, 안데르센은 그런 할아버지를 몹시 수치스럽게 여겼다.

이처럼 수치스러운 가족 배경을 지녔던 안데르센은 그런 이유 때문에 평생을 자신의 혈육에 대해 지독한 열등감에 사로잡혀 살았으며, 자신의 가족 배경이 드러나지 않을까 전전긍긍하며 지내야만 했다. 더욱이 그는 추남에다 소심한 성격으로 뭇 여성들로부터도 냉대를 받았던 처량한 신세였는데, 그토록 짝사랑했던 한 미모의 여가수로부터 받은 치욕적인 수모와 굴욕감은 그에게 이루 말할 수 없는 마음의 상처를 남겼으며, 그런 이유 때문에 일생동안 결혼도 포기하고 독신으로 지내는 아픔을 감수해야만 했다.

하지만 다른 무엇보다도 자신의 부끄러운 집안 배경을 감추기에 급급했던 그는 어머니의 장례식조차 참석하지 않을 정도로 자신에게 뿌리 깊은 환멸과 수치심을 안겨준 어머니에 대한 원망이 너무나도 컸으며, 거기에 외가에 대한 혐오감까지 겹쳐 그를 더욱 위축되게 만들었다. 물론 그에게 처음으로 작가로서의 명성을 안겨준 자전적인 소설 《즉흥시인》의 주인공 안토니오처럼 한때는 행복한 결혼을 통해 새로운 삶의 재탄생을 꿈꾸기도 했으나, 소설과 달리 현실에서는 연이은 사랑의 실패로 더욱 참담한 심경에 빠지고 말았다.

이처럼 이루어질 수 없는 사랑의 아픔은 이미 어릴 적부터 어머니를 통해 충분히 겪은 마음의 상처이기도 했지만, 《인어공주》를 포함한 그의 수많은 동화에서도 흔히 찾아볼 수 있는 주제이기도 했다. 따라서 사랑과 명성을 그토록 애타게 추구했음에도 불구하고 유달리 여성들 앞에서 수줍음을 타고 위축되는 모습을 보인 안데르센은 그녀들로부터 별다른 호감이나 매력을 끌지도 못한 채 번번이 거절당하고 만 것이다.

어쨌든 숱한 여성들로부터 사랑을 얻는 데 실패하고 오랜 세월 외로운 독신으로 보내다 생을 마감한 그는 마지막 숨을 거둔 순간에도 오래전 자신의 짝사랑 상대였던 소녀와 주고받은 편지가 담긴 주머니를 가슴에 꼭 안고 있었다고 한다. 참으로 애달프고 가슴 아픈 모습이 아닐 수 없다. 하지만 비록 사랑에는 실패했을지 모르나 세계적인 동화작가로 성공한 그는 결국 《미운 오리 새끼》처럼 온갖 시련을 딛고 일어서 아름답고 우아한 백조로 거듭나게 됨으로써 전 세계 어린이들로부터 영원한 사랑을 받게 되었으니 죽어서도 여한은 없지 않겠는가.

키르케고르의 파혼

19세기 덴마크의 철학자로 현대 실존주의 철학의 선구자로 꼽히는 쇠렌 키르케고르(Søren Aabye Kierkegaard, 1813-1855)는 무신론적 실존주의자인 니체나 사르트르와는 달리 기독교 신앙에 입각한 실존주의자로 평가되는 인물이다. 비록 교회의 형식주의에 강한 비판을 가하기도 했으나 그럼에도 불구하고 신앙의 본질과 기독교 윤리 등과 같은 종교적 문제에 대해 매우 심오한 탐색을 기울인 신학자이기도 했다.

덴마크의 수도 코펜하겐에서 부유한 사업가의 아들로 태어나 목사가 되기를 간절히 바란 아버지의 뜻에 따라 코펜하겐 대학 신학부를 힘겹게 졸업한 키르케고르는 25세 때 아버지가 사망하자 자신보다 9년 연하인 레기네 올센에게 청혼해 약혼까지 했으나 얼마 가지 않아 결혼에 큰 회의를 느낀 나머지 파혼을 선언하고 말았다. 그 후 발표한 《이것이냐 저것이냐》는 결국 쾌락과 도덕 사이의 갈림길에서 고민하는 키르케고르 자신의 갈등을 드러낸 것으로 볼 수 있다.

하지만 그녀에 대한 집착을 버리지 못한 그는 레기네가 다른 남성과 결혼한 후에도 계속해서 그녀와 만나기를 간청했으나 남편의 거절로 뜻을 이루지 못했다. 그 후 그녀의 남편이 덴마크령 서인도 제도의 총독으로 발령받아 그들 부부가 현지로 떠나버리면서 키르케고르는 영원히 그녀의 모습을 볼 수 없게 되었다. 세월이 흘러 그녀가 귀국했을 때는 이미 그가 세상을 뜬 후였다. 42년이라는 비교적 짧은 생을 살았던 키르케고르는 결국 죽을 때까지 독신으로 살았다.

아버지의 유산으로 생계에 대한 걱정을 하지 않아도 되었던 그는 오로지 저술 활동에만 전념하며 자신의 실존적 불안과 고독감을 떨쳐내려 애썼는데, 그런 고뇌와 불안은 방대한 분량의 일기를 통해 더욱 생생하

키르케고르

게 엿볼 수 있다. 그런데 기묘한 사실은 그의 일기에서 아버지에 대해서는 최대한의 존경심을 표시하며 상세한 언급을 하고 있으면서도 자신을 낳아주고 키워준 어머니에 대해서는 일언반구도 없다는 점이다. 그건 또 왜일까. 그 이유를 알기 위해서는 어쩔 수 없이 죄의 문제와 관련이 있는 그의 출생 배경을 이야기하지 않을 수 없게 된다.

원래 그의 어머니는 하녀 신분으로 자신이 모시던 주인과 혼외정사로 임신까지 하게 되었다. 나중에 정식으로 결혼해서 막내아들 키르케고르를 낳기까지 했지만, 어머니보다 오히려 아버지 자신이 과거에 저지른 불륜 사실에 대해 심각한 죄의식에 빠진 나머지 우울증을 겪게 되었다. 종교적 구원에 집착한 아버지는 자신이 저지른 죄악에 대한 징벌로 그의 일곱 자녀가 모두 예수가 죽은 나이 33세를 넘기지 못할 것이라 확신했지만, 다행히 형 페터와 쇠렌은 성인이 될 때까지 살아남았다. 더 나아가 아버지는 두 아들이 목사가 될 것을 간절히 바랐는데, 형 페터는 실제로 신학자가 되어 루터교 주교의 자리에까지 올랐다.

이처럼 배운 것 없는 하녀 출신으로 45세라는 늦은 나이에 힘겹게 키르케고르를 낳은 어머니는 자신보다 12년 연상인 남편에 비해 매우 온화하고 순종적인 여성이었던 것으로 알려졌다. 그렇게 조용하고 다정다감했던 어머니는 키르케고르가 21세 때 전염병에 걸려 66세 나이로 세상을 떴는데, 당시 대학에 다니고 있던 키르케고르는 한동안 학업을 등한시하고 자살미수 사건을 일으키는 등 마음의 안정을 잃기도 했다. 하지만 아버지 역시 4년 뒤에 82세 나이로 사망하면서 키르케고르는 25세 무렵에 완전히 고아 신세가 되고 말았다.

따라서 키르케고르가 파혼을 선언하고 독신생활을 고수한 것은 성과 결혼에 대한 부정적인 인식 때문이었기 쉽다. 물론 사랑 자체를 죄라고 여기진 않았겠지만, 결혼을 통해 피해갈 수 없는 성생활 자체에 대해서는 매우 불결한 행위로 받아들였을 것으로 보인다. 왜냐하면, 매우 강박적인 아버지와 마찬가지로 그 역시 도덕적인 결벽증 상태를 보였을 뿐만 아니라, 자신이 태어난 출생 배경 자체가 도덕적으로 용납하기 어려운 주인과 하녀 출신 여성의 성적인 결합에 따른 결과였기 때문이다. 따라서 아들의 입장에서 볼 때 결혼이란 불결한 성적 욕망의 교류에 지나지 않는 것이며, 그런 과정을 통해 자신을 낳은 어머니에 대해서도 애정과 원망, 수치심, 모멸감 등의 모순된 감정들이 복잡하게 뒤엉켜 있었을 것으로 보인다. 그가 결혼을 그토록 두려워했던 것도 바로 그런 이유 때문이 아니었겠는가.

어머니를 두려워한 투르게네프

소설 《아버지와 아들》로 유명한 러시아의 작가 투르게네프(Ivan Sergeevich Turgenev, 1818-1883)는 도스토옙스키와 톨스토이의 그늘에 가려 러시아에서는 크게 빛을 보지 못하고 오히려 서구사회에서 널리 환영을 받은 소설가다. 따라서 가장 서구적인 색채가 강한 러시아 작가로 꼽히는 그는 생의 대부분을 외국에서 보냈으며, 마지막 숨을 거둔 곳도 프랑스 파리 근교의 작은 마을이었다.

물론 투르게네프가 러시아를 떠난 직접적인 계기는 1862년에 발표한 소설 《아버지와 아들》에 대한 러시아 사회의 적대적인 태도 때문이기도 했지만, 불가지론자였던 그가 도스토옙스키나 톨스토이처럼 종교적 구원에서 해결책을 찾는 게 아니라 사회 개혁을 통한 변화를 강조했기 때문으로 보인다. 특히《아버지와 아들》의 중심인물로 등장한 허무주의자 바자로프는 러시아문학에 등장하는 가장 최초의 급진적 볼셰비키라는 점에서 당국의 따가운 눈총을 피해가기 어려웠을 것이다.

더군다나 그는 한때 톨스토이가 결투를 신청할 정도로 톨스토이와도 사이가 틀어져 17년간이나 두 사람이 서로 상종하지 않았는데, 톨스토이는 투르게네프에 대해 몹시 따분하고 재미없는 인간으로 평가했다. 반면에, 도스토옙스키는 자신의 소설《악령》에서 매우 허황된 꿈을 좇는 작가 카르마지노프를 통해 투르게네프를 패러디하기도 했다. 어쨌든 러시아문학의 두 거장 모두가 투르게네프에 대해서는 그다지 탐탁지 않게 여긴 것만큼은 틀림없는 사실이다.

러시아 남서부에 위치한 오룔에서 부유한 귀족 가문의 아들로 태어난 투르게네프는 한때 자신의 집안 영지에서 일하는 농노 신분의 여성들과 염문을 뿌려 사생아 딸을 낳기도 했지만, 일생동안 결혼하지 않고 독신으로 지냈는데, 육중한 몸집과는 달리 말수도 적은 데다 매우 소심하고 겁이 많은 성격으로 알려졌다. 그가 19세 때 독일 여행 중에 타고 가던

투르게네프

중기선에 불이 나자 겁에 질린 모습으로 어쩔 줄 몰라 했다는 일화는 그 후 러시아에서 항상 그의 뒤를 따라다니는 꼬리표가 될 정도로 그의 소심한 성격은 정평이 나있었다.

바람둥이였던 아버지는 투르게네프가 16세 때 죽었는데, 그런 남편에 대한 불만을 아들에게 대신 풀었던 어머니는 수시로 어린 아들을 욕하고 때리기 일쑤여서 투르게네프는 그렇게 자신을 학대하는 어머니를 가장 두려운 존재로 여겼다.

어쨌든 수많은 농노를 거느린 어머니에 대해 반감이 매우 컸던 그는 당시 러시아의 가장 큰 사회문제이기도 했던 농노제도를 1852년에 발표한 소설 《사냥꾼의 일기》에서 본격적으로 공격함으로써 정부 당국으로부터 거센 비난을 들어야 했다. 서구사회의 자유 사상을 동경한 그는 결국 러시아를 떠나 유럽 각지를 전전했으며, 특히 플로베르, 모파상, 에밀 졸라 등의 프랑스 작가들과 친교를 맺기도 했다. 그렇게 해서 투르게네프는 두 번 다시 어머니와 상종하지 않았으며, 결혼도 하지 않고 일생을 독신으로 지내다 생을 마감했다.

얼굴 없는 시인 에밀리 디킨슨

19세기에 활동한 미국의 여류시인으로 일생동안 결혼하지 않고 세상과 담을 쌓은 채 은둔생활로 일관하면서 오로지 시만 쓰다가 55세를 일기로 쓸쓸히 세상을 떠난 에밀리 디킨슨(Emily Dickinson, 1830-1886)은 오늘날에 와서 수많은 독자로부터 가장 사랑받는 여류시인의 한 사람으로 자리 잡게 되었다. 하지만 실제로 그녀가 생존했을 당시에 그녀의 시는 세상에 거의 알려지지 않은 상태였다가, 그녀가 죽은 후에 가서야 그녀의 유품을 정리하던 여동생이 2,000편에 달하는 방대한 분량의 주옥같은 시들을 발견해 시집으로 출판하게 되면서 비로소 세상에 빛을 보게 된 것이다.

그녀의 시 대부분이 사랑과 이별, 죽음과 불멸, 영혼과 천국 등을 주제로 한 매우 청교도적이면서 어둡고도 쓸쓸한 내용을 다루고 있는데, 이는 일생을 독신으로 살면서 세상 밖으로 나오기를 거부한 그녀 자신의 고립된 삶을 반영한 것이기도 했다. 매사추세츠 주 애머스트에서 경건한 청교도 가문의 딸로 태어난 그녀는 비록 다정다감한 아버지의 사랑을 받고 자랐으나, 어머니가 한 살 터울인 오빠 오스틴에게만 애정을 쏟고 어린 자매 에밀리와 라비니어에게는 차갑고 무관심한 태도로 일관해 일생 동안 어머니와 껄끄러운 사이가 되었다.

그녀는 어린 시절엔 그런대로 활달한 모습을 보이기도 했으나 사이좋게 지내던 사촌 소피아가 병으로 갑자기 죽으면서 점차 말이 없어지고 우울해졌으며, 학교 진학도 포기하고 집에서 가사만 돕기 시작했다. 날이 갈수록 집 밖에 나가기를 꺼려했으며, 여간해서는 집을 떠나려 하지 않았다. 게다가 디킨슨 일가와 가깝게 지내던 젊은 변호사 벤자민 뉴턴이 결핵으로 죽게 되면서 그녀는 더욱 움츠러든 모습을 보였다. 그는 에밀리 디킨슨에게 워즈워스의 시를 소개하며 처음으로 시에 대한 관심을 일깨워준 매우 섬세한 남성이었다. 그 후 그녀는 수잔 길버트와 가깝게 지내며 수백 통의 편지를 보낼 정도로 강한 집착을 보였지만, 수잔은 나중에 오빠 오스틴과 눈이 맞아 결혼함으로써 그녀를 실망시켰다. 그 무렵 어머니가 병으로 쓰러져 그 후 30년 가까이 침대에 누워 지내는 상태에 빠지게 되자, 맏딸이었던 그녀는 어머니를 대신해 집안일을 도맡게 되면서 더욱 꼼짝도 할 수 없는 상황에 처하고 말았다.

결국, 외부 출입을 거의 하지 않게 된 그녀는 오로지 시작에만 몰두했으며, 좀처럼 그녀의 모습을 볼 수 없었던 이웃 주민들 사이에서는 항상 흰옷만 입고 사는 이상한 여자로 소문이 나돌 정도로 그녀는 사람들 만나기를 극도로 회피했다. 방문객이 찾아와도 문을 열지 않고 집안에 몸을 숨긴 상태로 대화를 나눌 정도였다. 당시 의사는 그녀에 대해 단순한 신경쇠약으로 진단하기도 했으나 오늘날의 관점에서 보자면 회피성 인격을 지녔던 것으로 볼 수 있겠다.

그녀의 나이 44세 때 아버지가 뇌졸중으로 세상을 떠나자, 디킨슨은 장례식에도 참석하지 않고 방문을 걸어 잠근 채 두문불출했다. 사랑하는 아버지의 죽음으로 그녀는 더 이상 살아갈 의욕조차 잃게 되었으며, 이 듬해에는 어머니마저 반신불수에다 기억력장애까지 겹치게 되자 디킨슨의 건강도 덩달아 악화 일로를 걷기 시작했다. 결국, 어머니가 세상을 뜬 지 4년 뒤에 디킨슨 역시 외로운 생을 마감하고 말았다. 그녀의 고백에 의하면, 어머니가 어머니 역할을 하고 있을 때 자신은 결코 어머니를 사랑할 수 없었지만, 그 역할이 바뀌어 어머니가 자신의 보살핌을 받는 자식 노릇을 하게 되었을 때 비로소 사랑을 되찾게 되었다는 말을 하기도 했다.

어쨌든 일생동안 거의 집을 떠나지 않고 사람들과의 접촉을 회피했던 그녀의 상태는 대인공포증을 동반한 회피성 인격으로 볼 수 있겠지만, 보다 심층적으로는 분리불안에 따른 결과로 볼 수도 있다. 그것은 사랑하는 아버지뿐만 아니라 애증이 엇갈린 어머니의 곁을 떠날 수 없는 매우 이율배반적인 태도인 동시에 어머니 역할을 그녀 스스로 떠맡게 되면서 자신에게 사랑과 관심을 베풀어주지 않은 어머니에 대한 승리이자 복수의 의미도 있었을 것으로 보인다.

비록 그녀는 그런 어머니가 무기력한 존재가 되면서 오히려 자신의 보살핌을 받게 된 처지에 놓이자, 나름대로 어머니를 지배하는 위치에서 만족감을 얻는 기회가 되기도 했지만, 자신이 어머니를 대신해서 뒷바라지하던 아버지가 사망하는 바람에 그 의미가 퇴색해지고 말았다. 결국, 부모의 존재를 모두 잃게 되면서 그녀의 보다 근원적인 의존 욕구를 충족시켜줄 사랑의 대상을 상실한 아픔과 그 충격이 너무도 컸기 때문에 모든 삶의

에밀리 디킨슨

의욕을 잃어버린 것으로 보인다.

자신의 죽음을 예감한 그녀는 자신의 모든 삶의 흔적이라 할 수 있는 작품들과 함께 세상을 등지기로 작심하고, 여동생 라비니어에게 자신이 죽으면 그동안 보관하고 있던 모든 기록을 불태워줄 것을 당부했다. 하지만 라비니어는 언니와의 약속을 깨고 그녀의 방에서 발견한 시들을 출판하기로 결심했다. 거의 2,000편에 달하는 그녀의 주옥같은 시들이 너무도 아까웠기 때문이다. 따라서 오늘날 우리가 디킨슨의 시를 계속 감상할 수 있게 된 것은 전적으로 라비니어의 공이라 할 수 있다. 언니처럼 어머니의 사랑을 받지 못한 라비니어 역시 평생을 독신으로 살며 고향집을 지키다가 66세 나이로 죽었다.

어머니의 죽음으로 술독에 빠진 무소르그스키

19세기 러시아의 국민악파 5인조를 대표하는 작곡가 무소르그스키(Modest Petrovich Mussorgsky, 1839-1881)는 교향시 〈민둥산의 하룻밤〉, 조곡 〈전람회의 그림〉, 오페라 〈보리스 고두노프〉 등의 작품으로 유명하다. 하지만, 정규적인 음악교육을 받지 못해 독학으로 음악을 공부해서 작곡가가 되었기 때문에 실제 연주회에서는 라벨과 림스키코르사코프 등이 손질한 그의 작품들이 더욱 큰 인기를 얻고 있다.

원래 귀족 가문 출신으로 지주의 아들로 태어난 그는 어려서부터 어머니로부터 직접 피아노를 배웠는데, 가문의 전통에 따라 사관학교를 졸업하고 근위연대에 복무하는 군인이 되었다. 이후 1861년 농노해방으로 집안이 몰락하자 군대 생활을 청산하고 관리가 되었으며, 점차 음악에 관심을 갖고 발라키레프에게 작곡을 배웠다. 하지만 1865년 사랑하던 어머니가 일찍 세상을 떠나자 크게 상심한 나머지 그때부터 우울증에 빠져 폭음을 하기 시작했다.

무소르그스키

그 후 심기일전해서 작곡한 〈민둥산의 하룻밤〉이 발라키레프에게 퇴짜를 맞자 크게 상심한 그는 다시 폭음에 빠지게 되었는데, 그런 모습을 본 주위 동료들은 그를 두고 어리석은 바보라고 놀려대기까지 했다. 그만큼 투박한 외모와는 달리 거절에 민감했던 그는 결국 5인조에서도 떨어져 나와 고립을 자초하고 말았으며, 어머니를 잃고 난 후 특히 외로움을 견디지 못한 나머지 항상 주위에 시끌벅적한 술꾼들이 함께 있어야 마음을 놓는 상태가 되었다.

게다가 절친했던 화가 하르트만이 죽자 더욱 고립되고 극심한 우울증에 빠졌는데, 〈전람회의 그림〉은 바로 친구 하르트만이 그린 그림들에서 영감을 얻어 작곡한 것이다. 밤낮을 가리지 않고 술꾼들과 어울리며 마셔대기만 했던 그는 일종의 오기와 반항심, 그리고 자기 파괴적인 만용에서 폭음을 한 것으로 보이기도 하지만, 사실 그런 음주 습관은 군대 생활에서 시작된 것으로 당시 러시아 남성사회에서는 흔히 볼 수 있는 현상이었다.

밤낮으로 술만 퍼마시던 그는 자기 몸을 스스로 망치는 줄 알면서도 도저히 술을 끊을 수 없게 되면서 여러 차례 경련 발작까지 일으키는 상태에 도달했는데, 마지막에 가서는 그 자신도 자포자기 심정에 빠진 것으로 보인다. 결국 폐렴에 걸린 그는 상트페테르부르크의 제국육군 병원에서 42세라는 아까운 나이로 생을 마감하고 말았다. 그가 숨을 거두기 직전에 화가 일리야 레핀이 그린 초상화를 보면 알코올중독자의 특징인 빨간 딸기코가 유달리 돋보이는데, 어머니를 여읜 후 실의에 빠진 나머지 결혼할 생각도 않고 술에만 의지해 살았으니 정신분석에서 말하는 구순성격(oral character)이나 의존성 우울증(anaclitic depression)이 결코 허튼소리만은 아닌 듯싶다.

봉사활동에 일생을 바친 제인 애덤스

미국의 사회운동가이자 사회사업가로 1931년 미국인 최초로 노벨 평화상을 수상한 제인 애덤스(Jane Addams, 1860-1935)는 20대 후반에 이미 시카고에 미국 최초의 대형 정착 시설인 헐 하우스(Hull House)를 세워 본격적인 사회 운동에 뛰어들었다. 1915년에는 국제 여성 평화 자유연맹 이사장에 선출되어 평화 운동의 활동 범위를 전 세계적으로 확대시켰다. 여성참정권 운동의 지도자로도 활동한 그녀는 반전주의 및 반제국주의를 내세워 미서 전쟁을 통한 필리핀 합병에 반대했으며, 미국의 제1차 세계대전 참전도 거세게 비난했다.

비록 그녀는 사회사업가라는 새로운 직업의 창시자로 알려져 있지만,

그녀가 보여준 활동은 오늘날 우리가 알고 있는 사회사업 활동과는 다소 차이가 있다고 할 수 있다. 그녀는 단순히 사회복지에 힘쓴 것만이 아니라 여성들의 모성적 기능을 통해 세상 전체에 대한 책임감과 보살핌으로 세계평화 및 사회정의가 이루어질 수 있다고 주장했기 때문에 오히려 평화주의 사회운동가로 보는 게 마땅할 것이다. 제인 애덤스의 그런 신념은 그 후 UN 창설의 정신에도 깊은 영향을 준 것으로 평가된다.

제인 애덤스

이처럼 인권 운동 및 도덕적 삶에 대한 그녀의 남다른 관심은 상원의원으로 활동한 아버지 존 애덤스의 영향에 의한 것으로 볼 수 있다. 저명한 정치가로 인권 문제에 깊이 관여했던 아버지를 깊이 존경한 그녀는 그런 아버지를 닮기 위해 일찌감치 사회봉사 활동에 뛰어들게 되었다. 하지만 태어난 직후 만 두 살 때 어머니를 잃고 계모 밑에서 성장한 그녀는 자신의 이상적인 모델로 여기고 의지하던 아버지마저 21세 때 잃게 되면서 졸지에 고아가 되고 말았으나 다행히 계모와는 사이가 좋은 편이어서 그 후에도 계속 함께 살았다. 그녀의 어머니는 43세라는 늦은 나이에 제인 애덤스를 낳고 불과 2년 뒤에 세상을 떠났는데, 그로부터 5년 후 아버지의 재혼으로 계모가 들어올 때까지 그녀는 전적으로 아버지의 보살핌을 받으며 지냈다.

그러나 4세 때부터 앓기 시작한 척추 결핵으로 평생 고생한 그녀는 척추 이상으로 다리를 절게 되면서 제대로 달리기조차 할 수 없었기 때문에 친구들과 어울리는데 어려움을 겪어야 했으며, 어린 시절 내내 극심한 열등감에 빠져 지내야 했다. 더군다나 아버지의 격려에 힘입어 신체적 장애를 극복하고 힘겹게 록퍼드 대학을 졸업한 바로 그 해에 아버지가 갑자기 세상을 뜨게 되자 평범한 삶에 회의를 느끼게 되었다. 그 후 그녀는 빈민들을 위한 의료봉사에 뜻을 품고 필라델피아 여자의과대학에 진학했으나 척추기형으로 수술을 받는 등 건강이 뒷받침되지 못해 도중에 학업을 포기할 수밖에 없는 상황에 처하자 한동안 극도의 절망감에 빠지기도 했다.

결국, 의사의 길을 포기하고 빈민구제 사업에 헌신하기로 마음을 바꾸어 사회봉사 업무에 뛰어든 그녀는 29세 때 동료 엘렌 게이츠 스타와 함께 손잡고 시카고에 미국 최초의 대규모 정착 시설인 헐 하우스를 세워 가난한 사람들을 돕기 시작했다. 그곳은 유치원과 야간 학교, 음악 학교를 포함해 식당, 도서관, 미술관, 극장, 체육관, 수영장, 목욕탕, 카페, 어린이 클럽, 직업소개소, 숙소 등을 갖춘 대규모 시설이었다. 이처럼 대대적인 사회사업에 일생을 바친 그녀는 74세 나이로 죽을 때까지 독신으로 생을 마감했다. 물론 신체적 장애 탓도 있겠지만, 어머니의 이른 죽음에 따른 모정의 결핍을 오히려 자신이 나서서 곤경에 처한 사람들을 상대로 모성적인 역할을 베푸는 일로 승화시킨 것으로 볼 수 있다.

여성들과 담을 쌓고 지낸 뭉크

북유럽을 대표하는 노르웨이의 표현주의 화가 뭉크(Edvard Munch, 1863-1944)는 그의 대표적인 걸작 〈절규〉, 〈병든 소녀〉 등에서도 보듯이 강렬한 색채와 구도를 통해 삶과 죽음의 문제, 그리고 인간 내면에 자리 잡은 불안과 공포, 고독과 소외, 질투 등을 즐겨 다룸으로써 문학적 요소를 가미한 심리회화의 거장으로 꼽힌다. 그런 점에서 뭉크는 동시대에 활동한 고흐의 이글거리며 불타오르는 광기와는 정반대로 오히려 북구의 얼음처럼 차가운 광기로 일관한 화가였다고 볼 수 있다. 실제로 뭉크 역시 고흐처럼 한때 정신병원에 입원할 정도로 편집증과 우울증, 광장공포증에 시달렸으며, 특히 여성들을 혐오하고 두려워함으로써 일생동안 독신을 고수하며 금욕적인 삶으로 일관했다.

이처럼 매우 특이한 삶을 산 뭉크는 노르웨이 남부의 작은 마을 오달스브루크에서 의사의 아들로 태어났는데, 불과 다섯 살 때 어머니를 결핵으로 잃었으며, 14세에는 그동안 어머니 역할을 대신해주던 사랑하는 누나 소피마저 결핵으로 잃었다. 그런 상실의 아픔과 상처 때문에 뭉크는 유독 병실과 침대, 검은 상복, 애도하는 사람들을 주제로 한 작품들을 많이 남겼는데, 그렇게 자신을 홀로 남겨두고 일찍 세상을 떠난 두 여성의 죽음을 통해 뭉크는 그 후 세상의 그 어떤 여성도 믿지 못하고 홀로 외로운 삶을 감수한 것으로 보인다.

에드바르트 뭉크

물론 젊은 시절 한때나마 툴라 라르센과 교제한 적도 있지만, 히스테리가 심했던 그녀가 권총을 휘두르다 뭉크의 손에 부상까지 입히는 사태가 벌어지자 여성에 대한 피해의식이 더욱 커지고 말았다. 화가에게 손의 부상은 사형선고나 다름없는 치명적인 일로, 그 사건 이후 여성에 대한 극도의 불신과 혐오감에 사로잡힌 뭉크는 두 번 다시 결혼 따위에는 관심조차 두지 않고 더 이상 여성들과 상종하지 않았다. 하지만 여성들에 대한 불신뿐 아니라 아버지에 대한 불신과 반항 또한 뭉크의 고립된 삶의 태도에 크게 작용했다고 볼 수 있는데, 직업이 의사임에도 불구하고 사랑하는 가족들의 생명을 구하지도 못한 아버지의 무능에 대해 지독한 환멸과 배신감을 느꼈기 때문이다.

어쨌든 일찍부터 상실의 아픔을 겪고 항상 죽음의 기운과 침묵이 감도는 어두운 집안 분위기에서 성장한 뭉크는 그런 침울한 배경을 자신의 작품들에 그대로 반영했다. 그 자신뿐 아니라 여동생 로라마저 정신병원에 입원하는 등 뭉크 일가에는 사실 웃을 일이 거의 없었다는 점도 크게 작용했다고 본다. 물론 그의 어머니는 착하고 순박한 심성의 소유자이기는 했으나 너무도 병약했기 때문에 어린 뭉크를 제대로 보살피기 어려웠다. 따라서 충분한 사랑을 받기에는 너무도 짧았던 순간이었기에 그는 남에게 사랑을 베푸는 일에 당연히 서투를 수밖에 없었다. 사랑하는 법을 제대로 배울 기회가 없었기 때문이다.

더군다나 아버지 역시 잔정이 없는 우울한 남성이었으며, 아내를 잃은 후에는 더욱 말수가 줄고 오로지 신앙에만 집착했는데, 그런 아버지를 뭉크는 몹시 경멸했다. 결국 뭉크는 성장한 이후에도 아버지와 거의 접촉하지 않았다. 그에게 아버지라는 존재는 아무런 의미도 없었기 때문이다. 그런 이유 때문인지 뭉크는 죽을 때까지 아버지 노릇을 한 번도 해본 적이 없다. 80 평생에 걸친 장수를 누리면서도 독신생활을 고집했던 그에게 가족이라는 개념은 차라리 악몽 그 자체였을 뿐이다. 물론 그의 아버지도 아내가 사망한 후에는 재혼하지 않고 20여 년을 혼자 살다 죽었다. 어머니가 죽은 후 뭉크의 집에 들어와 가족을 돌봐준 이모 카렌 역시 혼자 살았으며, 가족들이 모두 사망한 후에 그의 막내 여동생 잉게르도 독신으로 살았다. 이처럼 뭉크의 집안은 온통 금욕과 절제, 우울성향의 내력이 있는 것 같다.

　　특히 뭉크에게는 인간의 성욕, 결혼, 양육 등 여성과 관련된 일련의 모든 과정들이 끔찍스러운 재앙으로 인식되었으며, 더 나아가 인간의 출생 자체를 혐오했다. 그에게 인간의 성이란 하늘이 내린 저주요, 징벌에 가까운 것이었다. 따라서 일생동안 뭉크를 따라다니며 괴롭힌 것은 바로 사랑, 병, 죽음에 대한 공포였으며, 삶에 대한 공포 역시 떨쳐버릴 수 없었던 것이다. 결국, 그는 영원한 순결의 상징인 어머니와 누이의 이미지 세계로 도피함으로써 구원과 안식을 얻고자 한 것이다. 뭉크는 그렇게 평생을 수도승처럼 금욕적인 자세로 고독한 은둔생활을 계속하다 1944년 독일군에 점령된 상태였던 오슬로 근교 자택에서 80세를 일기로 외롭게 숨을 거두었는데, 당시 나치에 의해 퇴폐화가로 지목된 뭉크는 자신의 작품들이 나치에 몰수당하지나 않을까 전전긍긍하기도 했다.

3장
—

구도의 길을 걸은 사람들

왕궁을 버리고 출가한 석가모니

불교의 창시자 석가모니(釋迦牟尼, BC 624-BC 544)는 히말라야 기슭에 위치한 샤카족의 작은 왕국 카필라 성의 정반왕과 왕비인 마야 부인 사이에서 태어났는데, 어릴 때 이름은 고타마 싯다르타였다. 하지만 당시 풍습에 따라 출산을 위해 친정인 데바다하로 가는 도중에 룸비니에서 석가모니를 낳은 직후 마야 부인은 세상을 뜨고 말았다. 불교에서는 그녀가 아기를 출산 할 때 겨드랑이 밑에서 낳았다거나 혹은 태어나자마자 석가모니가 일곱 걸음을 옮기고 손으로 하늘과 땅을 가리키며 "천상천하 유아독존 삼계개고 아당안지(天上天下 唯我獨尊 三界皆苦 我當安之)"라고 외쳤다는 일화를 전하고 있지만, 물론 그것은 교조의 존재를 신비화시키기 위해 후대에 지어낸 말일 것이다.

어쨌든 생후 7일 만에 어머니를 여읜 석가모니는 이모의 손에 의해 자랐다. 안락한 궁궐 생활로 생의 고달픔을 모르고 지내다가 어느 날 궁 밖에 나가 비참하게 살아가는 백성들의 모습을 보고 큰 충격을 받은 후, 생로병사의 슬픈 운명에 빠진 인간의 삶에 회의를 느끼며 그때부터 우울한 나날을 보내게 되었다. 왕자의 불편한 심기를 눈치챈 부왕은 아들의 출가를 염려해 16세 무렵에 혼인을 시키고 아들까지 낳게 되었으나 왕자의 울적한 모습은 변함이 없었다. 결국 많은 미녀를 동원해 밤낮으로 향연까지 베풀어주었지만, 오히려 그것이 석가모니의 출가를 더욱 재촉하는 결과를 낳았을 뿐이었다.

마침내 29세가 되었을 때, 석가모니는 출가를 결심하고 궁궐을 몰래 빠져나와 깨달음을 얻기 위해 6년에 걸쳐 단식과 고행에 돌입했으나 아무런 깨달음도 얻지 못하게 되자 결국, 부다가야 근처의 작은 마을 보리수 밑에 자리를 잡고 깨달음을 얻기 전까지는 절대로 그 자리를 뜨지 않겠다는 결심을 하기에 이르렀다. 당시 석가모니는 사막 고행을 하던 예수가 사탄의 유혹을 받은 것과 똑같이 수행을 방해하는 마귀들의 시험을 당하게 되지만 결국에는 그런 유혹들을 물리치고 대각(大覺)을 이루게 되면서 살아있는 부처가 되었다. 그렇게 홀로 깨달음의 경지에 도달한 석가모니는 그대로 열반에 들고자 했으나 고통받는 중생들을 가엾이 여긴 나머지 마음을 바꾸고 포교에 나서기로 했다. 그 후 80세로 열반에 들 때까지 45년 간 대중을 상대로 설법을 계속해나갔다.

석가모니의 가르침은 한마디로 인생은 고해(苦海)이며, 그런 윤회의 굴레에서 벗어나는 길은 모든 탐욕을 내던지고 깨달음을 통해 열반에 드는 것임을 설파한 것으로 볼 수 있다. 그래서 모든 것이 마음에 달렸기 때문에 남에게 의지하지 말고 오로지 불법과 자신에게 의지하라고 가르친 것이다. 따라서 이 세상에 태어난 것 자체가 고통이며, 사랑하고 헤어지는 아픔(愛別離)과 미워하고 한숨짓는 아픔(怨憎會)을 떨쳐내기 위해서는 모든 것이 멈추는 법이 없이 변한다는 무상(無常)과 무아(無我)의 덧없음을 깨닫고,

석가모니

모든 것이 인연으로 생겨난다는 사실, 그리고 자타가 서로 다르지 않음(自他不二)을 전제로 자비심과 같은 무조건적인 사랑을 베풀 수 있어야 한다는 것이다.

그런데 석가모니의 이런 깨우침도 사실 따지고 보면, 태어날 때부터 안고 있던 그 자신의 불행한 운명에서 비롯된 결과로 볼 수도 있다. 비록 겉으로 보기에는 아무런 부족함이 없는 왕자의 신분이었지만, 생모의 품에 안겨보지도 못하고 영원히 헤어질 수밖에 없는 그런 기막힌 인연에 대해 어릴 적부터 유달리 총명했던 석가모니가 결코 무심했을 리가 없었을 것이다. 물론 대리모의 보살핌이 있었다고는 하나 뿌리 깊은 상실감과 공허함을 어쩌지 못했을 것이 분명하다.

석가모니가 전한 불법의 핵심도 한결같이 출생과 죽음, 사랑하고 미워하며 헤어짐의 덧없음에 대한 것이며, 더 나아가 그 모든 가르침의 중심축을 이루는 자타불이의 상태와 그것에 기초한 무조건적인 사랑과 자비심의 경지는 그야말로 인간의 가장 원초적인 단계, 다시 말해 가장 이상적인 모습의 모자 관계를 가리킨 것이기도 하다. 왜냐하면, 세상의 모든 어머니는 품 안에 든 아기에게 무한대의 무조건적인 사랑을 베풀기 마련이며, 그런 무아지경의 상태야말로 인생의 고달픔을 모르는 자타불이의 경지이기 때문이다.

물론 대부분의 사람은 그런 기억을 잃어버리기 마련이지만, 그런 경험을 가져본 적이 없는 석가모니로서는 평생 그것이 가장 중요한 화두로 작용했기 쉽다. 어쨌든 그런 배경에서 수천 년간 숱한 중생들을 이끌어 온 위대한 깨우침과 가르침이 나온 것으로 볼 수도 있겠는데, 그나마 석가모니의 생애에서 가장 인간적인 체취가 느껴지는 부분은 입멸하기 직전에 잘못된 공양으로 식중독에 걸려 앓아눕게 된 모습이라 할 수 있다. 결국, 그 후유증으로 상태가 위독해진 석가모니는 제자들에게 최후의 설법을 남긴 후 조용히 열반에 들었다.

탕자에서 성자로 거듭난 성 아우구스티누스

로마가톨릭 사회에서 오랜 세월 성인으로 추앙받아온 성 아우구스티누스(Aurelius Augustinus Hipponensis, 354-430)는 북아프리카 태생의 베르베르족 원주민 출신의 사제로 《고백록》, 《신국》의 저자로도 널리 알려져 있다. 북아프리카 해안에 위치한 항구도시 히포 부근의 작은 마을 타가스테에서 태어났다. 그는 비록 젊은 시절 이교에 심취되고 극도로 방탕한 생활에 젖어 독실한 기독교인이었던 어머니의 속을 썩이기도 했지만, 결국에는 어머니의 신앙심에 감화되어 가톨릭 사제가 된 이후 죽을 때까지 모범적인 신앙생활을 누리며 《삼위일체론》 등 기독교에 관한 수많은 저술을 남김으로써 토마스 아퀴나스와 함께 가장 존경받는 중세 기독교의 교부로 숭앙받았다.

그가 태어났을 당시 타가스테는 로마제국의 통치하에 있었는데, 그의 아버지 파트리키우스는 줄곧 이교도로 지내다가 임종 직전에 가서야 비로소 기독교로 개종한 인물이며, 비록 산악부족 출신이기는 했으나 매우 금욕적인 기독교도였던 어머니 모니카는 남편의 불륜 때문에 고통받으면서도 신앙심으로 극복하며 방탕한 아들 아우구스티누스를 끝내 회심시킨 여성으로 이후에 로마가톨릭에서 성녀로 추대되기에 이르렀다. 하지만 그런 회심이 있기까지 이들 모자는 오랜 세월 끊임없는 갈등과 불화에 시달리며 치열한 투쟁 관계를 보였다.

17세 때 카르타고로 유학을 떠난 아우구스티누스는 그곳에서 이교 단체인 마니교에 빠져들고 성적으로 매우 방탕한 생활을 보냄으로써 어머니를 크게 낙담시켰으며, 19세 무렵에는 한 여성과 동거를 시작해 아들 아데오다투스까지 낳고 31세에 가서야 비로소 그 관계를 청산했으니 어머니의 속이 새까맣게 탔을 것이다. 이처럼 신앙과 여자 문제로 끊임없이 어머니와 불화를 일으킨 그는 어머니의 지겨운 간섭과 통제를 피해 어머니를 따돌리고 혼자 몰래 배를 타고 로마로 도망치기까지 했다.

아우구스티누스

　그 후 밀라노의 수사학 교수로 임명된 그는 마침내 오랜 기간 함께 지내던 동거녀와 헤어지고 어머니가 추천한 10세 소녀와 마지못해 약혼하기에 이르렀다. 하지만 법적으로 혼인이 허용된 12세가 될 때까지 기다리는 사이에 그는 마음에도 없는 결혼을 피하는 대신에 사제가 되어 독신으로 살겠다고 결심함으로써 더 이상 어머니가 다른 말을 할 수 없게 만들었다. 왜냐하면, 어머니가 그토록 바라던 성직자가 되기로 했기 때문이다. 어쨌든 밀라노에서 자신의 사생아 아들과 함께 세례를 받고 귀국하기 위해 배편을 기다리는 도중에 어머니가 세상을 떴다는 소식을 접한 그는 그동안 자신이 저지른 불효 때문에 엄청난 죄책감에 빠졌으며, 설상가상으로 귀국한 후에 어린 아들까지 죽게 되자 아버지로부터 물려받은 유산 전체를 처분해서 가난한 이들에게 모두 나눠주고 자신은 완전히 빈털터리가 되었다.

　37세에 드디어 히포의 사제로 서품 받은 그는 43세부터 쓰기 시작한 《고백록》을 통해 육욕에 물들었던 자신의 방탕했던 과거 행적을 반성하는 한편, 경건한 기도생활을 통해 신앙의 폭과 깊이를 더하면서 기독교의 명저로 꼽히는 《신국》을 쓰기도 했다. 말년에 이르러 히포의 주교로 임명된 그는 당시 북방에서 내려온 반달족이 히포를 포위 공격하는 상황에서도 안전한 곳으로 피신하지 않고 끝까지 남아 주민들을 돌보다 75세를 일기로 조용히 눈을 감았다. 그가 죽은 지 얼마 후 히포는 반달족에 함락되고 말았다.

물론 아우구스티누스는 성적으로 매우 조숙했으며 정욕도 남달리 강했던 것으로 보인다. 하지만 금욕적이었던 어머니 모니카는 성에 대해 지나치게 부정적인 태도로 일관했으며, 사춘기에 이른 아들에 대해서도 성적인 타락으로 나아가지 않을까 아들을 부둥켜안고 울면서 기도를 올리기도 했는데, 그녀의 그런 과도한 염려가 오히려 역효과를 낳은 것으로 보인다. 더욱이 남편을 잃고부터는 전적으로 아들에게 의지하고 사사건건 간섭하고 통제하는 바람에 이에 대한 반발심에서 아들은 더욱 더 방탕한 길로 들어섰으며, 그녀를 골탕 먹이려는 듯이 이단 종교에 빠져들어 어머니를 곤경에 빠트리기도 했다.

더욱이 그는 어린 나이에 한 여성과 동거에 들어가 사생아까지 낳는 부도덕한 행위를 저지름으로써 훌륭한 성직자가 되기를 열망한 어머니의 기대를 여지없이 무너뜨리고 말았는데, 19세에서 28세에 이르는 그야말로 질풍노도와 같은 혼돈과 갈등의 어둠 속에서 자신의 정체성을 찾고자 방황하다가 마침내 어머니의 죽음을 계기로 오랜 방황을 청산하고 신과 어머니의 품 안으로 귀의한 것이다. 이처럼 죄악의 밑바닥까지 내려갔다가 뼈를 깎는 뉘우침과 거듭남으로 더욱 큰 영적 진화에 도달한 아우구스티누스였기에 바로 그런 점 때문에 더욱 위대한 성자로 추앙받게 된 것이 아닐까 생각한다.

사막의 예언자 무함마드

알라의 이름으로 사막을 제패한 이슬람교의 창시자 무함마드(Muhammad, 570-632)는 '한 손에는 코란, 다른 손에는 칼'이라는 코란의 지침에 따라 아라비아 사막에 거센 돌풍을 일으킨 카리스마적 인물이다. 그 후 이슬람교는 중동뿐 아니라 북아프리카와 이베리아 반도, 중앙아시아까지 손을 뻗쳐 역사상 가장 광대한 영역에 걸쳐 교세를 크게 확장하기에 이르렀으며, 오늘날 이슬람교도의 수는 세계 인구의 25%에 달함으로써 세계 인구의 1/3을 차지하는 기독교와 쌍벽을 이루고 있는 상태라 할 수 있다.

무함마드는 아라비아 반도의 중심에 있는 메카에서 하심 부족 상인의 아들로 태어났으나, 그가 태어나기도 전에 아버지가 죽음으로써 유복자로 태어난 데다 여섯 살이라는 어린 나이에 어머니까지 잃는 바람에 일찌감치 고아가 되어 조부 밑에서 자랐다. 하지만 조부마저 세상을 뜨자 삼촌이 맡아 키우게 되었다. 어린 나이에 삼촌 아부 탈리브를 따라 대상 활동에 들어간 그는 삼촌의 소개로 알게 된 부유한 과부 하디자의 고용인으로 일하다가 그녀의 청혼으로 혼인하게 되었는데, 당시 그의 나이 25세였고, 하디자는 40세였다.

돈 많은 연상의 과부와 혼인함으로써 생계 걱정을 덜게 된 그는 마침내 금식과 기도로 사색하며 삶의 진리를 찾는 일에 몰두하기 시작했다. 그러던 어느 날 그는 히라 산 동굴 안에서 깊은 명상에 잠겨 있다가 돌연 가브리엘 천사의 계시를 받고 겁에 질린 나머지 서둘러 집으로 귀가하고 말았다. 그 사실을 전해 들은 아내 하디자가 네스토리우스 교파의 사제로 일하는 자신의 사촌 와라카에게 달려가 그 현상에 대한 설명을 요구했으며, 와라카는 무함마드가 신의 계시를 받은 예언자라고 일러주었다. 하디자는 집으로 돌아와 그런 사실을 남편에게 고한 후 곧바로 그 앞에 무릎을 꿇고 최초의 무슬림이 되었다.

예언자로 나서 설교를 시작한 그는 유일신 알라 앞에서 만인이 평등함을 전하면서 교세를 키워나갔으나, 그런 메시지가 오히려 부유한 상인들의 반발을 산 결과 심한 박해를 받고 마침내 메카를 떠나 메디나로 피신하게 되었다. 그 후 메디나 군사를 이끌고 메카로 돌아온 그는 여세를 몰아 정복 전쟁을 계속함으로써 아라비아 반도의 대부분을 하나로 통일시키는 대업을 이루었다. 그러나 얼마 가지 않아 62세를 일기로 생을 마쳤는데, 당시 18세에 불과한 애처 아이샤의 품에 안겨 숨을 거두었다.

아내 하디자는 무함마드가 49세일 때 세상을 떴는데, 그녀가 죽은 이후로 그는 반대자들의 극심한 박해로 인해 메디나로 도피할 수밖에 없었다. 하지만 그는 하디자가 죽은 후 무려 12명의 부인을 거느렸으며, 마지막으로 맞아들인 마리아는 이집트에서 온 기독교도 노예 출신으로 비잔틴 제국의 관리였던 알무카키스가 무함마드에게 선물로 바친 여성이었다. 더군다나 그의 총애를 한 몸에 받은 아이샤는 그의 나이 49세 때 혼인했는데, 당시 그녀는 6세에 불과했기 때문에 나이 10세가 되자 비로소 잠자리를 함께 했다고 한다. 하지만 아무리 이슬람 세계의 문화적 전통에 따른 불가피한 현상이었다 하더라도 위대한 예언자의 삶치고는 너무도 뒷맛이 개운치가 않음을 어쩔 수가 없다.

1315년경 작품 〈페르시아 세밀화〉. 긴 수염의 무함마드(가운데)

어쨌든 어린 나이에 일찍 부모를 잃고 고아가 된 무함마드는 남다른 애정결핍과 외로움으로 힘겨운 성장 과정을 겪었을 것으로 보이는데, 15세 연상의 과부 하디자를 아내로 맞아들인 것은 과부로 죽은 어머니를 상징적으로 대신한 셈이며, 자신을 길러준 자상한 삼촌 아부 탈리브는 죽은 아버지를 대신한 셈이라 할 수 있다. 공교롭게도 무함마드의 삶에 매우 중요한 이 두 인물은 619년 같은 해에 죽었는데, 무슬림 신도들이 이 해를 '슬픔의 해'로 부르는 이유도 그만큼 그들이 무함마드의 삶에 가장 결정적인 영향을 끼쳤기 때문일 것이며, 무함마드 자신에게도 그 해는 가장 슬픈 해로 기억되었을 것이다.

어머니의 죽음에 충격 받고 출가한 원효대사

우리나라 대승불교의 거두였던 원효대사(元曉, 617-686)는 원래 설사(薛思)라는 본명으로 신라 귀족의 아들로 태어나 어린 시절에 화랑이 되었으나, 어머니가 일찍 세상을 뜨자 삶의 덧없음을 느끼고 출가해 승려가 되었다. 당시 그는 당나라로 불법을 배우러 가던 길에 크게 깨우침을 얻고 유학을 포기한 채 도로 귀국하고 말았는데, 한 무덤가에 누워 잠을 자다가 잠결에 목이 말라 마신 물이 다음 날 아침에 깨어보니 해골바가지에 담긴 물이었음을 알고 갑자기 그 물을 도로 토해내면서 문득 깨달음을 얻게 되었다고 한다. 모든 것은 마음먹기에 달렸다는 일체유심조의 진리를 깨달은 것이다.

그 후 분황사에 머무르면서 소승적 차원의 깨달음보다 민중에게 불교를 널리 보급해 구제하는 일이 더욱 소중함을 느끼고 정토 신앙에 입각한 대승적 차원의 포교에 더욱 힘썼다. 원효는 불교뿐 아니라 도교와 유교사상도 두루 섭렵했으며, 해박한 지식을 바탕으로《대승기신론》등 수많은 저술을 남겨 중국과 일본에도 그 명성이 알려졌다.

어쨌든 원효대사가 출가를 결심하게 된 직접적인 계기는 어머니의 죽음이었으며, 나중에 승려가 된 후에도 어머니가 자신을 출산했던 밤나무 근처에 법당을 세워 사라사(娑羅寺)라 이름을 지었다. 원래 그의 어머니 조씨는 만삭의 몸으로 출타 중에 불지촌 율곡 고개에 있는 밤나무 밑을 지나다가 갑자기 산통을 느끼고 그곳에서 해산했으며, 당시 남편의 비단 옷을 나무에 걸고 출산했기 때문에 그 나무를 사라수(娑羅樹)라 불렀다고 한다.

이처럼 승려가 된 후에도 어머니에 대한 그리움이 깊었던 원효는 결국 요석공주를 상대로 스스로 파계하기에 이르렀는데, 마음이 들뜬 상태에서 거리에 나가 "누가 자루 없는 도끼를 내게 주겠느냐, 내 하늘을 받칠 기둥을 깎으리로다(誰許沒柯斧 我斫支天柱)."라고 노래를 부르니 이를 전해 들은 무열왕이 그 뜻을 이해하고 자신의 둘째 딸 요석공주와 짝을 지어준 것이라 한다. 물론 왕은 그 노래의 뜻을 대사가 나라의 큰 재목이 될 후손을 낳고 싶어 하는 것으로 새겨들었다고 할 수 있는데, 사실 자루 없는 도끼나 하늘을 받칠 나무가 남근을 상징한다고 본다면, 무열왕은 대단한 심리적 안목의 소유자라 할 수 있겠다. 그 후 원효는 스스로를 소성거사(小性居士)라 칭하면서 속세 복장 차림으로 여러 마을을 돌아다니며 대중 교화에 힘썼는데, 소성(小性)이라는 호칭 자체도 매우 의미심장하지 않은가.

그런데 원효는 과부가 된 요석공주와 인연을 맺고 아들 설총까지 낳았으니 한국 최초의 대처승이라 할 수 있다. 요석공주는 물에 빠져 옷이 젖은 원효의 옷을 말려주다가 동침을 하게 된 것인데, 실은 두 사람을 맺어주기 위해 무열왕이 미리 계획한 일이었다고 한다. 이처럼 스스로 파계한 원효는 그 후 속세로 내려와 중생들과 어울리며 살았는데, 무애가(無碍歌)라는 노래를 지어 여러 마을을 춤추고 노래하며 돌아다닌 결과 모든 사람이 따라 불러 염불할 수 있게 되었다고 한다.

원효대사의 총명함을 이어받은 아들 설총은 이두를 집대성한 인물로 최치원과 함께 당대 최고의 문장가로도 알려진 대학자이며, 특히 유학에 조예가 깊었다. 그가 집대성한 이두 문자는 중국 한자를 한국식 발음으로 표기한 것으로 세종대왕이 한글을 창제하기까지 고대 한국에서 널리 사용되던 문자였으니 그가 얼마나 시대를 앞서간 인물이었는지 알 수 있다.

교황청의 수호자가 된 이냐시오 데 로욜라

마르틴 루터의 종교 개혁으로 수세에 몰린 교황의 권위를 수호하기 위해 예수회를 설립한 스페인의 영적 지도자이자 가톨릭 사제인 이냐시오 데 로욜라(Ignacio de Loyola, 1491-1556)는 스페인 북부 피레네 산중에 위치한 바스크 지방의 귀족 가문에서 태어났다. 로욜라 성의 영주였던 아버지는 13명의 자녀를 두었는데, 이냐시오는 그중에서 막내였다. 하지만 그를 낳은 직후 어머니가 세상을 뜨는 바람에 그는 마을 대장장이의 아내에 맡겨져 양육되었으며, 집안에서 적절한 대우도 제대로 받지 못했다.

그런 성장 과정 때문인지 매우 반항적인 소년이었던 그는 17세 때 군대에 입대한 후 무장한 군복 차림으로 거리를 활보하며 몹시 거들먹거렸다고 한다. 그렇게 뽐내고 다녔을 뿐만 아니라 걸핏하면 결투를 벌여 여러 사람을 다치게도 했으며, 한번은 길에서 마주친 무어인과 시비 끝에 결투를 벌여 칼로 찔러 죽인 적도 있었다. 그토록 오만방자한 태도로 군인 생활을 계속한 그는 수많은 전투에 참가해 무공을 세웠으나, 29세 무

이냐시오 데 로욜라

럽 팜플로나 요새 전투에서 적군의 포탄에 맞아
다리에 큰 부상을 입고 귀향길에 오르고 말았는
데, 바로 그 해는 마르틴 루터가 교황청으로부터
파문을 당한 시기와 일치한다.

　로욜라 성에 머물며 치료를 받고 요양 생활을
계속하던 그는 우연히 독일의 신학자 작센의 루돌
프가 쓴 책《그리스도의 생애》를 읽고 크게 감명
을 받은 나머지 회심하게 되면서 극적인 삶의 전
환점을 맞이하기에 이르렀다. 치료를 마치고 로욜
라 성을 떠난 그는 수도원을 찾아가 성모 마리아 상 앞에 자신이 걸친 군
복을 벗어놓고 순례의 길을 떠났으며, 만레사 인근의 동굴에 들어가 수
개월 동안 기도와 명상으로 고행의 시간을 보내면서 신비스러운 환시 체
험도 하게 되었다. 당시 그는 자살까지 고려할 정도로 죄의식을 동반한
우울증 상태에 깊이 빠져있었으나, 황홀한 종교체험을 하게 되면서 그동
안 자신이 저지른 온갖 교만과 죄악을 회개하고 오로지 예수와 성모, 그
리고 교황을 위해 헌신하기로 결심한 것이다.

　37세라는 늦은 나이에 파리 대학에 들어가 신학 공부에 돌입한 그는
마침내 46세 때 사제 서품을 받기에 이르렀으며, 그 후 자신의 추종자들
을 이끌고 로마로 교황을 알현하러 가던 길에 다시 또 환시를 목격하고
예수회 단체를 세우기로 결심했다. 그가 세운 예수회는 가톨릭교회를 보
호하며 교황에 절대복종하는 그리스도의 군대를 의미한 것으로 엄격한
규율과 영성훈련으로 훈련된 준군사조직이라 할 수 있다.

　하지만 그는 가톨릭 수호뿐 아니라 가톨릭의 세력 확장에도 힘썼는
데, 그의 동료 자비에르는 동방 선교에 힘써 일본까지 진출했으며, 그 외
에도 수많은 예수회 선교사들이 남미대륙에 손을 뻗쳤다. 물론 그런 직

접적인 선교 외에도 수많은 학교를 세워 교육발전에 이바지하기도 했으나 엄밀히 말하자면 그런 노력도 가톨릭 이념의 확산을 노린 고도의 전략이었을 것이다. 어쨌든 평생 청빈과 기도, 묵상으로 일관했던 그는 말년에 말라리아에 걸려 64세를 일기로 로마에서 생을 마쳤다.

예로부터 반골 기질이 특히 강했던 바스크 민족은 지금까지도 스페인을 상대로 독립투쟁을 벌이고 있지만, 그런 바스크 지방 출신인 이냐시오 역시 매우 강한 투사 정신을 발휘해 오랜 기간 군인으로 활동하며 수많은 전투에 참가했다. 이후 심한 부상을 입고 병석에 눕게 되면서 비로소 자신이 그동안 저지른 숱한 결투와 살상행위에 대해 깊이 뉘우치는 자성의 기회를 맞게 되었다.

몸이 아픈 환자는 누군가 자신을 보살피고 위로해 줄 사람을 찾기 마련인데, 난생처음으로 장기간 병석에 눕게 된 그는 비로소 자기 주변에 자신을 따뜻하게 돌봐 줄 사람이 아무도 없다는 사실을 뼈저리게 느꼈을 것이다. 그런 가운데 그리스도의 생애에 관심을 기울이게 된 그는 그동안 자신이 저지른 온갖 죄악에 대해 극심한 죄의식을 갖게 되었으며, 인간의 죄를 대신하기 위해 스스로 속죄양의 길을 선택한 예수와 그를 낳은 성모 마리아의 모습에서 자신과 생모의 불행한 인연을 떠올렸기 쉽다.

이처럼 어느 날 갑자기 지극히 속물적인 군인에서 신성한 그리스도의 군대를 지휘하는 사령관으로 변신한 그는 분노와 살인으로 뒤덮인 사망의 골짜기를 벗어나 자학과 죄의식, 뉘우침의 단계를 거쳐 영적인 신비와 축복이 가득한 성스러운 세계로 들어갔다. 상징적 차원에서 말하자면, 자신의 무심한 아버지를 거부하고 그 대신에 성부와 교황을 섬기기로 결심한 것이며, 영원히 소유할 수 없었던 어머니를 대신해 성모 마리아를 마음으로 영접했다고나 할까. 아무튼 그는 이러한 과정을 통해 오랜 기간 마음속에 담아두었던 원망과 분노, 외로움, 사랑에 대한 갈망 등에서 벗어나 비로소 마음의 안정을 찾은 것으로 보인다.

데카르트의 이성과 파스칼의 감성

프랑스 철학의 쌍두마차라 할 수 있는 데카르트와 파스칼의 존재는 오늘날에 와서도 그 힘을 계속 잃지 않고 있다. 프랑스의 학생들은 지금도 여전히 데카르트파와 파스칼파로 나뉘어 철학적 논쟁을 계속하고 있기 때문이다. 비록 현대에 와서 무신론적 마르크스주의자였던 사르트르의 실존철학이 한동안 붐을 이루기도 했지만, 데카르트와 파스칼이 미친 영향에 비하면 그야말로 찻잔 속의 폭풍에 비유한다 해도 결코 과언이 아닐 것이다.

프랑스의 물리학자이며 철학자인 데카르트(René Descartes, 1596-1650)는 합리적 회의론에 입각한 근대 철학의 아버지인 동시에 해석기하학의 창시자로도 알려져 있다. 그의 대표적인 저서 《방법서설》에서 말한 '나는 생각한다, 고로 존재한다.'라는 말에서도 보듯이 그는 합리적 자율성에 입각한 주체의 원리를 가장 먼저 확립한 인물이기도 하다. 그가 말한 이 명제는 데카르트 이후 근대철학에 결정적인 영향을 끼치게 되었으며, 정신과 육체를 분리한 그의 사상 역시 오랜 기간 서양의학에 많은 영향을 주었다.

프랑스 투렌 지방의 작은 도시 라에에서 시의원의 아들로 태어난 그는 불과 한 살 때에 어머니를 잃었는데, 그 후로는 죽 외할머니 손에 맡겨져 성장했다. 10세 때 예수회 학교에 들어가 8년에 걸쳐 철저한 인문학 교육을 받은 후 아버지의 뜻에 따라 푸아티에 대학에서 법학을 공부하기도 했으나, 책에서 얻는 지식보다 세상에서 얻는 지식이 더욱 가치 있다고 여기고 미련 없이 대학을 떠나 네덜란드 군대에 자원입대해 복무하다가 그 후 독일에서 벌어진 30년 전쟁에도 참전하는 등 군인의 길을 걷기 시작했다.

데카르트

하지만 23세 때 독일의 한 병영에서 자신의 향후 진로를 예시한 꿈을 꾼 이후 학문에 정진하기로 작심하게 되었는데, 당시 체험을 통해 모든 진리는 서로 연결되어 있으며, 단일하고 보편적인 방법론을 통해 과학과 철학을 통합할 수 있으리라고 생각했다. 따라서 그런 진리의 근본에 이르기 위해서는 끊임없는 의심과 회의가 요구된다고 믿은 것이다. 이처럼 합리주의 철학의 근본을 이루게 된 데카르트의 회의론은 그동안 진실로 여겨진 모든 믿음에 대해 일단 의심을 품는 일에서 시작한다고 볼 수 있다. 그런 의심의 목적은 더 이상 의심할 수 없는 진실을 찾기 위한 것으로, 의심이야말로 절대 진리에 도달할 수 있는 유일한 수단이라는 것이었다.

그는 군대를 떠나 프랑스로 귀국한 후 수학과 광학 연구에 몰두했으나, 가톨릭의 절대적인 영향 밑에 있던 프랑스에서는 새로운 발상의 전환이 어렵다고 느낀 나머지 결국 32세 때 학문적 자유가 보장된 네덜란드로 떠나 그곳에서 53세가 될 때까지 무려 20년이나 머물며 그의 주저라 할 수 있는 《방법서설》과 《성찰》, 《철학의 원리》 등을 저술했으니 그의 실질적인 황금기는 네덜란드에서 이루어진 것으로 보는 게 타당할 것이다.

특기할만한 사실은 암스테르담에 체류할 당시 그는 젊은 하녀와 관계를 맺고 딸까지 낳았는데, 그 딸이 다섯 살로 숨지자 크게 슬퍼했다는 점이다. 당시 44세였던 데카르트는 그 이후로 인체 해부 및 생리에 대한 연구를 일체 중단하고 철저한 회의론에 입각한 《성찰》을 쓰게 되었다. 그후 53세에 이르러 크리스티나 여왕의 초청을 받고 스웨덴으로 건너가 여왕에게 철학을 가르치던 중에 갑자기 폐렴에 걸려 세상을 뜨고 말았다.

비록 파스칼은 모든 것에 의심을 품는 데카르트가 마치 무신론자인 듯이 비판을 가하기도 했지만, 데카르트는 신의 존재를 분명히 믿었으며, 의심하고 있는 자신을 의식하고 있다는 사실 자체까지 부정할 수는 없다고 보았다. 이처럼 일생동안 그토록 집요하게 사물에 대한 의혹에 사로잡힌 모습은 젖먹이 때 그의 눈앞에서 갑자기 사라져버린 어머니의 죽음과 결코 무관치 않아 보이기도 한다.

정신분석에서는 인간의 기본적 신뢰(basic trust)가 형성되는 시기를 어머니의 적절한 보살핌이 요구되는 출생 직후부터 만 3살이 될 때까지로 보고 있는데, 생후 14개월에 어머니를 잃은 데카르트가 일생동안 모든 현상에 대해 회의적인 태도를 유지한 것도 그런 여파 때문이 아니었는지 모르겠다. 하지만 모든 학문의 발전은 맹신에 있는 게 아니라 의구심에서 비롯된다는 점을 고려한다면 그의 의심은 오히려 그가 이룩한 학문적 위업에 큰 원동력이 되었다고 볼 수 있다.

이처럼 '나는 생각한다, 고로 존재한다.'라는 명제를 통해 합리적 이성의 절대적 가치를 강조한 데카르트에 대해 그런 이성적 사고에 막대한 영향을 끼치는 감성의 중요성을 '인간은 생각하는 갈대'라는 표현으로 맞받아친 파스칼의 존재 또한 철학뿐 아니라 심리학에서도 결코 무시할 수 없는 인물이라 할 수 있다. 정신과 육체를 분리시킨 데카르트에 비한다면 이성보다 감성의 중요성을 강조한 파스칼의 입장이 오히려 현대 정신의학이나 정신분석적 입장에 더욱 근접한 것으로 볼 수도 있다.

일찍 어머니를 여의고 외롭게 자란 데카르트처럼 파스칼(Blaise Pascal,

1623-1662) 역시 세 살 때 어머니를 잃었다. 어려서
부터 신동으로 소문난 그는 10대 소년 시절에 이
미 다양한 수학적 정리를 발견했으며, 19세 때에
는 경제적 곤경에 처한 아버지를 돕기 위해 세계
최초로 계산기를 발명하기도 했다.

파스칼

23세 무렵 아버지가 사고를 당해 거동을 못 하
게 되자 두 의사가 집에 머물며 아버지를 치료해
주었는데, 얀센파 신도였던 그들로부터 크게 감화
를 받은 파스칼은 그때부터 신앙적인 회심을 보이
기 시작했으며, 자신의 누나 질베르트와 누이동생 자클린도 얀센파로 개
종시켰다. 하지만 그가 28세 때 아버지가 세상을 떠나면서 누이동생 자
클린이 파리의 포르루아얄 수녀원에 들어갈 뜻을 비치자 건강이 여의치
못해 그동안 어머니를 대신해 그녀의 보살핌을 받았던 파스칼은 극구 반
대하고 나섰다. 심지어 그는 아버지의 유산 상속을 그녀에게 분배할 수
없다고까지 협박했으나 그녀의 결심은 요지부동이었다. 결국, 그녀는 이
듬해 수녀가 되었으며, 자신의 상속분 전체를 수녀원에 바쳤는데, 오빠
파스칼이 죽기 한해 전에 36세 나이로 먼저 세상을 떴다.

누이동생을 수녀원에 보낸 후 파스칼은 31세 때 하느님의 음성을 듣
는 종교체험을 하면서 더욱 신학에 전념하게 되었다. 당시 얀센파를 이
단으로 몰며 공격한 예수회에 대항하기 위해 쓴《시골 친구에게 보내는
편지》를 통해 예수회의 독단과 신학적 기만에 대해 날카로운 공격을 가
했다. 미완성으로 끝난《팡세》에서는 "인간은 생각하는 갈대"라는 유명
한 말을 남겨 "나는 생각한다, 고로 존재한다."라는 말을 남긴 데카르트
의 명제에 이의를 제기하기도 했다. 또한 더 이상 신을 필요로 하지 않는
듯이 처신한 데카르트의 신앙적 태도에 대해 도저히 용서할 수 없는 일

이라며 맹공을 가하기까지 했다.

하지만 어려서부터 허약체질이었던 파스칼은 30대 중반부터 건강이 급속도로 악화되기 시작했으며, 극심한 두통과 치통에 시달리면서도 그런 고통을 오히려 신에게 선택받은 징표로 받아들이며 더욱 연구와 저술에 몰두했다. 결국 경련 발작까지 일으킨 그는 누이동생 자클린이 죽은 이듬해에 39세라는 한창 나이로 숨을 거두었는데, 사후부검 결과 위장과 뇌에 큰 병변이 발견되었으나 정확한 병명은 밝혀지지 않았다. 어쨌든 보기 드문 신동이었던 파스칼은 어머니 없이 자랐음에도 불구하고 아버지와 누이들의 극진한 보살핌 속에 위대한 업적을 낳을 수 있었지만, 불행히도 건강이 따라주지 못해 요절하고 말았다. 하지만 죽을 때까지 내세를 굳게 믿은 파스칼이었으니 어머니와 누이동생과의 재상봉을 기대하며 기꺼이 죽음을 맞이했는지도 모른다.

세상에서 따돌림 당한 스피노자

데카르트, 파스칼과 함께 17세기를 대표하는 사상계의 3대 거목 중 한 사람으로 꼽히는 스피노자(Baruch Spinoza, 1632-1677)는 네덜란드의 유대인 철학자로 특히 정신과 육체를 따로 분리시킨 데카르트의 이원론에 반대하고 거기에서 한걸음 더 나아가 신과 자연을 하나로 묶는 일원론적 범신론을 주장했는데, 그런 이유 때문에 생전에 그의 존재는 유대교와 기독교 모두에게서 일찌감치 이단시되었을 뿐만 아니라 세상으로부터도 철저하게 무시당한 무명 철학자였다.

네덜란드 암스테르담에서 유대인 상인의 아들로 태어난 스피노자는 여섯 살 어린 나이에 어머니를 여의고 말았는데, 그럼에도 불구하고 어려서부터 매우 총명해서 그가 다니던 탈무드 학교에서도 장래에 가장 뛰어난 랍비가 될 것이라는 기대를 한 몸에 받기도 했다. 하지만 21세 무렵 아버지마저 사망해 고아가 된 그는 점차 정통교리에서 벗어난 독자적인 사상과 철학을 지니게 되면서 유대교를 비판한 결과 마침내 신성모독 죄로 유대인공동체에서 파문선고를 받고 영구 추방당하는 뼈아픈 시련을 겪게 되었다.

당시 그에게 주어진 파문은 그 어떤 사람도 스피노자와 접촉을 금지하고 잠잘 때나 깨어있을 때나 항상 신의 분노를 받게 해달라는 무서운 저주가 담긴 파문이었으니 스피노자 한 개인으로서는 참으로 견디기 힘든 상황이었을 것이다. 이처럼 자신의 공동체에서 완전히 쫓겨나 고립된 그는 그 후 여기저기를 떠돌며 살아가는 처량한 신세로 전락하고 말았다. 그런 수모에도 굴하지 않고 더욱 치열하게 자신의 철학적 탐구를 계속해 나감으로써《지성 개선론》,《신학 정치론》등의 저서를 출간하기도 했지만, 그에게 돌아온 것은 온갖 악평뿐이었다.

결국 헤이그에 정착한 그는 초라한 다락방에서 안경알을 갈아 만드는 노동일로 근근이 생계를 유지하는 가운데 필생의 대작인《윤리학》을 완성했으나 그에 대한 악평 때문에 생전에는 그 출간을 볼 수 없었다. 비록 한때나마 하이델베르크 대학에서 교수 초빙까지 받기도 했으나 사상의 자유를 보장하지 않는다는 이유로 일언지하에 거절하는 단호함도 보였다.

이처럼 현실과의 타협을 철저히 거부한 그는《국가론》을 완성한 후에 44세라는 젊은 나이로 아깝게 세상을 뜨고 말았는데, 가난과 과로가 겹친 가운데 폐질환이 악화된 결과로 보인다. 평생을 비좁은 다락방 안에 떠도는 유릿가루를 마시며 지내야 했으니 호흡기가 온전했을 리 없었을 것이다. 더군다나 그렇게 열악한 환경에서 철저히 고립된 생활을 감수하

스피노자

면서도 그토록 위대한 사상과 철학 체계를 수립했다는 사실이 도저히 믿기지 않을 정도다.

죽을 때까지 독신을 고수한 그는 어두운 다락방에서 하루 종일 안경알을 가는 순간에도 끊임없이 사색에 몰두했다. 그래서 '다락방의 철인'으로 불리기도 하지만 그 누구도 상대해주지 않는 너무도 고독한 철인이었으며, 그런 그에게는 당연히 단 한 명의 제자도 존재하지 않았다. 그럼에도 불구하고 그는 "내일 지구가 멸망하더라도 나는 오늘 한 그루 사과나무를 심겠다."라는 유명한 말을 남기기도 했는데, 불행의 밑바닥까지 내려가 본 사람이 아니고서는 도저히 도달할 수 없는 절대 긍정의 심오한 경지가 아닐 수 없다. 하지만 그는 사후에도 오랜 기간 인정을 받지 못했으며, 유대교뿐만 아니라 기독교사회에서도 기피 인물로 낙인 찍혀 그의 모든 저술은 가톨릭교회에서 금서로 지정되기도 했다.

어린 나이에 어머니를 잃는 아픈 상처에도 불구하고 더욱 생각이 깊어진 소년으로 성장한 스피노자는 결국 성인이 되어 우주와 세계, 시간과 공간이 서로 분리되지 않고 하나이기 때문에 시작과 종말이라는 개념 자체가 성립될 수 없다는 그 자신의 독특한 철학을 수립하기에 이르렀다. 그것은 곧 어머니의 품에 안겨 지내던 완벽한 합일의 경지, 모자간에 일심동체를 이루고 지내던 가장 순수한 시절에 대한 그리움과 향수를 상징적으로 드러낸 것일지도 모른다. 완벽한 공생 관계를 이루는 모자 관계야말로 시공을 초월한 상태인 동시에 시작과 종말이라는 개념조차 존재하지 않는 원초적 단계의 무의식상태가 아니겠는가. 그런 원초적 향수에 대한 집착이 너무도 강렬했기에 그는 결혼도 하지 않고 독신으로 지내며 자신이 태어났을 때 지녔던 순수성을 그대로 지킨 상태에서 생을 마감했는지도 모른다.

톨스토이의 모순에 찬 구도의 길

19세기 러시아 문학을 대표하는 대문호 톨스토이(Leo Tolstoy, 1828-1910)는 소설가로서의 명성뿐 아니라 톨스토이즘으로 대표되는 그의 숭고한 사상을 통해 기독교적 휴머니즘에 입각한 무소유 사상과 비폭력 무저항주의를 널리 전파함으로써 당대의 수많은 지식인에게 큰 영향을 끼친 위대한 사상가이기도 하다. 그의 인류애에 가득 찬 사랑과 평화의 메시지는 마하트마 간디와 마틴 루터 킹 목사, 넬슨 만델라 등에게 직접적인 영향을 주었다고 할 수 있으며, 특히 우리나라의 3·1 운동에도 큰 영향을 끼친 것으로 알려졌다.

하지만 그가 이룩한 문학적, 사상적 위업에도 불구하고 정작 톨스토이 자신은 몹시 우울하고 염세적인 태도로 일관했는데, 말년에 이를수록 그런 경향은 더욱 두드러졌다. 특히 모든 세속적 가치를 부정하는《참회록》에 이르러서는 무정부주의적 성향까지 보여서 혹자는 그의 사상을 기독교적 무정부주의로 부르기도 한다. 물론 예수 그리스도의 산상 수훈에 바탕을 둔 그의 신앙적 고백 자체야 문제될 것이 전혀 없겠지만, 그럼에도 불구하고 그의 과도한 죄의식과 금욕주의 및 염세적 무정부주의는 그 후에도 많은 논란의 여지를 남겼다고 본다.

톨스토이는 인간의 삶 자체를 악이요, 무의미한 것으로 보았는데, 이처럼 뿌리 깊은 염세주의적 태도는 어린 나이에 경험한 부모 상실과 깊은 관련이 있어 보인다. 그는 제정 러시아 당시 유수한 귀족 가문 출신으로 그의 아버지는 백작이었고 어머니는 공주 출신이었다. 하지만 그가 두 살 때 어머니를 잃고 9세에는 아버지마저 갑자기 쓰러져 사망하게 되면서 어린 나이에 부모를 모두 잃고 고아가 되고 말았다. 결국, 어려서부터 일가친척의 보살핌을 받으며 자라야 했던 그는 부모 대신 의지했던 니콜라이와 드미트리 두 형마저 모두 연이어 결핵으로 일찍 세상을 떠나자 더욱 큰 상실감에 젖어 지내야 했다.

그런 아픔을 딛고 작가로 데뷔한 그는 34세 때 당시 18세의 소피아와 결혼해서 25년에 걸쳐 무려 13명의 많은 자녀를 낳기도 했다. 막내아들 이반을 낳은 것이 그의 나이 60세 때였으니 물론 부부 금슬이 좋아서 그런 거야 말릴 도리가 없겠으나 평소에 그가 주장한 금욕주의와는 너무도 거리가 있는 모습이 아닐 수 없다. 더군다나 결혼에 대해서도 매우 부정적인 태도를 보였던 그는 자신의 딸들이 결혼하는 것에 한사코 반대하며 결혼은 무덤이자 지옥이라는 입장을 되풀이했다고 하는데, 실제로 톨스토이 자신의 부부 생활도 불화와 갈등의 연속이었다고 할 수 있다.

이처럼 매우 혼란스럽고도 일관성이 없어 보이는 그의 태도에 대해서 혹자들은 말년에 그가 처한 신앙적 위기와 사상적 변화 탓으로 돌리는

톨스토이

경향이 농후하다. 하지만, 톨스토이의 일기에 의하면, 이미 그는 결혼 초부터 성에 대해 매우 심각한 환멸과 실망에 빠져 있었으며, 단지 겉으로 내색하지 않았을 뿐이라는 사실을 알 수 있다. 더군다나 그 일기에는 젊은 시절 자신이 저지른 방탕한 행적에 대한 기록도 있는데, 귀족의 자제라는 신분을 이용해 여자 농노들을 성적으로 유린한 사실과 17세 때 형들에게 이끌려 매춘굴에 갔다가 성병에 걸린 사실을 고백하는 내용도 있다. 그가

20년간 오랜 망설임 끝에 발표한 소설 《부활》도 톨스토이 자신이 실제로 숙모 집에서 일하던 순진한 하녀 마샤를 성적으로 유린한 결과, 그녀를 타락의 길로 들어서게 만들고 말았다는 자책감에서 비롯된 결과였다. 그런데 그의 아버지 역시 16세라는 어린 나이에 하녀와의 관계에서 사생아 미셴카를 낳았으니 톨스토이의 이복형이 되는 셈이다.

결국 성과 결혼, 교회와 국가, 심지어 과학과 예술, 철학 등의 학문체계 등 이 세상의 모든 권위적 제도를 거부한 톨스토이는 그런 이유 때문에 1901년 러시아 정교회로부터 파문까지 당했지만, 정작 러시아 정부로부터는 그 어떤 불이익도 당하지 않았다. 명망 있는 귀족 신분이었기 때문에 가능한 일이었을 것이다. 한때 급진적 활동에 가담한 도스토옙스키가 사형 선고까지 받은 사실과 비교하면 너무도 대조적이다.

어쨌든 그의 무소유 사상과 무정부주의는 부모 없이 자란 어린 시절에 기인한 것일 수 있다. 아이들의 성장에 가장 중요한 틀은 부모의 존재가 지켜주는 가정의 울타리일 것이기 때문이다. 부모가 없는 가정은 정부가 없는 국가, 교회가 없는 종교나 마찬가지라는 점에서 톨스토이는 자신이 겪어보지 못한 가정의 소중함을 과소평가하고 더 나아가 가정을 대신하는 두 가지 중요한 상징으로서의 국가와 교회의 권위마저 부정한 것으로 볼 수 있다.

톨스토이의 뿌리 깊은 염세주의적 태도 역시 어린 나이에 경험한 부모 상실에 따른 정신적 외상과 깊은 관련이 있어 보인다. 특히 2세 때 겪은 어머니의 상실은 그에게 분리불안 및 의존성 우울증의 흔적을 남긴 것으로 보인다. 그는 어머니에게서 말을 배우기도 전에 그녀를 잃었다. 따라서 그는 어머니의 상실로 인한 애도과정의 문제뿐 아니라 분리-개별화 과정(separation-individuation process)의 문제를 동시에 해결해야만 했다.

전적으로 어머니의 품에 의존한 상태에서 벗어나 안정적으로 독립된 개체를 형성하기까지 일종의 통과의례로 주어지는 분리-개별화 과정은 누구나 다 거칠 수밖에 없는 불가피한 과제임에 틀림없지만 불행히도 톨스토이는 그런 과정을 성공적으로 마무리할 기회를 얻지 못한 것이다. 결국 강한 죄의식 및 극심한 자기 혐오에 기반을 둔 그의 강박적 의구심은 자신이 겪은 납득하기 어려운 조기 상실과 일찍부터 버림받은 사실에 대한 의혹과 불신감의 표출이기 쉽다. 그것은 결국 왜 나를 버리고 사라졌는가에 대한 끊임없는 의구심이라 할 수 있다.

그가 남긴 《참회록》과 《인생론》 전체를 통해 일관되게 흐르는 주제는 결국 '왜 사는가, 무엇을 위해 사는가, 그리고 어떻게 살아야 하는가.'에 집중된다고 할 수 있는데, 이는 곧 버림받은 아기의 삶에 던져진 수수께끼 같은 화두로 톨스토이는 그 해답을 얻기 위해 일생동안 몸부림 친 것으로 볼 수 있다. 특히 매우 이른 나이부터 쓰기 시작한 그의 일기를 보면, 톨스토이는 자신의 전 생애를 통하여 그가 이루어야 할 지상 과제야말로 도덕적 완성이라고 하였는데, 이는 곧 그 자신의 도덕성 결핍을 자인한 말이기도 하다. 따라서 그는 자신의 도덕적 결함을 보완하기 위해 결국에는 예수 그리스도의 산상 수훈에서 그 해답을 찾은 것으로 보인다.

세상을 바꾼 교황 요한 바오로 2세

로마가톨릭 역사에서 슬라브계 출신으로는 최초로 교황이 된 요한 바오로 2세(Pope John Paul II, 1920-2005)는 역대 교황들 가운데 가장 많은 129개 나라를 방문했다. 동서 화해는 물론 종교 간의 화해에도 앞장섬으로써 세계평화는 물론 기울어져 가는 가톨릭의 교세 확장에도 지대한 공헌을 한 것으로 평가된다. 특히 그의 재임 기간에 일어난 소비에트 공산주의 체제의 붕괴는 교황의 보이지 않는 입김이 작용한 결과라는 주장까지 나올 정도로 전 세계 정치권에 대한 그의 영향력은 엄청났다고 할 수 있다.

교황 요한 바오로 2세의 본명은 카롤 유제프 보이티와로 폴란드의 작은 마을 바도비체에서 군인의 아들로 태어났다. 하지만 그가 9세 때 어머니가 병으로 세상을 떴으며, 12세가 되었을 때는 의사였던 형마저 죽고, 20세가 된 1941년에는 아버지도 심장마비로 갑자기 사망하게 되면서 그는 천애 고아가 되고 말았다. 학창 시절부터 운동과 연극 활동뿐 아니라 성적도 우수했던 그는 이미 9개 국어를 능숙하게 구사하는 언어의 달인이기도 했으나 독일이 폴란드를 침공하면서 다니던 대학이 문을 닫게 되자 식당, 공장, 채석장 등에서 막노동에 종사했으며, 그런 와중에도 게슈타포의 눈을 피해 유대인들을 도피시키는 일에 가담하기도 했다.

아버지마저 잃고 혼자가 된 그는 크라쿠프의 사피에하 추기경이 비밀리에 운영하는 지하 신학교에 들어가 공부하는 가운데 독일군 트럭에 치여 죽을 뻔했던 적도 있고, 바르샤바 봉기가 진압된 후에는 게슈타포의 대대적인 검문이 시작되자 대주교의 집으로 피신해 독일군이 물러날 때까지 그곳에 은신하기도 했다. 전쟁이 끝나자 신학교를 졸업한 그는 사제 서품을 받은 후 로마 교황청에 유학해 신학 학위를 받고 폴란드로 귀국해 대학에서 윤리학을 가르쳤다. 그렇게 승승장구하기 시작한 그는 38세에 폴란드에서 가장 젊은 주교가 되었으며, 43세에는 크라쿠프 대주교에, 그리고 47세에는 추기경에 임명되는 등 고속승진을 거듭했다.

1978년 교황 바오로 1세가 눈을 감자 요한 바오로 1세가 교황으로 선출되었으나 즉위한지 불과 한 달 만에 세상을 뜨자 마침내 요한 바오로 2세가 58세라는 이른 나이로 교황에 올랐다. 더욱이 그는 공산국가 출신으로는 유일한 교황이기도 했다. 하지만 교황이 된지 불과 3년 후에 그는 성 베드로 광장에서 일반 신도들을 알현하는 자리에서 터키 청년이 쏜 총에 복부관통상을 입고 병원으로 급히 후송되었는데, 5시간에 걸친 대수술 끝에 다행히 목숨을 보존할 수 있었다. 그 후 종신형을 선고받고 복역 중인 저격범을 방문해 둘만의 비밀 대화를 나눈 그는 진심으로 암살범을 용서했다고 말하기도 했다. 당시 폴란드의 자유 노조를 교황이 지지하고 나섬으로써 민주혁명의 열풍이 확산될 것을 우려한 소련의 KGB가 배후에서 조종했을 것이라는 의혹이 제기되기도 했으나, 저격범 아자는 끝내 배후를 밝히지 않았다.

하지만 그런 위협도 요한 바오로 2세의 행보를 멈추게 할 수는 없었다. 27년에 이르는 재임 기간 중에 100회가 넘는 국외 순방을 통해 그의 발길이 닿은 거리를 모두 합하면 지구에서 달까지 이르는 거리의 3배에 해당하는 총 110만 km에 달한다고 하니 실로 놀라운 집념이 아닐 수 없다. 그중에서도 가장 극적인 사건은 자신의 조국 폴란드를 방문한 일이었을 것이다. 교황에 즉위한 이듬해 이루어진 조국 방문에서 모여든 100만 인파로부터 열렬한 환호를 받은 그는 공산 치하에서 신음하는 동포들에게 "두려워하지 말라."며 용기를 북돋웠으며, 그의 격려에 힘입어 바웬사의 자유 노조 운동이 박차를 가하기 시작해 마침내 폴란드에서 시작된 자유화 운동의 불길이 동유럽 전체로 번지게 된 것이다.

더욱이 그는 유대교와 그리스정교, 이슬람교와도 화해를

요한 바오로 2세

도모해 시리아와 이집트를 방문했으며, 한국과 일본 등 동아시아와 공산 국가 쿠바를 방문한 최초의 교황이 되었다. 특히 그는 1984년 전두환 대통령과 1989년 노태우 대통령 재임 기간에 두 차례나 방한해 한국에 대한 특별한 애정과 관심을 과시했다. 혹독한 시련에도 불구하고 민족의 정통성을 꿋꿋이 지켜온 한국과 폴란드의 역사가 너무도 닮았다는 점에서 남다른 친밀감을 느낀 것으로 보인다. 하지만 김대중 대통령이 요청한 교황의 북한 방문 계획은 북한 측의 소극적인 태도로 무산되고 말았다. 그 후 5년이 지나 건강이 더욱 악화된 그는 선종하기 직전 인류의 행복을 기원하며 84세로 눈을 감았다.

어릴 때부터 어머니를 비롯해 연이어 가족을 잃고 고아가 된 이후 가톨릭 성직에 몸담기 시작해 마침내 교황의 자리에까지 오른 요한 바오로 2세는 유럽에서도 가장 큰 시련과 고난을 겪은 폴란드 출신으로, 역대 교황 중에서도 가장 교황다운 인물이었다고 할 수 있다. 특히 호화로운 바티칸에 안주하지 않고 전 세계를 누비며 그동안 유럽인들의 관심 밖에 있던 소외된 지역을 두루 찾아 위로와 희망의 메시지를 안겨줌으로써 '행동하는 교황'이라는 애칭으로 불릴 정도로 그는 억압에 신음하는 자들에게 남다른 공감 능력을 지녔던 인물이었다고 본다. 개인적으로는 가족을 잃는 상실의 아픔과 민족적으로는 나치독일과 소련의 침공으로 가혹한 시련을 겪은 폴란드인의 입장에서 그 누구보다 인류의 평화와 화목을 뼈저리게 느꼈을 법하다. 그런 점에서 요한 바오로 2세야말로 고통과 시련의 의미가 무엇인지 그 누구보다 잘 알고 있었으며, 더 나아가 진정한 종교적 승화의 길이 어떤 모습인지 단순한 말이 아니라 온몸으로 보여준 인물이 아닐까 한다.

4장

정의로운 사회를 추구한 사람들

어머니 장례식에 불참한 조지 워싱턴

미국 독립의 아버지로 초대 대통령을 지낸 조지 워싱턴(George Washington, 1732-1799)은 미국 독립전쟁 당시 대륙군 총사령관에 임명되어 탁월한 지도력과 판단력, 그리고 놀라운 인내심으로 절대적 열세인 악조건을 극복하고 마침내 8년에 걸친 전쟁을 승리로 이끌었다. 전쟁이 끝나자 아무 미련 없이 고향으로 돌아간 그는 1789년 대통령 선거에서 만장일치로 미국 초대 대통령에 당선되었는데, 당시만 해도 대통령 제도에 대한 인식이 생소해 처음에는 국민도 마치 국왕을 대하듯이 예우했다고 한다.

하지만 1797년 두 번의 임기를 마치게 되자 많은 사람이 종신 대통령직에 머물러줄 것을 요구하기도 했으나, 그는 그런 장기집권이 민주정치의 근간을 위협하는 일이라며 단호히 거절하고 퇴임을 고집해 자신의 사저로 돌아갔다. 이후 조용히 은퇴를 즐기다 2년 후에 67세 나이로 눈을 감았다. 이처럼 그는 권력에 연연하지 않고 떠날 때 미련 없이 떠나는 지도자의 모습을 보여줌으로써 미국 민주주의 정착에 크게 공헌했으며, 그런 3선 불가 방침은 지금까지 이어지는 오랜 전통이 되었다. 단 예외적으로 4선을 이룩한 유일한 인물을 꼽자면 제2차 세계대전을 승리로 이끈

32대 대통령 프랭클린 루스벨트뿐이다.

그런데 조지 워싱턴의 성장 과정은 생각처럼 그리 순탄치가 않았다. 영국 식민지 버지니아에서 부유한 농장주의 아들로 태어난 그는 11세 때 갑자기 아버지를 잃었으며, 그 후로는 매우 냉담하고 잔정이 없는 어머니 밑에서 외롭게 자랐다. 어릴 때 도끼로 아버지가 아끼던 벚나무를 베었다가 누가 그랬느냐는 호통에 자신이 그랬다고 정직하게 말했다는 일화가 전해지기도 하지만, 그것은 전적으로 전기 작가 파슨 윔스가 허구로 지어낸 이야기일 뿐이다. 어쨌든 결코 살갑지 않았던 아버지는 대부분의 재산을 전처의 소생인 이복형 로렌스에게 물려주고 죽었으며, 그나마 상속받은 유산도 물욕이 강한 어머니 메리가 대신 관리했다. 이처럼 부모로부터 정을 받지 못하고 자란 그는 대신 14년 연상인 이복형 로렌스를 아버지처럼 따르며 의지했다.

아버지의 죽음으로 제대로 된 교육조차 받지 못한 그는 어머니의 냉대와 불공평한 상속으로 인해 일찌감치 그런 부당하고 불행한 환경에서 탈피해 독립하지 않으면 안 되겠다는 생각을 갖게 되었으며, 그것이 결국에는 미국 독립전쟁에 뛰어드는 가장 중요한 동기로 작용한 것이 아닐

조지 워싱턴

까 한다. 어쨌든 로렌스는 자신을 잘 따르고 성실하기 그지없는 이복동생 조지를 진심으로 돌봐주며 좋은 조언자 노릇을 해주었는데, 조지에게 그는 훌륭한 역할 모델인 동시에 아버지의 대리인이기도 했다. 부모의 애정과 관심에 굶주렸던 조지로서는 세련되고 자상한 모습의 형을 모방하고 의지함으로써 일종의 보상을 얻으려 했던 것으로 보이는데, 안타깝게도 그토록 의지했던 형은 조지 나이 20세 때 결핵으로 일찍 사망하고 말았다. 형

과 함께 카리브 해의 바베이도스에 요양을 다녀온 이듬해의 일이었다. 당시 여행 중에 조지는 천연두에 걸렸지만, 다행히 회복되어 곰보 자국만 살짝 남았을 뿐이었다.

생부와 이복형 두 사람을 모두 잃은 조지 워싱턴은 버지니아 군대의 장교가 되어 당시 영국과 영토분쟁을 일으킨 프랑스 군대를 상대로 전투를 벌이기도 했다. 그 후 상속받은 자신의 농장으로 돌아간 그는 한 살 연상의 부유한 미망인 마사 커스티스와 결혼해 버지니아 최고의 갑부가 되었다. 그녀는 수천 명의 노예와 수만 에이커의 토지를 소유하고 있었으니 당연히 갑부가 될 수밖에 없었다. 자신의 농장에서 여우 사냥과 무도회 등으로 귀족처럼 지내던 그는 독립전쟁이 터지면서 대륙군 사령관에 취임해 온갖 악조건을 무릅쓰고 이겨내 마침내 전쟁을 승리로 이끌었으며, 그 후 아무런 미련 없이 자신의 농장으로 다시 돌아갔다.

하지만 이미 국민적 영웅이 된 그는 마침내 미국의 초대 대통령으로 추대되어 1789년 취임식을 가졌다. 바로 그 해에 어머니가 80세 나이로 사망했지만, 그때까지도 그녀는 여전히 아들을 무시하고 냉담했으며, 그런 껄끄러운 감정 때문인지 그는 어머니의 장례식에 끝내 참석하지 않았다. 188cm에 달하는 장신에 당당한 체격을 지닌 조지 워싱턴은 비록 제왕과 같은 언행을 일삼기도 했지만, 알렉산더 해밀턴이 이끄는 연방주의와 토머스 제퍼슨이 주도한 반연방주의 사이에서 중립을 지키며 고르게 인재를 등용함으로써 국론 분열의 위기를 정면 돌파해나갔다. 다른 무엇보다 그가 남긴 가장 큰 교훈은 권력에 대한 집착을 버리고 임기를 마친 후 조용히 은퇴 생활을 즐겼다는 사실이며, 그런 선례가 민주정치의 기초를 닦는데 매우 중요한 역할을 했다는 점에 있다고 할 수 있다.

실학의 거두 다산 정약용

조선 후기에 활동한 정약용(丁若鏞, 1762-1836)은 실학사상을 집대성한 매우 진보적인 성향의 학자다. 그는 주자학을 맹신하며 이론적 논쟁에만 골몰하던 동시대의 잘못된 학문 풍토를 바로잡고 진정한 유학의 본질을 찾아 백성의 삶을 중심으로 한 애민사상과 올바른 치세에 목적을 둔 실학사상 정립에 일생을 바쳤다. 따라서 그는 당시 중국을 통해 유입되기 시작한 서양의 종교와 과학 등에 지대한 관심을 기울였으며, 충·효만을 강조할 것이 아니라 아랫사람에 대한 관용과 의무를 강조하기도 했는데, 그의 3대 저술로 꼽히는 《목민심서》, 《경세유표》, 《흠흠신서》 등이 그 대표적인 예라 할 수 있다.

생전에 500권 이상에 달하는 저술을 남긴 정약용은 그 많은 저서의 대부분을 18년에 걸친 유배 기간에 썼는데, 그토록 뛰어난 내용의 저술들임에도 불구하고 노론계 인사들은 그가 죽은 지 150년이 지나도록 정약용의 저서를 철저히 무시하고 외면했다고 한다. 물론 그가 남인에 속했기 때문에 더욱 극심한 박해와 미움을 사기도 했지만, 특히 남인 중에 천주교 신자들이 많았기 때문에 서구문물에 매우 배타적이었던 노론에 의해 더욱 큰 배척을 받은 것으로 보인다.

정약용은 진주 목사를 지낸 정재원의 후처 윤씨가 낳은 3남 1녀 중 막내아들이다. 고산 윤선도의 후손인 어머니 윤씨는 정약용이 여덟 살 때 사망했는데, 맏형수 정씨와 서모 김씨가 대신 길렀다. 어릴 때 천연두에 걸린 적이 있었으나 명의 이헌길의 치료를 받고 살아났으며, 그런 인연으로 그는 훗날 이헌길의 생애를 다룬 《몽수전》과 홍역 치료서 《마과회통》을 집필하기도 했다.

일곱 살에 시를 쓸 정도로 일찍부터 문재(文才)를 드러낸 그는 어린 나이에 어머니를 잃는 슬픔을 이겨내고 아버지로부터 글을 배웠다. 14세에 풍산 홍씨와 혼인해 9남매를 낳았으나 그중 6명의 자녀를 천연두로 일찍 여의고 셋만 살아남았다. 이처럼 숱한 상실의 아픔을 겪은 정약용은 매부 이승훈과 그의

정약용 생가(경기도 남양주시)

외삼촌 이가환을 통해 성호 이익의 학문을 전수받고 실학사상의 기초를 닦아나갔는데, 이승훈은 조선 최초의 천주교 신자이며, 이가환은 이익의 종손으로 학문적 명성이 높은 인물이었다.

20대에 접어들어 이복형 정약현의 처남 이벽을 통해 천주교를 알게 되면서 서양문물에도 관심을 갖기 시작한 그는 27세 때 과거에 급제해 관직 생활로 접어들었는데, 워낙 학문이 뛰어나고 머리가 명석해 정조의 총애를 받았다. 당시 그는 배와 뗏목을 이용해 한강에 다리를 만들기도 하고 수원 화성 축조에는 거중기를 고안해 활용하는 등 과학적 아이디어 또한 기발했다. 이 모든 게 고생하는 백성들을 위한 것으로 그런 애민사상을 집대성시킨 것이 그의 대표작으로 꼽히는《목민심서》라 할 수 있다.

30세 때 부친상을 당한 이후 그는 요직에 오르며 한때 승승장구하기도 했으나 정조가 죽고 어린 순조가 즉위하자 대신 섭정을 맡은 정순왕후와 노론의 주도하에 이루어진 천주교 박해로 정약용 일가에도 먹구름이 끼기 시작했다. 특히 그는 중국에서 건너온 천주교 신부 주문모(周文謨, 1752-1801)의 순교를 가져온 신유박해에 연루되어 지방 한직으로 좌천되었다가 유배를 떠나야 했는데, 매부 이승훈과 둘째형 정약종 부부, 조카사위 황사영 등은 모두 참수형을 당하고 말았다. 중국인 신부 주문모

역시 어린 나이에 어머니를 잃는 아픔을 겪은 사람으로 아내와 사별한 후 사제가 되어 조선에서 전도 활동을 하던 중에 참수형을 당하고 말았는데, 조선 최초의 외국인 순교자였던 그의 죽음은 김대건 신부의 순교보다 45년 전에 있었던 일이다.

18년에 걸친 오랜 유배 기간에 정약용은 오로지 저술에만 힘을 쏟아 수백 권에 달하는 그의 저서 대부분을 이 시기에 썼다. 백성을 올바르게 다스리는 마음가짐과 제도 등을 상세히 다룬 《목민심서》와 《경세유표》가 그 대표적인 저서라 할 수 있다. 39세에 귀양길에 오른 이래 18년이 흐른 56세에 이르러서야 비로소 고향에 돌아올 수 있었던 그는 더 이상 관직에 미련을 갖지 않고 저술에만 몰두하다가 73세를 일기로 생을 마쳤다. 오랜 세월 홀로 자녀를 키운 부인 홍씨는 3년 뒤에 남편을 따라 세상을 하직했는데, 그녀는 정조의 생모인 혜경궁 홍씨와 인척 관계이기도 했다.

남미 독립의 영웅 시몬 볼리바르

19세기 초 스페인의 지배로부터 라틴 아메리카를 해방시킨 시몬 볼리바르(Simón Bolívar, 1783-1830)는 한때 베네수엘라, 콜롬비아, 볼리비아, 페루 등 무려 4개국의 대통령을 역임한 전설적인 혁명가이자 군인이었다. 그가 이룩한 위업에 비하면 오늘날 20세기 최대의 혁명가로 추앙받는 체 게바라의 활약은 오히려 초라한 편에 들어간다. 그런데 우연의 일치인지는 모르나 두 사람 모두 바스크 혈통을 이어받았다는 점이 특이하다고 할 수 있다. 반항적 기질이 매우 강한 바스크인들은 지금도 스페인으로부터의 독립을 요구하며 테러를 통한 저항을 계속하고 있으니 그런 기질을 물려받은 볼리바르가 라틴 아메리카의 해방자로 우뚝 선 것은 결코 우연이 아닌 듯싶다.

남미 베네수엘라의 카라카스에서 군인의 아들로 태어난 볼리바르는 세 살이 채 되기도 전에 아버지를 잃었는데, 어머니 역시 건강이 좋지 못해서 갓난아기 시절부터 줄곧 흑인 노예 이폴리타의 돌봄을 받고 컸다. 그는 나중에 회고하기를, 자신의 기억에 유일한 어머니는 흑인 노예 이폴리타 뿐이라고 했는데, 그런 경험이 그로 하여금 노예 해방과 식민지 해방 운동에 일생을 바치게 만든 원동력을 제공한 것으로 보인다.

결국 그가 9세 무렵에 어머니마저 세상을 떠나자 고아가 된 그의 형제들은 외가에 신세를 지고 살게 되었으나, 엄격한 외삼촌과 갈등을 빚은 볼리바르는 매우 반항적인 소년이 되어 불과 12세 때 그 집을 나와 버렸다. 그 후 결혼한 큰누나 마리아 안토니아의 집에 얹혀살면서 자유주의 신봉자인 시몬 로드리게스와 교육자 안드레스 베요로부터 다양한 분야에 걸친 교육을 받고 스페인의 식민지배에 대한 반감을 키워나갔다.

14세 때 사관 학교에 들어가 수년간 군사 교육을 습득한 후 유럽으로 건너간 그는 19세 무렵 마드리드에서 마리아 테레사와 혼인했으나 그녀와 함께 베네수엘라로 귀국한 지 8개월 만에 아내가 22세 나이로 황열병에 걸려 세상을 뜨자 크게 절망한 나머지 두 번 다시 결혼하지 않겠다고 맹세했다. 젊은 아내의 죽음은 어머니의 죽음 이후 그에게는 가장 큰 충격적인 사건이었다. 그 후 다시 유럽으로 건너간 그는 나폴레옹의 황제 대관식을 직접 목격하고 자신도 나폴레옹처럼 국민에게 영광을 안겨주는 인물이 되겠다고 다짐하며 베네수엘라로 귀국했는데, 이처럼 원대한 정치적 야심을 갖게 된 것은 아내를 잃고 상심에 빠져있던 그에게는 오히려 전화위복이 되고도 남았다.

마침내 라틴 아메리카의 해방을 위해 목숨을 바치기로 결심한 그는 귀국길에 잠시 들린 미국에서 합중국 형태의 정치 체제에 깊은 인상을 받고 자신도 남미로 돌아가면 그런 합중국 체제의 독립국가를 만들겠다는 구상을 하게 되었다. 하지만 강력한 스페인을 상대로 독립투쟁을 벌인다는 일은 너무도 힘겨운 과정일 수밖에 없었다. 그럼에도 불구하고 그는 남다른 투지와 사명감으로 그런 시련을 극복하고 마침내 베네수엘라와 콜롬비아의 독립을 쟁취하는 데 성공했으며, 더 나아가 에콰도르와 페루도 해방시켰다. 이처럼 남미에서 스페인을 완전히 추방한 그는 오랜 기간에 걸친 힘겨운 전투로 건강이 급속히 악화되자 마침내 대통령에서 물러나 조용히 여생을 보내기로 결심했다.

하지만 그의 노예 해방과 남미 합중국 의지에 불만을 품은 정적들에 의해 암살미수사건이 벌어진 데다가 그에게 불만을 품은 봉기가 계속 이어지면서 결국 그가 합중국 형태로 선언한 그란 콜롬비아도 칠레, 아르헨티나, 볼리비아, 페루의 독립으로 와해되기에 이르렀다. 크게 낙담한 그는 콜롬비아 보고타를 떠나 지인이 제공한 은신처에서 휴식을 취하는 가운데 유럽 망명까지 준비했으나 지병인 결핵이 악화되어 47세 나이로 생을 마감했다.

이처럼 어려서 고아가 된 데다 흑인 노예의 손에 의해 자란 그의 일생은 한마디로 말해서 남미의 해방과 통일을 위해 바친 것이었다. 물론 그것은 사랑하는 아내의 죽음으로 인해 어릴 적 겪었던 상실과 분리의 아픔을 더욱 뼈저리게 느꼈기 때문에 남미 통합에 남달리 강한 집념을 지녔던 것으로 볼 수도 있다. 어쨌든 남미 합중국 건설에 대한 볼리바르의 꿈은 끝내 이루지 못하고 말았으며, 그 후 130년이 지나 라틴 아메리카 사회주의 국가를 꿈꾸며 투쟁하던 체 게바라 역시 그 뜻을 이루지 못하고 볼리비아 정부군에 사살되고 말았다.

노예 해방을 선언한 링컨

미국의 16대 대통령 에이브러햄 링컨(Abraham Lincoln, 1809-1865)은 노예 제도를 둘러싸고 벌어진 남북 전쟁 기간에 역사적인 노예 해방을 선언함과 동시에 전쟁을 승리로 이끌어 자유민주주의 전통은 물론 국가의 통합과 안정에 크게 기여했다. 하지만 종전이 이루어진 지 일주일도 채 안되어 남부 지지자인 존 부스에 의해 암살당함으로써 56세를 일기로 아깝게 생을 마감했다.

그가 1863년 노예 해방을 선언한 후 전몰장병을 위해 국립묘지에서 행한 게티즈버그 연설은 '국민의, 국민에 의한, 국민을 위한 정부'라는 말로 민주정치의 원칙을 가장 간단명료하게 집약시킨 것으로 유명하다. 그의 게티즈버그 연설문은 미국의 교육과정에서 미 독립선언문과 함께 가장 많이 인용되는 내용이기도 하다. 그런 점에서 그는 미국의 역대 대통령 중에서도 가장 위대한 인물로 꼽히며 오래도록 국민적 추앙을 받아온 것이다.

하지만 이처럼 위대한 인물이 나오기까지 그 성장배경을 보면 더욱 놀라움을 감추지 못하게 된다. 우선 그는 미국 서부 변방의 켄터키 주 출신으로 제대로 된 정규 교육조차 받은 적이 없는 인물이었다. 그는 오로지 독학으로 변호사 자격까지 땄으며, 청년 시절에는 뱃사공, 가게 점원, 토지 측량, 우체국 등 다양한 일에 종사하면서 갖은 고생을 다 겪기도 했다.

어디 그뿐인가. 그는 아홉 살 때 일찍 어머니를 잃었는데, 그녀는 오염된 우유를 잘못 마시고 34세라는 젊은 나이로 세상을 뜨고 말았다. 그에게는 두 살 위인 누나가 있었지만, 그녀는 링컨이 19세 때 아기를 사산하고 죽었다. 사랑하는 어머니와 누나의 죽음은 성장기의 링컨을 매우 어

에이브러햄 링컨

둡고 침울한 성격으로 만들기도 했지만, 그래도 그는 열 살 때 아버지의 재혼으로 들어온 계모 사라를 엄마라고 부르며 잘 따랐다. 반면에 교육에는 관심 없고 오직 일만 시킨 아버지에 대해서는 불만을 느끼고 점차 사이가 멀어졌다.

장성한 후 독립된 생활로 접어든 링컨은 24세에 독학으로 법을 공부해 변호사가 되었으며, 이듬해에는 일리노이 주 의원에 당선되면서 본격적으로 정계에 입문했다. 그 후 26세 무렵 앤 루트리지와 사귀었지만, 그녀가 전염병에 걸려 세상을 뜨자 크게 상심한 나머지 뒤이어 사귀게 된 메리 오웬스에게는 자신이 먼저 절교를 암시하는 편지를 보내 관계를 끝내기도 했다. 그런 기묘한 태도는 31세 때 약혼한 메리 토드에게도 보였는데, 결혼까지 계획했다가 갑자기 마음이 변한 그는 파혼을 선언한 후 나중에 다시 만나 33세 때 비로소 결혼식을 올렸다.

하지만 결혼식을 코앞에 두고 다시 불안해진 링컨은 그녀에게서 도망치려 했는데, 누군가 "어디로 가려고 하느냐?"는 질문을 던지자 "지옥이겠죠."라고 답했다고 한다. 어쨌든 그가 그토록 결혼을 두려워한 것은 평소 지나치게 신중하고 우울한 성격 탓도 있었겠지만, 어려서부터 성인이 될 때까지 어머니와 누나, 그리고 앤 루트리지 등 그가 사랑했던 여성들 모두가 젊은 나이로 죽으면서 자기 곁을 떠나버린 사실 때문에 상실에 대한 두려움이 더욱 크게 증폭되었던 탓이기 쉽다.

그런데 상실과 분리에 대한 그의 두려움은 결혼한 후에도 특히 자녀들에 대한 사랑이 깊었던 링컨에게 피할 수 없는 현실로 다가왔다. 그는 4명의 아들을 두었지만 그중에서 차남 에드워드와 3남 윌리엄은 어린 나이로 사망했는데, 특히 윌리엄은 그가 대통령에 재직할 당시 남북전쟁을 수행하던 중에 사망해 더욱 큰 아픔을 안겨주었다. 하기야 아버지의 사랑을 받지 못한 링컨으로서는 그것이 한이 되어 더욱 자상하게 아들들을 대했을 것으로 보인다. 하지만 링컨이 암살당한 후에도 시련은 계속되어 막내아들 토머스가 18세 나이로 일찍 죽었으며, 가족들의 연이은 죽음으로 큰 충격을 받은 미망인 메리 토드는 혼자 중얼거리며 거리를 배회하고 다니는 등 정신이상 증세를 보여 유일하게 살아남은 장남 로버트가 강제로 정신병원에 입원시키기까지 했다.

사실 따지고 보면 링컨의 노예 해방 선언은 인류 최초로 노예를 해방시킨 역사적 사건이었다고 해도 과언이 아니다. 왜냐하면, 모세의 노예 해방은 결국 동족을 구한 일이었고, 스파르타쿠스의 노예 반란은 무력에 의한 해방을 시도한 것이었을 뿐만 아니라 무참하게 실패로 돌아갔기 때문이다. 하지만 비록 그가 노예 제도에 반대했다고는 하나 실제로 그의 주된 관심은 노예 해방 자체보다도 미합중국이 북부와 남부로 분리되는 일을 가장 두려워했다는 주장도 있다는 점을 고려해본다면 분리의 문제야말로 일생동안 그가 해결해야 할 미완의 과제였던 것으로 보이기도 한다. 왜냐하면, 그에게 국가는 자신을 낳아준 어머니와도 같은 그런 존재였을 것이기 때문이다.

계급 없는 사회를 꿈꾼 마르크스

공산주의 혁명가이자 마르크스주의 창시자인 카를 마르크스(Karl Marx, 1818-1883)는 평생 이념적 동지인 엥겔스와 더불어 《공산당 선언》과 《자본론》을 발표해 국제공산주의운동의 불씨를 지핀 장본인이었다. 그리고 그의 사상을 토대로 레닌과 트로츠키가 1917년 볼셰비키 혁명을 성공시킴으로써 인류 최초로 노동자가 주도하는 소비에트 사회를 건설하기에 이르렀다. 마르크스주의는 러시아와 동유럽뿐 아니라 전 세계로 파급되어 중국, 북한, 베트남 등 아시아 지역과 라틴 아메리카, 아프리카 지역까지 들불처럼 번져가 1991년 소련이 붕괴되기 전까지만 해도 70년간 공산주의 이념이 온 세상을 뒤흔들기도 했다.

이처럼 세상을 혁명의 열기로 뒤덮게 만든 마르크스는 공교롭게도 루터교로 개종한 유대인 변호사 하인리히 마르크스와 네덜란드의 부유한 유대계 사업가의 딸인 헨리에타 프레스부르크 사이에서 9남매 중 셋째로 태어났으나, 누나 조피를 제외하고 형 모리츠가 일찍 죽는 바람에 장남이 되었다. 하지만 마르크스가 태어난 이후 그가 여섯 살이 될 때까지 어머니는 쉬지 않고 5명의 동생들을 연이어 출산하는 바람에 그는 어머니의 적절한 관심과 애정을 받을 기회조차 없었다.

대신 그는 아버지의 각별한 관심 속에 컸으며, 12세가 될 때까지 아버지의 가르침을 직접 받기도 했다. 아버지의 뜻에 따라 대학에서 법학을 공부했으나 그는 문학과 철학에만 관심을 기울이고 법학에는 흥미를 느끼지 못했다. 아들의 장래를 걱정하던 아버지는 마르크스가 20세 때 사

카를 마르크스

망했는데, 마르크스는 자신이 죽을 때도 아버지 사진을 품에 간직하고 있을 정도로 아버지에 대한 고마움을 항상 잊지 않고 있었다고 한다. 반면에 어머니는 자본가를 상대로 투쟁할 것을 선동하는 아들 마르크스를 항상 무시하곤 했는데, 아들이 《자본론》을 썼다는 얘기를 듣고 "자기 자본이나 만들 것이지."라며 콧방귀를 뀌었다고 한다. 하지만 어머니는 《자본론》이 출간되는 것을 보지도 못하고 세상을 떴다.

하기야 마르크스가 자본주의를 그토록 경멸하고 증오한 배경에는 외가에 대한 혐오감이 작용했을 수 있다. 어머니 헨리에타는 나중에 네덜란드의 대기업 필립스 전기를 설립한 가문의 일원으로 비록 배운 것이 적어 거의 문맹에 가까웠지만, 자신의 가문에 대한 자부심만큼은 대단히 강한 여성이었다. 그녀의 여동생 역시 담배 제조회사를 운영하는 사업가와 혼인해 마르크스가 런던 망명 시절에 경제적으로 궁핍할 때 수시로 돈을 빌려주기도 했다. 그럼에도 불구하고 그런 자본가 집안 출신의 어머니를 몹시 경멸한 마르크스는 서구 자본주의는 자체 모순으로 인해 저절로 붕괴되고 말 것이라고 예언하기도 했는데, 물론 그 예언은 완전히 빗나가고 오히려 공산주의 체제가 무너지는 결과가 되고 말았다.

마르크스는 아버지의 신앙에 따라 네 살 때 루터교회에서 세례를 받았지만, 어머니는 유대교 신앙을 끝까지 버리지 않았다. 그런 마르크스가 나중에 '종교는 인민의 아편'이라고 한 것은 실로 놀라운 변신이 아닐 수 없다. 또한 대학 시절 급진적 헤겔 좌파 운동에 가담해 부모를 불안하게 만들었던 그는 아버지가 세상을 뜬 후 25세가 되었을 때 프로이센 귀족의 딸로 네 살이나 연상인 예니 폰 베스트팔렌과 결혼해 어머니를 다시 한 번 놀라게 했다. 하지만 아내 예니는 일정한 직업도 없고 장래가 매우 불투명한 남편이었음에도 평생 반려자로 매우 헌신적인 태도를 보인 여성이었다.

마르크스는 반체제적 성향의 신문 발간으로 독일 정부의 탄압을 받게 되자, 프랑스 파리로 활동무대를 옮기고 마침내 그곳에서 《공산당 선언》을 발표함으로써 본격적인 혁명운동에 접어들기 시작했다. 그러나 그의 급진적인 사상에 위기감을 느낀 프랑스 정부는 그를 해외로 추방했으며, 결국 영국으로 건너간 그는 경제적 궁핍 속에서도 계속해서 저술 활동에 전념하며 《자본론》을 완성시켰다. 일정한 직업을 구하지 못한 그는 거의 매일 대영 박물관 도서실에 틀어박혀 살다시피 하면서 자신의 독자적인 유물사관을 발전시켜 나갔지만, 다행히도 경제적으로 여유가 있었던 동료 엥겔스의 도움으로 그나마 생계를 꾸려나갈 수 있었다.

마르크스는 궁핍한 생활 속에서도 자신의 처자식에게 매우 자상한 가장 노릇을 한 것으로 알려졌는데, 모두 7남매를 낳았으나 대부분 일찍 죽고 그중에서 세 딸만 살아남았다. 하지만 그가 그토록 아꼈던 장녀 제니는 암으로 아버지보다 먼저 세상을 떴으며, 차녀 로라와 막내딸 일리노어는 나중에 자살하고 말았다. 아내의 장례식에 참석조차 할 수 없을 정도로 건강이 악화된 마르크스는 잠든 상태에서 조용히 숨을 거두었으며, 당시 그의 죽음은 전혀 세상의 주목을 끌지 못하고 불과 십여 명의 지인들만이 장례식에 참석했을 뿐이다.

하지만 정의롭고 평등한 사회를 위해 일생을 바친 마르크스에게 숨겨진 아들이 있다는 사실은 우리 모두를 곤혹스럽게 만들기도 한다. 그는 아내가 독일에서 데리고 온 하녀 헬렌 데무트와의 사이에서 사생아 프레데릭을 낳았으며, 비록 그 아들은 출생 직후 다른 가정에 위탁되어 자랐으나 엥겔스의 보살핌으로 나중에 기계공이 되어 살았다. 또한 그의 어머니 헬렌 데무트 역시 마르크스가 사망한 후에는 엥겔스의 가정부로 일했는데, 프레데릭의 손자는 나치독일에서 게슈타포로 복무하다가 러시아 전선에서 소련군과 싸우던 중에 전사했다고 하니 실로 얄궂은 운명의 장난이 아닐 수 없다.

민중문학의 거장 막심 고리키

사회주의 리얼리즘을 대표하는 러시아의 작가 막심 고리키(Maxim

Gorky, 1868-1936)는 걸작 희곡 《밑바닥》을 비롯해 소설 《첼카시》,《어머니》,《어느 쓸모없는 인간의 삶》,《클림 삼긴의 생애》 등을 통해 사회적 부조리에 의한 억압적 구조로 고통 받는 민중의 아픔을 대변함으로써 소련 민중의 존경과 사랑을 한 몸에 받은 작가였다. 독재자로 알려진 스탈린조차도 그를 무척 존경해 고리키가 사망했을 때에는 몰로토프와 함께 그의 관을 직접 운구하기까지 했는데, 당시 그를 독살했다는 혐의로 부하린이 스탈린에 의해 숙청되는 일이 벌어지기도 했지만, 사실 그것은 완전히 조작된 사건이었을 뿐이다. 생전에 고리키는 비록 이념적으로 노선을 달리한 인물들이긴 했으나 동시대에 활동한 체호프, 톨스토이 등과 교분을 나누기도 했으며, 깊은 존경심을 지니고 그들과 오랜 관계를 유지했을 뿐만 아니라 두 인물에 대한 회상록을 쓰기도 했다.

고리키가 볼세비키 혁명을 지지하고 프롤레타리아 문학을 창시한 것은 결코 우연이 아니었다. 볼가 강 연안에 위치한 니즈니노브고로드에서 목수의 아들로 태어난 그는 세 살 때 아버지를 여의고, 그 후 어머니가 재혼하게 되면서 멀리 모스크바로 떠나버리는 바람에 외할머니에게 맡겨져 자랐다. 하지만 가난 때문에 다니던 학교마저 중퇴하고 돈벌이에 나서야 했으며, 설상가상으로 그가 11세 때 어머니마저 잃고 완전히 고아 신세가 되었다. 그렇게 자신을 돌보지 않고 무정하게 내버린 어머니에 대한 뿌리 깊은 원망과 비난은 1906년에 발표한 소설 《어머니》에서 완전히 정반대의 이상적인 어머니 모습으로 묘사되고 있는데, 아들 파벨에 대한 극진한 사랑으로 함께 혁명의 대열에 앞장서는 뜨거운 모성애의 주인공 닐로브나를 통해 자신의 어머니와는 전혀 다른 이미지를 보여준다.

어머니가 죽은 후 12세 무렵 집을 가출한 고리키는 부모 없는 설움을 톡톡히 겪으면서 점차 반항적인 소년으로 변모해갔다. 19세 때 자살을 한번 시도한 후로는 5년간 도보로 러시아 전국을 방랑하면서 급사, 접시

막심 고리키

닭이, 제빵사 등 온갖 잡일에 종사하며 밑바닥 생활을 체험했다. 그는 이런 경험들을 토대로 고통받는 민중의 삶에 크나큰 애정을 드러낸 작품을 쓰게 되었다.

젊은 시절 그는 현자로 유명한 유대인 랍비 힐렐의 금언, "만약 그대가 스스로 노력하지 않는다면, 누가 당신을 위해 노력해주겠는가? 하지만 만약 당신이 자기만을 위해 노력한다면, 과연 무엇 때문에 그러는가?"라는 구절에 깊은 감명을 받았다고 한다. 아무도 거들떠보지도 않는 서러운 떠돌이 고아 신세였던 그에게는 그런 말이 마치 번쩍이는 섬광처럼 그의 가슴에 와 닿았던 듯싶다.

18세 때 이미 처녀작《마카르 추드라》를 발표한 그는 3년 후《첼카시》로 비평가들의 극찬을 받은 후 소설《26명의 사내와 한 소녀》, 걸작 희곡《밑바닥》을 통해 크게 명성을 얻기 시작했으나 1905년 제정 러시아 군대의 민중학살사건에 항의한 사실로 인해 사회민주당에서 제명되는 동시에 경찰에 체포되어 투옥 생활을 하기도 했다. 다행히 세계 각국 지식인들의 구명운동에 힘입어 석방된 후 이탈리아 카프리 섬에서 망명 생활을 보냈다. 이후 그는 1913년 러시아로 귀국해 볼셰비키 혁명을 맞이하면서 레닌을 지지했으나, 얼마 가지 않아 레닌의 무모한 억압정치에 항의하며 레닌도 차르와 다를 바 없는 독재자라고 비판하자 공산당의 감시와 핍박을 받게 되어 1921년에 다시 이탈리아로 망명했다.

이처럼 이념에만 얽매이지 않고 항상 억압받는 민중 편에 선 고리키는 무솔리니 정권 하의 이탈리아에서 극도로 궁핍한 생활에 시달리다 결국 1932년 스탈린의 요청에 따라 귀국해 레닌 훈장을 받고 소련작가동맹

의장을 맡는 등 온갖 사회적 예우를 받기도 했다. 그의 고향인 니즈니노 브고로드도 그의 이름을 따서 고리키 시로 불리는 영예까지 얻었는데, 소련 사회에서 도시 명칭에 인명을 붙인 경우는 고리키 시 외에 레닌그라드와 스탈린그라드뿐이었으니 실로 파격적인 대우였다고 할 수 있다.

고리키는 공식적인 결혼을 하지 않고 내연녀와 오랜 기간 동거생활만 유지했는데, 어쩌면 따뜻한 가정의 보살핌을 받지 못하고 자란 과거의 아픔 때문에 그랬는지도 모른다. 어쨌든 그는 스탈린의 대숙청이 시작되면서 모스크바 근교에 가택연금 상태로 지내다가 자신의 아들이 갑자기 사망한지 불과 2년 뒤에 세상을 뜨고 말았으며, 그의 죽음에 대해서도 석연치 않은 점이 많다는 의혹이 꾸준히 제기되기도 했으나 자세한 배경은 알려진 사실이 없다.

여성해방운동의 선구자 콜론타이

막심 고리키와 동시대에 활동한 러시아의 사회주의 혁명가이며 페미니스트 여성운동가인 알렉산드라 콜론타이(Alexandra Kollontai, 1872-1952)는 20세기 여성운동의 선구자인 동시에 정치가로 가장 급진적인 자유연애론을 외쳐 과거 우리나라의 신여성들에게도 결정적인 영향을 끼친 맹렬여성이었다. 레닌, 트로츠키와 함께 볼셰비키 혁명에 가담한 그녀는 '러시아 혁명의 붉은 장미'로 불리기도 했다. 콜론타이로 인해 전 세계의 여성들이 예전에는 상상조차 할 수 없었던 성 해방이라는 문제에 비로소 눈을 떴다고 볼 수 있지만, 그녀가 불러일으킨 새로운 불씨는 만민 평등을 내세운 소비에트 사회 내에서조차 치열한 논쟁의 대상이 되었으며, 결국에는 레닌과 스탈린의 견제로 정치 일선에서 물러나 저술과 강연활동에 전념하다 79세를 일기로 모스크바에서 생을 마감했다.

이처럼 세상에 엄청난 지각변동을 불러일으킨 콜론타이는 다른 혁명가들과 달리 제정 러시아 귀족 출신으로 아버지는 용감한 코사크 기병의 후예였다. 그녀의 원래 이름은 알렉산드라 도몬토비치지만 블라디미르 콜론타이와 혼인함으로써 남편의 성을 따르게 되었다. 어려서부터 '슈라'라는 애칭으로 불리며 아버지의 사랑을 독차지했으나, 간섭과 잔소리가 유달리 심했던 어머니에 대한 반감으로 매우 당돌하고도 말 안 듣는 반항적인 소녀로 자랐다. 그도 그럴 것이 어머니는 핀란드의 가난한 농가 출신이었으며, 여성에게 고등교육 따위는 불필요한 것으로 보고 딸의 대학 진학마저 극구 반대할 정도로 사사건건 발목을 잡고 늘어졌다.

하지만 매우 체제 비판적인 가정교사의 영향을 받아 세상을 비판적으로 바라보는 안목을 익힌 그녀는 자신과 같은 귀족 출신이면서 혁명가였던 소피아 페로프스카야가 황제 암살을 모의했다가 발각되어 처형당하는 모습을 보고 강한 인상을 받았으며, 특히 직물공장 노동자들의 비참한 실상을 목격하고부터 혁명 활동에 본격적으로 뛰어들게 되었다.

19세 때 그녀가 공학도 블라디미르 콜론타이와 사귀게 되자 어머니는 가난한 청년과의 교제를 극렬하게 반대했다. 교사 생활로 얼마든지 살아갈 수 있다고 항변하는 딸에게 어머니는 "네가 일을 한다고! 자기 침대 하나 제대로 정돈하지 못하는 주제에, 하인들의 도움이 없으면 바늘 한 개조차 집어 들지 못할 정도로 공주처럼 자란 네가 일이라니. 네 아버지처럼 아무 데나 책을 널려놓고 몽상이나 하는 네가 말이냐."라고 내뱉으며 신랄하게 몰아붙였다.

어쨌든 둘 사이를 떼어놓기 위해 부모가 그녀

알렉산드라 콜론타이

를 해외여행까지 보냈으나, 그녀는 기어코 블라디미르 콜론타이와 결혼을 강행해 아들까지 낳았다. 하기야 그녀의 부모 역시 집안의 반대를 무릅쓰고 결혼한 입장이었으니 그런 사정을 잘 알고 있던 그녀로서는 매우 당당하게 자신의 뜻을 밀고 나간 것이다. 하지만 얼마가지 않아 무능한 남편에게 실망한 그녀는 3년 후 결별을 선언하고 스위스로 유학을 떠나고 말았다. 그녀에게 결혼의 실패는 여성의 권리와 가족 제도의 모순에 대해 깊이 생각하게 만드는 계기를 심어주었으며, 진정한 여성해방을 이루기 위해서는 공산주의 사회 건설을 통해서만 가능하다고 생각하게 되었다.

스위스 유학을 마치고 귀국한 그녀는 부모의 영향에서 완전히 독립하고 사회주의 혁명가로 본격적인 활동에 돌입했다. 여성 노동자들을 상대로 파업을 선동하던 그녀는 1905년 피의 일요일 행진에 가담했다가 수많은 사상자가 나는 현장을 직접 목격했으며, 그 후 레닌을 만나 그의 열렬한 지지자가 되었다. 레닌을 추종해 볼세비키가 된 그녀는 1917년 10월 혁명에도 가담했으며, 소비에트 정부가 출범하자 여성으로서는 유일하게 중앙위원회 위원이 되어 주로 여성 문제와 후생복지 담당 인민위원으로 활동했다.

마치 고기가 물을 만난 듯 여성권리와 가족제도에 대한 개혁정책을 밀고 나간 그녀는 자유연애, 성 해방, 결혼과 이혼의 자유, 가사노동으로부터의 해방, 자녀양육의 국가적 관리에 따른 탁아소 운영, 여성들의 경제적 자립, 미혼모의 권리 보장, 여성노조의 설립 등 당시로써는 매우 과감한 정책을 계속 추진해나갔다. 하지만 그녀의 혁신적인 여성해방이론은 공산당 내부에서조차 극심한 반발을 샀다. 더군다나 그동안 그녀의 입장을 지지하던 레닌도 공개적으로 그녀의 이론을 '물 한 잔 이론'으로 비판하고 나서면서 콜론타이의 입지는 더욱 좁아지고 말았다. '물 한 잔

이론'이란 섹스는 물 한 잔 마시듯 자유로워야 한다는 그녀의 주장을 빗댄 야유이기도 했다. 레닌은 그녀의 입장을 타락한 부르주아적 가치관의 산물로 매도하고 인민위원 자리에서 해임시켜버렸다.

해외 주재 대사 등 한직으로 밀려난 콜론타이는 그 후 소설 창작과 강연 등으로 소일했지만, 레닌이 사망한 후 스탈린에게서도 심한 견제를 받아야 했다. 그럼에도 그녀는 악명 높은 피의 대숙청에서도 살아남았는데, 그녀의 존재가 너무도 세계적으로 널리 알려졌기 때문일 것이다. 그녀의 여성해방론은 일제강점기 우리나라의 신여성들에게도 지대한 영향을 끼쳤는데, 서구사회의 자유 연애론을 받아들인 나혜석, 김일엽, 허영숙과는 달리 허정숙, 정칠성, 김온 등은 콜론타이의 여성해방론을 쌍수를 들어 반겼다. 하지만 유교적 잔재가 많이 남아있던 당시 사회분위기에서는 그 어떤 자유 연애론도 강한 반발에 부딪쳐 고전을 면치 못했다.

어쨌든 콜론타이는 볼셰비키 혁명이 일어난 1917년에 45세 나이로 혁명 동지인 17년 연하의 파벨 드이벵코와 재혼했으나 5년 후 결별하고 말았다. 콜론타이와 헤어진 파벨은 이를 비관하고 자살까지 시도했으며, 되도록 그와 멀리 떨어져 지내기를 원한 그녀는 레닌과의 관계도 불편해진 터라 노르웨이 주재 외교관으로 근무하며 자신의 불편한 심기를 달래기도 했다. 당시 그녀는 여러 강연을 통해 자신의 여성해방론과 자유 연애론을 유럽 사회에 널리 알렸으며, 그 후로는 멕시코와 스웨덴 주재 대사를 역임했다. 한편 그녀와 헤어진 파벨은 1938년 스탈린에 의해 숙청되어 총살당하고 말았다.

여성의 가치와 권리를 부정하고 남성 본위의 전통적 사회에 굴종적인 모습을 보인 어머니로부터 심한 냉대와 무시를 당한 콜론타이는 그런 반감 때문에 더욱 더 공산주의 혁명을 통한 남녀평등과 자유 연애를 실천하기 위해 온갖 견제와 비판을 무릅쓰고 자신의 독자적인 여성해방론을 전개시켜 나간 것으로 보인다. 그녀는 단순한 소유와 지배 관념에 따른 부르주아적 사랑에서 벗어나 상호존중에 입각한 사랑과 동지애의 결합 이야말로 진정한 프롤레타리아적 사랑이라고 높이 추켜세웠지만, 당시 소련 사회에 여전히 남아있던 남성 본위 사고방식의 장벽에 부딪쳐 그 뜻을 끝까지 펼치지 못하고 말았다.

정의를 위해 투쟁한 버트런드 러셀

97세까지 장수하며 반전, 반핵운동에 일생을 바친 평화주의자 버트런드 러셀(Bertrand Russell, 1872-1970)은 20세기를 대표하는 영국의 천재적인 수학자이자 철학자이다. 그는 두 차례의 세계대전을 겪은 격동의 세기를 보내면서 레닌과 직접 만나 논쟁을 벌이기도 하고, 동성애를 지지하는가 하면, 격렬한 반전운동으로 제1차 세계대전 때는 투옥되기도 했다. 또한 90세를 바라보는 나이에도 반핵운동 및 베트남전 반대에 앞장서는 등 지칠 줄 모르는 정력을 과시한 좌파 지식인이며 행동하는 양심이기도 했다. 자신의 아버지처럼 무신론자임을 공언한 그는《나는 왜 기독교인이 아닌가》를 비롯해《종교와 과학》,《서양철학사》,《결혼과 도덕》,《행복의 정복》등 수많은 저술을 발표해 1950년 노벨 문학상까지 받았다.

한때 영국 총리를 지낸 존 러셀 백작의 손자로 귀족 가문에서 태어난 버트런드 러셀은 두 살 때 어머니를 여의고 네 살 때는 오랜 기간 우울증에 시달리던 아버지마저 세상을 뜨면서 졸지에 고아가 되었다. 여섯 살 때 할아버지마저 세상을 떠나자 주로 할머니의 보살핌을 받고 자랐다. 따라서 몹시 외로운 아동기를 보낸 그는 우울증에 시달리며 여러 차례

버트런드 러셀

자살 충동에 휘말리기도 했으나 수학에 대한 열정 때문에 자살을 포기했다고 한다. 그런 외로움 때문에 그는 성인이 되어서도 항상 정에 굶주린 상태에서 숱한 스캔들을 일으킨 것으로 보인다.

그는 17세 때 처음 만난 퀘이커교도 앨리스 스미스와 사랑에 빠진 나머지 할머니의 반대를 무릅쓰고 결혼을 강행했는데, 매우 금욕적인 태도를 유지한 그녀와 마음이 맞지 않아 결국에는 별거를 선언하고 20년간 형식적인 부부로만 있다가 합의 이혼하고 말았다. 그 사이에 귀족 출신 오톨린 모렐과 배우 콘스탄스 말레슨, 작가 도라 블랙 등 수많은 여성과 열애에 빠졌다. 특히 열렬한 사회주의자였던 도라와는 소련과 중국을 함께 방문했으며, 귀국 당시 도라가 이미 임신상태였기 때문에 결국 서둘러 이혼 수속을 마치고 1921년 결혼하기에 이르렀다. 하지만 당시 그는 시인 T. S. 엘리엇의 부인 비비안과도 정사를 나누었다는 소문이 있을 정도로 무분별한 애정행각을 벌인 바람둥이 철학자였다.

결국 도라와도 헤어진 러셀은 나이 64세 때 자신의 아이들을 가르치던 가정교사 패트리샤 스펜스와 세 번째 결혼했는데, 그들 사이에 낳은 아들 콘래드는 나중에 저명한 역사학자가 되었다. 제2차 세계대전 기간에는 미국으로 건너가 여러 대학에서 철학을 강의했으나 그 내용이 몹시 부도덕하다는 이유로 학부모들의 항의가 빗발쳐 곤욕을 치르기도 했다. 결국, 그는 1944년 영국으로 돌아가 트리니티 대학에서 강의를 계속했다.

그 후 패트리샤와 이혼하고 나이 80세에 당시 52세였던 에디트 핀치와 결혼한 그는 비록 그 자신은 죽을 때까지 그의 곁을 지킨 에디트와 모처럼 행복한 여생을 만끽하다 97세 나이로 세상을 뜨긴 했으나, 그의 장남과 며느리는 심각한 정신질환에 시달렸으며, 두 딸 역시 정신분열증에 걸려 오랜 기간 고생했다. 러셀의 시신은 무신론자였던 그의 유언에 따라 종교적 의식을 치르지 않고 화장해서 야산에 뿌려졌다. 평생 어머니의 사랑을 받아본 적이 없으며 본받을 아버지의 존재조차 모르고 성장한 탓에 항상 외롭고 반항적인 외골수 지식인으로 일생동안 정의를 위해 투쟁했던 그는 결국 죽어서도 부모의 곁에 묻히지 않고 한 줌의 재가 되어 흔적도 없이 바람에 실려가 버렸다.

악의 세력을 물리친 프랭클린 루스벨트

제2차 세계대전을 승리로 이끌며 파시즘과 일제의 마수로부터 세상을 구한 주역은 영국의 처칠 수상과 미국 대통령 프랭클린 루스벨트였다. 물론 스탈린과 장개석도 전쟁 종식에 나름대로 공을 세웠다고 할 수 있으나 이들은 제각기 독소전과 중일전쟁에서 승리한 것이지, 인류를 위해 싸웠다고 보기는 어렵다. 어쨌든 유럽과 북아프리카에서 독일군을 상대로 고군분투하고 있던 영국 수상 처칠과 달리, 대서양과 태평양을 사이에 두고 동과 서에서 동시에 대규모 전쟁을 수행해야만 했던 미국의 루스벨트 대통령은 그만큼 더욱 큰 부담을 안고 싸울 수밖에 없었다.

1941년 8월 처칠과 루스벨트가 대서양회담을 통해 합의한 이래 미국의 참전이 본격적으로 이루어지기 시작하면서 새로운 국면에 들어선 제2차 세계대전은 바로 그해 말 12월 일본의 진주만 기습으로 미국이 대 일본 선전포고를 내림으로써 전 대륙으로 확산되기에 이르렀는데, 루스벨트는 그해 1월 신년사를 통해 표현의 자유, 신앙의 자유, 결핍으로부터의

프랭클린 루스벨트

자유, 공포로부터의 자유 등 네 가지 자유에 대해 언급함으로써 자유민주 체제 수호에 미국이 떠맡을 수밖에 없는 무거운 역할을 미리 암시한 듯이 보이기도 한다.

미국 최초이며 유일한 4선 대통령이 된 프랭클린 루스벨트(Franklin Delano Roosevelt, 1882-1945)는 부유한 사업가의 아들로 태어났으나 18세 때 아버지를 여읜 후로는 평생 잔소리와 간섭이 심한 어머니를 두려워하고 피해 다녀야 했다. 그가 태어났을 당시 아버지 나이 54세, 어머니는 28세였으니 고령에다 건강마저 여의치 않았던 아버지와는 자주 접촉할 기회조차 없었으며, 전적으로 어머니의 치마폭에 휘둘리며 자랐다.

지나치게 소유욕이 강했던 어머니는 자신의 아들이 루스벨트 일가의 일원이 아니라 친정인 델러노 가문의 일원이라고 주장할 정도로 매우 드센 여성이었다. 남편이 사망한 후 대학을 졸업한 아들이 당시 대통령 재임 중이던 테오도어 루스벨트의 조카 엘리너 루스벨트와 결혼할 때도 맹렬히 반대하고 나섰으며, 그 후에도 계속해서 두 사람 사이를 떼어놓으려 안간 힘을 썼다. 물론 그것은 아들을 빼앗기지 않으려는 욕심과 질투심 때문이었다.

그런 시어머니 밑에서 남달리 마음고생이 컸던 엘리너 루스벨트(Eleanor Roosevelt, 1884-1962)는 사실 어려서부터 더욱 큰 시련과 상처를 받고 자랐다. 그녀는 8세 때 디프테리아로 어머니와 남동생을 잃었을 뿐만 아니라 10세 때에는 알코올 중독자였던 아버지마저 요양원에서 창문으로 뛰어내려 사망함으로써 졸지에 고아가 되었는데, 그런 배경 때문에 외조모와 함께 살던 시기에도 우울증에 시달리며 지내야 했다. 아버지를 대신해 삼촌인 테오도어 루스벨트 대통령이 직접 그녀의 팔짱을 끼고 결혼식장에 입장까지 해주었지만, 신혼 초부터 시어머니의 간섭과 심술 때문에 프랭클린과 엘리너 커플은 갈등을 겪을 수밖에 없었다.

엘리너 루스벨트

하지만 프랭클린 루스벨트가 1920년 부통령 선거에서 패배한 후 소아마비 진단까지 받고 휠체어 신세를 지게 되자 엘리너는 의기소침한 남편을 격려하며 재활에 전념하도록 이끌었다. 심기일전한 그가 마침내 다시 재기해서 뉴욕 주지사를 거쳐 대통령에 당선된 배경에는 엘리너의 힘이 컸다고 볼 수 있다. 물론 당시 경제 대공황으로 온 세상이 극도의 혼란 속에 빠져있던 시기에 과감한 뉴딜 정책을 내세운 것이 주효했다고 할 수 있겠다. 하지만, 지체 장애의 핸디캡을 극복하고 최고 정상에 오른 것은 어머니의 힘도 아니고 전적으로 엘리너의 격려에 힘입은 결과였다. 경제위기의 성공적인 극복과 제2차 세계대전 발발로 전례 없이 4선 대통령이 된 그는 독일의 항복을 눈앞에 둔 시점에서 뇌출혈로 쓰러지는 바람에 안타깝게도 종전을 보지 못하고 세상을 하직하고 말았다.

불가촉천민의 지도자 암베드카르

요가와 명상의 발원지로 알려진 인도는 한마디로 성자들의 나라다. 불교의 창시자 석가모니를 비롯해 비폭력 무저항주의로 전 세계인의 존경을 받아온 마하트마 간디, 그리고 영적인 자유를 추구한 크리슈나무르티, 초월명상을 보급시킨 마하리시, 성 해방을 외친 라즈니시 등이 모두 인도가 배출한 사상적 거물들이다. 하지만 수천 년간 심오한 철학과 사상의 전통을 이어온 인도에서 아직도 힌두교 전통에 따른 카스트 제도가 엄연히 존재하고 있으니 그야말로 모순이 아닐 수 없다.

이처럼 수천 년의 세월에 걸쳐 철저하게 제도화된 카스트는 오랜 세월 인도인의 생활방식을 규제해 왔으며, 그 어떤 다른 대안도 상상할 수 없게 만들었다. 그러나 여기에도 속하지 않는 제5의 계급이 존재하는데, 소위 '불가촉천민'으로 분류되는 달리트가 이에 속한다. 전혀 인간 대우를 받지 못하는 이들 달리트는 일반 노동 계급도 손대기 꺼리는 오물 수거, 동물 가죽가공, 시체처리, 가축도살, 쓰레기운반, 세탁업 등에 종사하는데, 이들은 대를 이어 평생 이런 업무에 종사해야 한다.

이들은 인도 전체 11억 인구의 약 16%를 차지하며 총 2억에 육박한다. 다시 말해서 인도인 여섯 명 가운데 한 명은 불가촉천민인 셈이다. 달리트는 절대 빈곤뿐 아니라 교육의 혜택도 제대로 받지 못해 문맹률이 높으며, 보다 심각한 것은 인간 이하의 차별대우 및 폭력에 희생당하고 있다는 점이다. 오염되고 불결한 달리트는 한 마을에 주민들과 함께 거주할 수 없으며, 마을 외곽 동떨어진 지대에 거주해야 한다. 이들은 공동 우물도 사용할 수 없으며, 짐승이 마시는 물을 함께 마셔야 한다.

암베드카르

달리트는 신체적 접촉이 절대로 있어서는 안 되기 때문에 오물도 함부로 배설할 수 없어서 침이나 가래를 뱉을 수 있는 오물통을 각자 지니고 다녀야 한다. 길을 걷다가 상위계급을 만나면 신발을 벗어 손에 들고 가야하며, 자신의 발자국도 빗자루로 쓸어 없애야 한다. 이들에게는 힌두사원 출입도 금지되고, 상위계급과는 물이나 음식도 함께 할 수가 없으며, 혹시 상위계급에 연심을 품게 되면 폭행과 심지어는 죽임을 당할 수도 있다. 하지만 이들은 어디에도 억울함을 호소할 데가 없다. 모든 것이 전생에 지은 죄 때문이라는 답변밖에 들을 수가 없기 때문이다.

이처럼 비참한 신세의 불가촉천민 출신임에도 매우 이례적으로 독립 후 인도 정부의 초대 법무장관직에까지 오르며 인도 헌법의 아버지로 불리는 암베드카르(Bhimrao Ramji Ambedkar, 1891-1956)는 이미 1930년대부터 달리트의 참정권 문제로 인해 간디와 충돌을 일으킨 바 있다. 비록 간디는 달리트에 대해 개인적으로 동정심을 지니고 있었지만, 힌두교의 오랜 전통인 카스트 제도의 뿌리를 흔들 수도 있는 암베드카르의 요구를 선뜻 받아들이기 어려웠을 것이다. 왜냐하면, 간디에게는 인도 민중의 단합을 통해 인도의 독립을 쟁취하는 것이 최우선 과제였을 것이기 때문이다.

물론 간디가 죽은 후 암베드카르의 노력에 힘입어 인도에서는 1950년 헌법이 선포되면서 불가촉천민에 대한 차별을 공식적으로 금지했으나, 그것은 법조문만 존재할 뿐, 현실적으로는 전혀 실행되지 못하는 명목상의 법에 그치고 말았다. 대도시를 제외한 농촌 지역에서는 여전히 법은 멀고 관습이 앞서기 때문이다. 결국 그런 이유 때문에 그는 말년에 이르러 수십만 명의 달리트와 함께 힌두교를 버리고 불교로 집단 개종하기에 이르렀다.

암베드카르는 인도 중부의 작은 마을에서 불가촉천민 계급에 속하는 군인의 아들로 태어났는데, 14형제 중 막내였다. 그를 낳은 지 불과 3년 후에 어머니가 세상을 뜨자 고모가 대신 맡아 키웠으나 그 많은 형제 중 9명이 일찍 죽고 5남매만 살아남았으며, 집안에서 고등교육을 받은 사람은 암베드카르가 유일했다. 당시 관습에 따라 나이 15세에 9세 소녀 라마바이와 혼인했다. 어머니 없이 자란 그는 어린 시절부터 차별적 대우를 뼈저리게 느낀 나머지 달리트의 인권 회복 문제야말로 자신에게 주어진 가장 일차적인 사명이라고 여기게 되었다. 그도 그럴 것이 학창시절 내내 불가촉천민이라는 이유로 수업시간에도 책상과 의자가 주어지지 않고 맨바닥에 앉아 수업을 들어야했으며, 교사들 역시 다른 아이들과 마찬가지로 신체접촉을 꺼려 가까이 다가오지도 않았다. 그런 수모와 설움을 겪으며 대학까지 졸업한 그는 22세 때 아버지가 사망한 후 지인의 도움으로 미국 유학을 떠나 컬럼비아 대학에서 경제학 박사학위를 받았으며, 그 후 영국으로 건너가 변호사 자격까지 획득했다.

32세 때 귀국해서 인권 변호사로 활동하기 시작한 그는 1927년 달리트에 대한 차별 철폐를 외치며 만여 명의 불가촉천민들과 함께 물의 행진을 벌였는데, 달리트에게 사용이 금지된 저수지로 행진해서 공개적으로 물을 떠 마시는 시위를 벌이고 물 마실 권리를 선포하는 동시에 힌두 사원 출입금지에 항의하는 의미로 힌두법전을 불태우기도 했다. 이처럼 불가촉천민의 지도자로 나선 그가 달리트의 참정권과 인권증진에 대한 요구를 강력히 제기하자, 당시 인도 민중을 이끌었던 간디는 단식 투쟁을 불사하며 암베드카르의 뜻을 꺾어버렸다. 그런 간디가 1930년 수많은 민중을 이끌고 그 유명한 소금 행진을 벌인 것은 참으로 역설적인 장면이 아닐 수 없다.

1947년 인도가 독립하자 네루 내각에 법무장관으로 기용된 그는 헌법을 기초하면서 상위계급의 반대를 무릅쓰고 달리트 차별을 공식적으로 철폐하는 법안을 제정하려 했으나 이에 반대하는 간디가 또 단식에 들어감으로써 암베드카르도 어쩔 수 없이 무릎을 꿇고 말았다. 물론 간디뿐 아니라 인도 사회 전체가 그의 기대처럼 손쉽게 변하지 않으려 했다. 이에 대한 항의 표시로 그는 1956년 약 50만 명의 달리트와 함께 힌두교를 버리고 불교로 개종했지만, 개종 직후 그는 세상을 떠나고 말았다.

이처럼 암베드카르는 달리트 문제로 간디와 번번이 충돌했지만, 그때마다 단식을 통해 반대하는 간디에게 항상 두 손을 들고 말았다. 불가촉천민의 인권 개선을 위해 결혼과 상속에 관한 개혁법안인 힌두가족법의 통과가 거부된 후에 암베드카르는 '똥 더미 위에 궁궐을 짓는다.'라는 표현을 썼다. 여기서 말하는 똥 더미란 물론 카스트 제도를 지칭한 말이다. 그는 물론 간디를 존경했지만 힌두교와 카스트 제도에 지나치게 집착하는 간디에 크게 실망했다. 그가 보기에는 간디의 사상이 아무리 위대하다고 하더라도 비참한 현실을 외면하는 간디의 모습은 비겁하고 소심한 절충론자이자 낭만주의자에 지나지 않았을 것이다.

전체주의를 비난한 빌헬름 라이히

정신분석의 역사에서 성격무장(character armour) 이론뿐 아니라 항상 좌충우돌하는 매우 괴팍한 성격의 인물로 알려진 빌헬름 라이히(Wilhelm Reich, 1897-1957)는 젊은 시절 한때 급진적 공산주의에 몰두해 성 해방 운동에 앞장서기도 했으나, 나치가 득세하자 파시즘을 비난하는 명저 《파시즘의 대중심리》를 발표해 나치에 쫓기는 신세가 되었다. 이후 미국으로 망명해 스탈린의 독재 정치를 맹비난하는 등 모든 유형의 전체주의에 대항하는 모습을 보인 정신분석가다.

오스트리아-헝가리 제국의 영토였던 갈리시아 지방의 작은 마을에서 유대인 부농의 장남으로 태어난 그는 어릴 때부터 폭군적인 아버지에 대해 상당한 적개심을 품고 살았는데, 그런 아버지로부터 항상 모욕과 수모를 당하는 어머니에게 각별한 연민의 정을 느끼고 무척 따랐다고 한다. 그런데 어머니가 아들의 가정교사와 눈이 맞아 밀애를 나누었으며,

빌헬름 라이히

당시 열두 살이었던 라이히는 그 사실을 눈치채고 질투심에 눈이 먼 나머지 아버지에게 그 사실을 고해바치게 되었다. 이에 격분한 아버지가 집요한 추궁과 비난으로 그녀를 궁지로 몰고 가자 그런 상황을 견디지 못한 어머니는 결국 자살하고 말았으며, 그 후 아버지도 충격을 이기지 못하고 시름시름 앓다가 5년 뒤에 세상을 떠나고 말았다.

어머니의 자살은 라이히가 평생을 두고 죄책감에 시달리게 된 주원인이 되었을 뿐만 아니라, 특히 남녀평등과 성 문제에 강한 집착을 갖도록 이끈 이유도 되었을 것이다. 소년 시절에 이미 부모를 잃고 고아가 된 그는 빈 의대를 졸업한 후 공산주의 사상과 정신분석에 큰 관심을 기울이게 되었지만, 무엇보다 그에게는 성과 남녀평등의 문제가 주된 관심의 대상이 되었다. 왜냐하면, 그의 어머니를 파국으로 몰고 간 가장 큰 문제가 바로 성 차별과 애정문제였기 때문이다.

따라서 그에게 평등문제는 공산주의가 해결해주는 듯싶었고, 성 문제의 해결은 프로이트를 통해서 실마리가 풀리는 듯했다. 하지만 그는 좌충우돌하는 성격적 결함 때문에 정신분석뿐 아니라 나치와 공산당 모두에게서 배척당하는 입장에 몰리게 되었다. 결국, 그는 나치에 쫓겨 망명길에 올라야 했으며, 어린 시절 그에게 가장 큰 적이 아버지였듯이 성인이 되어서도 히틀러나 스탈린 등 독재자들을 상대로 투쟁을 벌였다. 그리고 그런 투쟁을 통해서 그는 다소나마 자신이 어머니를 죽음으로 몰고 간 아버지와 공범 관계였다는 자책과 죄의식을 덜었는지도 모른다.

하지만 그런 정치적인 문제보다 더욱 그를 혼란스럽게 만든 것은 바로 여성 관계였다. 그는 자신이 치료하던 환자 애니 핑크와 결혼해 두 딸을 낳았으나 두 사람은 곧 헤어지고 말았으며, 그 후 엘자 린덴버그와 재혼했으나 그의 무분별한 여성 편력은 그 후에도 결코 멈추는 법이 없었다. 심지어는 환자와도 스캔들을 일으키기 일쑤였다. 라이히는 엘자와 동거중임에도 불구하고 일제 올렌도르프와 관계를 맺었는데, 미국행을 끝내 거부한 아내를 유럽에 남기고 마침내 일제와 함께 미국으로 건너가 그곳에서 그녀와 세 번째 결혼식을 올렸다.

한때 공산주의자였던 그를 미국이 받아준 것은 매우 이례적인 일이기도 했지만, 미국 생활도 그에게는 안정을 가져다주지 못했다. 어렵게 정착한 미국에서 오르곤 연구소를 이끌며 후학들 교육에 정진하던 그는 1954년 자신이 발명한 오르곤 박스를 만병통치 의료기구라고 선전한 사실 때문에 사이비 의료행위 혐의로 FDA(미연방 식품의약국)에 의해 기소되어 2년형을 선고받고 미연방교도소에 수감, 복역 중에 심장마비를 일으켜 옥사하고 말았는데, 당시 그는 미국 정부가 자신의 연구 업적을 훔치려 든다는 극심한 피해망상 증세를 보인 것으로 알려졌다.

동방정책으로 통독의 기틀을 마련한 빌리 브란트

30년 가까이 독일 사회민주당을 이끈 매우 진보적인 정치가로 서독 수상 재임기간 중에 그 누구도 예상치 못했던 과감한 동방정책을 펼침으로써 동독과 소련, 폴란드 등 공산국가들과 평화적인 화해를 이룩한 빌리 브란트(Willy Brandt, 1913-1992)는 그 공로를 인정받아 1971년 노벨평화상을 수상했다. 바로 그 해에 칠레 시인 네루다도 노벨문학상을 받아 두 사회주의자가 함께 노벨상 수상의 영예를 누리는 매우 이례적인 기록을 남기기도 했다.

특히 그의 동방정책은 한 치의 양보도 없는 일촉즉발의 냉전체제 대립에서 동서화해 무드로 극적인 전환을 이루었을 뿐만 아니라, 더 나아가 통독의 기틀까지 마련했다는 점에서 현대 정치사에서 가장 큰 업적 가운데 하나로 손꼽힌다. 더욱이 그는 독일국민을 대표하는 수상 신분으로 폴란드를 방문해 제2차 세계대전 당시 바르샤바 게토 봉기 때 독일군에 학살당한 유대인 희생자들을 위한 기념비 앞에 궂은비가 내리는 날씨에도 불구하고 무릎을 꿇고 앉아 고개 숙여 속죄하는 모습을 보임으로써 그동안 도덕적 불명예를 안고 있던 독일의 명예를 복원시키기도 했다. 또한 그는 베를린 장벽의 붕괴와 더불어 소련이 붕괴하는 모습까지 직접 목격한 후 78세를 일기로 세상을 떴다.

하지만 이처럼 위대한 업적을 낳은 빌리 브란트도 개인적으로는 매우 불행한 성장배경을 안고 있던 사람이었다. 독일 뤼벡 태생으로 헤르베르트 에른스트 카를 프람이 본명인 그는 어머니 마르타 프람의 성을 지녔었는데, 그것은 그가 사생아로 태어났기 때문이다. 그의 생부는 욘 묄러라는 이름의 회계사였으나 일생동안 그는 아버지를 본 적이 한 번도 없었다. 더군다나 19세 때 브란트를 낳고 미혼모가 되었던 어머니는 백화점 점원으로 일하느라 아기를 제대로 키울 수가 없어서 대신 자신의 계부에게 양육을 맡겼다. 그녀는 아들 브란트가 수상에 취임한 그 해에 세상을 떠났다.

십대 소년 시절부터 사회주의 활동에 가담하기 시작한 그는 17세에 이미 독일 사회민주당에 입당했다가 곧바로 탈당했는데, 그것은 보다 급진적 좌익 성향인 사회주의 노동자당에 입당하기 위해서였다. 하지만 나치가 공산주의에 대한 대대적인 탄압을 가하기 시작하자 1933년 노르웨이로 망명한 그는 그곳에서 자신의 이름을 빌리 브란트로 개명하고 계속해서 반파시즘 운동을 벌였다. 한때 그는 스페인 내전 현장에 뛰어들어

취재 활동을 벌이기도 했으며, 1938년 나치가 그의 독일 국적을 박탈하자 곧바로 노르웨이 시민권을 얻었으나 1940년 독일이 노르웨이를 침공해 점령하는 바람에 다시 스웨덴으로 도피했다. 독일의 패망으로 종전이 이루어지면서 다시 독일로 귀국한 그는 빌리 브란트라는 이름으로 독일 국적을 재취득하고 사회민주당에도 다시 입당했다. 그동안 8년의 세월을 함께 했던 카를로타 토르킬센과 이혼한 후 곧바로 루트 한센과 재혼해 1980년까지 32년간 함께 부부로 지내다가 다시 이혼했으며, 그 후 69세에 이르러 30년 이상 연하인 브리기테 제바허와 재혼해 여생을 함께 보냈다.

사생아로 태어나 수상의 자리에 오르고 노벨평화상까지 받은 빌리 브란트는 참으로 대단한 인물이 아닐 수 없다. 더욱이 동서화해의 물꼬를 트고 독일 통일의 기틀까지 마련한 일 또한 대단한 위업이라 할 수 있다. 브란트의 그런 집념은 어쩌면 정상적인 부모 밑에서 화목한 가정을 이루고 살아보지 못한 자신의 뼈아픈 핸디캡에서 비롯된 것으로 볼 수도 있다. 화해와 통일이야말로 그가 평생 해결해야 할 미완의 과제였기 때문이다. 비록 그는 자신의 부모에게서 그런 모습을 찾아볼 수 없었지만, 자신의 조국 독일이 지은 씻을 수 없는 죄를 자식의 입장에서 대신 속죄함으로써 전 세계인으로부터 용서를 받아낸 셈이다. 사실 따지고 보면 브란트 자신이 부모의 희생양이었다고 볼 수도 있지만, 그는 오히려 자신의 불명예스러운 핸디캡을 정치적으로 승화시키며 조국 독일의 명예를 회복시킴과 동시에 통일로 가는 길까지 열어준 것이다.

빌리 브란트

5장
—

미지의 세계를 찾아 나선 사람들

마르코 폴로의 《동방견문록》

콜럼버스가 신대륙을 발견하기 200년 전에 중앙아시아를 거쳐 중국을 여행하고 돌아온 마르코 폴로(Marco Polo, 1254-1324)는 무려 24년에 걸친 오랜 여행 기간에 자신이 보고 들은 내용이 담긴 《동방견문록》을 통해 신비스러운 동양 사회에 대한 서양인들의 호기심을 잔뜩 부풀리게 했던 장본인이다. 이 책은 그가 베네치아와 제노아 사이에 벌어진 해전에 참가했다가 포로로 잡혀 감옥 생활을 하고 있을 때 그동안 자신이 겪은 동방에 관한 홍미진진한 여행담 내용을 전해 들은 감방 동료 루스티켈로다 피사가 기록해 책으로 펴낸 것이다. 이 책은 곧바로 큰 센세이션을 일으키며 불티나게 팔려나갔을 뿐만 아니라, 콜럼버스에게도 큰 영감을 불어넣어 신대륙 발견의 동기를 심어주기도 했다.

마르코 폴로는 중세 이탈리아의 상업 도시 베네치아에서 부유한 무역상의 아들로 태어났다. 마르코 폴로가 6세 때 그의 아버지 니콜로는 동생 마페오와 함께 비잔틴 제국에서 출발해 중앙아시아를 거쳐 원나라를 방문하고 쿠빌라이 칸을 접견한 후 9년 만에 집으로 돌아왔다. 그동안에 이미 어머니를 잃고 친척의 보살핌을 받으며 외롭게 자란 마르코 폴로는

17세가 되자 곧바로 아버지를 따라나서 중국을 향한 장도에 올랐다. 무려 24년의 세월 동안 중국의 여러 도시는 물론 몽고와 버마, 베트남 지방까지 여행하며 동양문물을 접한 후 수마트라와 인도양을 거쳐 항해한 끝에 가까스로 1295년 고향으로 돌아왔다. 17세에 출발한 여행이 나이 41세가 되어서야 마무리된 것이다.

소년 시절에 유럽을 출발해 중년에 이르러 고향에 돌아오기까지 24년에 걸친 삶의 황금기를 머나먼 미지의 땅을 답사하는데 바친 마르코 폴로는 사실 탐험이 목적이 아니라, 새로운 상권을 개척해서 돈을 벌기 위한 목적으로 아버지를 따라나선 것이었다. 더욱이 그는 아버지가 오랜 세월 집을 비운 사이에 어머니를 일찍 여의고 외롭게 자랐기 때문에 어머니의 부재가 느껴지는 암울한 고향보다 아버지가 전해준 드넓은 신비의 동방 세계에 더욱 큰 매력을 느꼈음 직하다. 어쩌면 신비스러운 어머니의 존재를 그리워하는 막연한 동경심이 미지의 세계로 향하게 했는지도 모른다.

어쨌든 고향으로 돌아온 마르코 폴로는 상업에 전념해 큰돈을 벌었으며, 46세라는 늦은 나이에 비로소 도나타 바도에르와 혼인해 세 딸을 두었다. 하지만 그 후 여러 탐험대에 재정적 지원을 하면서도 정작 본인 자신은 두 번 다시 탐험에 나서지 않고 죽을 때까지 베네치아에 머물렀는데, 어쩌면 자신이 퍼뜨린 내용이 사실과 다를 것을 두려워했기 때문일 수도 있다. 왜냐하면, 마르코 폴로가 전한 《동방견문록》은 매우 허황되고 부정확한 내용이 많아 실제로 그가 중국을 다녀온 것인지에 대한 의구심마저 불러일으키기까지 했기 때문이다.

마르코 폴로

단적인 예로 그는 비록 지폐 사용과 석탄 이용에 대해 언급하기도 했지만, 정작 중요한 중국의 고유 문자인 한자(漢字) 사용과 차(茶) 문화, 젓가락 사용에 대해서는 아무런 언급조차 없었으며, 오랜 악습인 전족에 대해서도 언급이 없기는 마찬가지였다. 더군다나 만리장성을 포함해 당시 중국의 앞선 기술에 대해서도 전혀 언급이 없으며, 원나라 황제 쿠빌라이 칸의 칙사 노릇을 했다는 주장 역시 아무런 문헌 기록에도 나와 있지 않아 신빙성을 떨어뜨린다. 또한, 일본을 '지팡구'로 부르며 황금으로 가득 찬 나라로 소개하고 극동 지방에 기독교 왕국이 존재한다고 주장한 내용도 허무맹랑한 이야기라 할 수 있다.

이처럼 나이 40세에 이르기까지 결혼도 하지 않고 오랜 기간 동방에 머물렀다고 주장한 마르코 폴로의 허황된 이야기는 진위 여부를 떠나 가뜩이나 동양 진출에 대한 호기심과 야심으로 가득 차 있던 서양인들을 더욱 들뜨게 만들었다. 당시 동양으로 가는 길목을 아랍인들이 가로막고 있는 데다가 사라센제국이 기독교인을 마구 학살한다는 마르코 폴로의 주장 때문에 다른 해상로를 통해 동양으로 가려는 시도가 더욱 박차를 가하게 되는 계기를 마련했다고 볼 수 있다. 한 권의 책이 역사의 방향을 바꿀 정도로 그의 《동방견문록》은 실로 엄청난 파급효과를 불러일으킨 셈이다.

티코 브라헤와 요하네스 케플러

중세에 활동한 천문학자로 코페르니쿠스와 갈릴레이의 명성에 결코 뒤지지 않는 업적을 낳은 티코 브라헤(Tycho Brahe, 1546-1601)와 요하네스 케플러(Johannes Kepler, 1571-1630)는 신성로마제국 수학자로 초빙되어 함께

티코 브라헤

행성 운동을 관찰하고 공동 연구한 사제지간으로 한 시대를 풍미한 천문학자들이다. 특히 브라헤는 프톨레마이오스의 천동설과 코페르니쿠스의 지동설을 적절히 배합시킨 절충설을 내세워 인기를 얻었으며, 그가 남긴 관찰 기록을 토대로 제자였던 케플러가 케플러 법칙을 발견함으로써 지동설을 입증하는 계기를 마련하기도 했다.

그런데 이들 두 인물은 어릴 때부터 목격한 천체현상에 매료되어 천문학에 관심을 갖기 시작했다는 공통점뿐만 아니라, 특이한 성장배경과 서로 다른 성격 등으로 오랜 기간 반목과 화해를 반복하는 치열한 갈등적 관계였다는 점도 매우 독특하다고 할 수 있다. 덴마크의 귀족 출신인 브라헤가 매우 거만하고 변덕스러우며 의심이 많은 다혈질적 성격인 반면에 케플러는 독일의 가난한 집안 출신으로 아버지 없이 괴팍한 어머니 밑에서 자라 다소 소심하고 말수가 적으며 감정표현에도 미숙한 내성적인 성격의 소유자였다. 그렇게 서로 판이한 성격의 두 사람이 그래도 함께 공동으로 연구 작업을 계속해나갔다는 사실 자체가 신기할 정도다.

티코 브라헤는 덴마크의 귀족 가문의 12자녀 가운데 장남으로 태어났는데, 함께 태어난 쌍둥이 동생은 곧바로 사망했다. 그의 아버지는 무슨 이유인지는 몰라도 자식이 없던 형에게 자신의 아들이 태어나면 양자로 보내준다는 약속을 했다. 그 약속을 기다리고 있던 형은 다른 아들이 태어나자 아직 갓난아기인 티코를 납치하다시피 강제로 데려가 양자로 삼고 자신이 길렀다. 아기와 어머니에게는 그야말로 날벼락 같은 일이었을 것이다. 이처럼 본의 아니게 어머니로부터 강제로 떨어져 살게 된 티코 브라헤는 12세에 코펜하겐 대학에 들어가 큰아버지의 요구에 따라 마지

못해 법학을 전공하게 되었다. 13세 때 개기일식을 목격한 이후로는 천문학에 관심을 갖기 시작하면서 관리가 되기를 원하는 큰아버지의 속을 태우기도 했다.

요하네스 케플러

하지만 큰아버지는 스웨덴과 벌어진 전쟁에 참전했다가 물에 빠진 국왕을 구하려다 생긴 후유증으로 세상을 떴다. 그 후 독일의 로스토크 대학에 다니던 티코 브라헤는 수학 공식 문제로 동료와 언쟁을 벌이다가 결투까지 하게 되었는데, 상대의 칼에 맞아 콧등 일부가 잘려나가는 부상을 입기도 했다. 그 정도로 자부심이 강했던 그는 덴마크 왕실과 대우 문제로 마찰을 일으킨 후, 프라하로 이주해 신성로마제국의 수학자로 초빙되어 일했으며, 그곳에서 케플러와 함께 행성의 비밀을 푸는 일에 몰두하다 만찬석 상에서 과음 후 갑자기 발작을 일으키며 숨을 거두고 말았다.

티코 브라헤의 뒤를 계승한 케플러 또한 결코 순탄치 않은 삶을 걸었는데, 칠삭둥이 미숙아로 태어나 어려서부터 병약했던 그는 정상적인 가정에서 화목하게 살아본 적이 없는 매우 불행한 어린 시절을 보내야 했다. 떠돌이 용병이었던 아버지는 그가 다섯 살 때 집을 나간 후 소식이 끊겨 행방이 묘연했으나, 네덜란드 독립전쟁에 가담했다 죽은 것으로 추측된다. 따라서 그는 아버지의 얼굴조차 기억하지 못하는 상태로 성장했다. 이처럼 그는 홀어머니 밑에서 자랄 수밖에 없었는데, 매우 괴팍하고 심술궂은 여성이었던 어머니는 약초를 이용한 민간요법 치료사로 활동하다가 후일 마녀로 취급되어 종교 재판에 회부되었으며, 고문 위협에도 불구하고 끝까지 자백을 거부한 탓에 14개월 만에 간신히 무혐의로 풀려나긴 했으나, 얼마 가지 않아 세상을 떴다. 당시 아들 케플러는 어머니를 변호하기 위해 애쓰기도 했지만, 어머니가 그런 곤욕을 치른 것도 다 자업자득이라고 여길 만큼 항상 좌충우돌하며 제멋대로인 어머니에게는 이미 두 손 든 상태였다고 할 수 있다.

그런 어머니 밑에서 성장한 케플러는 매우 외롭고 혼란스러운 아동기를 보낼 수밖에 없었으며, 게다가 어릴 때 걸린 천연두의 후유증으로 시력이 나빠져 평생 애를 먹어야 했다. 그럼에도 6세 때 목격한 혜성과 9세때 목격한 월식 현상을 계기로 천문학에 관심을 갖게 된 그는 하늘과 우주의 신비에 대한 호기심에 충만해 있었는데, 부모의 적절한 사랑을 받지 못한 자신의 불행한 처지를 미지의 우주 세계를 탐색함으로써 보상받고자 한 것으로 보인다. 그는 성직자를 양성하는 튀빙겐 대학에 들어가서도 신학과 철학뿐 아니라 천문학도 배웠으며, 당시 그곳에서는 천동설과 지동설 모두를 학생들에게 가르쳤으나 케플러 자신은 코페르니쿠스의 지동설을 지지하게 되었다.

25세가 되면서 딸을 둔 젊은 미망인 바르바라 뮐러와 결혼한 그는 5남매를 낳았으나 그중 둘은 일찍 죽었으며, 특히 경제적 어려움 때문에 부부싸움이 잦아졌다. 설상가상으로 아내 바르바라가 급성 홍반열에 걸려 간질 발작까지 일으킨 데다 세 아이마저 천연두에 걸려 그중 여섯 살짜리 아들 프리드리히가 사망하는 비극이 겹쳤는데, 그의 아내 역시 얼마 가지 않아 숨을 거두고 말았다.

그 후 17년 연하의 수잔나 로이팅어와 재혼해 6남매를 낳았으나 그중 셋은 일찍 죽었다. 이처럼 케플러는 두 번의 결혼을 통해서 모두 6명의 자녀를 잃었지만, 재혼 생활은 그런대로 평탄했던 것으로 보인다. 말년에 마녀 재판 소동을 일으킨 어머니 때문에 곤욕을 크게 치른 케플러는 어머니가 죽은 후 8년 뒤에 58세로 세상을 떴는데, 자신이 직접 쓴 비문에는 다음과 같은 글귀가 적혔다고 한다. "하늘을 재던 내가 지금은 어둠을 재고 있다. 마음은 하늘로 뻗치는데, 육신은 지상에 얽매여 있구나." 티코 브라헤와 마찬가지로 지상에서 이루지 못한 것을 하늘에서 이루고 자 했던 천문학자의 삶을 이처럼 잘 드러낸 비문도 드물 것으로 보인다.

대니얼 디포와 조너선 스위프트

동시대에 활동한 영국의 소설가 대니얼 디포(Daniel Defoe, 1660-1731)와 아일랜드 태생의 조너선 스위프트(Jonathan Swift, 1667-1745)는 영국과 아일랜드의 오랜 정치적 대립관계만큼이나 개인적으로도 서로 앙숙관계였다고 할 수 있다. 디포의 대표작 《로빈슨 크루소》가 백인 문명의 우월성과 제국주의의 정당성을 강조한 내용이라면 스위프트의 대표작 《걸리버 여행기》는 문명 사회에 대한 극심한 혐오감을 드러낸 작품이라는 점에서 극명한 대조를 이룬다. 하지만 두 사람 모두 정치적 야심이 매우 컸던 인물들로 토리당과 휘그당을 오가며 줄타기를 하다가 불행한 말로를 겪었다는 점에서, 그리고 두 작품 똑같이 59세에 발표한 소설이라는 점에서 공통점이 전혀 없는 것도 아니다.

디포의 《로빈슨 크루소》와 스위프트의 《걸리버 여행기》는 모두 고립된 섬을 무대로 하고 있는데, 디포와 스위프트가 평생을 몸담고 살았던 영국과 아일랜드 역시 작은 섬나라가 아닌가. 《걸리버 여행기》보다 앞서서 1719년에 발표된 《로빈슨 크루소》는 무인도에 표류한 주인공이 깊은 신앙심을 바탕으로 오로지 혼자만의 힘으로 새로운 땅을 개척하며 지내다가 식인종의 포로였던 프라이데이

대니얼 디포

를 구출해 충복으로 삼고 그와 함께 28년 만에 고국으로 돌아온다는 내용이다. 당시 해외 식민지 건설에 혈안이 되어있던 영국에서는 기독교도 백인의 우월성과 식민 정책을 정당화시키는 내용으로 인해 폭발적인 인기를 얻은 작품이다.

반면에 1726년에 발표된 《걸리버 여행기》를 통해 스위프트가 전하고자 했던 가장 기본적인 주제는 한마디로 악에 물든 인간사회 현실에 대한 고발이다. 가상적인 사회를 빌어 그는 정치적 부패와 파벌 싸움, 왕족과 귀족들의 사치와 향락, 공정치 못한 법의 운영과 잘못된 교육 제도, 빈부의 차이, 약육강식의 국제 사회 등에 대해 예리한 칼날을 들이대면서 특히 말들의 나라에서는 인간의 도덕성 자체를 부인하며 통렬한 비판을 가한다. 그곳에 사는 가상적 존재 '야후'에서 이름을 따온 것이 오늘날 인기를 얻고 있는 인터넷 검색엔진 야후이다.

이처럼 세상에 대한 극도의 불신과 인간에 대한 혐오감을 노골적으로 드러낸 이 소설을 통해 특히 상류 귀족사회에 대한 조롱 섞인 야유와 험담은 타의 추종을 불허하는 예리함으로 정평이 나 있다. 아일랜드 출신이라는 핸디캡을 딛고 출세에 대한 야망이 남달리 컸던 스위프트는 영국 국교 성직자로 처음에는 당시 집권당인 토리당을 옹호하고 지지했으나 그 후 토리당이 실각하고 휘그당이 실세로 등장하자 다시 휘그당에도 접근했다. 하지만, 양측 모두에게 위험한 논객으로 간주되면서 결국 영국 본토에서도 쫓겨나 변방인 아일랜드로 좌천되고 말았다. 그 후 영국의 혹독한 식민 정책으로 수탈당하며 살아가는 아일랜드의 비참한 현실에 눈을 돌리고 영국의 귀족과 성직자들을 통렬하게 비판하는 작품들을 쓴 것이 바로 《걸리버 여행기》와 《통 이야기》라 할 수 있다.

이처럼 디포와 스위프트는 비슷한 설정의 무인도 표류기를 통해서도 그 내용은 전혀 판이하게 서로 다른 메시지를 전하고 있다. 스위프트가 착취적인 식민 정책을 맹렬히 비난하고 있는 반면에 디포는 오히려 그 정당성을 뒷받침하고 있음을 알 수 있다. 그런 점에서 스위프트와 디포는 서로 양립하기 어려운 입장에 놓여 있었음에 틀림없다. 하지만 철저한 개신교도였던 디포 역시 영국 국교를 야유하는 글 때문에 한때는 투옥되어 필로리 형까지 받았다. 그것은 죄수의 사지를 꼼짝 못 하게 고정시킨 상태로 사람들이 오가는 길거리에 내놓아 행인들로부터 심한 모욕을 당하도록 하는 형벌이었지만, 오히려 그런 일 때문에 디포는 더욱 큰 대중적 인기를 얻게 되었다.

하지만 두 사람 모두 불행한 성장 과정을 거친 것으로 알려져 있어서 그런 배경 자체도 걸작을 낳은 동기로 작용했을 수 있다. 우선 디포는 영국 런던에서 부유한 양초제조업자의 아들로 태어났으나 어려서부터 유달리 많은 재난을 겪어야 했다. 왜냐하면, 그가 5세 때 7만 명의 시민들이 굶어죽은 런던 대기근과 이듬해 발생한 런던 대화재로 큰 어려움을 맞았기 때문이다. 하지만 그에게 가장 큰 어려움은 10세 때 어머니를 잃었다는 사실이다. 그런 시련은 로빈슨 크루소가 난파선에서 홀로 살아남아 그 누구의 도움도 받을 수 없는 고립된 무인도에 상륙한 후 오로지 신앙에 의지한 채 혼자만의 힘으로 꿋꿋하게 생존을 이어가는 의연한 모습을 통해서도 확인할 수 있다. 주인공의 그런 모습은 바로 디포 자신의 처지를 드러낸 것이 아니고 무엇이겠는가. 디포는 사업가로 성공하겠다는 야심을 불태우며 24세에 이르러 상당한 지참금을 받고 상인의 딸 메리 터플리와 혼인까지 했으나, 그 후 손대는 사업마다 실패하며 빚더미에 오르고 정치적인 곤경에 처하면서도 8남매를 낳으며 꿋꿋하게 부부관계를 유지해나갔다.

한편 아일랜드 더블린 태생인 스위프트는 어머니가 그를 임신 중일 때 아버지를 잃었는데, 아기를 낳자마자 어머니는 핏덩이를 삼촌인 고드

조너선 스위프트

원에게 맡기고 어디론가 사라져버렸다. 유복자로 태어난 직후 어머니에게서마저 버림을 받은 셈인데, 이미 그때부터 세상에 대한 불신은 시작된 것으로 보아야 할 것이다. 그랬던 어머니가 죽은 후 스위프트는 스텔라, 바네사 두 여인을 상대로 기묘한 이중생활을 유지하기도 했는데, 아무래도 애정에 대한 결핍이 심했기 때문에 그런 과욕을 부린 듯이 보인다. 그런 욕심과 집착은 출세와 성공에 대한 야심으로 이어져 토리당과 휘그당을 오가며 줄타기하는 모습으로 나타나기도 했지만, 그는 정치적 관계든 여성 관계든 어느 한쪽에도 정착하지 못하고 항상 양다리 걸치는 태도를 유지함으로써 오히려 아무것도 얻을 수 없게 되었다.

그렇게 모든 것을 잃어야 했던 그는 이래저래 심리적으로 큰 좌절감에 빠진 나머지 지독한 인간혐오증에 시달렸으며, 특히 지배층인 영국 귀족사회에 대한 분노와 적개심으로 인해《걸리버 여행기》에서 가장 이상적인 모델로 등장하는 휴이넘들의 입을 빌려 고도의 문화를 이루었다고 자랑하는 인간들의 모습이 한낱 짐승보다 못한 추악한 동물에 불과하다고 빈정대기도 했다. 이처럼 세상을 극도로 혐오한 스위프트는 말년에 이르러 정신착란 증세까지 일으키며 툭 하면 주위 사람들과 언쟁을 벌이고 시비를 거는 등 폭력적으로 변하는 모습을 보이기도 했으나, 마지막 일 년 동안은 거의 말을 하지 못하는 실어증 상태에 있다가 78세를 일기로 생을 마감했다.

방랑시인 김삿갓

조선 후기 순조와 철종 시대에 활동한 풍자시인으로 평생 전국을 방랑하며 천 편에 가까운 시를 남긴 김병연(金炳淵, 1807-1863)은 방랑시인 김삿갓으로 더욱 잘 알려져 있다. 그는 항상 삿갓을 쓰고 다녔기에 김립(金笠)이라고도 불린다. 그의 시는 어지럽고 타락한 세상을 특유의 해학과 풍자로 조롱하며 개탄한 것으로 유명하며, 뛰어난 재치와 문장력으로 가는 곳마다 이름을 날렸지만, 가족과 인연을 끊은 채 홀로 여기저기를 정처 없이 떠돌다 전라도 화순에서 56세를 일기로 세상을 떴다.

원래 그는 경기도 양주의 몰락한 양반 가문에서 차남으로 태어나 홀어머니 밑에서 자랐는데, 어려서부터 문재(文才)가 뛰어나 신동으로 소문이 자자했다. 20세 때 과거에 급제해 집안에 큰 경사를 맞이했으나, 당시 공교롭게도 과거 홍경래의 난에서 김익순이 저지른 역적 행위를 비판해 보라는 시제를 받고 서슴지 않고 예리한 비판을 가하는 답을 올린 사실을 알게 된 어머니가 아들이 비판한 김익순은 바로 그의 친조부였다고 말해줌으로써 이에 큰 충격을 받았다. 이후 김병연은 곧바로 삿갓을 쓰고 정처 없이 방랑길에 올라 두 번 다시 집으로 돌아가지 않았다.

그동안 어머니는 멸족의 위기에서 살아남기 위해 자식들에게 그런 사실을 비밀에 부치고 숨어 살았던 것이지만, 유달리 자존심이 강했던 김병연은 수치심과 배신감을 이기지 못하고 홀연히 집을 떠나 죽을 때까지 어머니와 처자식을 찾지 않았다. 시 한 수를 읊어 밥 한 끼, 막걸리 한 잔을 겨우 얻어먹는 문전걸식으로 전국을 떠돈 그는 항상 삿갓으로 얼굴을 가리고 다녔는데, 자신의 부끄러운 모습을 감추기 위한 행동이었을 것이다.

김삿갓은 삼천리 전국을 유람하면서도 자연경관에 대해서는 별다른

관심을 보이지 않았다. 아마도 이는 뼈아픈 가족사를 뒤로 하고 자신의
수치스러운 신분을 숨긴 채 사방을 떠도는 신세였던 그의 입장에서는 아
무리 아름다운 산천경계조차 제대로 눈에 들어오지 않았기 때문일 것이
다. 대신 그에게는 가난하고 헐벗은 백성들의 삶이 더욱 가슴 아픈 현실
로 비쳐졌다. 그래서 세상의 모순을 꼬집는 일도 김삿갓의 가장 큰 장기
에 들어간다. 그의 '허언시(虛言詩)'가 그 대표적인 예다.

　백발이 성성하도록 전국을 떠돌던 김삿갓은 결국 전라남도 화순에서
객사했는데, 그 후 둘째 아들 김익균이 아버지의 유해를 영월로 옮겨 태
백산 기슭에 묻었다고 한다. 그의 삶은 어찌 보면 매우 무책임한 것처럼
보이기도 하지만, 그럼에도 그 자식이 아버지의 유해를 고이 모셔간 것
을 보면 아버지의 심정을 충분히 이해한 것처럼 보인다. 그런 것을 불가
에서는 이심전심이라고 하던가. 어쨌든 김삿갓은 자신의 불행을 조상 탓
으로 돌리지 않고 오히려 자신이 스스로 속죄양이 됨으로써 세인들로부
터 조상의 잘못을 용서받고자 한 것으로 보인다.

　비록 역적의 후손으로 몰려 출셋길이 막혔다고는 하나 양반의 후예로
서 자부심이 매우 강했던 김병연은 삶을 구걸하며 사는 길보다는 차라리

김삿갓의 묘(강원도 영월군)

이름 없는 식객으로
살면서 죽 한 그릇 구
걸하는 길이 더욱 떳
떳한 삶이라고 여긴
듯하다. 그런 점에서
그의 불우했던 삶을
단순히 자학적인 몸짓
으로 보거나 부질없는
자존심의 발로로 치부

해버리기도 어렵다. 오히려 자신이 취했던 경솔하고도 안이한 태도를 탓한 나머지 스스로 속죄의 길로 들어선 것이 아닐까 한다. 그것은 일종의 허탈감에서 비롯된 결정이었을 수도 있겠지만, 그는 그런 가슴 아픈 심경을 해학과 풍자로 승화시키며 외로운 삶의 고된 여정을 계속해나간 것으로 보인다.

인류의 기원을 밝힌 찰스 다윈

《종의 기원》을 통해 내세운 진화론으로 코페르니쿠스의 지동설 이후 서구사회에 가장 큰 충격을 안겨준 영국의 생물학자 찰스 다윈(Charles Darwin, 1809-1882)은 인간의 조상이 원숭이였다는 주장으로 인해 서구 기독교사회에 가장 격렬한 찬반논쟁을 불러일으킨 장본인이었다. 그의 진화론은 기독교에서 주장하는 창조론을 정면으로 부정하는 것이어서 오랜 논쟁의 불씨가 되었으며, 서구의 많은 학교에서 그의 진화론을 학생들에게 가르쳐야 하느냐 마느냐 하는 문제로 교사들과 학부모들 간에 극심한 충돌을 낳기도 했다.

영국 중서부에 위치한 슈루즈버리에서 부유한 의사의 아들로 태어난 찰스 다윈은 여덟 살 때 일찍 어머니를 잃고 세 누이의 보살핌을 받으며 자랐는데, 그 무렵부터 이미 식물, 조개, 광물 등을 수집하는 취미를 가졌다. 어머니가 없는 허전함을 동식물 수집 취미를 통해 메우려 한 것일지도 모른다. 그는 박물학자였던 할아버지의 책들을 통해 생물에 대한 관심을 더욱 키우게 되었지만, 아버

찰스 다윈

지의 권유에 따라 어쩔 수 없이 에든버러 대학에서 억지로 의학을 공부했다. 그러나 적성에 맞지 않자 도중에 학업을 중단하고 말았다.

이에 크게 실망한 아버지는 의사가 되지 못할 바에야 차라리 성공회 신부가 되는 게 낫겠다 싶어 아들을 케임브리지 대학 신학과에 입학시켰다. 물론 다윈은 신학보다 박물학에 더 관심이 많았지만, 성직자가 되면 남는 시간에 박물학 연구를 할 수 있겠다는 매우 계산적인 생각으로 아버지의 뜻에 따랐다. 대학을 졸업한 후 탐사선 비글호를 타고 세계일주 여행에 나선 그는 남미의 갈라파고스 제도와 남태평양 등지에서 5년간에 걸친 탐사활동을 통해 진화론에 대한 확신을 얻게 되었으며, 귀국 후 학회 활동을 통해 자신의 생각을 발표하기 시작했다. 하지만 진화론을 집대성한《종의 기원》이 발표된 것은 그의 나이 50세 때로 비글호 탐사가 끝난 시점으로부터 30년 이상의 세월이 걸린 셈이 된다.

인류의 기원을 밝힌 진화론은 실로 엄청난 사회적 파장을 불러일으켰으나 사실 따지고 보면 찰스 다윈 자신의 개인적인 궁금증이 동기가 되었을지도 모른다. 왜냐하면, 그는 어린 시절에 자신을 낳아준 어머니를 잃었으며, 엠마와 결혼해 10남매를 낳았으나 두 딸과 막내아들까지 일찍 여의었기 때문이다. 특히 어린 나이에 어머니를 여의고 홀로 남겨진 입장에서 그런 자신이 어디서 비롯된 것인지 의구심을 갖는 것은 너무도 자연스러운 현상일 것이다. 다시 말해 인류의 기원에 대한 그의 탐구는 다윈 자신의 개인적 기원에 대한 의문에서 찾아볼 수도 있다는 뜻이다.

더욱이 사랑하는 딸의 죽음으로 교회와 인연을 끊기까지 했던 다윈은 아들 찰스가 다운증후군으로 태어나 만 두 살로 죽게 되자 자신의 자식들이 유전병에 걸리지나 않을까 두려움에 사로잡혔는데, 부인 엠마가 자신의 가장 가까운 사촌이었기 때문에 근친혼에 의한 유전병을 더욱 두려워했다고 볼 수 있다. 그런 두려움 때문에 다윈은 1871년 저서《인간의 유래와 성 선택》을 통해 성과 관련한 자연선택 이론을 발표하기도 했지만, 그의 외사촌 동생 프랜시스 골턴은 한술 더 떠서 우생학이라는 새로운 학문을 창시하고 인류의 발전을 위해서는 유전적인 우열을 따져 종족의 질을 향상시킬 필요가 있다고 주장함으로써 백인우월주의에 따른 인종차별적 학문이라는 오명을 입기도 했다.

비록 다윈의 진화론이 종교계의 반발을 크게 샀을 뿐만 아니라 다윈 자신도 교회와 발길을 끊다시피 했지만, 그렇다고 해서 그가 신의 존재까지 부정했던 것은 아니다. 오히려 그 자신은《종의 기원》이 신학적 관점을 반영한 것으로 보았으며, 시종일관 불가지론적 입장을 취하긴 했으나 신의 창조론을 거부하진 않았다. 다만 신은 자연의 법칙에 일일이 관여하지 않는다는 매우 자연 신학적인 입장을 유지했는데, 그런 입장은 그의 부모가 믿었던 신앙적 태도를 그대로 이어받은 것이기도 했다.

리빙스턴을 찾아낸 헨리 스탠리

아프리카에서 실종된 리빙스턴을 찾아 나선 헨리 스탠리가 1871년 탕가니카 호수 부근의 우지지 마을에서 병든 리빙스턴과 극적인 상봉을 이룬 사실은 세계 탐험의 역사에서 가장 유명한 일화로 남아 있다. 그 후 스탠리는 다시 아프리카로 건너가 리빙스턴의 죽음을 확인하고 탐험을 계속해 나일 강의 수원지 빅토리아 호수를 발견하고, 아프리카 대륙을 처음으로 횡단한 경험을 바탕으로《암흑대륙 횡단기》를 출간해 명성을 얻었다. 그는 벨기에 국왕의 후원으로 콩고 지방을 탐험해 벨기에의 아프리카 진출을 도왔으며, 중앙아프리카를 탐험했을 때는 현지인의 반란으로 곤경에 처한 독일인 에민 파샤를 구출하기도 했다.

이처럼 아프리카 탐험에 일생을 바친 헨리 스탠리(Henry Morton Stanley, 1841-1904)는 알고 보면 매우 기구하고도 불행한 삶을 지낸 인물이다. 영국 웨일즈의 덴비 태생인 그는 본명이 존 로울랜즈로 어머니 엘리자베스가 18세 때 낳은 사생아였다. 하지만 그가 태어난 직후 아이의 생부가 죽자, 그녀는 아기를 정육점을 하는 친정아버지에게 맡겨버리고 행방을 감춰버렸다.

그가 다섯 살 때 외할아버지마저 사망하자 그는 결국 구빈원에 보내져 그곳에서 줄곧 자랐는데, 열악한 환경과 나이든 소년들의 학대에 시달린 데다 심지어는 원장으로부터 성추행까지 당하는 등 숱한 고통을 겪어야 했다. 더욱 기막힌 사실은 10세 무렵에 그의 어머니가 두 이복동생을 데리고 같은 구빈원에 잠시 머문 적이 있었지만, 서로가 전혀 알아보지 못했다는 것이다. 나중에 가서야 원장의 귀띔으로 그런 사실을 알게 되었으니 어린 가슴에 얼마나 큰 상처를 받았을지 짐작이 가고도 남는다.

18세가 되자 그는 자신에게 온갖 상처만을 안겨준 영국을 떠나 미국으로 이민을 떠났으며, 여기저기를 떠돌다가 남부 뉴올리언스에 당도했다. 그곳에서 우연히 알게 된 부유한 상인 스탠리의 양자로 들어간 그는

헨리 스탠리

그때부터 헨리 스탠리라는 이름으로 새로운 삶을 살기 시작했다고 한다. 하지만 후대의 사가들이 조사한 바에 따르면, 그는 스탠리의 양자가 된 적이 없으며, 그저 평범한 식품점 가게 주인 제임스 스피크의 도움을 잠시 받았을 뿐이었다는 것이다. 물론 그가 그런 거짓된 주장을 하게 된 정확한 이유는 잘 모르지만, 평생 자신의 뒤를 꼬리표처럼 따라붙어 다니던 사생아라는 수치심 내지는 오랜 세월 가족 없이 고아로 지낸 열등감 때문이었기

쉽다.

남북전쟁이 터지자 그는 강제로 남군에 끌려가 전투에 투입되었는데, 얼마 가지 않아 북군에게 포로로 잡혀 더글러스 수용소에 수감되었다. 그곳에서 그는 포로 전향 계획에 따라 북군에 편입했으나 병에 걸리는 바람에 불과 18일 만에 퇴역하고 말았다. 건강이 회복된 후에는 잠시 북군 해군에 근무하다가 그만두고 신문기자로 활동하기 시작했는데, 그는 미국에서 남군과 북군을 모두 거친 매우 드문 경우에 속한 인물이기도 했다.

하기야 일정한 집도 가족도 없이 국적을 바꾸며 산 데다 대부분의 세월을 아프리카 탐험에 바쳤으니 어려서부터 그 어떤 소속감이 희박했던 그에게는 국적이란 사실 큰 의미가 없었을 것이다. 더욱이 그는 흑인들을 몹시 업신여기고 가혹하게 대하면서도 귀족들에게는 비굴할 정도로 아부하는 태도를 보여 빈축을 사기도 했는데, 그런 태도 역시 뿌리 깊은 열등감의 발로로 여겨진다. 특히 그가 지닌 여성들에 대한 병적인 두려움은 자신을 버린 어머니에 대한 원망과 적개심의 결과로 보이기도 한다.

하지만 어려서부터 온갖 고초를 겪으며 살았던 그는 남달리 강한 오기와 의지력으로 신문사 특파원 활동에 전념해 그 능력을 인정받았으며, 마침내 뉴욕 헤럴드 신문사 사장으로부터 당시 아프리카에서 소식이 두절된 리빙스턴의 행방을 찾으라는 특명을 받고 그 임무를 성공적으로 수행함으로써 일약 국제적인 명성을 얻게 되었다. 리빙스턴이 죽은 후에도 아프리카 탐험을 계속한 그는 말년에 이르러 영국으로 돌아가 결혼도 하고 영국 의회에도 진출해 신분 상승에 성공했을 뿐만 아니라, 58세에는 영국 왕실로부터 기사 작위를 받는 영예까지 누리는 등 어린 시절의 상처와 불행을 보상받고도 남을 충분한 사회적 대우를 받은 후 63세를 일기로 세상을 하직했다.

청각장애인의 아버지 알렉산더 벨

가장 최초로 전화를 발명한 인물로 알려진 미국의 발명가이자 사업가 알렉산더 그레이엄 벨(Alexander Graham Bell, 1847-1922)은 원래 스코틀랜드 에든버러 태생으로 그의 집안은 조부 때부터 알렉산더 벨에 이르기까지 3대에 걸쳐 발성법 연구와 교육에 기여한 가문이 되었다. 어려서부터 말수가 적고 내성적이었던 벨은 기계에 많은 관심을 지니기도 했지만, 어머니의 격려에 힘입어 피아노를 배우는 등 예술적 감각도 익혔으며, 특히 음성학자인 아버지로부터 발성법을 배워 성대모사와 복화술에 뛰어난 재능을 보이기도 했다.

하지만 그가 12세 무렵부터 어머니가 청력을 잃기 시작해 의사소통에 어려움을 보이게 되자 크게 충격을 받은 벨은 곧바로 수화를 배워 어머니와 대화를 나누었다. 그는 독자적인 대화술을 개발해 어머니와 소통하기도 했는데, 그것은 어머니의 이마에 직접 자신의 입을 대고 발음을 전달하는 방법이었다. 어머니가 청력을 잃게 된 사건은 그 후 벨이 일생동안 청각장애인을 위해 헌신하게 된 가장 큰 동기가 되었다. 또한 나중에 청각장애인 여성을 아내로 맞아들인 사실에도 영향을 끼쳤다고 볼 수 있다. 다른 무엇보다 그가 전화의 발명에 그토록 힘을 쏟은 이유도 그가 사랑했던 두 여성, 어머니와 아내가 청각장애로 고생한 인물들이었다는 사실에서 찾아볼 수 있을 것이다.

청년 시절 벨은 아버지의 격려에 힘입어 형 멜빌과 함께 자동음성장치 개발에 몰두하고 있었는데, 뜻하지 않게 자신을 포함한 삼형제가 모

두 결핵에 걸려 몸져눕게 되는 곤경을 맞이하게
되었다. 비록 벨은 회복되어 연구를 계속해나갔지
만, 두 형은 얼마 가지 않아 세상을 뜨고 말았다.
당시 큰형 멜빌은 25세, 작은형 에드워드는 19세
였다. 더군다나 아버지 건강도 여의치 않게 되자
마침내 벨 일가는 캐나다 이주를 결심하게 되
었다.

알렉산더 벨

　캐나다에 정착한 이후 아버지는 미국 보스턴
농아학교에 교사로 초빙되었으나 건강상태가 좋
지 못했기 때문에 자기 대신 아들 벨을 보내 일하도록 했다. 그곳에서 실
력을 인정받고 자신감을 얻은 벨은 얼마 가지 않아 보스턴에 자신의 독
자적인 농아학교를 세웠는데, 그때 그의 나이 불과 25세였다. 하지만 지
나치게 발성법에 치중한 나머지 수화의 사용을 최소화시킨 그의 교육방
식에 반대하는 여론 또한 만만치 않았다.

　그 후 벨은 보스턴 대학 교수가 되어 연구를 계속해 나갔는데, 당시 그
가 개인적으로 지도했던 15세 소녀 메이블 허버드는 다섯 살 때 성홍열
을 앓은 이후 농아가 된 여성으로, 19세에 이르러 10년 연상인 벨의 아내
가 되어 죽을 때까지 헌신적인 내조를 아끼지 않았다. 그런 점에서 볼
때, 벨이 어려서부터 청력을 상실한 어머니 때문에 발성법에 관심을 기
울이기 시작했다면, 역시 청각장애자였던 아내 메이블은 전기통신 연구
에 박차를 가하게 된 계기를 마련한 것으로 볼 수 있다. 그렇게 두 여성
은 벨의 일생에 가장 큰 영향을 준 인물이라 할 수 있는데, 벨의 어머니
는 1897년에 88세로 사망했으며, 아내 메이블은 벨이 숨을 거둔 지 불과
5개월 만에 남편의 뒤를 따랐다. 벨은 1886년 당시 6세 소녀 헬렌 켈러를
의뢰받아 잠시 개인지도를 하기도 했다.

그런데 문제는 1876년 벨이 가장 최초로 전화기 발명 특허를 얻으면 서부터 시작되었다. 원래 전화의 발명은 이미 20년 전에 이탈리아 출신의 발명가 안토니오 무치에 의해 이루어진 것으로 벨의 특허 소식을 듣고 무치는 즉각 소송을 제기했으나, 사업 파산으로 병석에 눕게 된 무치가 얼마 가지 않아 사망하는 바람에 그 문제는 흐지부지 넘어가버렸다. 하지만 그 후 엘리샤 그레이가 개발한 아이디어를 벨이 도용한 사실도 알려지게 되면서 무려 120년이 지난 2002년 미국 의회는 마침내 가장 최초의 전화기 발명자로 안토니오 무치를 공식 인정하기에 이르렀다.

벨은 발명 특허를 따낸 이듬해에 장인 가디너 허버드의 도움으로 벨 전화회사를 설립했으며, 장인을 초대 회장에 앉혔다. 그 후 볼타 연구소를 창설하고 과학 전문지《사이언스》를 창간하는 한편, 농아교육에도 힘을 써서 청각장애인의 아버지로 불리며 미국 사회에서 발명왕 에디슨에 버금가는 사회적 존경의 대상이 되어 왔다. 하지만 솔직히 말해 매우 비열한 방법으로 타인의 아이디어를 도용하고 특허권까지 따낸 인물인데다 인종차별적인 우생학을 지지하기까지 했다는 점에서 그에게 그런 호칭은 다소 과분한 영예일지도 모른다.

남태평양에서 원시적 삶을 구가한 고갱

프랑스의 후기 인상파 화가 폴 고갱(Paul Gauguin, 1848-1903)은 한때 아를르에서 빈센트 반 고흐와 함께 지내기도 했으나 뜻이 맞지 않아 결별을 선언했다. 이후 인공적인 문명 세계에 혐오감을 느끼고 원시 세계를 동경한 나머지 남태평양의 타히티 섬으로 떠나 그곳 원주민 여성들과 함께 원시적인 삶을 만끽하고 살면서 열대 지방 토착민의 건강하고 순박한 인간미를 매우 밝고 강렬한 색채로 묘사함으로써 20세기 현대 회화에 지대한 영향을 끼친 것으로 평가된다.

폴 고갱

파리에서 태어난 고갱은 갓난아기 시절에 부모와 함께 남미 페루로 이주하던 도중 아버지가 선상에서 숨을 거두는 바람에 어머니 알린과 함께 외가가 있는 페루 리마에서 어린 시절을 보냈다. 적도의 나라 페루에서 원주민 아이들과 함께 벌거벗고 뛰놀던 어린 시절의 기억은 그에게 원시문명에 대한 뿌리 깊은 향수를 심어주는 계기가 되었을 것으로 보인다. 실제로 그는 남태평양 군도에서 벌거벗은 원주민 여성들과 함께 지낼 때 심리적으로 가장 큰 안정감을 얻기도 했다.

7세 때 어머니와 함께 다시 파리로 돌아온 고갱은 어머니가 삯바느질로 생계를 꾸려가는 어려움 속에서도 가톨릭 기숙학교를 다녔지만, 그에게는 인습적인 학교 생활이 지옥처럼 느껴졌을 뿐이었다. 바다에 대한 동경심으로 14세 때 해군 예비학교에 들어간 그는 3년 후 사관후보생 신분으로 상선을 타고 남미를 여행했는데, 인도에 머물던 19세 때 어머니의 사망 소식을 듣고 큰 충격을 받았다. 더욱이 그 소식을 수개월이 지난 후에야 듣게 되어 어머니의 장례식에 참석할 기회조차 놓쳐버렸기 때문에 적절한 애도의 기간마저 얻을 수 없었던 그는 4년 뒤에나 파리로 돌아올 수 있었다. 주식중개인으로 일하는 가운데 남는 시간을 이용해 그림을 그리기 시작했지만, 마음의 공허함을 채울 수 없었던지 25세에 서둘러 덴마크 여성 메테 소피 가드와 결혼해 4남 1녀를 낳고 사랑스러운 딸에게는 어머니와 똑같이 알린이라는 이름을 붙여주었다.

하지만 그 후 파리 증권가에 위기가 닥치자 경제적 타격을 입게 된 고갱은 가족과 함께 덴마크로 이주해 방수포 세일즈맨으로 일했으나, 처자식을 먹여 살리기에는 역부족이었다. 결국 무능한 가장은 필요 없다며 집에서 나가달라는 아내의 단호한 요구에 따라 고갱은 1885년 홀로 파리에 돌아오고 말았지만, 그 심정은 실로 참담했을 것이다. 매우 다부진 몸매에 당찬 성격의 아내는 예전의 온순하고 다정다감했던 어머니와는 달라도 너무나 다른 여성으로 심지어 집에서 쫓겨나기까지 했으니 그러지 않아도 상처받기 쉬운 고갱으로서는 그야말로 죽고만 싶은 심정이었을 것이다.

그 후 고갱은 1887년 동료 화가 샤를 라발과 함께 파나마를 방문하기도 했다. 물론 이국적인 소재를 찾기 위한 목적도 있겠지만, 어머니의 고향 페루와 인접한 곳이라는 점에서 자신의 괴로운 마음을 달래기 위한 동기도 작용했을 것으로 본다. 파나마에서 마르티니크 섬을 거쳐 귀국한 그는 그 후 고흐의 요청에 따라 2개월간 아를르에서 함께 지내기도 했으나 점차 인상주의에 대해 환멸을 느낀 고갱은 고흐와도 자주 충돌을 일으키며 불화를 보이기 시작했다. 당시 두 사람 모두 심각한 우울증과 자살충동에 시달리고 있었는데, 말다툼 끝에 고흐가 면도칼로 고갱에게 위협을 가하는 일이 벌어지자 그는 크게 실망하고 고흐와 결별하기로 작심하기에 이른다. 결국 고흐는 면도칼로 자신의 귀를 자르는 광기를 보인 후 정신병원 신세를 지게 되고 말았지만, 고갱은 함께 머물러달라는 고흐의 애원을 매정하게 뿌리치고 그 곁을 떠났다.

고흐와 헤어진 그는 한동안 그때 받은 정신적 충격으로 몹시 괴로워하다가 결국 서구 문명에 대해 극도의 환멸감을 느낀 나머지 유럽을 완전히 등지기로 작심하고 남태평양의 프랑스령 폴리네시아로 떠나버렸다. 그곳에 정착해 원시적인 삶을 만끽하며 토착민 여인들을 대상으로 수많은 작품을 그렸는데, 열대의 섬에서 인습에 얽매이지 않고 여러 토착민 여성과 자유롭게 동거하며 많은 후손을 낳았다. 하지만 그의 동거녀 중에는 13세의 테후라와 14세의 파우라도 있었으며, 그렇게 무절제한 생활로 건강을 해친 나머지 마약 및 알코올 중독에 시달리다 55세 나이로 생을 마감하고 말았다.

특히 말년에 이른 1897년 사랑하는 딸 알린이 죽었다는 소식을 접한 후 더욱 자포자기 상태에 빠진 그는 한때 자살을 시도할 정도로 극심한 우울증에 시달리기도 했는데, 딸 알린의 죽음을 통해서 오래전에 세상을 떠난 어머니 알린의 모습을 떠올렸기 때문에 더욱 힘겨워했을 수 있다. 그런 착잡한 심경은 그의 마지막 유언처럼 들리는 제목의 그림 '우리는 어디서 와서 어디로 가는가'에 상징적으로 잘 묘사되고 있는데, 아기와 젊은 여인, 그리고 나이든 노파의 모습을 담은 이 작품은 마치 생로병사의 무상함을 외친 부처님을 의식한 듯 두 팔을 벌리고 서있는 신비로운 여신상을 배경으로 하고 있지만, 어쩌면 영원한 그리움의 대상이자 자애로움의 표상이었던 어머니의 모습을 상징한 것일지도 모른다.

천막에서 일생을 보낸 아우렐 스타인

고고학 탐사의 역사에서 트로이 문명의 유적을 발견한 하인리히 슐리만의 업적에 감히 견줄 수는 없겠지만, 중앙아시아 탐험에 일생을 바친 헝가리 태생의 유대계 고고학자 아우렐 스타인(Aurel Stein, 1862-1943)은 특히 막고굴로 알려진 돈황 석굴의 발견을 통해 돈황학의 원조로 꼽힌다. 이처럼 세계적인 명성을 얻게 되었다는 점에서 동시대에 활동한 스웨덴의 지리학자 헤딘과 쌍벽을 이룬 탐험가라 할 수 있다.

하지만 일생을 독신으로 지내면서 오로지 탐험에만 전념하다 머나먼

타지에서 외롭게 죽어간 스타인과는 달리 세계적인 유명인사가 되어 온갖 영예를 누린 헤딘은 히틀러를 찬양하고 일제에 호의적인 태도를 보이는 등 정치적 판단의 착오로 그동안 자신이 이룬 업적에 스스로 흠집을 내기도 했다. 그런 점에서 집도 가족도 없이 생의 대부분을 천막에서 보내며 세속적인 명예와는 담을 쌓은 채 오로지 미지의 세계를 탐험하는 일에 전념한 스타인이야말로 진정한 의미의 학자였다고 할 수 있다.

헝가리 부다페스트에서 유대인의 아들로 태어난 아우렐 스타인은 당시 유럽 사회에 팽배했던 반유대주의 분위기로 인한 불이익을 피하기 위해 부모와는 달리 일찌감치 기독교 세례를 받았다. 빈 대학과 라이프치히 대학에서 공부한 그는 튀빙겐 대학에서 산스크리트어 전공으로 박사 학위를 받은 직후 22세 때 곧바로 영국으로 건너가 고고학과 동양어를 공부했으나, 24세 때 어머니가 갑자기 세상을 뜨게 되자 바로 그 해에 인도로 건너가 편잡 대학에 자리를 잡았다. 편잡 대학 교무과장을 거쳐 라호르의 동양대학 학장에 오른 그는 당시 스웨덴의 탐험가 헤딘의 저서를 읽고 중앙아시아의 역사와 문화에 관심을 갖게 되었으며, 고고학의 불모지나 다름없는 중앙아시아의 잃어버린 역사와 문화를 찾아내어 복원시킬 뜻을 품고 영국 정부에 원정 탐험의 뜻을 비쳤다.

1889년 아버지마저 세상을 뜨면서 26세 나이에 완전히 고아가 된 스타인은 그 이듬해에 중앙아시아 탐험 계획을 승인받고 첫 번째 원정에 나서 타클라마칸 사막지대에서 다수의 고대 유적지를 발견했다. 1904년 영국 시민권을 얻은 이후 이루어진 두 번째 원정에서는 천불동으로 유명한 돈황 석굴을 발견해 세상을 놀라게 했는데, 막고굴로 알려진 그곳에서 그는 금강경을 비롯한 수많은 불

아우렐 스타인

경과 불화를 발견해 돈황학의 원조가 되었으며, 고대 문화 연구에 귀중한 자료를 제공하기도 했다. 돈황 석굴 발견이야말로 스타인의 가장 큰 업적이라 할 수 있지만, 당시 그는 곤륜산 답사 도중에 심한 동상에 걸려 발가락 여러 개를 잃기까지 했다.

1910년대에 이루어진 세 번째 탐사에서는 하라호토 유적을 발굴하고, 1920년대의 네 번째 탐사에서는 티베트에서 호탄, 위구르, 동부 터키에 이르기까지 광대한 영역에 이르는 중앙아시아의 귀중한 자료들을 발굴했으며, 타림 분지에서 토카리안 언어를 새롭게 찾아내기도 했다. 특기할만한 사실은 8세기에 서역을 정벌한 고구려 유민 출신의 당나라 장수 고선지의 유적도 발견했다는 점이다.

이처럼 당시로서는 그 누구도 엄두를 내지 못한 위업을 달성한 그는 영국 왕실로부터 귀족 작위까지 받는 영예를 누렸지만, 중국에서는 문화재를 약탈한 제국주의자로 성토의 대상이 되기도 했다. 그러나 당시 청나라는 돈황 유물 보존에 홀로 고군분투하던 왕원록의 노력에 아무런 도움도 주지 않았으며, 그 후 중국 정부는 문화대혁명 때 홍위병들에 의해 돈황의 유물 상당수가 파손되는 현실조차 수수방관하기만 했다.

일생을 독신으로 보내며 삶의 대부분을 야외 텐트 안에서 지낸 스타인의 유일한 친구는 '대시'라는 이름의 한 마리 개였을 뿐이다. 그는 제2차 세계대전이 한창이던 1943년 아프가니스탄 카불에서 80세를 일기로 조용히 눈을 감았는데, 고고학과 민속학, 지리학, 언어학 분야에 남긴 공로가 실로 크다고 할 수 있다. 특히 그동안 공백으로 남겨진 중앙아시아의 지도를 새롭게 작성하고 역사에서 사라진 고대 유적과 문화, 언어의 발견 및 불교 예술과 불경연구 분야에 획기적인 전환점을 이루게 하는 업적을 낳았다.

물론 스타인의 생애는 고고학적 관점에서 큰 관심의 대상이 되어왔지만, 심리학적 관점에서 그의 삶을 살펴본다면, 그로 하여금 미지의 세계 탐사에 그토록 일생을 바쳐 헌신하도록 이끈 주된 동기는 수천 년간 조국을 잃고 전 세계를 떠돌며 천대받던 유대인이라는 설움과 젊은 시절 일찍 부모를 잃고 천애고아가 되었다는 두 가지 사실을 들 수 있다. 특히 어머니를 잃은 아픔이 컸다고 볼 수 있는데, 모국어마저 잃게 된 그가 동양어를 배우고 동양문화에 친밀감을 느끼게 된 사실도 모든 것을 상실한 스타인의 입장에서 볼 때 자신의 동양적 뿌리에 대한 막연한 동경심에서 비롯된 결과로 이해할 수 있다.

당시만 해도 중앙아시아는 지도상으로나 역사적으로 텅 빈 여백으로 남아있던 전인미답의 오지였다. 그 광대한 지역의 역사를 새로 복원시키고자 했던 그의 야심은 스타인 자신의 정신적 공백을 메우고자 한 시도의 일부로 볼 수도 있다. 그런 점에서 일찍이 조국과 부모를 포함해 모든 것을 잃고 홀로 남은 스타인이 중앙아시아의 역사와 문화를 새롭게 복원시킴으로써 자신의 잃어버린 역사와 정체성 상실에 대한 대리적 만족과 보상을 얻고자 했던 것은 충분히 이해할 수 있는 여지가 있다고 본다.

새로운 물질의 세계를 탐구한 퀴리 부인

방사능 연구의 세계적인 권위자로 두 번씩이나 노벨상을 수상한 퀴리 부인(Marie Curie, 1867-1934)은 라듐 발견의 공로로 1903년 남편 피에르 퀴리와 함께 노벨 물리학상을 공동 수상하면서 여성 최초의 노벨상 수상자가 되었다. 1906년 남편이 교통사고로 일찍 사망한 이후에도 단독으로 연구를 계속해 1911년에도 노벨 화학상을 받았을 뿐 아니라, 그녀의 딸 이렌과 사위 프레데릭 역시 1935년에 노벨 화학상을 공동 수상하게 되면서 한 가족에서 4명이나 노벨상을 타는 진기록도 남겼다. 하지만 그녀는 오랜 기간 방사능에 노출된 탓에 악성 빈혈에 시달리며 고생하다 66세를 일기로 세상을 뜨고 말았다.

하지만 인류 최초로 새로운 물질의 발견에 일생을 바친 퀴리 부인의 삶이 그렇게 순탄하기만 한 것은 결코 아니었다. 마리아 스크워도프스카 가 본명인 그녀는 당시 러시아의 지배하에 있던 폴란드 바르샤바에서 부부 교사의 5남매 중 막내딸로 태어났다. 그녀가 10세 무렵에 결핵을 앓던 어머니가 세상을 떠난 후 아버지가 러시아 당국에 의해 실직당하고, 큰언니 조피아마저 장티푸스로 일찍 죽는 등 집안에 불행이 계속 이어지면서 그녀는 몹시 혼란스럽고 힘겨운 어린 시절을 보내야 했다.

물론 그중에서도 가장 힘겨웠던 일은 어머니의 죽음이었는데, 독실한 가톨릭신자였던 어머니의 뒤를 이어 언니마저 잃게 되자 그 후로 그녀는 가톨릭 신앙을 버릴 정도로 큰 충격을 받았다. 그런 충격을 딛고 일어선 그녀는 고등학교를 우등으로 졸업할 정도로 머리가 매우 명석했으나 당시 폴란드의 대학에서는 여학생을 뽑지 않았기 때문에 한동안 우울증에 빠지기도 했다. 수년간 가정교사 일로 집안 생계를 돕던 그녀는 한때 먼 친척인 조라프스키와 사랑에 빠지기도 했으나 그쪽 부모의 반대로 다시 한 번 좌절을 맛봐야 했다. 다행히 먼저 파리로 유학을 떠나 의사자격을 따고 결혼까지 한 언니 브로니스와바의 초청으로 마침내 부푼 기대를 안고 파리 유학을 떠나게 되었는데, 그때 그녀 나이 23세였다.

성차별이 없는 자유로운 분위기에서 소르본 대학에 들어가 수학과 물리학을 공부한 그녀는 졸업 후 자상한 인품의 물리학자 피에르 퀴리와 결혼해

퀴리 부인

프랑스 시민이 되었다. 매우 검소했던 이들 부부는 결혼식도 종교적 의식 없이 간소하게 치렀을 뿐만 아니라, 그녀는 웨딩드레스가 아닌 평상복 차림이었으며, 신혼여행도 부부가 함께 자전거를 이용할 정도로 소박했다.

그들이 결혼한 1895년은 독일의 과학자 뢴트겐이 X선을 발견하고 프로이트가 《히스테리 연구》를 발간한 해로 과학과 심리학 분야에 새로운 이정표가 세워진 해라고 볼 수 있는데, 특히 그 이듬해 우라늄 광석의 특이한 성질이 발견되어 퀴리 부인의 호기심을 자극하게 되었다. 결국 남편 피에르의 도움으로 오랜 각고의 노력 끝에 새로운 원소 폴로늄과 라듐을 발견한 그녀는 노벨상의 영예를 부부가 함께 안는 기쁨을 누렸다. 하지만 불과 3년 뒤 남편이 마차에 치여 숨을 거두면서 어릴 적 어머니의 죽음 이후로 가장 큰 충격을 받게 되었다. 더욱이 미망인이 된 후에도 그녀의 성공을 시기한 국수주의적 언론에서 그녀가 남편의 제자였던 물리학자 폴 랑주뱅과 불륜관계라는 악의적인 보도를 퍼뜨리는 바람에 성난 군중이 그녀의 집 앞에 몰려와 가정을 파괴하는 비열한 유대인이라 욕설을 퍼붓기도 했다. 물론 그녀는 유대인이 아니었지만, 당시만 해도 드레퓌스 사건의 악몽이 채 가시지 않았던 시기였던지라 외국인에 대한 혐오증이 얼마나 극심했는지 짐작할 수 있는 사건이기도 했다. 하지만 정작 억울한 누명을 뒤집어쓰게 된 퀴리 부인은 한동안 아무 일도 할 수 없을 정도로 우울상태에 빠져 지내야 했다.

당시 폭언을 퍼붓는 군중을 피해 어린 두 딸을 데리고 황급히 친구 집으로 피신까지 해야 했던 퀴리 부인이었지만, 그런 어이없는 소문에도 불구하고 스웨덴 한림원은 그녀에게 두 번째 노벨상의 영예를 안겨주는 의연함을 보여주었다. 그녀의 두 딸 이렌과 이브 역시 어머니를 모욕한 대중의 어리석음을 비웃기라도 하듯이 이렌은 어머니처럼 과학자가 되어 노벨상을 탔으며, 음악가로 활동한 이브는 국제기구 운동에 뛰어들어 그 공로로 프랑스 정부로부터 훈장까지 받았다. 특이한 점은 이브의 남편 헨리 라부이스도 1965년 유니세프 대표로 노벨 평화상을 수상했다는 사실이다. 그러니 사실 퀴리 부인의 일가에서는 무려 5명의 노벨상 수상자가 나온 셈이다. 그것도 물리학상, 화학상, 평화상을 휩쓴 것이다. 어머니가 숨을 거둘 때까지 곁에서 돌본 이브는 그 후 어머니의 생애를 다룬 전기《퀴리 부인》을 써서 출간했으며, 102세까지 장수한 뒤 2007년에 뉴욕에서 사망했다. 그렇게 훌륭한 두 딸과 사위들을 둔 퀴리 부인이었으니 자신의 어머니처럼 죽어서도 여한이 없었을 것이다.

하늘에 도전한 라이트 형제

1903년 미국의 라이트 형제는 글라이더가 아닌 동력 비행기를 타고 인류 최초로 하늘을 날았다. 비록 3m에 불과한 낮은 고도와 1분도 채 안 되는 짧은 시간 동안 비행한 것에 지나지 않았지만, 인간이 스스로 조종한 동력비행기로 처음 하늘을 날았다는 점에서 매우 역사적인 사건이 아닐 수 없다. 하지만 그 장면을 목격한 사람은 5명에 불과했으며, 미국의 언론에서도 별다른 관심을 보이지 않아 일반 시민들 역시 그런 사실을 제대로 알지 못한 상태였다.

반면에 일찌감치 항공 개척에 선도적인 역할을 해왔던 유럽에서는 이 사실을 매우 충격적으로 받아들이면서도 강한 의혹의 눈초리를 보내며 좀처럼 사실로 인정하지 않으려는 모습을 보였다. 결국 그런 의심은 1906년 형인 윌버 라이트가 프랑스로 직접 건너가 수많은 관중이 지켜보는 가운데 공개적인 비행을 시범해 보임으로써 그동안의 숱한 구설수를 한순간에 잠재워버렸다.

졸지에 세계적인 유명인사로 떠오른 라이트 형제는 자신감을 얻고 더욱 기술 개발에 박차를 가한 결과 드디어 1908년 동생 오빌 라이트는 처음으로 1시간이 넘는 비행시간 62분 15초를 기록했다. 1909년에는 누이동생 캐서린을 태우고 비행했는데, 그 해에 태프트 대통령의 초대로 두 형제와 캐서린이 백악관을 방문하기도 했으며, 윌버는 뉴욕시민들이 지켜보는 가운데 자유의 여신상을 돌아 30분 이상 뉴욕 상공을 비행함으로써 라이트 형제의 명성은 절정에 달했다.

1910년에는 두 형제가 나란히 처음이자 마지막으로 함께 동승해 비행했는데, 그동안 형제는 아버지의 반대로 함께 비행할 수 없었다. 만약 형제가 함께 비행 사고로 죽을 경우, 항공 개발을 계속할 수 없기 때문에 반드시 한 명씩 교대로 비행하도록 아버지가 요구했던 것이다. 어쨌든 오빌은 그런 아버지를 태우고 7분 정도 비행한 적이 있는데, 82세 노인을 태운 비행기는 무려 107m 상공까지 날아올랐다고 한다. 그 후 아버지는 89세까지 장수하고 세상을 떴다.

라이트 형제는 형 윌버 라이트(Wilbur Wright, 1867-1912)와 동생 오빌 라이트(Orville Wright, 1871-1948)로 어릴 때 아버지가 사다 준 장난감을 가지고 놀며 비행에 대한 관심을 처음으로 갖게 되었다. 두 형제는 고등학교에 다니다 학업을 중단하고 말았는데, 형 윌버는 아이스하키 시합 중에 얼굴에 부상을 입은 후 몹시 위축된 상태로 집에서 소일하다가 어머니가 결핵으로 위중해지자 그녀를 간병하는 일에 전념했으며,

라이트 형제. 형 윌버 라이트(왼쪽)와
동생 오빌 라이트(오른쪽)

동생 오빌은 어머니가 세상을 뜬 해에 학업을 중단하고 인쇄업을 시작했다. 아무래도 어머니의 이른 죽음이 형제에게 큰 영향을 준 것으로 보이는데, 그것은 두 사람 모두 결혼을 포기하고 일생을 독신으로 지낸 사실을 통해서도 짐작할 수 있는 부분이다. 하지만 그들은 어머니를 잃은 대신에 아무도 넘보지 못하던 하늘을 정복하는 데 성공함으로써 하늘에 계신 어머니에게 충분한 보답을 베풀었다고 볼 수도 있다.

물론 윌버는 언젠가 "부인과 비행기 모두를 위한 시간은 없다"라며 자신들은 항공기 개발에 힘을 쏟느라 결혼에 신경 쓸 여자조차 없었다고 말하기도 했지만, 나중에 오빌이 결혼한 누이동생 캐서린과 일체 상종하지 않은 점을 보면 반드시 그런 이유만도 아닌 듯싶다. 어쨌든 라이트 형제는 매우 소심하고 수줍음이 많았던 반면에 오히려 누이동생 캐서린은 매우 활달하고 외향적인 성격이었던 것으로 알려졌다.

처음에 인쇄업을 거쳐 자전거 사업에 손을 댄 형제는 독일의 오토 릴리엔탈이 글라이더 비행 중에 추락해서 사망한 사실을 접하고 비행기 개발에 관심을 기울이게 되었다. 우선 릴리엔탈이 설계한 글라이더에 기초해 동력 비행기 개발과 새로운 조종술 개발에 힘을 기울였는데, 그런 각고의 노력 끝에 마침내 1903년 12월 추운 겨울날 오빌이 조종한 첫 비행에서 감격적인 이륙에 성공한 것이다. 하지만 세상의 인정을 받기까지 끝없는 시행착오를 거듭해야 했으며, 특허권 분쟁뿐 아니라 다른 항공기 제작자들의 견제 또한 만만치 않아 어려움을 겪어야 했다.

결국 형제는 1909년 라이트 항공회사를 설립하고 본격적인 사업에 뛰어들었으나 비행기 홍보를 위한 에어쇼에서 조종사들이 추락해 사망하고, 육군에 공급한 비행기들 역시 연이어 추락 사고를 일으키자 라이트 형제는 곤경에 빠지고 말았다. 더욱이 그 무렵 형 윌버가 병에 걸려 45세 나이로 일찍 사망하자 갑자기 짝 잃은 외기러기처럼 의욕을 잃기 시작한

동생 오빌은 결국 3년이 지난 1915년에 회사를 매각하고 말았다.

그 후 2년 뒤에 아버지를 여읜 오빌은 그동안 함께 동고동락하던 누이 동생 캐서린이 1926년 나이 50에 뒤늦게 결혼을 결심하자 크게 배신감을 느낀 나머지 결혼식 참석조차 거부하며 일체 상종하지 않았는데, 불과 2년 뒤 그녀가 갑자기 폐렴에 걸려 위독해졌을 때도 끝까지 상면을 거부하다가 남동생 로린의 설득으로 가까스로 그녀의 임종을 지켰다고 한다.

형 월버보다 35년 이상을 더 산 오빌은 1948년 76세를 일기로 세상을 떴는데, 세계 최초로 하늘을 날았던 그는 마차를 몰고 다니던 시절부터 제트 전투기가 개발된 시기까지 살았던 매우 특이한 인물로 어머니를 잃은 뒤 형과 함께 모든 관심을 하늘에만 쏟고 살다가 형과 아버지, 누이동생 모두를 잃고 난 후에는 오랜 세월 홀로 외로운 삶을 보낸 뒤 결국에는 가족묘지에 함께 묻혔다.

극지 탐험의 영웅 난센과 아문센

노르웨이의 탐험가 난센(Fridtjof Nansen, 1861-1930)과 아문센(Roald Amundsen, 1872-1928)은 극지 탐험에서 보인 용기와 남다른 투혼으로 노르웨이의 국민적 영웅이 된 인물들이다. 특히 그린란드 빙원을 최초로 횡단한 난센은 북극 탐험을 통해 얻은 지식과 기술을 후배인 아문센에게 직접 전수해 남극점 정복의 견인차 노릇을 톡톡히 해냈다. 그의 도움으로 아문센은 인류 최초로 남극점을 정복하고 북극 상공 횡단비행에도 성공함으로써 북극과 남극을 모두 정복한 유일한 인물이 되었다.

난센은 노르웨이의 오슬로 근교 스토레 프뢰엔에서 변호사의 둘째 아들로 태어났다. 두 살 때부터 스키를 배우기 시작한 그는 10세 무렵에는 스키 점프까지 시도해 목이 부러질 뻔하기까지 했는데, 학교에 가서도 공부에는 관심 없고 온통 스포츠와 탐험 생각뿐이었다. 하지만 그가 15세 때 어머니가 갑자기 세상을 뜨게 되자 큰 충격을 받고 괴로움에 빠진 난센 부자는 모든 재산을 처분하고 오슬로로 이사해버렸다. 어머니의 흔적을 떨쳐버리기 위해서였을 것이다.

난센은 어머니를 잃은 아픔에서 벗어나기 위해 운동에 더욱 전념함으로써 놀라울 정도로 기량이 부쩍 늘었는데, 18세 때에는 1마일 빙속 세계 기록을 깼으며, 이듬해에는 크로스컨트리 스키 챔피언이 되었다. 원래 가만히 있지 못하는 성격인 그는 대학에서 동물학을 전공한 것도 야외 탐사가 가능했기 때문이며, 그 후 해양학에 관심을 갖게 된 것도 탐사선을 타고 항해를 하고 싶었기 때문이다.

북대서양 탐사활동 이후 26세 때 이미 그린란드 횡단에 성공한 그는 31세 때에는 국왕의 지원으로 건조한 탐사선 프람호를 타고 북극해 횡단을 시도했으나 얼음 때문에 항해가 불가능함을 깨닫고 동료 얄마르 요한센과 함께 도보로 북극점을 향해 출발했다. 1895년 봄에 이들은 그동안 전인미답 지역이었던 최북단 지점까지 진출했으나 조난을 당해 북극곰과 바다코끼리를 잡아 연명하며 한겨울을 버텨야 했다.

이듬해 여름 기적적으로 영국 탐험대에 구조되어 귀환한 난센은 국민적 영웅으로 대대적인 환영을 받았으며, 국제적인 유명인사가 된 이후로는 탐험을 그만두고 외교와 정치활동에 뛰어들었다. 한때는 폭발적인 인기를 등에 업고 대통령 후보로 거론되기까지 했으나 정작 그 자신은 왕정을 지지해 국왕의 신임을 크게 얻었다.

27세 때 3년 연상의 에바와 결혼해 5남매를 두었던 난센은 아내가 1907년 폐렴에 걸려 48세 나이로 세상을 뜬 이래 오랜 기간 홀로 지내다가 1919년 57세에 이르러 시그룬 문테와 결혼함으로써 그동안 자신이 애

프리드쇼프 난센

써 쌓아올린 명성에 스스로 흠집을 내고 말았는데, 분노에 찬 자녀들의 원망과 들끓는 여론의 비난을 그는 참담한 심경으로 감수해야 했다. 사람들이 그렇게 들고일어난 이유는 전처 에바가 죽기 2년 전에 이미 그들이 불륜에 빠져있었기 때문이다.

어쨌든 평소 결혼제도에 대해 부정적인 견해를 갖고 있던 난센이 두 번이나 결혼한 이유는 물론 남달리 애정에 대한 갈망이 컸기 때문이기도 했겠지만, 젊은 시절 한때 결혼에 부정적인 태도를 보였던 것도 실은 어린 시절 겪은 어머니의 죽음으로 인해 상실에 대한 아픈 기억 때문에 더욱 그랬을 것으로 본다. 그럼에도 불구하고 난센은 제1차 세계대전 이후 국제연맹의 난민 고등 판무관으로 일하면서 전쟁포로 송환과 난민 구호 사업에 발 벗고 나서는 등 인도주의적 활동을 벌인 결과 그에 대한 공로로 1922년 노벨 평화상을 수상하는 영예까지 안았다.

이처럼 온갖 사회적 영예를 다 누리고 평온하게 생을 마감한 난센에 비하면 아문센은 진정으로 탐험가다운 최후를 맞이한 인물이라 하겠다. 왜냐하면, 그는 인류 최초로 남극점을 정복한 위업을 쌓으며 국민적 영웅이 되었음에도 불구하고 동료 노빌레가 북극에서 조난을 당하자 그를 구조하러 길을 떠났다가 영원히 돌아오지 못하고 말았기 때문이다. 어쨌든 일찍부터 난센을 흠모하고 존경했던 아문센은 난센과는 달리 결혼도 하지 않은 채 오로지 탐험에만 전념하다가 먼저 세상을 뜨고 말았다.

아문센은 부유한 선주의 아들로 태어나 어려서부터 바다를 동경했다. 그가 아직 소년 시절이었을 때 난센이 그린란드를 횡단했다는 소식을 듣고 탐험가가 되기로 결심했지만, 그가 14세 때 아버지의 죽음을 맞이한 이후로 가업을 잇는 일과 뱃사람이 되는 것에 결사반대하는 어머니의 뜻에 따라 어쩔 수 없이 의대에 진학했다. 하지만 마음에도 없는 의학공부를 억지로 하고 있던 그는 21세가 되었을 때 어머니가 갑자기 세상을 뜨자 곧바로 의대를 그만두고 탐험가의 길로 들어섰다.

1897년 그는 북극탐험대의 일원으로 벨기에 탐사선 벨기카 호에 승선해 북극해를 탐험했는데, 도중에 배가 거대한 빙산에 갇히는 바람에 1년 넘게 괴혈병과 굶주림에 시달리며 죽을 고비를 넘기기도 했다. 하지만 이 경험으로 아문센은 극지에서 생존하기 위한 지혜를 터득하게 되었으며, 에스키모 원주민처럼 개썰매를 이용하고 순록 가죽으로 만든 방한복 착용뿐 아니라 날고기를 잡아먹는 방법이 괴혈병 방지에 유용함을 알게 된 것이다.

그렇게 극지탐험의 노하우를 몸에 익힌 그는 북극점 정복 계획을 세웠으나 1909년 미국의 탐험가 피어리가 먼저 북극점을 정복했다는 소식을 전해 듣고 계획을 수정해 남극점 정복 길에 나서게 되었다. 하지만 그 후 밝혀진 사실에 의하면 피어리는 북극점에 훨씬 못 미친 지점에 도달한 것으로 알려졌다. 어쨌든 1910년 남극 탐험의 장도에 오른 아문센은 1911년 12월 14일 인류 최초로 남극점을 정복했는데, 같은 시기에 탐험대를 이끌고 남극에 도착한 영국의 스콧은 아문센보다 무려 한 달이 지나 남극점에 도달함으로써 크게 낙담하고 말았다. 더욱이 스콧 일행은 귀로에 악천후로 조난까지 당해 결국 5명 전원이 추위와 굶주림에 시달리다 얼어죽고 말았는데, 현장에서 발견된 스콧의 일기를 통해 그들의 처절한 최후가 세상에 널리 알려지게 되었다.

로알 아문센

하지만 스콧 일행의 비보를 전해들은 아문센은 유감의 뜻을 표하기는커녕 그들의 비극이 단지 사전 준비 부족에서 비롯된 결과임을 암시하는 말만 남김으로써 다소 비정한 일면을 드러내 보이기도 했다. 물론 생사가 오가는 혹한의 설원에서 생존을 위해서는 그런 비정함이 요구될지도 모르겠으나 아무튼 아문센의 비정한 성격은 이미 어머니가 세상을 뜬 직후 의대를 그만두고 탐험가의 길을 걸었을 때부터 엿볼 수 있는 특성이기도 하다. 자신의 앞길을 가로막고 있던 큰 장벽이 사라지면서 마치 자유의 해방을 맞이한 죄수처럼 그는 훌훌 날아오르며 곧바로 탐험길에 올랐기 때문이다. 그에게는 어머니를 잃었다는 슬픔보다 사슬에서 풀려났다는 해방감이 더욱 크게 다가왔는지도 모른다. 물론 그런 비정함이 있었기에 그는 썰매를 끌던 개가 지치면 그 자리에서 가차 없이 그 개를 식량으로 잡아먹을 수 있었으며, 뒤처진 동료를 버려두고 매정하게 홀로 진군할 수도 있었던 것이다. 하기야 그런 독선과 냉혹함이 없었다면 남극점 도달의 위업은 스콧 일행에 돌아갔을지도 모른다.

집단무의식 세계를 탐구한 카를 융

스위스가 낳은 분석심리학의 창시자 카를 융(Carl Gustav Jung, 1875-1961)은 자타가 인정하는 세계적인 석학으로 심층심리학 분야에서는 프로이트에 버금가는 큰 업적을 남긴 인물이다. 특히 그는 개인 무의식과 오이디푸스 콤플렉스를 발견한 프로이트의 영역을 넘어서 원형과 집단 무의식 세계까지 탐색함으로써 심층심리학의 범위를 더욱 크게 확장시킨 것으로 유명하다. 한 걸음 더 나아가 동양의 신비주의 사상에도 큰 관심을 보여 종교적 영역으로까지 심리학의 범위를 확대시킨 것으로 알려졌다.

그렇게 융은 당시만 해도 미지의 영역이라고 할 수 있는 심층 심리의 세계에 큰 족적을 남긴 심리학계의 거목으로 명성을 날렸으나, 개인적으로는 숱한 의혹과 논란을 남긴 인물이기도 했다.

카를 융은 스위스 북부 콘스탄스 호반에 위치한 작은 마을 케스빌에서 가난한 목사의 아들로 태어났다. 하지만 부유한 가정에서 자란 어머니 에밀리 프라이스베르크는 괴팍하고 우울한 성격으로 일찍부터 남편과 불화를 일으켰다. 대부분의 시간을 침실에 누워 보내기 일쑤였던 그녀는 밤마다 이상한 영혼들이 자신을 찾아온다는 기묘한 증세까지 보이는 바람에 융은 어린 시절 내내 어머니의 사랑을 제대로 받을 수 없었다. 더욱이 그녀는 낮에는 멀쩡한 모습을 보이다가도 밤만 되면 이상한 행동을 보여 나중에는 아들까지 어머니와 비슷한 착시현상을 보이기까지 했는데, 융 자신도 어린 시절 어머니 방에서 형체를 알 수 없는 존재가 빠져나오거나 몸통에서 분리된 목이 따로 공중에 둥둥 떠다니는 모습을 보기도 했다.

어머니는 결국 수개월간 병원에 입원하고 말았는데, 수시로 우울증 증세를 보여 집을 비우는 일이 많았던 어머니였기에 융은 항상 외톨이로 지냈으며, 성격도 몹시 내성적인 아이로 변해갔다. 더욱이 그런 어머니의 영향으로 그는 이미 어려서부터 여성은 결코 믿을 수 없는 존재라는 매우 부정적인 편견에 빠지게 되었다. 그런 쇼비니즘적 신념은 니체와 쇼펜하우어의 책을 접하면서 더욱 굳어지는 결과를 낳았을 뿐만 아니라 그 후 그의 여성관계나 나치 독일과의 관계를 통해서도 여지없이 드러나게 되었다고 볼 수 있다.

융은 낮과 밤이 서로 다른 어머니의 이중적인 모습을 통해 자기 자신도 두 가지 서로 다른 성격이 존재한다고 믿기 시작했다. 단적인 예로 열두 살 때 한 친구가 그를 떠밀어 넘어뜨리는 바람에 잠시 정신을 잃은 적이 있은 후부터 그는 학교에 가거나 숙제를 풀어야 할 때마다 정신을 잃고 쓰러지는 일을 반복한 것이다. 그런 기묘한 증세 때문에 그는 6개월 간이나 집에서 쉬어야만 했는데, 아버지가 자신의 상태에 대해 간질을 의심하고 아들의 장래를 걱정하는 대화를 몰래 엿듣게 된 후로는 열심히 공부해야겠다는 각오를 다지며 혼절하려는 충동을 스스로 극복하고 학교에도 성실하게 다니기 시작했다.

그의 회상에 의하면, 처음에 떠밀려 넘어지며 정신을 잃었을 때 곧바로 자신의 머리를 스쳐지나간 생각은 "이제부터는 더 이상 학교에 가지 않아도 되겠구나."라는 것으로, 정신의학적으로 말하자면 이차적 이득(secondary gain)을 노린 현상으로 볼 수 있다. 꾀병과 다른 점은 본인 자신도 그런 증상을 자신의 개인적 목적을 위해 교묘하게 이용하고 있다는 사실을 깨닫지 못한다는 것이다. 이를 통해서 융은 노이로제가 어떤 것인지를 어느 누구보다 잘 이해하게 되었을 뿐만 아니라, 어린 시절 다락방에서 이루어진 자신만의 비밀스러운 인형 놀이와 의식을 통해 마음의 안정과 위안을 얻은 경험이 원시 부족사회의 토템의식과 다를 게 없음을 알고 인류 보편적인 상징과 집단 무의식의 존재에 관심을 갖게 된 것이다.

바젤 대학에서 의학공부를 시작한지 얼마 되지 않았을 때 부친상을 당한 그는 원래 정신의학에는 관심이 없다가 그 이후로 정신병의 영적인 측면에 관심을 갖게 되어 정신과 의사가 되었으며, 학위 논문도 '오컬트 현상의 심리와 정신병리'였다. 그는 취리히의 부르크휠즐리 정신병원에 근무하기 시작한 1903년 엠마 라우셴바하와 결혼해 5남매를 두었다. 당시 이미 단어연상법을 개발해 이름

카를 융

이 알려지기 시작한 융은 병원장 블로일러를 통해 프로이트의 명성을 듣고 교류를 시작해 프로이트의 적극적인 추천으로 국제정신분석학회 초대 회장까지 역임했다. 그러나 융은 성 일변도의 이론에 반발해 결국 7년 만에 결별을 선언하고 자신만의 독자적인 분석심리학을 창시하기에 이르렀으며, 그 후 그는 더욱 노골적인 반유대주의로 나가 나치의 아리안주의에 동조하며 프로이트의 정신분석을 저급한 유대심리학으로 매도하기도 했다.

하지만 이미 그 이전에 융은 당시 마약중독으로 입원치료를 받던 아나키스트 분석가 오토 그로스의 일부다처제 주장에 마음이 이끌렸으며, 그런 영향 탓인지 그 후 유부남 신분이면서도 자신의 제자이며 환자였던 러시아 출신의 유대인 유학생 자비나 슈필라인과 깊은 관계에 빠지기도 했다. 심지어, 그녀와의 관계가 끝난 뒤에는 아예 노골적으로 드러내놓고 다른 제자인 토니 볼프를 마치 제2의 부인처럼 거느렸다. 융은 1911년 바이마르에서 개최된 국제정신분석학회에 부인 엠마와 제자 토니 볼프를 함께 대동하고 참석하기까지 했으니 참으로 강심장이 아닐 수 없다.

융은 자신의 회상록에서 슈필라인과 토니 볼프에 대해서는 한마디도 언급하지 않았는데, 슈필라인은 1942년 스탈린그라드로 진격하던 독일군에 의해 두 딸과 함께 학살당하고 말았으며, 1953년 볼프가 죽었을 때는 융 대신 부인 엠마가 장례식에 참석했다고 하니 융 부부는 이래저래 대단한 심성의 소유자들임에 틀림없다. 엠마는 1955년에 사망했는데, 이들 여성이 모두 죽고 난 후 1957년 82세에 이른 융은 느닷없이 미국의 심리학자 빌리스키와 만난 자리에서 50년 전에 자신이 프로이트의 처제 민나로부터 직접 들었다고 하는 프로이트의 불륜 사실을 폭로해 정신분석학계를 발칵 뒤집어 놓았다.

하지만 아무런 근거도 없이 단지 자신의 일방적인 기억에 의존해 그런 폭로를 행한 것은 세계적인 대석학답지 못한 매우 치졸한 행동이었음에 틀림없다. 물론 당시 융의 입장은 나치 동조 혐의로 곤혹스러운 위치에 있었기 때문에 대중의 관심을 다른 곳으로 돌리고 싶은 유혹도 있었겠지만, 그것은 오히려 자신의 제자들과 가졌던 불미스러운 과거 행적을 이미 죽고 없는 프로이트에게 투사함으로써 자신이 저지른 불륜 사실을 희석시키고자 했던 것으로 볼 수 있다.

프로이트가 나치에 의해 빈에서 맨손으로 쫓겨나 망명지인 런던에서 눈을 감았을 때도 단 한마디 애도의 표시조차 하지 않았던 융이 당사자들이 모두 죽고 없는 상태에서 해명이 불가능한 시점을 이용해 그런 폭로를 행했다는 사실 자체가 매우 비신사적인 태도라 할 수 있다. 더욱이 생존 당시 민나는 폐결핵에 걸린 상태로 오히려 요양이 필요한 상황이었을 뿐만 아니라 남달리 고집도 세고 융통성이 없는 데다가 도덕적으로도 매우 완고한 성격의 프로이트가 더욱이 나이든 노모를 한 지붕 밑에 함께 모시고 살던 입장에서 처제와 불륜을 일으켰다는 것은 참으로 상상하기 힘든 일이 아닐 수 없다.

어쨌든 이 모든 사실을 종합해 볼 때, 어머니의 사랑을 제대로 받지 못하고 불우한 어린 시절을 보낸 융은 항상 애정의 결핍을 느끼고 아내 이외의 다른 제자들과 불륜관계를 맺음으로써 뿌리 깊은 사랑의 갈증을 해소한 것으로 보인다. 또한 어려서부터 어머니의 사랑을 독차지하며 자란 프로이트가 학문적 위업을 이루었을 뿐만 아니라 오랜 기간 다정한 모자 관계를 유지하며 함께 사는 모습에도 강한 질투심을 느꼈을 수 있다. 그리고 그런 질투심은 유대인에 대한 혐오와 독일인의 우월감으로 이어져 나치가 내세운 아리안 심리학 운동에 적극 동조하게 된 것으로 보인다. 하지만 융은 철학자 하이데거와 마찬가지로 죽을 때까지 자신의 과거 행적에 대해 그 어떤 유감의 표시조차 하지 않았으니 학문의 깊이도 편견의 힘에는 당할 재간이 없는 모양이다.

사막을 사랑한 아라비아의 로렌스

제1차 세계대전 당시 영국군 정보장교로 참전해 아랍 연합군을 지휘하며 오스만 제국을 상대로 벌인 아랍 전쟁에서 승리로 이끈 사막의 영웅 토머스 에드워드 로렌스(Thomas Edward Lawrence, 1888-1935)는 자신의 본명보다 '아라비아의 로렌스'로 더욱 잘 알려진 인물이다.《지혜의 일곱 기둥》,《사막의 반란》등의 저술로 유명해진 그는 46세라는 젊은 나이에 오토바이 사고로 일찍 세상을 뜨고 말았다.

원래 옥스퍼드에서 고고학을 전공한 지식인이었던 그는 정치나 군대와는 전혀 무관한 인물이었으나, 대영 박물관 탐험대의 일원으로 오랜 기간 시리아, 아라비아, 이집트 등 중동지방의 현지답사를 통해 그곳 문화와 지리에 통달함으로써 영국정부와 군 당국의 주목을 받게 되었다. 당시 독일과 손을 잡고 아랍지역을 지배하고 있던 오스만 제국의 세력 약화를 노리는 전략의 일환으로 아랍인의 저항을 독려하기 위한 적임자로 로렌스가 지명된 것이다.

로렌스

하지만 그는 애당초 군 당국이 기대했던 후방 교란 이상의 전과를 올리며 터키군을 무력화시켰는데, 아라비아의 실력자 파이잘 왕자와 협력해 서로 난립한 아랍 부족을 하나로 결집시키는 카리스마적 지도력을 발휘했다. 그렇게 결집된 힘으로 네푸드 사막을 가로질러 아카바를 공략해 파죽지세로 터키군을 몰아내고 항구를 함락시키는 기적을 일궈내 세상을 놀라게 했다. 그 후 다마스쿠스 입성을 끝으로 자신의 임무를 완수한 그는 대령으로 진급하고 영국으로 귀환했으나, 군대에서 전역한 지 2개월 만에 교통사고로 사망했다.

이처럼 자신이 태어난 영국보다 아라비아의 사막을 더욱 사랑했던 로렌스는 사실 사생아 출신이었다. 그의 아버지는 귀족 신분의 토머스 채프먼 경이고 어머니는 스코틀랜드 출신의 가정교사였는데, 어머니 사라 역시 사생아 출신으로 하녀가 낳은 딸이었다. 결국 이들 모자는 대를 이어 사생아가 된 셈이다. 아버지 채프먼은 자신의 자녀들을 가르치던 가정교사 사라와 사랑에 빠지는 불륜 끝에 아들 로렌스까지 낳게 되자 아일랜드에 있는 처자식을 버리고 사라와 함께 영국으로 건너가 계속 살았다. 이들은 스스로 로렌스 부부로 호칭하며 지내면서도 끝내 결혼하지 않고 아들 다섯을 낳았으며, 로렌스는 그중 둘째였다.

하지만 아무리 귀족의 혈통을 이어받았다 해도 도덕적으로 떳떳하지 못한 사생아라는 딱지는 로렌스의 짧은 생애 내내 보이지 않는 멍에로 작용했음에 틀림없다. 특히 보수적인 영국 사회에서는 더욱 그랬을 것이다. 로렌스는 소년 시절부터 오래된 고성과 고대 기념물에 관심이 많았으며, 대학 재학 중에는 시리아를 방문해 3개월간 십자군의 고성들을 찾아 혼자 걸어서 답사했는데, 그 거리가 무려 1,600km에 달했다고 한다. 이 경험을 바탕으로 그는 십자군에 관한 논문을 써서 우수한 성적으로 대학을 졸업했으며, 그 후에는 대영 박물관 탐험대의 일원으로 중동지방을 여러 차례 답사함으로써 이미 그 방면에 대가가 되었다. 더욱이 그는 고대 그리스어, 프랑스어, 아랍어 등에 능통한 언어의 달인으로 다른 사람보다 고고학 탐사에 매우 유리한 입장이었다.

1914년 초 제1차 세계대전이 발발하기 직전 그는 영국군의 의뢰로 고고학적 조사를 가장해 네게브 사막지대를 탐사했는데, 이 지역은 전략적으로 매우 중요한 위치에 있었기 때문이다. 어쨌든 마을의 위치, 철도 경로, 우물의 위치에 이르기까지 그가 작성한 세밀한 지도 덕분으로 영국군은 중동에서 보다 유리한 위치에서 작전을 수립할 수 있는 능력을 완비하게 되었다. 당시 로렌스는 이미 아카바를 방문해 항구의 입지조건을 소상히 파악한 입장이어서 훗날 아카바 점령에도 매우 유리하게 작용한 것으로 보인다.

사생아 출신의 어머니가 불륜으로 낳은 사생아였다는 멍에를 걸머지고 살았던 로렌스는 생의 대부분을 영국이 아닌 아라비아 사막에서 보냈는데, 자신을 알아보는 사람들이 없는 사막지대에서 오히려 심적인 안정감을 얻었는지도 모른다. 그리고 자신의 그런 뿌리 깊은 열등감을 무지하고 열등한 아랍 민족의 지도자로 군림하면서 상쇄시킨 것으로 볼 수도 있다.

과대망상에 가까운 그의 무모한 전지전능감이나 나르시시즘적인 우월감도 사실 따지고 보면 자신의 숨겨진 열등감에 대한 반동형성(reaction formation)일 가능성이 농후하다. 반동형성이란 쉽게 말해서 겉과 속이 전혀 다른 방어적 현상을 가리킨다. '작은 고추가 맵다'라는 속담도 내면에 감춰진 자신의 연약함이나 열등감과는 정반대로 겉으로는 매우 강한 척하는 사람들에서 찾아볼 수 있는 특성이기도 하다. 키가 작았던 나폴레옹이 그런 경우에 속한다고 볼 수 있다.

더욱이 그는 어렸을 때 수시로 어머니에게 매질을 당한 탓에 성인이 되어서도 다소 마조히즘적 태도를 보이기도 했으며, 스스로 목숨이 위태로운 상황을 마다하지 않았다. 하지만 그토록 처참한 사막 전투에서 숱하게 죽음의 위기를 넘긴 사람이 자신의 평화로운 전원 마을에서 자전거를 타고 놀던 두 소년을 피하려다 목숨을 잃었다는 사실은 참으로 아이러니가 아닐 수 없다. 따라서 그에게는 사막이 더욱 안전한 곳이었던 셈이며, 그가 사막을 사랑한 것도 사막 자체의 아름다움 때문이 아니라 인간의 숨결이 느껴지지 않는 유일한 곳이기 때문이었다고 한다면 너무 지나친 말일까. 어쨌든 사막은 그에게 어머니같은 존재였다고 할 수 있다.

고대의 환상세계로 들어간 톨킨

전 세계적인 베스트셀러로 판타지 소설 붐을 일으킨 《반지의 제왕》은 영국 옥스퍼드 대학의 영어학 교수이자 작가였던 존 로널드 로웰 톨킨 (John Ronald Reuel Tolkien, 1892-1973)이 쓴 대표작이다. 그가 《반지의 제왕》에서 묘사한 선과 악의 끝없는 대결은 비록 고대의 가상적인 세계에서 벌어지는 처절한 싸움이기도 하지만, 톨킨이 겪었던 두 차례의 세계대전을 방불케 하고도 남았다. 그런 점에서 《반지의 제왕》은 단순한 오락물에 그치지 않고 작가 자신의 기독교 정신과 중세 독일의 전설, 북유럽의 고대신화 및 사악한 파시즘과의 투쟁 등 다양한 요소들이 녹아있는 실로 방대한 체계의 판타지 역사소설이라 할 수 있다.

톨킨의 조상은 원래 18세기 중엽 독일의 7년 전쟁을 피해 영국으로 도피한 난민 출신이었다. 은행가였던 아버지가 브리티시 뱅크 남아프리카 지사에 근무할 당시 오렌지 자유주에 속한 블룸폰테인에서 태어난 그는 세 살 무렵 어머니와 함께 외가가 있는 영국 버밍엄으로 이주했는데, 남아프리카에 남아 있던 아버지는 이듬해 열병으로 세상을 뜨고 말았다. 생계의 어려움으로 친정의 도움을 받으면서도 어머니는 손수 아들을 가르치며 온갖 정성을 기울였다. 어린 나이에 어머니로부터 라틴어까지 익힌 그는 불과 네 살에 책을 읽기 시작했으며, 글쓰기에도 통달했다. 하지만《보물섬》과《이상한 나라의 앨리스》같은 책은 무슨 이유에서인지 몹시 싫어했다고 한다. 어쩌면 두 소설이 집을 떠나 미지의 세계를 탐험하는 어린 소년, 소녀를 주인공으로 했기 때문일지도 모른다.

일찍 아버지를 잃고 어머니에게 전적으로 의지해 살았던 톨킨으로서는 어머니 없이 홀로 남겨진다는 사실은 상상조차 할 수 없는 일이었을 것이다. 그러나 당뇨병에 시달린 어머니는 34세라는 한창 나이로 세상을 뜨고 말았다. 당시 톨킨은 12세에 불과한 어린 소년이었다. 어머니는 숨을 거두기 전에 아들의 장래를 자신의 친정이 아니라 평소 친하게 지내던 모건 신부에게 맡겼다. 왜냐하면, 그녀가 개신교도 집안이었던 친정의 반대를 무릅쓰고 가톨릭으로 개종함으로써 모든 경제적 지원이 중단된 상태였기 때문이다. 어린 나이에 고아가 된 톨킨은 다른 무엇보다 어머니를 잃었다는 사실 때문에 하늘이 무너지는 듯한 슬픔과 두려움을 느꼈지만, 어머니가 남겨준 가톨릭 신앙의 힘으로 이를 극복해나갔다.

톨킨에게 어머니의 존재는 자신을 위해 희생한 순교자로 오래도록 각인되었으며, 그런 점에서 어머니는 성모 마리아에 견줄 수 있는 성스러운 존재이기도 했다. 그리고 어머니를 여읜지 4년 후 그 앞에 불현 듯 나타난 세 살 연상의 고아 출신 에디스 브랫은 어머니를 대신할 구원의 수호천사가 되어 그 후 그녀가 죽을 때까지 60년 이상 톨킨의 삶에 강한 버팀목이 되어주었다. 비록 그의 후견인이었던 모건 신부는 에디스의 종교가 개신교인 점을 탐탁지 않게 여기고 학업에 지장을 준다는 이유를 내세워 톨킨이 21세가 될 때까지 그들의 만남을 금지시키기도 했지만, 톨킨은 신부의 말을 따르며 잘 참고 견디었다. 마침내 그들은 1913년 정식 약혼을 했

톨킨

으며, 3년 뒤에 결혼식을 올렸다.

결혼식을 치르자마자 제1차 세계대전에 참전한 그는 당시 가장 치열한 전투 가운데 하나로 알려진 프랑스 전선의 솜 전투에서 수많은 전우와 대학 동창 친구들을 잃는 아픔을 겪었으며, 지루한 참호전 끝에 열병에 걸려 영국으로 후송되었다. 참혹한 전쟁 체험은 그 후 《반지의 제왕》 집필에 커다란 영향을 끼친 것으로 보이며, 이어진 히틀러의 나치즘과 스탈린의 공산 독재에 대한 혐오감도 일부 작용한 듯이 보인다. 기력을 회복한 후 옥스퍼드 대학 교수가 된 그는 특히 언어학에 관심을 기울이는 동시에 거대한 서사시적 판타지 소설 완성에 몰두했는데, 그가 창조한 고대의 가상적인 세상을 중간계(middle-earth)로 명명하고 그곳에서 벌어지는 온갖 어둠의 역사와 방대한 신화체계를 새롭게 재구성하기에 이른 것이다.

물론 여기서 우리의 주된 관심은 중간계 그 자체에 있다. 완전한 신의 세계도 아니고 인간의 문명세계도 아닌 어중간한 과도기의 중간계는 마치 영국의 정신분석가 위니캇이 말한 이행기 공간(transitional space)을 상징한 것처럼 들리기도 한다. 이행기 공간이란 모자 합일의 상태에서 벗어나 홀로서기로 이행하는 중간단계를 뜻하기 때문에 더욱 그렇다. 어린 시절 어머니를 잃고 혼자가 된 톨킨은 그런 아픔의 기억을 상쇄시키기 위해 중간계라는 새로운 공간을 창조하고 그 안에서 벌어지는 숱한 선악의 대결을 통해 자신의 내면에 숨겨진 상처의 흔적을 새롭게 재구성한 것으로 볼 수도 있다. 이행기 단계의 유아는 어머니로부터 떨어진다는 두려움 때문에 분리불안을 겪기 마련이며 그런 불안을 극복하기 위해 매우 유아적인 환상을 동원하기 쉬운데, 위니캇은 그것을 이행기 환상(transitional fantasy)이라고 불렀다. 결국 톨킨이 설정한 중간계에서 벌어지는 온갖 환상적인 스토리는 작가 자신의 이행기 환상을 반영한 것으로 볼 수 있다.

더군다나 톨킨은 아동기에 일찍 어머니를 잃고 고아가 되었으니 세상의 전부이기도 했던 어머니의 죽음은 그에게 상당한 충격과 상처를 안겨주었음에 틀림없다. 어린 나이에 어머니를 잃은 아이들은 언젠가는 어머니가 자기 곁으로 다시 돌아올 것이라는 환상을 지니기 마련인데, 그 이유는 죽음에 대한 개념이 명확히 자리 잡지 못했기 때문이다. 따라서 그런 환상의 잔재는 어머니가 두 번 다시 돌아올 수 없다는 사실을 인정한 후에도 여전히 마음속 깊이 남아있다고 볼 수 있다. 결국, 톨킨이 설정한 중간계란 신적인 존재인 어머니의 품 안을 벗어나 독립된 존재로 살아갈 수밖에 없는 인간의 운명을 상징한 것으로 볼 수 있으며, 그런 과정에서 스스로 헤치고 나가야 할 선악의 투쟁 과정을 장대한 신화적 이야기로 재구성한 것이 아니겠는가. 특히 그가 고대 종족의 언어에 지대한 관심을 기울이고 그 자신이 새로운 언어를 만들기도 했던 점은 어머니로부터 말을 배우는 이행기 단계에 대한 그리움을 드러낸 것이기 쉽다.

그는 자신과 처지가 비슷했던 고아 출신의 에디스 브랫과 결혼한 직후 살아서 돌아올지 장담할 수 없는 전장으로 떠나기도 했지만, 세 살 연상이었던 그녀는 마치 어머니처럼 일생동안 남편을 극진히 돌봐주었다. 또한 아버지 없이 자란 톨킨 자신도 남다른 부성애를 발휘하며 자신의 자녀들에 대한 사랑의 표시로 항상 흥미로운 이야기를 지어내 들려주었는데, 그것이 그의 초기 성공작 〈호빗〉의 밑거름이 되었다. 다시 말해서 그는 아내인 에디스로부터 모정의 혜택을 누리는 반면, 자녀들에게는 자신이 받아보지 못한 아버지의 사랑

2001년 작품. 영화 〈반지의 제왕〉 포스터

을 베푸는 일에 전념한 것이다. 참으로 눈물겨운 노력이 아니겠는가.

이처럼 축복받은 결혼을 통해 충분한 보상을 얻은 톨킨은 아내가 먼저 세상을 뜬 지 2년 후에 그녀의 뒤를 따라 눈을 감았으며, 합장된 부부의 비석에는 그들의 본명 외에 루시엔과 베렌이라는 이름이 추가로 새겨졌다. 물론 그것은 톨킨의 유작《실마릴리온》에 등장하는 이름이기도 하지만, 그의 분신은 어디까지나《반지의 제왕》에 주인공으로 등장하는 프로도일 것이다. 왜냐하면, 톨킨이 고아가 되어 모건 신부에게 맡겨져 자란 것처럼 프로도 역시 부모가 없는 고아로 양부인 빌보가 맡아 키웠기 때문이다. 마지막 부분에 가서 프로도는 양부와 함께 평화를 찾아 서쪽 바다를 건너 불사의 나라로 가게 되는데, 독실한 신앙인이었던 톨킨 역시 불멸의 세계에서 자신의 어머니, 아내와 함께 영생을 꿈꿨는지도 모른다.

어머니와 시력을 함께 상실한 헉슬리의 이상향

영국에서 태어나 미국에서 생을 마친 올더스 헉슬리(Aldous Huxley, 1894-1963)는 영국 명문가의 셋째 아들로 태어나 이튼 칼리지를 졸업했다. 한때 의사가 되고자 했으나 고질적인 망막염으로 시력을 거의 잃는 바람에 의대 지망을 포기하고 옥스퍼드 대학에서 영문학을 공부했다. 그의 맏형 줄리안 헉슬리는 세계적인 생물학자로 성공했으나, 우울증을 앓았던 작은형 트레블리안은 20대 초반에 자살하고 말았다.

헉슬리는 어린 시절 그의 삶에서 가장 중요한 두 가지를 거의 동시에 잃었는데, 그것은 어머니와 시력의 상실이었다. 심리적으로는 어머니라는 존재를, 그리고 육체적으로는 시력을 동시에 모두 잃은 것이다. 그의 어머니는 헉슬리가 14세 때 세상을 떴는데, 6년 뒤에는 형까지 자살하는 비극을 겪었다. 시력의 악화로 앞이 잘 보이지도 않는 상태에서 자신을 보듬고 달래주며 보호해줄 어머니가 없는 세계란 그에게는 몹시 두렵고도 믿을 수 없는 지옥일 뿐이었다. 아버지는 재혼했고 그는 이 세상에 홀로 남겨졌다.

그가 의지할 데라곤 문학밖에 없었다. 소설《크롬 옐로우》를 통해 문단에 등장한 그는 계속해서《연애대위법》,《멋진 신세계》,《가자에서 눈이 멀어》등 역작을 내놓았지만, 후기로 갈수록 신비주의적 세계로 도피하는 경향을 보이기 시작했다. 결국, 그는 신뢰할 수 없는 이 세계보다 자신의 현실적인 고통을 보상해줄 제3의 영적인 이상향을 마음속에 그린 셈인데, 특히 환각제와 신비적 세계로의 도피는 그에게 허용된 유일한 해결책이었다.

그는 아버지를 동일시하고 싶었지만 자신의 육체적 결함이 그 길을 가로 막았다. 물론 그는 작가이기도 했던 아버지보다 더욱 유명한 작가로 성공함으로써 아버지에 대한 승리를 구가할 수 있었지만, 그럼에도 채워지지 않는 만성적인 공허함이 항상 존재했다. 그것은 어머니가 남겨둔 빈 자리였다. 그는 그 빈자리를 자신의 상상력으로 메우려고 무진 애를 썼는데,《멋진 신세계》는 그런 노력의 결과이기도 했다.

올더스 헉슬리

가상적인 유토피아 멋진 신세계에서 벌어지는 모든 현상은 사실 따지고 보면, 헉슬리 자신의 이행기 환상을 드러낸 것이며, 멋진 신세계라는 공간 자체 역시 그의 이행기 공간을 의미한 것으로 보인다. 어머니와 분리되어 홀로서기에 이르는 이행기 과정에서 인간은 누구나 불안을 경험하기 마런이지만, 아기에게 가짜 젖꼭지를 물리는 것은 그런 불안을 가라앉히기 위한 일종의 방편이 된다. 따라서 모든 고통과 갈등을 잠재우는 소마라는 약은 곧 어머니라는 존재 자체를 상징한다. 그곳에서 모든 성은 자유롭다. 총통으로 상징되는 아버지의 통제에도 불구하고 그 어떤 갈등을 느끼지 않아도 될 정도로 자유로운 세상이 곧 멋진 신세계인 것이다.

그런데 작품 속뿐만 아니라 실제 생활에서도 헉슬리는 죽을 때까지 환각제 LSD에 의지했는데, 환각의 세계는 그에게 유아적 전지전능감을 제공할 뿐만 아니라 무한대의 자유 또한 보장해 주었다. 특히 헉슬리에게 LSD는 잃어버린 모성적 세계와의 일체감 및 합일의 경지를 열어주었을 것으로 생각된다. 그것은 가장 중요한 내적 대상과의 단절된 소통을 원활하게 도와주는 역할을 촉진시켰을 것으로 보인다.

다만 헉슬리의 결함은 그 자신이 명문가의 후예로서 엘리트 귀족교육의 수혜자일 뿐만 아니라 비천한 신분의 인간들이 겪을 수밖에 없는 정신적 물질적 고통을 이해하지 못했다는 사실과 전쟁의 참상을 겪어보지 못했다는 점 등이다. 그는 어려서부터 시력장애로 인해서 보다 넓은 시야로 세상을 인식하는데 어려움이 있었다. 그런 결함 때문에 헉슬리의 시선은 자연히 외부가 아니라 자신의 내면으로 향하게 되었으며 점차 신비주의에 기울어질 수밖에 없었다. 그런 점에서 헉슬리의 삶은 한마디로 말해서 빛을 찾는 기나긴 여정이었다고 결론지을 수도 있겠다.

하지만 현대인의 영적인 타락을 염려한 헉슬리가 그 해결책으로 제시한 것은 결국 환각제와 신비주의였다. 물론 그는 빛을 찾는 지름길로써 환각제를 강력히 추천한 것이겠지만, 과학적 만능의 위험을 경고한 입장에서 과학적 산물이기도 한 환각제의 이점을 강조했다는 것은 다소 모순된 태도가 아닐 수 없다. 어쨌든 헉슬리는 1937년 미국으로 이주해 살다가 캘리포니아에서 눈을 감았는데, 말년에는 후두암에 걸려 고생했으며,

마지막 죽는 순간까지 아내가 놓아준 LSD 주사를 맞고 숨을 거두었다. 그가 세상을 뜬 날은 공교롭게도 존 케네디 대통령이 암살당한 날이었기 때문에 그의 죽음은 전혀 세상의 주목을 끌지 못하고 말았다.

아동심리의 세계를 탐구한 에릭 에릭슨

미국의 자아심리학자이자 소아분석가로 세계적인 명성을 떨친 에릭 에릭슨(Erik Erikson, 1902-1994)은 자아정체성(ego identity) 개념의 창안자인 동시에 프로이트의 정신-성 발달이론(psycho-sexual development)을 더욱 확장시켜 정신-사회 발달이론(psycho-social development)을 확립시킨 정신분석학의 거장이다. 그의 대표적인 저서 《아동기와 사회》, 《청년 루터》, 《간디의 진실》 등은 정신분석의 대중화에도 크게 기여한 것으로 평가된다. 고등학교 졸업이 학력의 전부인 그가 미국의 여러 대학에서 교수로 근무하며 사회적인 존경을 한 몸에 받고 살다가 92세까지 장수하며 생을 마감할 수 있었던 것도 결국은 자유민주사회에 몸담았기 때문에 가능한 일이었다고 본다.

특히 아동심리의 대가였던 그는 그런 업적을 통해 자신의 불우했던 아동기를 새롭게 정립했다고 볼 수도 있는데, 그만큼 에릭슨의 어린 시절은 매우 힘겨운 갈등과 혼란의 연속이었다. 그는 독일 프랑크푸르트에서 신원 미상의 덴마크인 아버지와 유대인 여성 카를라 사이에서 태어난 사생아로 출생 당시 그의 이름은 에릭 살로몬센이었다. 원래 그의 어머니는 덴마크 코펜하겐에서 유대인 상인의 딸로 태어나 유대인 주식 중개인 발데마르 살로몬센과 정식 결혼한 상태였다. 하지만, 덴마크인 남성과 혼외정사를 벌인 끝에 에릭슨을 낳았으며, 나중에 그녀가 자신의 아들을 치료해준 유대인 소아과 의사 테오도르 홈부르거와 재혼하는 바람에 그는 다시 에릭 홈부르거로 불리게 되었다.

이런 복잡한 과정을 거치며 성장한 그는 당연히 어린 시절부터 극심한 혼란을 겪을 수밖에 없는 상황이었으며, 그런 배경을 토대로 나중에 그가 어째서 그토록 정체성 혼란의 문제에 집착하게 되었는지 그 이유를 이해할 수 있을 것이다. 어쨌든 자신의 생부가 누구인지 전혀 모르고 성장한 그는 그런 혼란을 스스로 극복하고 난 이후에 비로소 자신의 이름을 에릭 에릭슨으로 개명했는데, 자신의 유대인 어머니나 계부들과는 달리 순수 스칸디나비아 계통의 이름임을 알 수 있다. 결국, 그는 어머니를 통해 자신의 몸속에 유대인의 피가 흐르고 있다는 사실에 거부감을 지니고 비록 정체불명의 인물이긴 하나 스칸디나비아 혈통의 아버지에 더욱 친밀감을 느낀 나머지 자신의 이름을 북유럽식으로 바꾼 것이다.

사실 그의 외모는 푸른 눈에 금발을 하고 있어서 누가 보더라도 유대인처럼 생기지는 않았다. 그럼에도 그는 학창시절에 유대인 출신이라며 친구들로부터 따돌림을 당하는가 하면, 유대인 사회에서는 노르만족이라며 놀림을 받아야만 했으니 자신의 진정한 뿌리가 과연 어디인지 일찍

에릭 에릭슨

부터 혼란을 느낄 수밖에 없었을 것이다. 당연히 그는 자신이 설 곳을 찾지 못하고 정신적 방황을 거듭하며 여기저기를 떠돌아다녀야 했다.

원래 그는 화가를 꿈꿨지만 사춘기적 방황과 정신적 혼란에 빠진 나머지 한 곳에 안주하지 못하고 유럽 여기저기를 배회하며 돌아다니기만 했다. 그런 그의 모습을 보고 안타깝게 여긴 고등학교 동창 피터 블로스가 프로이트의 딸 안나 프로이트를 소개해주어, 비로소 마음을 잡고 빈에서

소아분석가의 길을 걷기 시작했다. 친구 피터 블로스 역시 정신분석가가 되었는데 나중에 그는 청소년 심리 분야에서 대가가 되었다.

빈에서 정신분석 수련을 받은 에릭슨은 캐나다 출신의 심리학자 조안 서슨과 결혼하면서 기독교로 개종까지 했다. 유대인이었던 어머니와 달리 순수 앵글로색슨 계열의 여성을 배우자로 선택하고 아내가 믿는 종교로 개종까지 한 것은 결국 어머니와 영원한 결별을 의미한 셈이며, 실제로 그 후 어머니와 상종하지 않았다. 나치가 정권을 잡게 되자 신변의 위협을 느낀 그는 아내와 함께 미국으로 이주했으며, 처음에는 보스턴에 정착해 보스턴 최초의 소아분석가로 활동하다가 그 후 하버드, 예일 대학 등에서 교수로 일했는데, 점차 그의 학문적 명성이 높아지면서 캘리포니아 대학에 초빙되어 서부로 진출했다.

하지만 1950년대 매카시즘 돌풍에 휘말린 미국 사회는 공산주의에 대한 두려움의 확산으로 빨갱이 사냥에 혈안이 되었는데, 그 여파로 에릭슨에게도 불똥이 튀고 말았다. 그는 버클리 대학당국이 충성 서약을 요구하자 정치적 이념과는 무관한 학자에게 순수한 학문의 전당에서 그런 모욕적인 요구를 한다는 사실에 분격한 나머지 그 서약을 단호하게 거부하고 곧바로 캘리포니아를 떠나버렸다. 동부로 다시 돌아온 그는 하버드 대학에서 학생들을 가르치다가 은퇴했으며, 그 후로는 그림을 그리며 소일하다 92세를 일기로 매사추세츠 하위치에서 생을 마쳤다. 그와 동갑인 아내 조안은 95세까지 장수하다 에릭슨이 죽은 지 3년 후에 남편의 뒤를 따라 세상을 떴다.

초현실적 환상의 세계를 묘사한 살바도르 달리

20세기 스페인의 초현실주의 화가로 뛰어난 상상력에 힘입어 시공을 초월한 비현실적인 세계와 그로테스크한 화풍으로 세계적인 명성을 날린 살바도르 달리(Salvador Dali, 1904-1989)는 비록 대중의 관심을 이끌기 위한 기이한 행적과 옷차림으로 특이한 퍼포먼스를 벌여 진지한 예술정신과는 거리가 멀다는 일부 비난을 듣기도 했다. 하지만 눈에 보이는 세계만을 그리는 다른 화가들과는 달리 보이지 않는 환상의 세계를 독특한 기법으로 묘사해 그 분야의 대가가 된 화가다.

스페인의 북부 카탈로니아 지방 파겔레스에서 부유한 변호사의 아들로 태어난 달리는 어머니의 적극적인 지원 아래 마드리드 미술학교에서 회화를 공부하며 화가의 꿈을 키웠다. 그런 어머니를 성모 마리아처럼 숭배했던 달리였지만, 그녀는 그가 16세 때 유방암으로 일찍 세상을 뜨고 말았다. 어머니의 죽음으로 크게 충격을 받은 달리는 어머니를 대신해 이모를 따르고 좋아했는데, 그녀가 아버지와 결혼해 계모로 들어오자 오히려 그 결혼을 기꺼이 반기며 안심했다.

살바도르 달리

20대 초반에 파리로 간 그는 처음에는 피카소와 미로의 영향을 크게 입었으나 점차 기괴하면서도 매우 환상적인 독특한 화풍으로 주목을 끌기 시작했다. 가장 대표적인 작품으로 꼽히는 걸작 〈기억의 지속〉을 보면 이미 그런 특성을 알 수 있는데, 27세 때 그린 이 작품은 마치 시공을 초월한 무의식 세계를 화폭 위로 옮겨놓은 것처럼 보여 동시대에 서구문화권에서 큰 논란을 불러일으킨 프로이트의 정신분석에서 그 영향을 받은 것으로 볼 수도 있다. 실제로 달리는 30대 중반 무렵인 1938년에 런던에 망명중인 프로이트를 직접 만나 그의 스케치를 그릴 정도로 이미 정신분석의 존재를 잘 알고 있었던 것으로 보인다.

20대 중반에 10년 연상의 여인 갈라를 만난 달리는 그녀가 시인 폴 에두아르의 아내라는 사실을 알고도 그녀에게 정신없이 빠져들었다. 결국에는 아버지의 극심한 반대를 무릅쓰고 갈라와 동거에 들어갔으며, 30세 때 드디어 정식으로 결혼식을 올리고 지중해 연안의 작은 마을에 있는 오두막에 신혼살림을 차렸다. 그 후 갈라는 달리의 매니저 역할을 도맡아 하면서 마치 어머니처럼 세세한 부분까지 그를 챙기며 보살폈는데, 달리는 생모를 잃은 대신에 모성적인 태도로 자신을 보살펴주는 연상의 여인을 아내로 맞아들이면서 비로소 심리적 안정감을 되찾게 되었다.

하지만 당시 아버지 눈 밖에 난 그는 이미 집에서 쫓겨난 상태로 아버지는 더 이상 자식으로 취급하지 않는 것은 물론이고 그에게 단 한 푼의 유산도 남겨주지 않겠다고 선언하면서 두 번 다시 집안에 발을 들여놓지 말라고 으름장을 놓았다. 하지만 아버지를 그토록 격분케 만든 것은 단순히 갈라 때문만은 아니고 오히려 아들이 그린 예수 그리스도 작품이 세간에서 논란의 대상이 되었기 때문이다. 달리는 그 작품에 매우 도발적인 글귀를 새겨 놓았는데, 그 내용은 "나는 때때로 내 어머니의 초상화에 재미삼아 침을 뱉곤 한다."라는 것이었다. 이에 격분한 아버지는 아들에게 그 글귀를 삭제할 것을 요구했지만, 달리는 일언지하에 거절했다.

달리가 왜 그런 무모한 행동을 했는지는 정확히 알 수가 없으나 아마도 자신을 버리고 일찍 세상을 뜬 어머니에 대한 원망감을 드러낸 것일지도 모른다. 성모 마리아처럼 신성한 존재로 숭배했던 어머니가 그토록 허망하게 자신을 홀로 남겨두고 사라질 줄은 상상도 못했기 때문일 것이다. 예수의 어머니는 그래도 끝까지 살아남아 죽은 아들의 시신을 보살

1931년 작품. 〈기억의 지속〉

폈지만, 달리의 어머니는 정반대로 아들을 홀로 남겨두고 무정하게도 먼저 세상을 떠났으니 엄청난 배신감을 느꼈을 수 있다. 그런 점에서 달리는 예수와 자신을 동일시하고 있었는지도 모른다.

어쨌든 달리는 어머니 대신 이모를, 그리고 이모 대신 아내 갈라에게 의지하며 살았는데, 어려서부터 자신을 간섭하고 통제했던 아버지에 대해서는 평생 등지고 살았다. 그리고 항상 대중의 시선을 끌기 위해 애쓰면서 인기에 연연한 것도 세상에 혼자 남는 것에 대한 두려움 때문이었기 쉽다. 그런 정서적 불안정은 그의 애매모호한 정치적 태도에서도 드러나는데, 항상 약삭빠른 줄타기를 반복하며 자신의 개인적 안위를 추구한 그는 청년 시절에는 무정부주의적 공산주의자를 자처하다가 나이가 들어서는 왕당파 가톨릭 신자임을 내세웠으며, 그러다가도 60대에 가서는 자신이 무정부주의자인 동시에 왕당파라고 선언하기도 하는 등 앞뒤가 맞지 않는 모습을 보이기도 했다.

더욱이 달리는 제2차 세계대전이 발발하자 곧바로 부인 갈라와 함께 미국으로 달아났는데, 그곳에서 8년의 세월을 보낸 뒤 스페인으로 귀환하자마자 독재자 프랑코 총통을 위대한 지도자라고 치켜세우며 아첨을 떨면서 총통 손녀딸의 초상화를 그려주기도 했다. 그런 달리의 파렴치한 태도에 스페인의 많은 화가와 지식인들이 깊은 혐오감을 느낀 것은 당연한 결과였다. 더욱이 왕당파를 지지하는 독실한 가톨릭 신자로 변신한 달리는 말년에 이르러 카를로스 왕으로부터 귀족 칭호를 받으며 하사받은 성을 부인 갈라에게 선사까지 했으니 그야말로 부귀영화를 마음껏 누린 행운아였다고 하겠다.

그렇게 호사스러운 여생을 보낸 달리는 말년에 이르러 건강이 악화되자 개인적으로 몹시 곤경에 처하게 되었다. 더욱이 부인 갈라가 의사 처방도 아닌 이상한 약물을 구해 다량 투여하는 바람에 뇌신경에 심각한 부작용을 일으켜 70대 중반에 이르러서는 거동조차 제대로 못하는 신세가 되고 말았다. 설상가상으로 갈라가 먼저 세상을 떠나자 그녀를 잃고 난후 달리는 크게 상심한 나머지 삶의 의욕을 잃고 여러 차례 자살까지 기도할 정도로 여성에게 매우 의존적인 인물이었는데, 갈라 없이 6년간 홀로 고생하던 달리는 바그너의 〈트리스탄과 이졸데〉 음악을 들으며 조용히 눈을 감았다고 한다.

컴퓨터세계에 도전한 스티브 잡스

20세기 IT 산업에 혁명을 일으키며 개인용 컴퓨터의 대중화를 주도한 스티브 잡스(Steve Jobs, 1955-2011)는 컴퓨터 회사 애플의 공동 창립자로 개인용 컴퓨터 개발의 귀재인 동시에 기발한 아이디어로 혁신적인 제품을 개발해 일약 거부(巨富)가 되었다. 음악 산업에도 일대 혁명을 가져온 아이팟과 스마트폰 시장의 판도를 바꾼 아이폰, 간편한 휴대용 태블릿 컴퓨터 아이패드 등이 모두 그의 아이디어에서 나온 혁신적인 제품들이다. 하지만 40대 중반부터 췌장암과 투병하기 시작한 그는 애플의 주가 하락을 염려해 계속해서 자신의 건강악화설을 부인해오다가 결국에는 56세를 일기로 갑자기 세상을 뜨고 말았다.

스티브 잡스

　수재형인 빌 게이츠가 부유한 변호사의 아들로 태어나 별다른 어려움 없이 성장해서 명문대학 하버드에 진학한 것과는 달리 고등학교 졸업 학력이 전부인 스티브 잡스는 출생 직후부터 기구한 운명에 휘말리며 그야말로 굴곡진 성장 과정을 거쳐야만 했으니 그의 남다른 아집과 반항심뿐 아니라 독선적인 직설 화법과 안하무인으로 남을 깔보는 태도 등 까칠하고 모난 성격도 모두 불행한 성장배경에서 비롯된 결과로 보인다.

　원래 그의 부모는 시리아 출신의 아버지 압둘파타 잔달리와 독일계 이민의 후손인 어머니 조앤 캐롤 시블이었지만, 어머니가 대학원 재학 중에 임신하게 되자 그녀의 아버지가 한사코 결혼을 반대하면서 어쩔 수 없이 입양을 결심하게 되었다. 그들이 아들을 맡긴 잡스 부부는 매우 온순하고 상냥한 사람들로 정성껏 아이를 키우긴 했으나, 일찌감치 아들에게 입양 사실을 알려줌으로써 스티브 잡스에게 정체성 혼란을 가중시켰으며, 출생 직후 버림을 받았다는 사실로 인해 그는 성장 기간 내내 남다른 열등감과 반항심을 갖게 되었다. 따라서 그가 사람을 잘 믿지 못하고 항상 적대적인 태도로 세상을 지배하려고 든 것도 그런 배경을 통해 이해할 수 있는 부분이라고 하겠다.

　특히 그는 양부모라는 호칭에 지나치게 예민한 반응을 보이는가 하면, 자신의 친부모에 대해서는 그들은 단지 정자와 난자 은행에 불과했을 뿐 그 이상도 이하도 아니라는 식으로 매우 냉소적인 태도를 보이기도 했다. 어쨌든 그는 초등학교 시절부터 자주 수업을 빼먹고 사고나 치고 다니는 문제아였는데, 양아버지는 그런 아들을 혼내지 않고 감싸기만 해 더욱 버릇이 나빠졌다. 다만 당시 사고뭉치 스티브 잡스를 통제할 수 있는 유일한 인물이 있었으니 그 주인공은 여교사 테디 힐이었다. 그녀는 돈을 미끼로 그를 구슬렸는데, 이런 방법이 제대로 먹혀들어가 결국 그는 그녀의 환심을 살 목적으로 학업에 몰두할 수 있게 되어 나중에는 월반까지 할 정도였다. 그만큼 그는 어린 시절 자신을 끊임없이 보듬어주고 관심을 기울여주는 모정에 굶주려있었다는 사실을 알게 되는데, 힐 선생은 일종의 엄마를 대신하는 역할을 해준 셈이다.

히피와 반전운동이 기승을 떨던 고등학교 시절 그는 당시 전자기술에 일가견이 있던 다섯 살 연상의 고교 선배 스티브 워즈니악을 통해 전자공학에 대한 관심을 갖게 되었으며, 또한 고교 후배인 크리산 브레넌과는 반문화적 예술에 대한 관심을 공유하기도 했다. 그는 원래 대학에 진학할 뜻이 없었으나 오래전에 반드시 대학에 보낸다는 입양조건 때문에 어쩔 수 없이 1972년 리드 대학에 들어갔으나 공부를 등한시하고 환각제에 빠지는 등 불성실한 태도로 일관했다. 특히 어려운 살림에도 불구하고 자신을 위해 비싼 등록금을 대는 양부모에 대해 죄책감을 느낀 나머지 1학기만 수강하고 자퇴하고 말았다. 하지만 당시 대학에서는 그가 계속해서 청강할 수 있도록 편의를 봐주었기 때문에 비록 졸업하진 못했어도 여러 강의를 자유롭게 들을 수 있었다.

대학을 떠난 후 그는 오리건 주의 한 사과농장에 머물며 히피 공동체 생활에 가담했는데, 당시 그곳에 기거하던 일본인 승려 오토가와 고분을 만나 선불교에 입문하게 되었다. 오토가와 고분은 나중에 잡스의 결혼식 주례까지 섰으며, 2002년 스위스에서 물에 빠져 익사할 때까지 오랜 기간 잡스에게 가장 큰 정신적 지주 노릇을 한 인물이었다.

한 가지 흥미로운 점은 그가 불교에 입문한 동기라 할 수 있는데, 물론 불교의 심오한 내용에 심취한 점도 부인할 수 없겠으나 결국 생부의 종교 이슬람교나 생모의 종교 가톨릭, 심지어 양부모의 종교 개신교조차도 모두 거부한 결과라는 점에서 자신의 태생 자체에 강한 불만과 회의를 느꼈음을 알 수 있다.

하기야 인간의 삶 자체를 다 부질없는 것으로 돌리는 불교의 교리가 자신의 모든 과거 흔적을 지워버리고 싶었던 그에게는 마른 땅에 비 오듯 감로수와 같은 신선함으로 다가왔을 수 있다. 더욱이 불교의 메시지와 사과농장 이미지는 나중에 애플 회사의 명칭과 한입 베어 먹은 사과 모양의 애플 로고 디자인 등에 결정적인 영향을 준 게 사실이다.

스티브 잡스는 1976년 21세라는 약관의 나이에 워즈니악과 함께 애플 회사를 공동으로 창업하고, 워즈니악이 개발한 애플1의 성공에 힘입어 1984년에는 IBM에 대항해 애플 리사를 선보였지만, 여기에는 또 복잡한 문제가 겹치게 되었다. 왜냐하면, 고교 시절부터 가까이 지내던 크리산 브레넌이 1978년에 낳은 자신의 딸 이름을 딴 것이기 때문이다.

하지만 당시 리사를 임신 중이었을 때 브레넌은 아기의 아빠가 잡스라고 주장하고 출산 여부를 상의했으나 그는 펄쩍 뛰며 그런 사실을 인정하지 않았으며, 유전자 검사마저 거부했다. 결국, 그녀는 미혼모가 되어 식당 웨이트리스로 일하며 혼자서 딸 리사를 키웠는데, 비록 잡스가 매달 생활비를 지급해주었지만, 그녀의 허락도 없이 제멋대로 딸의 이름을 도용한 것이다. 하지만 나중에 잡스는 자신의 모든 행동을 뉘우치고 그녀에게 사과했으며, 딸의 이름에도 자신의 성을 붙이도록 허용했다.

어쨌든 애플 리사는 가격 경쟁에서 뒤져 실패하고 말았으며, 그 책임을 지고 잡스는 1985년 존 스컬리에게 회장을 물려주고 자신은 경영 일선에서 물러나고 말았다. 존 스컬리는 원래 펩시 사장이었으나 스티브 잡스의 스카웃 제의를 받고 애플로 이적한 인물이었는데, 당시 망설이던 스컬리에게 잡스가 던졌다는 "인생 끝날 때까지 설탕물을 팔겠나, 아니면 나한테 와서 세상을 바꾸겠나?"라는 말은 유명한 일화로 알려졌다.

애플을 떠난 직후 그는 폐암에 걸린 양모 클라라와 많은 시간을 가졌는데, 그녀로부터 자신의 입양과정에 대한 자세한 정보를 얻게 되었다. 그는 수소문해서 자신의 생모가 조앤 시블임을 알아내었지만, 양모가 죽기 전까지는 절대로 생모를 찾지 않았으며, 클라라가 세상을 뜬 후에도 반드시 양부의 허락을 받아 생모를 만났다. 그가 생모를 찾은 것은 물론 호기심 때문이기도 했지만, 자신을 유산시키지 않고 그나마 살아남게 해준 것에 대한 고마움 때문이었다고 한다.

30년 만에 아들과 상봉한 생모는 매우 착잡한 심정으로 아들을 맞이하면서 자신이 그를 버린 것은 어쩔 수 없는 사정이었음을 설명하고 그런 자신을 용서하라고 아들에게 사과했으며, 그 후 이들 모자는 크리스마스를 함께 보내며 오랜 기간 가깝게 지냈다. 스티브 잡스가 죽었을 때 그녀는 치매에 걸린 상태로 요양원에 있었는데, 지금까지도 아들이 죽은 사실조차 알지 못하고 있는 상태다. 또한 생모를 통해 알게 된 친여동생 모나 심슨은 작가가 되었는데, 그녀는 한동안 잡스와 브레넌을 화해시키려고 애쓰기도 했다.

어쨌든 애플을 떠난 잡스는 그 후 독자적으로 넥스트사를 세웠으며, 조지 루카스의 컴퓨터 그래픽 회사를 인수해 픽사로 개명하고 디즈니사와 협력해 만화영화 〈토이 스토리〉 등으로 큰 성공을 거두기도 했다. 그동안에 로렌 파웰과 결혼해 3남매를 낳은 그는 1997년 애플이 넥스트를 인수하면서 다시 애플의 최고 경영자로 복귀했는데, 적자에 허덕이던 애플을 흑자로 바꾸는 실력을 발휘하며 제2의 전성기를 맞았다.

그러나 40대에 접어들어 건강이 악화되기 시작한 그는 2003년 가을에 췌장암 진단을 받았으나 의사의 권유에도 불구하고 계속 수술을 거부하며 자연치유법을 고집하다가 결국 9개월 만인 2004년 여름에 가서야 비로소 수술을 받았으며, 항암치료는 받지 않았다. 하지만 그 후에도 건강이 회복되지 않고 악화되기만 해 2009년에는 간 이식수술까지 받았다.

그동안 그의 건강에 적신호가 켜졌다는 소문이 무성했지만, 애플은 주가 하락을 염려해 계속 그런 사실을 부인하는 태도로 일관해 빈축을 사기도 했다. 당시 파파라치가 몰래 찍은 사진을 통해 수척해진 그의 모습이 알려지면서 주가 하락이 이어지자 그는 2011년 아이패드2를 소개하는 자리에 직접 모습을 드러내 자신의 건강에 이상이 없음을 과시하기도 했으나 불과 5개월 뒤에 회장직을 사임했으며, 그리고 얼마 가지 않아 고인이 되고 말았다.

그런데 그의 죽음을 재촉한 것은 평소 그가 고집하던 극단적인 채식주의 식습관 때문인 것으로 밝혀졌다. 원래 의사의 말에 잘 따르지 않는 그였지만, 수술 후 영양공급이 매우 중요함에도 불구하고 의사의 권고를 무시한 채 평소의 습관대로 채식과 금식을 계속함으로써 죽음을 스스로 재촉한 셈이 되고 말았다.

어쨌든 스티브 잡스의 존재는 미국 사회에서도 신화적인 존재로 사람들 입에 계속 오르내리고 있으며, 심지어는 그를 예수 그리스도에 견주는 열광적인 추종자들까지 생길 정도로 그의 인기는 여전히 식을 줄 모른다. 그런 점에서 그는 매우 특이한 성장배경만큼이나 평범한 일반인들과는 확실히 뭔가 크게 다른 사고구조의 소유자임을 알 수가 있으며, 그런 특성은 평소 그가 계속 설파했던 메시지, 평범한 현실에 안주하지 말고 매 순간 도전적인 정신으로 발상의 전환을 이루어야만 뭔가 새롭게 변화된 세상을 이룰 수 있다는 개인 철학을 통해서도 확인할 수 있다.

6장
—

예술적 승화의 달인들

무지개를 사랑한 호반시인 워즈워스

19세기를 대표하는 영국의 낭만주의 시인으로 아름다운 서정시를 많이 남긴 윌리엄 워즈워스(William Wordsworth, 1770-1850)는 동시대에 활동하다 일찍 요절한 바이런, 셸리, 키츠 등과는 달리 80세까지 장수했으며, 73세에 뒤늦게 계관시인 자리에 오르면서도 매우 서정적인 작품을 통해 자연의 아름다움을 찬미하고 사랑과 이별의 아픔을 노래함으로써 영시의 수준을 격조 높은 단계로 이끌었다는 평을 듣는다.

하지만 그토록 아름다운 시를 쓴 시인의 어린 시절은 너무도 외롭고 고통스러운 나날의 연속이었을 뿐이다. 그는 영국 북서부 컴버랜드 지방의 아름다운 호반 도시 코커머스에서 비교적 유복한 법정 대리인의 아들로 태어났지만, 불과 8세 때 어머니를 잃고 13세가 되어서는 아버지마저 세상을 뜨는 바람에 어린 나이에 고아가 되는 아픔을 겪어야 했다. 게다가 그는 친척들의 심한 구박으로 부모 없는 서러움을 톡톡히 겪으면서 심지어 자살까지 생각할 정도로 심적인 고통을 안고 자랐으나 그런 아픔을 자연의 아름다움에서 위안을 받으며 성장했는데, 그것이 오히려 나중에 그의 전원시를 낳는 배경이 되었다.

케임브리지 대학 시절에 프랑스 대혁명을 지지해 직접 파리를 찾을 정도로 젊은 혈기에 충만해있던 그는 당시 그곳에서 프랑스 여성 아네트 발롱과 사랑에 빠져 딸 카롤린까지 낳았으나, 가족을 부양할 능력이 없었던 그는 모녀를 그대로 놔두고 서둘러 혼자 귀국하고 말았다. 그 후 어릴 적 친구였던 메리 허친슨과의 결혼을 앞두고 누이동생 도로시와 함께 프랑스로 건너간 그는 딸 카롤린을 만나 함께 시간을 보내기도 했으나 그 후로는 영원히 상면할 기회가 없었다. 대신에 그는 정기적인 송금을 통해 아네트 모녀를 도왔는데, 메리와 결혼한 이후에도 그들에 대한 경제적 지원은 계속되었다.

그의 시 가운데 가장 유명한 〈무지개〉를 보면 어린 시절 하늘의 무지개를 바라보며 가슴 설레었던 그의 순수한 모습을 떠올리게 된다. 왜냐하면, 어렸을 때나 어른이 되어서도 그리고 앞으로 늙어서도 변함없이 순수하고 경건한 마음을 잃지 않고 지내겠다는 다짐과 더불어 "어린이는 어른의 아버지"라는 유명한 시구를 통해 어린 시절의 순수한 마음을 어른이 되어서도 잃지 않기를 바라는 간절한 소망을 담고 있기 때문이다.

하지만 어린 시절 일찍 고아가 되어 온갖 구박과 설움을 겪어야만 했

던 워즈워스는 그토록 신비롭고 아름다운 무지개를 통해 마음의 위안을 삼았을지 모르나, 자신을 세상에 홀로 남겨두고 무심하게 떠나버린 부모처럼 자신도 똑같이 무정하게 어린 자식 카롤린을 버린 셈이니 자신도 모르게 어릴 적 받은 상처를 되풀이한 것일까. 하기야 천애고아로 자란 장 자크 루소도 자신의 자식들을 고아원에 내다버리긴 했다지만, 바로 그런 점이 워즈워스의 삶에서 유일하게 오점으로 남는 부분이 아닐 수 없다.

윌리엄 워즈워스

어쨌든 워즈워스는 메리 허친슨과 혼인해서 다섯 자녀를 낳고 매우 평온한 삶을 보냈으며, 노년에 이르러서는 계관시인의 명예도 얻었다. 호반 도시에서 태어난 그는 결혼한 이후 가족과 함께 다시 고향으로 돌아가 시작에 몰두하다 그곳에서 80세를 일기로 생을 마침으로써 절친했던 시인 콜리지와 더불어 호반시인으로 불리기도 했다. 그에게 호수는 항상 시적 영감을 주는 상징적인 어머니였을 것이다.

그는 결혼한 후에도 자신의 누이동생 도로시와 계속 함께 살았는데, 오빠처럼 시인으로 활동한 도로시는 일생을 독신으로 보내다 84세 나이로 생을 마쳤다. 일찍 고아가 된 이들 남매는 일생동안 서로 의지하며 지낸 셈이다. 도로시는 어릴 때 다른 친적집에 맡겨져 따로 떨어져 지낸 일 외에는 오빠가 죽을 때까지 한평생을 함께 지내며 조언자 역할도 마다하지 않았다. 그런 점에서 워즈워스에게는 아내 메리보다 오히려 누이동생 도로시가 상징적인 어머니였던 셈이다.

의사의 길을 포기하고 시인이 된 존 키츠

바이런, 셸리와 함께 19세기 영국 낭만주의 문학을 대표하는 3대 시인 중의 한 사람으로 꼽히는 존 키츠(John Keats, 1795-1821)는 어린 나이에 고아 신세가 되었음에도 힘겹게 의사까지 되었으나 문학에 대한 열정을 떨치지 못하고 시인의 길을 택했다. 비록 그는 〈나이팅게일에게〉, 〈하이페리온의 몰락〉, 〈성 아그네스의 저녁〉, 〈그리스 항아리에 대한 송시〉 등의 걸작을 남겼지만, 생전에는 문단에서 빛을 보지 못한 채 결핵으로 쓰러져 25세라는 젊은 나이로 생을 마감하고 말았는데, 그의 어머니와 남동생 역시 결핵으로 사망했다.

존 키츠

런던에서 여관의 마구간을 돌보는 가난한 마부의 아들로 태어난 그는 9세 때 아버지가 낙마 사고로 숨을 거둔 후 다른 남자와 재혼한 어머니가 아이들을 친정에 맡기고 어디론가 떠나버렸으며, 15세 때에는 어머니마저 결핵으로 세상을 뜨는 바람에 천애고아가 되었다. 소년 시절 그는 외갓집 주치의였던 외과 의사 토마스 해먼드의 조수 노릇을 하며 병원 다락방에서 살았는데, 그렇게 어깨너머로 배운 의술을 통해 의사가 되기로 결심한 후 20세가 되자 정식 의학 공부를 위해 가이 병원에 들어가 본격적인 외과 수련을 받기 시작했다.

하지만 점차 의업에 회의를 느끼고 시작에 몰두하게 된 그는 경제적 궁핍으로 이러지도 저러지도 못하는 상황에 몰린 나머지 극심한 우울증에 빠지고 말았는데, 홀로 세 명의 동생들을 돌봐야 했던 그로서는 딸린 식구들의 생계도 책임져야 했기 때문이다. 더욱이 당시 그는 결핵을 앓는 동생 톰을 돌봐야 했으며, 우연한 기회에 알게 된 패니 브론과 사랑에 빠져 약혼까지 했으나 자신의 야심찬 대서사시 《엔디미온》이 문단에서 심한 혹평을 듣게 되자 크게 낙심한 나머지 울적한 마음을 달래기 위해 홀쩍 여행길에 올랐다. 하지만 여행 도중에 그 자신도 결핵 증상을 보여 서둘러 귀가했는데, 동생 톰은 결국 결핵으로 숨을 거두고 말았다.

이처럼 온갖 시련에도 불구하고 키츠는 계속해서 시를 써나갔지만, 그의 건강은 날이 갈수록 악화되어 사랑하는 연인 패니 브론과의 결혼도 포기한 채 이탈리아로 요양을 떠나야 했다. 결국, 그는 친구들의 극진한 간호에도 불구하고 심한 각혈증세에 시달리다 로마에서 25세라는 아까운 나이로 생을 마감하고 말았다. 그의 유언에 따라 새겨진 묘비명에는 자신을 물 위에 쓴 이름의 소유자로 묘사하고 있는데, 그것은 덧없는 자신의 허망한 삶을 의미한 것일 수도 있고, 무명시인으로 생을 마치는 자신의 안타까운 심정을 드러낸 것일 수도 있다.

제인 캠피언 감독의 2009년도 영화 〈브라이트 스타〉는 키츠와 패니 브론의 이루어질 수 없는 사랑의 비련을 다룬 작품으로, 패니 브론은 키츠가 죽은 후에도 오랜 세월 그를 잊지 못하고 지내다가 12년이 지난 후에야 비로소 다른 남성과 결혼했다. 특히 키츠는 생의 마지막 6년 동안 많은 시를 발표했는데, 그의 걸작 송시들은 대부분 이 기간에 쓰인 것들로 비록 생전에 세상의 주목을 받지는 못했지만, 그가 세상을 떠난 뒤에는 그 이름이 세상에 널리 알려지기 시작해서 19세기 말에 이르러서는 영국 시인 가운데 가장 사랑받는 시인으로 손꼽히게 되었다.

네르발의 꿈과 환상

정신병에 걸린 상태에서 파리 뒷골목 하수구에 목을 매고 자살한 프랑스의 작가 네르발(Gérard de Nerval, 1808-1855)은 오랜 세월 사람들의 기억에서 사라졌다가 20세기에 이르러서야 비로소 다시 각광을 받기 시작한 매우 불행한 운명의 시인이자 소설가다. 생전에 그가 발표한 작품들은 물질적 세계를 혐오하고 영적인 세계에 몰입한 내용들이다. 매우 몽환적이고도 상징적인 작풍으로 인해 동시대인들로부터 단지 광기에 빠진 정신병자의 헛소리 정도로 무시당했으나, 20세기 초 예술 전반에 돌풍을 일으킨 초현실주의운동과 프루스트가 사용한 '의식의 흐름' 기법에 지대한 영향을 끼친 것으로 평가된다.

그런데 그의 삶은 출생 직후부터 죽을 때까지 비극의 연속이었다. 프랑스 파리에서 군의관의 아들로 태어난 그는 두 살 때 어머니를 잃었는데, 그녀는 아기를 친정에 맡긴 채 나폴레옹 전쟁에 참전한 남편을 따라 독일까지 갔다가 그곳에서 병을 얻어 20대 젊은 나이로 숨지고 말았다. 어머니의 얼굴조차 모르고 외가에서 자란 네르발은 그 후 뛰어난 번역가로 활동하며 괴테와 하이네의 시를 프랑스어로 번역해 큰 명성을 얻기도 했다. 하지만, 30대 초반부터 이미 정신병적 광기에 빠지기 시작한 그는 현실과 환상세계의 구분이 모호한 일련의 작품들, 《실비》, 《판도라》, 《불의 딸들》, 《오렐리아, 꿈과 인생》 등을 발표했으나 세상에서 철저하게 외면당하고 말았다.

특히 "꿈은 제2의 삶이다."라는 구절로 시작되는 그의 마지막 유작 《오렐리아, 꿈과 인생》은 자전적 경향이 뚜렷한 작품으로 구원의 여인상 오렐리아를 통해 자신이 영원히 잃어버린 어머니에 대한 갈망을 드러내고 있다. 우연의 일치인지는 모르나 100년 뒤에 자살한 여류시인 실비아 플라스 역시 자신의 어머니 오렐리아에 대한 혼란스러운 감정을 끔찍스러운 모습의 마녀 메두사에 비유하기도 했다.

어쨌든 이처럼 비현실적인 몽상의 세계를 다룬 네르발은 프로이트가 태어나기도 전에 죽었는데, 프로이트의 정신분석이 출현하기 이전에 이미 인간의 무의식적 환상의 세계를 작품으로 형상화시킴으로써 그 후 20세기 초에 등장한 초현실주의 작가들에게 결정적인 영향을 준 것으로 평가되고 있지만, 당시로는 난해하기 그지없는 광기의 소산으로 평가절하되어 예술적 진가를 제대로 인정받지 못하고 말았다.

결국 정신병원을 드나들기 시작한 네르발은 끝내 회복하지 못하고 어느 추운 겨울날 저녁에 외

네르발

출한 후 파리의 으슥한 뒷골목에서 목을 매 자살하고 말았는데, 그것도 하수구 밑에서 모자를 쓴 채 죽은 모습으로 발견되었다. 그는 숙모에게 남긴 쪽지에 "오늘 저녁 기다리지 마세요. 밤은 검고 하얄 테니까요."라고 적었는데, 자신의 어둡고 외로운 삶을 그대로 드러낸 마지막 유언처럼 들린다.

에드거 앨런 포의 암울한 생애

19세기 미국을 대표하는 추리소설의 대가이며 시인이기도 했던 에드거 앨런 포(Edgar Allan Poe, 1809-1849)는 미국의 역대 작가 중에서 가장 불행한 삶을 살았던 인물로 꼽힌다. 미국 보스턴에서 가난한 떠돌이 유랑극단원의 아들로 태어나 40세의 나이에 행려병자로 사망하기까지 그는 음주와 도박, 아편 중독, 그리고 극심한 우울증에 시달리며 몹시 힘거운 인생을 살면서도 수많은 시와 소설을 남긴 천재였는데, 소설《검은 고양이》,《모르그가의 살인》,《도둑맞은 편지》 등을 비롯해 시 〈애너벨 리〉, 〈도래까마귀〉 등의 걸작을 남겼다.

그는 출생 직후부터 엄청난 시련과 마주쳐야 했는데, 지독한 술주정뱅이였던 아버지는 포가 태어난 이듬해에 갑자기 처자식을 버리고 어디론가 사라져버린 후 곧바로 사망했으며, 설상가상으로 불과 일 년 후에는 가난에 시달리던 어머니마저 결핵으로 피를 토하고 사망하고 말았다. 말을 배우기도 전인 두 살 나이에 이미 그는 천애고아 신세가 되고 만 것이다. 졸지에 고아가 된 형제들은 뿔뿔이 흩어져 살게 되었으며, 다행히 앨런 부부의 보살핌을 받으며 자란 포는 그나마 학교에 다니는 혜택을 누릴 수 있었다.

에드거 앨런 포

하지만 다소 냉담했던 양부모 밑에서 자란 탓에 그는 14세 무렵 친구의 어머니를 짝사랑하는 등 여전히 모정에 대한 그리움에 젖어 지냈으며, 대학에 들어간 후에는 양부가 학비를 보태주지 않자 학비를 벌기 위해 도박에 손을 댔다가 큰 빚을 지고 대학을 중퇴하고 말았다. 그 후 양부와 크게 다투고 가출한 그는 보스턴으로 가서 작가의 길을 걷기 시작했다. 그의 나이 22세 때 알코올중독에 빠진 형 헨리가 볼티모어에서 결핵으로 사망했는데, 나중에 포 역시 볼티모어에서 숨을 거두었다.

외로움을 견디지 못한 포는 25세가 되었을 때 당시 열세 살에 불과했던 사촌누이 버지니아와 서둘러 비밀결혼까지 했으나, 안정된 일자리도 구하지 못한 상태에서 항상 궁핍한 생활에 시달려야 했다. 더군다나 어린 아내 버지니아가 결핵에 걸려 수시로 피를 토하는 일이 생기자 이에 겁을 집어먹은 포는 한동안 행방을 감춘 채 술독에 빠져 지내기도 했는데, 어린 시절 각혈로 사망했던 어머니처럼 다시 또 사랑의 대상을 잃지나 않을까 두려움에 사로잡혔던 것으로 보인다.

결국, 사랑하는 아내를 저 세상으로 보낸 후 극도의 절망감에 빠진 그는 몇 주일간이나 그녀의 무덤가에서 울부짖는 모습을 보이다가 죽은 아내를 위해 시 〈애너벨 리〉를 쓰기도 했지만, 그녀의 죽음은 그를 더욱 심한 폭음과 우울증에 빠지게 만들었다. 그리고 불과 2년 후에 그는 갑자기 종적을 감춰버렸는데, 볼티모어 거리 한가운데에서 의식을 잃고 쓰러진 상태로 발견되어 병원으로 옮겨졌지만 끝내 숨지고 말았다. 그가 최후를 맞이한 곳은 공교롭게도 아버지의 고향인 동시에 형 헨리가 숨을 거둔 곳이었는데, 자신을 버리고 일찍 떠난 어머니와 아내 대신 새삼스레 아버지와 형의 존재가 그리워 그곳을 찾았는지도 모른다. 하지만 포가 무슨 이유로 그곳에 나타났으며, 무엇이 잘못되어 죽었는지는 정확히 알려진 사실이 없다.

결핵으로 쓰러진 브론테 자매

영국의 브론테 자매는 일반적으로 장녀 샬럿 브론테(Charlotte Brontë, 1816-1855)와 차녀 에밀리 브론테(Emily Brontë, 1818-1848)를 지칭하지만, 막내딸 앤 브론테(Anne Brontë, 1820-1849) 역시 작가로 활동했기 때문에 한 집안에서 세 자매가 모두 소설가로 이름을 날렸다는 사실만으로도 문학사에서 매우 특이한 존재들이라 할 수 있다.

더욱이 이들 세 자매는 모두 결핵으로 일찍 요절했는데, 샬럿은 38세, 에밀리는 30세, 그리고 앤은 29세로 세상을 떴다. 이처럼 세 자매는 짧은 생을 마감하고 말았지만, 샬럿 브론테의 《제인 에어》, 에밀리 브론테의 《폭풍의 언덕》, 앤 브론테의 《아그네스 그레이》 등 그녀들이 남긴 소설은 지금까지도 여전히 많은 독자의 사랑을 받고 있으니 참으로 불가사의한 일이 아닐 수 없다. 그런 점에서 더욱 궁금해지는 부분은 어떻게 해서 이들 세 자매 모두가 작가로 성공할 수 있었을까 하는 점이며, 그것도 한 가정에서 한꺼번에 세 명의 유명 소설가를 배출했다는 사실도 좀처럼 믿기지 않는 일이다. 따라서 그런 배경을 이해하자면 당연히 그녀들의 성장 과정을 살펴보지 않을 수 없게 된다.

브론테 자매는 아일랜드계 목사 패트릭 브론테와 부유한 상인의 딸 마리아 브랜웰 사이에서 태어났다. 아버지는 가난한 농부의 아들로 태어나 오로지 가난을 피하기 위해 성직자의 길을 택한 인물이며, 어머니는 전직 교사 출신의 지적이고 신앙심이 깊은 여성이었으나 1821년 자궁암으로 세상을 떠나기 직전까지 9년의 세월 동안 6남매를 낳았는데, 막내딸 앤을 낳은 후 38세의 젊은 나이로 일찍 세상을 떠나고 말았다.

　세 자매가 어머니를 잃은 시점은 샬럿이 5세, 에밀리가 3세, 앤은 한 살 때였다. 어머니 사망 후 자녀들 양육은 주로 이모 엘리자베스가 맡았지만, 그녀는 완고하고 엄격했을 뿐 사랑을 베풀지는 않았다. 다만 예외적으로 이모와 한 방을 썼던 앤은 그녀와 긴밀한 관계를 유지했는데, 이런 점이 앤의 성격 형성에도 영향을 준 것으로 보인다. 그러나 브론테 일가에는 항상 죽음의 그림자가 드리워져 있어서 집안 분위기는 마치 무덤처럼 음산했다. 그런 분위기는 《폭풍의 언덕》과 《제인 에어》에 너무도 잘 드러나 있다.

　아내를 잃고 난 후 원래 말수가 적은 아버지는 더욱 말이 없어지고 홀로 지내는 시간이 많아졌으며, 따라서 엄마 없이 자란 자매들은 오로지 독서에 파묻혀 제각기 상상의 나래를 펴는 가운데 글쓰기를 통해 마음을 달래며 위안을 얻고자 했다. 물론 이들 자매는 서로 굳게 의지하며 사이 좋게 지냈지만, 허약한 체질과 결핵으로 인해 많은 시간을 함께 공유할 기회조차 없었다고 할 수 있다. 이처럼 사별의 아픔과 모정에 대한 그리움, 울적한 마음을 오로지 글쓰기를 통해 달래야만 했던 이들 자매는 제각기 다른 방식으로 문학에 접근했다고 할 수 있는데, 샬럿은 시련의 극복과정에 중점을 둔 반면에, 에밀리는 복수와 증오

브론테 자매(왼쪽부터 앤, 에밀리, 샬럿)

심에, 그리고 앤은 꿈과 이상의 성취에 중점을 두었기 때문이다.

다만 외아들 브랜웰은 브론테 일가에서 가장 큰 말썽을 일으킨 유일한 존재로, 온후한 성격의 목사였던 아버지와는 달리 술과 마약에 빠져 폐인처럼 살다 31세 나이로 죽었다. 비록 그 자신도 작가를 지망했으나 문학적 재능은 별로였던 것 같다. 워낙 세 자매의 문필이 뛰어났으니 그의 마음 또한 편할 리가 없었을 것이다. 어쨌든 오빠 브랜웰의 장례식에 참석하면서 감기에 걸린 에밀리 브론테 역시 불과 3개월 뒤에 세상을 하직하고 말았는데, 한사코 의사의 진료를 거부한 그녀는 소파에 앉은 상태에서 숨을 거두었다.

1842년 이모의 죽음을 시작으로 브론테 일가는 계속해서 죽음을 맞이해야 했는데, 브랜웰과 에밀리, 앤, 샬럿 등이 이모의 뒤를 이어 차례로 세상을 떠났다. 더욱이 같은 해에 오빠 브랜웰과 언니 에밀리를 잃은 앤은 더욱 건강이 악화되어 언니 샬럿과 함께 요양차 여행을 떠났지만, 결국 그곳에서 숨을 거둠으로써 영원히 집으로 돌아가지 못하고 말았다. 자신의 죽음을 예감한 앤은 여행을 떠나기 전에 미리 아버지와 작별의 인사를 나누었다. 그래도 앤은 언니 에밀리와는 달리 의사의 치료를 거부하지 않고 어떻게든 더 살려고 무진 애를 썼지만 소용이 없었다. 앤을 저 세상으로 떠나보내고 홀로 집에 돌아온 샬럿의 심경이 어땠을지는 상상이 가고도 남을 것이다.

모든 형제를 잃고 오직 늙은 아버지와 더불어 홀로 남은 샬럿은 상실의 아픔과 외로움에 힘겨워하면서도 오로지 아버지 곁에 머물러 있기를 원했다. 비록 그녀는 7년 후에 부목사 아서 니콜스와 결혼해 임신까지 했으나 행복도 잠시일 뿐 임신 중에 아기와 함께 갑자기 세상을 뜨고 말았다. 그렇게 처자식을 모두 일찍 여의고 홀로 남은 아버지는 84세까지 장수하고 1861년에 세상을 떴지만, 아내를 잃고 40년을 더 살았던 그의 삶은 너무도 외롭고 황량했을 것으로 보인다.

도스토옙스키의 상실과 구원

톨스토이와 더불어 19세기 러시아문학의 양대 산맥을 이루는 대문호 도스토옙스키(Fyodor Dostoyevsky, 1821-1881)는 러시아뿐 아니라 세계문학사에 길이 빛나는 위대한 소설가다. 하지만 개인적으로는 몹시 불행한 삶을 누리며 선과 악의 모순되고 혼란스러운 감정에 휘말려 살았다고 할 수 있다. 매사에 심각하고 웃음이나 유머 감각이 부족했던 그는 늘 우울하고 고독했으며, 특히 외로움을 견디지 못해서 그에게는 항상 곁에서 자신을 돌봐줄 사람이 필요했다. 물론 그것은 일찍 어머니가 세상을 떠난 탓일 수도 있겠지만, 난폭하기 그지없는 주정뱅이 아버지에 대한 분노와 적개심도 그를 우울하게 만든 원인이 되었을 것이다.

러시아 모스크바에서 의사의 아들로 태어난 그는 15세에 어머니를 잃고 큰 상처를 받았으며, 17세에는 아버지마저 뇌졸중으로 사망했는데, 한때 농노들에게 살해당했다는 소문도 있었으나, 당시 그 농노들은 법원에서 무혐의로 풀려났다. 졸지에 고아가 된 그는 설상가상으로 그 무렵부터 간질 증세까지 보이기 시작하면서 전적으로 한 살 위인 형 미하일에게 의지하게 되었는데, 작가가 된 후에도 출판업을 하는 형에게 항상 돈타령이나 늘어놓으며 졸라대는 매우 의존적인 태도를 보였다.

처녀작 《가난한 사람들》로 화려하게 문단에 데뷔한 후 승승장구하던 그는 사회주의를 신봉하는 모임에 가담했다가 당국에 체포되어 사형까지 선고받고 처형장으로 끌려갔으나 총살이 집행되기 직전 특별 사면으로 감형되어 시베리아 유형에 처해졌다. 죽음의 문턱까지 가는 극한적 상황을 경험한 그는 그 후 4년간 옴스크 감옥에서 수감 생활을 하는 동안 성서를 접하면서 사회주의를 벗어나 기독교 휴머니즘으로 사상적 전향을 이루게 되었는데, 그런 일련의 과정은 소설《백치》,《죽음의 집의 기록》등에 잘 나타나있다.

출옥 후 인근 수비대 근무 중에 알게 된 젊은 과부 마리아와 혼인했으나 거듭되는 간질 발작 증세와 가난 때문에 그 결혼은 결코 행복하지 못했다. 어쨌든 10년에 걸친 유형 생활을 마치고 가까스로 귀환한 그는 여전히 궁핍했으며, 엎친 데 덮친 격으로 도박의 악습에 빠져 좀처럼 헤어나지 못했다. 그런 곤경 속에 힘겨운 나날을 보내던 그는 43세 무렵 그동안 그나마 자신을 챙겨주던 유일한 두 사람, 아내 마리아와 형 미하일이 연이어 사망하면서 성인이 된 이후 가장 큰 시련을 맞고 말았다.

원래 그는 볼품없는 외모와 작은 체구뿐 아니라 간질병 등으로 열등감이 심한데다가 성격마저 소심하고 매우 신경질적이어서 대인관계에 어려움을 보였으며, 누군가 도와주지 않으면 홀로 서지 못하고 독립적인 판단도 거의 하지 못하는 성품의 소유자였는데, 부모에 이어 아내와 형까지 잃게 되면서 극심한 정서적 불안정과 우울증에 빠지고 말았다. 사실 그동안 그의 아내 마리아는 어머니의 상징적 대리인이요, 형 미하일은 아버지 역할을 대신한 인물이었다고 할 수 있는데, 그런 상징적 부모가 한꺼번에 사라졌으니 매우 의존적인 그로서는 무척이나 곤혹스러웠을 것이다.

결국, 그는 속기사 안나 스니트키나의 도움으로 그의 대표작《죄와 벌》,《도박꾼》등을 단숨에 완성해 발표할 수 있었는데, 그 후 45세 무렵에 안나와 재혼함으로써 그녀의 헌신적인 보살핌으로

도스토옙스키

비로소 심리적 안정을 되찾았다. 말년에 이르러 시력을 거의 잃은 도스토옙스키는 전적으로 그녀의 도움에 힘입어 최후의 걸작 《카라마조프의 형제들》을 집필할 수 있었다. 도스토옙스키가 59세 나이로 사망했을 당시 안나는 35세에 불과했지만, 그 후에도 재혼하지 않고 혼자 지냈으며, 남편이 도박으로 진 빚도 그녀가 다 청산했다. 자신의 일기와 회상록을 저술해 유명해진 그녀는 볼셰비키 혁명이 성공한 그 이듬해에 얄타에서 세상을 떴다.

도스토옙스키의 삶에서 부모의 존재는 사춘기 시절에 갑자기 사라져 버렸다. 그리고 그는 적절한 애도 과정을 겪지 못하였다. 그만큼 상실의 문제는 그에게 매우 중요한 화두였던 셈이다. 따라서 그는 부모를 대신해서 주로 여성들과 형에게 의지했으며, 돈은 그런 상실감을 메워줄 수 있는 유용한 매개자 노릇을 한 것으로 보인다. 그가 오랜 기간 도박에서 헤어나지 못한 것도 그런 관점에서 이해할 수 있다. 하지만 그는 결코 그 무엇으로도 채울 수 없는 만성적인 공허감에 시달려야 했다.

더군다나 그에게는 선악의 구분이나 사랑과 미움에 대한 그 어떤 확신도 없었기 때문에 그런 불확실성에서 벗어날 수 있는 유일한 해결책으로 무조건 믿고 따르는 쪽을 택한 것으로 본다. 그만큼 구원에 대한 갈망은 그를 사로잡은 가장 중요한 화두가 된 것이다. 세속적인 모든 가치관에서 아무런 해결책도 찾지 못한 그는 자신의 내면에 악의 뿌리가 만연해 있음을 감지하고 오로지 신의 구원에 의지한 것으로 보이는데, 그가 감지한 악의 뿌리란 결국 오늘날 우리가 무의식적 욕망과 환상이라고 지칭하는 세계가 아닐까.

도스토옙스키의 작중 인물들은 항상 간음과 살인, 도박과 간질, 광적인 충동 등에 시달리는 불행한 사람들이다. 따라서 그런 악마적인 속성에서 벗어날 수 있는 유일한 해법은 결국 신앙에 귀의하는 길 뿐이라고 그는 가르친다. 물론 그 자신 스스로가 이해할 수 없었던 자신만의 고유한 화두 역시 고질적인 도박과 살인에 대한 충동, 하늘에서 내려준 천벌과도 같은 간질병, 이유를 알 수 없는 상실감과 우울증, 죄의식 등이라 할 수 있는데, 그런 모든 질곡으로부터 벗어날 수 있는 구원의 길을 과연 어디서 찾느냐 하는 것이 그에게 주어진 주된 과제였다고 할 수 있다.

물론 현대인들은 정신과 의사나 정신분석가를 찾아 그런 문제들을 해결하기도 하지만, 그가 살았던 19세기 러시아에는 적절한 치유책이 없었던 시대였기에 도스토옙스키는 오로지 신앙심과 창작활동을 통해 그 나름대로의 치유법을 찾은 것이다. 그런 점에서 그는 동시대의 사람들보다 너무도 시대를 앞서 간 대가를 톡톡히 치른 것으로 볼 수도 있다. 그럼에도 그의 위대성과 비범함이 돋보이는 것은 그가 제시한 해결책에 있는 것이 아니라 프로이트 이전에 이미 인간 심리의 근저에 우리가 상식적으로 이해할 수 없는 반도덕적 욕망과 환상의 세계가 분명히 존재함을 생생한 묘사로 증언했다는 점에 있다.

그런 점에서 도스토옙스키는 진정한 의미의 자유연상에 가까운 심리현상을 문학적 기록으로 남긴 최초의 인물이었다고 해도 과언이 아닐 것이다. 비록 그 자신은 모순투성이의 삶을 살았지만, 그가 보여준 세계는 인간 심리의 불완전성뿐 아니라 보편적인 악의 근원이라 할 수 있다. 그런 점에서 그가 일생동안 매달렸던 작업은 자신의 내면에 자리 잡은 악마적 속성을 극복하기 위한 구도의 과정인 동시에 불완전한 인간 심리의 내막을 증언하는 용기 있는 고백이기도 했다.

어머니로부터 도망친 제임스 휘슬러

19세기 미국을 대표하는 화가지만 주로 영국에서 활동했던 제임스 휘슬러(James Abbott McNeill Whistler, 1834-1903)는 미국 매사추세츠 주 로웰에서 태어났다. 엄격하고 독실한 신자였던 어머니 밑에서 자란 그는 어려서부터 매우 병약하고 정서적으로도 불안정해서 툭하면 화를 잘 내고 오만방자한 아이였다고 한다. 엔지니어였던 아버지가 러시아 철도사업에 고용되는 바람에 소년 시절을 러시아에서 보내게 된 그는 아버지의 권유로 그곳에서 미술학교에 들어가 교육을 받았다.

그러나 장래 화가의 꿈을 키우던 그는 든든한 후원자였던 아버지가 갑자기 콜레라로 사망하는 바람에 자신의 앞날에 대해서도 분명한 입장을 내세우기 어렵게 되었다. 더군다나 아들이 목사가 되기를 원한 어머니는 그를 강제로 미선계 학교에 보내면서 그림도 그리지 못하게 금지시켰다. 종교가 체질에 맞지 않았던 그는 결국 학교를 그만두고 육군사관학교에 지원했는데, 웨스트포인트는 과거에 아버지가 미술을 가르치던 곳이기도 했다. 하지만 지독한 근시로 시력이 나쁜데다 병약했던 그는 그곳마저 적응하지 못하고 도중 하차하고 말았다.

제임스 휘슬러

그 후 군사용 지도 제작에 관여하며 빈둥거리던 아들의 모습을 보다 못한 어머니가 다른 직업을 가져보도록 권유했지만, 그는 어머니의 제안을 거부하고 파리로 가서 미술공부를 하겠다고 선언한 후 1855년 프랑스로 떠나버렸다. 그 후로는 죽을 때까지 미국에 돌아가지 않고 영국 런던에서 생을 마쳤으니 어머니의 간섭이 얼마나 지겨웠으면 그랬을까 싶기도 하다. 어쨌든 청교도적인 어머니의 집요한 간섭과 통제를 벗어나 자유의 몸이 된 휘슬러는 파리에서 보헤미안 스타일의 삶에 만족을 느끼며 방탕한 생활을 만끽했지만, 대신에 건강을 해치고 말았다.

그는 자신의 모델이자 애인이기도 했던 조안나 히퍼난과 깊은 관계를 맺고 지내다가 방탕한 아들의 소문을 들은 어머니가 미국에서 건너와 그가 살던 집을 기습적으로 방문하자 황급히 조안나를 다른 장소로 옮겨 숨게 하고 자신이 살던 방도 허겁지겁 정돈했지만, 이미 아들의 문란한 생활을 눈치챈 어머니는 크게 아들을 질책했다. 이런저런 이유로 어머니에 대한 불만에 가득 찬 휘슬러는 그의 대표작으로 꼽히는 〈화가의 어머니〉를 통해 자신의 감정을 표출하기도 했다. 특이한 점은 조안나를 모델로 그린 작품에서는 흰 옷을 입혔지만, 어머니를 모델로 그린 작품에서는 상복처럼 보이는 검은 옷을 입혔는데, 마치 영정 사진처럼 보이기도 한다.

1871년 37세 때 그린 〈화가의 어머니〉는 오늘날에 이르러 미국에서 가장 대중적인 인기를 독차지하고 있는 작품이지만, 일반인들이 상상하는 그런 자상한 모성적 이미지를 묘사했다기보다는 오히려 냉담하고 지배적인 어머니에 대한 적대감을 드러낸 작품이라 할 수 있다. 야무지게 꼭 다문 입술과 정면을 응시하는 날카로운 표정에서 인자한 어머니의 모습을 찾아보기 어렵기 때문이다. 어쨌든 당시 런던에 잠시 머물던 어머니를 모델로 그린 것이기는 하나 원래 약속했던 모델이 도착하지 않자 그녀 대신에 어머니를 모델로 삼은 것이라고 한다.

그런데 처음에는 세운 자세로 그리기 시작하다가 작업이 너무 오래도록 길어지면서 어머니가 힘들다고 푸념하자 어쩔 수 없이 앉은 자세로 바꾼 것으로, 사실 어떻게 보면 어머니를 그렇게 오랜 시간 힘들게 세워 둔 것은 그동안 자신을 괴롭힌 어머니에게 벌을 준 셈이라 할 수 있다.

1871년 작품. 〈화가의 어머니〉

실제로 어머니의 표정은 그리 밝은 모습이 아니며 몹시 못마땅하다는 듯이 보인다. 그나마 정면이 아닌 옆모습이라 그런 표정을 감출 수가 있었을 것이다. 이 그림이 완성된 후 10년 뒤에 어머니는 76세를 일기로 세상을 떴다.

〈화가의 어머니〉는 특히 미술의 대가를 낳지 못해 은근히 열등감을 지니고 있던 미국인들에게 지나치게 과대 포장되어 레오나르도 다빈치의 〈모나리자〉나 뭉크의 〈절규〉에 맞먹는 걸작으로 평가되었으며, 1934년에는 이 그림이 우표에 실리기까지 했다. 하지만, 그것은 작품의 배경을 제대로 이해하지 못한 데서 나온 실수로 보인다. 휘슬러는 매우 문란한 사생활로 어머니의 눈 밖에 났지만, 그토록 무서운 어머니가 정작 세상을 뜨자 그녀의 성을 자신의 이름에 넣어 사용하기 시작했는데, 어쩌면 그것은 어머니에 대한 그리움의 표시라기보다는 오히려 그녀에 대한 죄책감이나 후환이 두려워서였기 때문일지도 모른다.

조안나와 결별한 후 휘슬러는 오랜 기간 자신의 모델이었던 모드 프랭클린과 동거하면서 두 딸을 낳았지만, 자신의 작품을 혹평했던 영국의 저명한 비평가 존 러스킨을 상대로 무모한 법정 소송을 일으킨 결과 마침내 파산하고 말았다. 이로 인해 자만심에 가득 차 있던 그의 나르시시즘은 엄청난 상처를 입은 것으로 보인다. 그 후 어머니도 세상을 뜨고 모드와의 관계마저 흔들리게 되자 갑자기 건축가 고드윈의 미망인 베아트리스와 결혼해 그런대로 만족을 느끼고 살았지만, 말년에 이르러서는 암에 걸린 베아트리스가 모르핀 중독에 빠진 상태로 세상을 뜨는 바람에 휘슬러 역시 큰 충격을 받고 실의의 나날을 보내야 했다. 20대 초반부터 어머니와 등지고 일생동안 자기가 하고 싶은 대로 살았던 그는 1903년 런던에서 69세를 일기로 결코 행복하지 못한 삶을 마감했다.

제임스 배리와 피터 팬 증후군

영국의 작가 제임스 배리(James Matthew Barrie, 1860-1937)는 전 세계 어린이들의 사랑을 독차지해온 《피터 팬》의 원작자로 소설과 희곡 창작을 위주로 활동했으나 《피터 팬》이외의 다른 작품들은 별다른 성공을 거두지 못하고 말았다. 그의 작품 주인공 이름에서 유래된 '피터 팬 증후군'은 미국의 심리학자 댄 카일리가 명명한 용어로 어른이 되기를 거부하고 계속 어린아이로 남고자 하는 심리적으로 매우 미성숙한 상태를 가리키는 용어인데, 일종의 현실 도피성 퇴행 상태를 뜻하는 것이다.

그런데 제임스 배리 자신도 어려서부터 키가 매우 작아서 성인이 되어서도 몸집이 크게 자라지 않아 키가 161cm 정도에 지나지 않았다고 한다. 더욱이 10남매 중 아홉째로 태어난 그는 어머니의 사랑을 받지 못해 항상 외로운 처지였다. 특히 그가 여섯 살 때 어머니의 사랑을 독차지 했던 형 데이비드가 스케이트를 타다 사고를 당해 세상을 떠나자 크게 상심한 어머니는 죽은 아들만을 생각하고 그리워했다. 심지어 어머니 방에 들어갈 때도 어머니는 항상 "데이비드냐?"고 물었고, 그는 황급히 "아니요, 데이비드가 아니라 저예요." 라고 답해야 했다.

제임스 배리

그런 어머니의 주의를 끌기 위해 그는 형의 옷을 입고 형이 늘 하던 습관대로 휘파람 부는 흉내를 내기까지 했지만, 어머니는 그에게 아무런 관심도 보이지 않았다. 그녀는 오로지 자신의 죽은 아들이 영원히 자라지 않는 소년으로 남아 그녀 곁에 머물러 있기를 바라는 것처럼 보였다. 이처럼 어릴 때부터 어머니의 사랑과 관심을 끌지 못해 말 못할 마음의 상처를 입은 그는 그래서인지 키가 전혀 자라지 않았으며, 성장해서도 매우 소심한 성격에다 남성다운 모습을 전혀 보여주지 못했다.

8세 때부터 집을 떠나 글래스고의 학교에 다닌 그는 일찍부터 작가가 되고 싶어 했지만 부모는 작가의 길을 반대하고 성직자가 되기를 바랐다. 그 이유 또한 데이비드가 살았다면 부모의 뜻대로 성직자의 길을 갔을 것이라는 주장이었으니 그는 항상 죽은 데이비드의 망령에서 자유롭지 못한 신세였다. 하지만 형 알렉의 중재로 가까스로 에든버러 대학에서 문학을 공부할 수 있게 되었으나, 매우 내성적이고 수줍음을 타는 성격으로 인해 교우관계를 거의 이루지 못했다.

이처럼 매우 특이한 성장배경이 나중에 《피터 팬》을 쓰게 만든 가장 중요한 동기로 작용한 것으로 보이는데, 그래서 처음에 붙인 제목도 《더 이상 자라지 않는 소년》이었다. 에든버러 대학교에서 석사학위를 받은 뒤 잡지사에서 일하던 그는 30대 초반부터 희곡을 쓰기 시작해서 1904년 런던에서 초연된 연극 〈피터 팬〉으로 비로소 대중적인 성공을 거두었다. 그는 그 외에도 많은 소설과 희곡을 남겼으나 말년에 이르러서는 거의 작품을 쓰지 않았다.

비록 키는 작았지만 그래도 여배우 출신 메리 앤셀과 결혼까지 한 제임스 배리는 부부관계에는

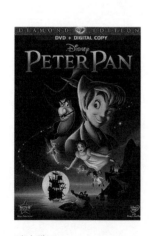

피터 팬

자신이 없었던지 계속 잠자리를 회피해 아이를 갖지 못한 것으로 알려졌는데, 결국 그녀가 자신의 비서 길버트 캐넌과 불륜을 일으키는 바람에 마음의 상처를 크게 받은 그는 아내의 마음을 돌려보려고 애쓰기도 했으나 그녀가 끝내 등을 돌리자 이혼소송까지 제기해 1909년 헤어지고 말았다. 그 후 제임스 배리는 30년 가까운 세월을 외롭게 혼자 지내다 77세를 일기로 세상을 떠났다.

하늘을 날아다니는 개구쟁이 소년 피터 팬이 모험심 강한 소녀 웬디를 데리고 네버랜드로 가서 온갖 신기한 모험들을 겪게 되는 이야기는 특히 월트 디즈니 만화영화를 통해 모르는 사람이 없게 되었는데, 제임스 배리는 피터 팬의 모델을 자신이 가깝게 지내던 이웃 데이비스 부부의 어린 5형제 중 3남 피터에서 찾았다. 데이비스 부부가 40대 나이로 일찍 사망하자 그는 어린 5형제를 친자식처럼 대신 돌봤으나, 장남 조지는 제1차 세계대전에서 전사했으며, 4남 마이클은 젊어서 익사 사고로, 그리고 피터는 노년에 철도자살로 생을 마쳤다. 가장 장수한 막내 니콜라스는 1980년에 세상을 떴다.

그런데 빨리 어른이 되기를 원하면서도 동시에 두려움을 갖는 것은 모든 어린이의 공통된 심리겠지만, 그런 양가적인 감정을 극복해나가기 위해서는 부모형제라는 가족의 존재가 불가피한 것이다. 피터 팬에게는 그런 가족이 없다는 사실이 가장 큰 약점인 셈이며, 작가 제임스 배리 역시 자신이 어린 시절에 겪었던 마음의 상처 때문에 피터 팬이라는 어린 고아를 창조해낸 것이다. 사실 그는 한평생을 고아나 마찬가지로 외롭게 살다 간 작가로 피터 팬은 바로 그 자신의 분신과도 같은 존재였다고 할 수 있다.

어머니의 사랑을 받지 못한 쥘 르나르

아동소설 《홍당무》로 유명한 프랑스의 작가 쥘 르나르(Jules Renard, 1864-1910)는 프랑스 샬롱 태생으로 어려서부터 어머니의 사랑을 받지 못하고 가족 내에서도 따돌림 당하며 외톨이로 자란 탓에 매우 어둡고 불행한 아동기를 보내야 했는데, 그때 받은 상처의 기억을 토대로 쓴 소설 《홍당무》를 1894년에 발표해 일약 유명작가로 떠올랐다. 이 작품은 그 후 희곡으로도 각색되어 큰 인기를 끌었다.

고등학교를 마친 후 철도회사 등에서 낮은 급료를 받으며 매우 궁핍한 생활을 이어가는 도중에도 시와 소설을 계속 쓴 그는 《홍당무》, 《박물지》 등의 대표작 외에도 희곡 《포도밭의 일꾼》, 《이별의 기쁨》, 《집에서 구운 빵》, 《비고트》 등을 발표함으로써 극작가로서의 명성까지 얻었다. 비록 그는 24세 때 마리 모르노와 결혼해 어머니로부터 받지 못한 사랑을 대신 보상받을 수 있었으나 동맥경화증에 시달린 끝에 46세라는 아까운 나이로 갑자기 세상을 뜨고 말았다.

사후에 출간된 그의 《일기》는 20대 초반부터 죽을 때까지 24년에 걸친 삶의 진솔한 고백을 기록한 내용으로 인간 내면의 진실을 탐색하고자 하는 노력의 흔적이 돋보이는 작품이라 할 수 있으며, 작가 자신의 삶에 대한 고뇌가 깊이 스며들어 있는 일기문학의 정수로 꼽히기도 한다. 그는 《일기》에서 고백하기를, 소설 《홍당무》의 내용은 자신의 불우했던 어린 시절을 반영한 것으로 밝히면서 어려서부터 자신을 학대했던 어머니와 평생을 두고 불화 관계에 있었음을 드러내기도 했다.

쥘 르나르

그런 점에서 소설 《홍당무》는 일종의 자전적 소설이라 할 수 있으며, 단순한 아동용 소설이라기보다는 부모의 사랑을 받지 못하고 자란 한 소년의 심리적 고통과 상처를 통하여 가족의 소중함은 물론 따스한 애정의 교류와 적절한 대화의 중요성을 강조한 것으로 본다. 실제로 르나르는 소설의 주인공 홍당무처럼 형과 누나를 편애하는 어머니와 가족에 무심한 아버지 사이에서 철저히 소외된 외톨이로 성장했으며, 결국 그런 상처의 흔적을 남겨준 어머니에 대한 복수심을 소설을 통해 승화시킨 것으로 볼 수도 있다.

르피크 가의 둘째 아들 홍당무의 본명은 원래 프랑소와지만 자신의 이름이 있음에도 불구하고 집안에서는 그저 홍당무로만 불리는데, 그 이유는 빨강 머리에 주근깨투성이기 때문이다. 온순하지만 애교를 부릴 줄도 모르고 융통성이 전혀 없는 그는 사납고 무정한 어머니의 사랑과 관심을 얻기 위해 무던히 애쓰지만 번번이 실패한다. 거칠고 사나우며 자식들에 대한 편애가 심한 어머니는 홍당무를 마치 길에서 데려다 키운 자식처럼 학대하고 구박한다. 반면에 유약하고 소심한 아버지는 집안일에 전혀 신경도 쓰지 않으면서 밖으로만 겉도는 생활로 일관한다. 부모 사이는 냉랭하고 사무적이며 사랑이 담긴 대화는 찾아보기 어렵다.

집안에 감도는 어색한 침묵을 깨는 것은 항상 어머니의 짜증나는 잔소리와 바가지로 그런 이유 때문에 아버지는 날이 갈수록 가정에 무심한 태도를 보인다. 홍당무의 형 펠릭스와 누이 에르네스틴은 어머니에 질세라 매우 가학적인 태도로 동생을 무시하고 업신여긴다. 집안 식구들에 의해 완전히 따돌림 당하고 고립무원의 상태에 놓인 홍당무는 식탁 밑한 구석에 숨어 지내거나 눈에 잘 띄지 않는 토끼장에 몰래 들어가 혼자 공상의 나래를 펴기 일쑤다.

쥘 르나르는 이 소설을 통해 그 어떤 도덕적 교훈이나 설교를 하려는 것이 결코 아니다. 더구나 어린 나이에 이루 말할 수 없는 심리적 고통을 겪었지만 그런 시련을 극복하고 훌륭한 성인으로 성장한 인간승리의 모범을 제시한 것도 물론 아니다. 그는 단지 선과 악이 혼재된 일반 성인들과 마찬가지로 한 어린 소년의 내면세계 또한 그들과 하나도 다를 것이 없음을 증언하고 있을 뿐이다.

물론 성장기의 아픔을 견디어내기 위한 홍당무의 필사적인 노력은 눈물겹기만 하다. 삭막하고 황량하기 그지없는 집안 분위기는 한마디로 모든 애정과 관심이 사라진 사막과도 같은 황무지나 다름없었다. 홍당무는 그런 토양 위에서 사랑이 아닌 증오심만을 배운다. 사랑을 제대로 받아보지 못한 그로서는 사랑하는 법보다 세상을 증오하는 법부터 터득한다.

따라서 홍당무가 보이는 잔인한 동물 학대는 달리 표현하고 해소할 길이 없는 그 자신의 내적 분노와 좌절, 그리고 적개심 등을 드러낸 것이기도 하지만, 그것은 100년이 지난 오늘날의 아이들 역시 마찬가지로 비슷한 모습을 보인다는 점에서 쥘 르나르는 작가이기 이전에 뛰어난 아동심리 전문가처럼 보이기도 한다.

이러지도 저러지도 못하는 홍당무의 역설적 상황은 어머니의 애정과 가족애에 대한 그리움에 가득 차 있지만, 반복적인 어머니와 형제들의 학대로 인해 분노와 좌절, 그리고 이어지는 절망감을 극복하지 못하고 결국에는 가출과 자살 등의 극단적인 방법까지 상상함으로써 스스로를 학대하는 동시에 가족들의 관심을 이끌 방법을 골똘히 연구하기도 한다. 그러나 결국에는 아버지와의 대화를 통해 스스로 타협과 화해에 도달하는 모습을 보여주고 있으니 그나마 다행 아니겠는가.

어머니를 잃고 작가가 되기로 결심한 나쓰메 소세키

근대 일본 문학의 대가로 꼽히는 나쓰메 소세키(夏目漱石, 1867-1916)는 메이지 시대에 활동한 소설가이자 수필가, 평론가, 영문학자로 《나는 고양이로소이다》,《도련님》,《풀베개》,《행인》,《마음》 등의 소설로 유명하다. 일본인으로서는 가장 최초로 영국 유학을 다녀온 지식인이며, 서구 문물에 일찍 개화된 사상가로도 알려져 아쿠타가와 류노스케 등 후대의 일본 작가들에게 많은 영향을 끼쳤으나 아쉽게도 위궤양의 악화로 쓰러져 49세 나이로 일찍 타계했다.

일본 동경 태생인 나쓰메 소세키는 메이지 유신으로 완전히 몰락한 관리 가문의 8남매 중 가장 늦둥이로 태어났는데, 그가 태어났을 때 어머니는 40세였고 아버지는 53세였다. 없는 살림에 식구 하나 더 늘게 되어 성가시게 여긴 아버지는 한 살짜리 늦둥이를 자식이 없는 시오바라 부부에게 입양시켜버렸다. 그렇게 어머니와 강제로 떨어진 그는 양부모가 불화로 이혼하는 바람에 아홉 살 때 비로소 집으로 돌아올 수 있었다.

다시 돌아온 아들을 어머니는 몹시 반겼지만, 아버지는 여전히 그를 달가워하지 않았다. 하지만 어머니와의 재회도 잠시였을 뿐 불과 5년 뒤에 어머니가 세상을 떴으며, 20세 때에는 믿었던 큰형 다이스케가, 그리고 3년 뒤에는 그가 어머니 다음으로 좋아했다는 작은 형수 도세가 24세 한창 나이로 죽는 바람에 그는 매우 불안정한 상태에서 학교를 다녀야 했다. 더욱이 그는 친부와 양부의 불화 때문에 가족들과 한 지붕 밑에 살아도 다른 성을 지닌 채 10년 이상 지내야 했는데, 21세가 되어서야 비로소 원래의 성을 되찾게 되었으니 참으로 기구한 팔자를 타고났다고 할 수 있다.

그는 어머니를 여의고 크게 상심한 그때부터 이미 작가가 되기로 결심했으나 가족의 완강한 반대에 부딪친 나머지 어쩔 수 없이 동경제국대학 영문과에 입학했는데, 그나마 영어가 향후 자신의 경력에 매우 유용하리라 여겼기 때문이다. 그때 만난 시인 마사오카 시키의 격려에 힘입어 작가의 길을 걷기로 결심한 그는 교사로 근무하던 시기에 유력인사의 딸 나카네 교코와 결혼했으나 히스테리가 심한 교코와 신경쇠약 증세를 보인 나쓰메 소세키의 결합은 결코 원만할 수가 없었다.

마침내 1900년 33세가 되었을 때 국비 장학생으로 대망의 영국 유학을 떠난 그는 지겨운 교사생활과 아내로부터 벗어나는 해방감을 만끽했다. 하지만 동양인이라는 차별대우와 현지 적응에 어려움을 겪은 나머지 극도의 신경쇠약 증세에 시달리며 자신의 방에 틀어박혀 두문불출하기도 했는데, 그가 미쳤다는 소문이 파다하게 퍼지면서 결국 문부성의 귀국명령으로 3년 만에 일본으로 귀국하고 말았다.

귀국한 후 그는 대학 강사로 일하면서 《나는 고양이로소이다》,《도련님》 등의 대표작을 발표해 인기를 끌었으며, 1907년에는 아사히신문사에 입사해 본격적인 작가의 길로 들어섰다. 1909년 남만주 철도 총재인 동창생 요시코토의 초청으로 만주와 조선 일대를 여행하고 그 소감을

나쓰메 소세키

《만한기행(滿韓ところどころ)》에 담았으며, 한일합병이 이루어진 1910년에는 위궤양이 악화되어 가장 큰 위기를 넘기기도 했다. 하지만 그 후에도 수차례 입원을 반복하다 마침내 1916년 위출혈로 쓰러져 생을 마감하고 말았다.

인간의 에고이즘에 따른 갈등과 심리 묘사에 일가견이 있었던 나쓰메 소세키는 특히 개인적 욕망과 전통적 의리의 충돌, 집단적 충성과 개인적 자유 사이에 벌어지는 갈등, 급변하는 산업화의

사회적 파급효과 및 고립과 소외의 문제, 서구문물의 모방에만 급급한 일본 사회에 대한 경멸 등을 주로 다루었지만, 그 밑바탕에는 인간 본성에 대한 뿌리 깊은 환멸과 염세주의가 깔려있다고 할 수 있다. 물론 그런 특성의 배경에는 출생 직후부터 거듭된 정체성의 혼란과 어머니의 죽음, 그리고 불행한 결혼 생활 등이 주된 원인으로 작용했기 쉽다.

나폴리의 명가수 카루소

이탈리아의 전설적인 테너 가수 엔리코 카루소(Enrico Caruso, 1873-1921)는 나폴리 태생으로 타의 추종을 불허하는 가창력으로 한 시대를 화려하게 장식한 인물이다. 가난한 공장 노동자의 7남매 중 셋째로 태어난 그는 어려서부터 아버지의 뜻에 따라 견습공으로 일했으나, 어머니가 고집을 부려 가까스로 학교에 들어가 읽고 쓰기를 배웠으며, 교회 성가대에서 뛰어난 실력을 발휘해 이미 그 재능을 인정받았다. 하지만 어린 아들에게 음악에 대한 열정과 야심을 심어준 어머니는 그가 15세 때 일찍 세상을 떠나는 바람에 성공한 아들의 모습을 안타깝게도 보지 못하고 말았다.

어머니가 죽은 후 어려운 집안 살림을 돕기 위해 나폴리 거리에서 노래를 부르기 시작한 카루소는 카페나 파티 장소에서 돈을 받고 노래를 불렀는데, 18세 때 처음으로 자기가 번 돈으로 새 구두를 사서 신을 정도로 힘겨운 시절을 보냈다. 군복무를 마치고 22세 무렵부터 정식으로 오페라 무대에 섰으나 무명가수였던 그에게는 비중 있는 역할이 주어지지 않아 상당 기간 궁핍한 생활이 계속되었다. 하지만 그 후 푸치니의 〈라보엠〉, 베르디의 〈리골레토〉 등을 통해 진가를 발휘하기 시작해 30세에

엔리코 카루소

는 미국 메트로폴리탄 극장 공연의 성공으로 그때부터 세계적인 명성을 얻기 시작했다.

카루소는 데뷔 초창기 시절에 한동안 자신에게 창법을 지도해준 10년 연상의 소프라노 가수 아다 지아케티와 열애에 빠져 네 명의 아들까지 낳고 함께 11년간이나 동거했으나 놀랍게도 그들 관계는 불륜상태였다. 당시 이미 결혼한 유부녀였던 그녀는 사업가인 남편의 곁을 떠나 무려 11년간이나 카루소와 동거생활을 지속했는데, 나중에 그와 별거하게 되자 법원에 정신적 피해에 대한 손해배상을 청구했지만, 그녀의 요구는 기각 처리되었다.

가장 오래 지속된 불륜으로 기록될 그들의 관계는 결국 운전기사와 눈이 맞은 아다의 불륜으로 파경을 맞이하고 말았다. 그 후 카루소는 두 아들을 키우며 아다의 동생 지나와도 사귀었지만, 그들 관계 역시 그가 20년이나 연하인 도로시 벤자민에게 청혼하면서 끝이 났다. 미국의 부유한 변호사의 딸이었던 도로시는 아버지의 반대를 무릅쓰고 카루소와 결혼해 딸 글로리아를 낳았는데, 1999년 80세로 죽은 글로리아는 아버지에 대한 전기를 써서 유명해졌다.

11년간이나 불륜관계를 유지하며 네 명의 사생아를 낳은 카루소는 그야말로 배짱 두둑한 바람둥이라 할 수 있겠지만, 일찍 어머니를 여읜 그가 10년 연상의 여인을 그것도 다른 남자의 부인을 가로채 자식까지 낳은 사실은 그만큼 모정에 목말라 있었다는 얘기가 된다. 그러나 아다가 마치 자신의 어머니처럼 자신을 내버리고 멀리 사라져버리자 그는 10년 동안이나 두 아들을 끔찍이 아끼며 키웠는데, 그런 행동 역시 어린 시절 자식들에게 무심했던 아버지에 대한 반감 때문이었을 것이다. 어쨌든 미신을 믿은 카루소는 노래할 때 항상 행운의 부적을 지니고 다녔으며, 화려한 옷차림을 즐기고 미식가에다 지독한 골초였다. 그러나 평소 편두통에 시달린 그는 운동부족에 의한 비만과 과도한 흡연으로 건강을 해친 나머지 결국 48세라는 젊은 나이로 숨지고 말았다.

루시 몽고메리와 빨강 머리 앤

청춘 소설《빨강 머리 앤》으로 너무도 잘 알려진 캐나다의 여류소설가 루시 모드 몽고메리(Lucy Maud Montgomery, 1874-1942)는 캐나다 북동부 세인트로렌스 만(灣)에 위치한 프린스에드워드 섬의 클리프턴에서 외동딸로 태어났다. 그러나 두 살 때 어머니를 여의었으며, 그 후 아버지가 재혼하는 바람에 캐번디시에서 우체국을 경영하며 살던 외조부모 밑에서 외롭게 컸다. 16세 때 잠시 아버지와 함께 지냈지만 계모와 불편한 관계로 다시 외조부 곁으로 돌아갔다.

대학을 졸업한 후 교사 생활을 하다가 24세 때 외조부가 세상을 뜨자 캐번디시로 돌아가 우체국 일을 도왔는데, 당시 그녀는 맥도널드 목사와 약혼까지 했으나 우체국 일 때문에 결혼도 미룬 상태였다. 34세 때 발표한 첫 소설《빨강 머리 앤》을 통해 본격적인 작가 생활로 접어들었는데, 37세 때 외조모마저 세상을 뜨게 되자 비로소 우체국 일을 접고 맥도널드 목사와 결혼했다.

그녀는 두 아들을 낳아 키우면서 앤을 주인공으로 한 9편의 앤 시리즈뿐만 아니라《에밀리》3부작 등 20편의 장편 소설을 썼으며, 그 외에도 530편의 단편 소설과 500편의 시를 썼다. 하지만 그중에서도 농촌 마을을 무대로 때 묻지 않고 순수한 소녀 앤이 꿋꿋하게 성장해 가는 모습을

루시 모드 몽고메리

그린 《빨강 머리 앤》 시리즈는 지금까지도 많은
독자의 사랑을 받고 있는 작품이다.

　말년에 이르러 대영제국 훈장까지 받은 그녀는
비록 작가로서의 명성을 얻기는 했으나, 개인적으
로는 매우 고달픈 나날을 보내야 했다. 특히 출판
사를 상대로 벌인 오랜 법정소송과 우울증에 시달
린 남편 시중을 드느라 그녀 자신도 우울증에 빠
지고 말았다. 결국 그녀는 더 이상 감당하기 힘든
현실이 두려워 67세 나이에 스스로 목숨을 끊고
말았다.

　비록 그녀가 창조한 빨강 머리 소녀 앤의 씩씩한 모습은 바로 어린 시
절 굳세게 살아가던 그 자신의 분신이기도 했지만, 어머니의 보살핌을
받지 못하고 살았던 그녀의 속마음은 항상 외로움과 허전함으로 힘겨웠
을 것으로 보이는데, 그런 속내를 드러내지 않기 위해 겉으로는 오히려
야무진 모습을 보였기 쉽다. 부모가 아닌 외조부모의 보살핌을 받고 자
란 그녀는 말년에 이르러 우울증에 걸린 남편을 자신이 보살펴야하는 입
장에 놓이게 되자 자신을 보살펴줄 사람이 없는 현실에 더욱 크게 좌절
한 나머지 자살한 것으로 보인다.

기도하는 마음으로 시를 쓴 릴케

　20세기가 낳은 독일어권 최고의 시인으로 꼽히는 오스트리아의 시인
라이너 마리아 릴케(Rainer Maria Rilke, 1875-1926)는 《기도 시집》, 《두이노의
비가》를 비롯해 소설 《말테의 수기》와 서한집 《젊은 시인에게 보내는 편

지》 등을 통해 제1차 세계대전과 러시아 내전 등 참담한 인간성 상실의 시대를 맞이하여 순수한 영혼의 회복을 추구한 구도자적 자세로 수많은 주옥같은 시들을 남김으로써 오늘날에 와서도 수많은 독자의 사랑을 받고 있는 신비주의적 서정시인이다.

하지만 릴케는 어려서부터 매우 불행하고 고독한 시절을 보내야 했는데, 왜냐하면 그의 부모가 일찍 헤어진데다 그를 키운 어머니는 어린 릴케를 마치 딸처럼 키웠기 때문이다. 어린 아들에게 여자 옷을 입히고 딸처럼 대한 어머니의 이상한 행동은 그 후 릴케의 지극히 내성적이고도 여성적인 성격 형성에 결정적인 영향을 끼친 것으로 보인다. 어머니가 그런 행동을 보인 이유는 태어나자마자 죽은 딸의 모습을 잊지 못해 그랬던 것인데, 그녀는 마치 어린 릴케가 이미 죽고 없는 딸처럼 대하고 행동했던 것이다.

릴케는 한때 군사학교에 보내져 교육도 받았지만 허약한 체질로 버티지 못하고 도중에 학업을 포기하고 말았다. 짐작컨대 너무나 숫기가 없고 계집애 같아서 남성다움을 키워주기 위해 그랬던 것 같다. 결국, 작가가 되기로 결심한 릴케는 문학과 철학을 공부했지만, 22세 때 뮌헨에서 루 살로메를 만난 이후 정신없이 사랑에 빠진 나머지 마침내 그녀와 함께 두 차례에 걸쳐 러시아를 여행하기도 했다. 당시 그녀는 이미 결혼한 몸이었는데도 말이다.

러시아 출신의 루 살로메는 지성과 미모를 자랑하며 서구 지식인사회에서 숱한 스캔들을 일으킨 장본인이었지만, 이미 그녀에게 깊이 빠져든 릴케에게는 구원의 여인상이자 사랑하는 연인인 동시에 상징적인 어머니이기도 했다. 실제로 릴케

라이너 마리아 릴케

보다 14년이나 연상이었던 루 살로메는 마치 어머니처럼 행동했으며, 라이너라는 이름도 그녀가 붙여준 것이다. 원래 그의 이름은 어릴 때 어머니가 붙여준 르네였지만, 그 이름이 너무 여성적이고 연약해 보인다면서 보다 남성적이고도 독일식으로 들리는 라이너로 바꿀 것을 요구한 것인데, 릴케는 마치 어머니의 말에 순종하듯 그녀의 요구에 순순히 따랐다.

하지만 단 둘이 떠난 마지막 러시아 여행은 릴케에게 쓰라린 아픔과 좌절만을 남기고 끝이 나 버렸다. 어린애처럼 매달리는 릴케에게 루 살로메가 지겨움을 느낀 것이다. 결국 릴케는 변덕이 죽 끓듯 하는 루 살로메에게 버림을 받은 후 독일 보르스프베데에 있는 예술인촌에 머물며 여류조각가 클라라 베스토프를 만나 결혼해서 딸까지 낳았지만, 그 결혼은 그다지 행복하지 못했다. 어차피 릴케는 한 가정을 이끌고 책임 맡는 일에 자신이 없었으며, 특히 어릴 때 받은 상처 때문에 모녀와 함께 지내는 일에 더욱 견딜 수 없었는지도 모른다.

릴케는 곧바로 가족을 떠나 파리로 가서 조각가 로댕의 조수로 일하기도 했는데, 오랜 기간 따로 떨어져 살면서 제각기 독립된 활동을 벌이던 이들 부부는 서로 이혼에 합의하고도 공식적으로 이혼까지 하지는 않았다. 가톨릭 교리에 위배된다는 릴케 자신의 소신 때문이었다. 물론 이들의 별거 이유는 정확히 밝혀진 바 없지만, 원래 성적인 면에 자신이 없었던 릴케 자신의 소심한 성격 탓일 수도 있다. 그는 많은 여성과 교류하기도 했으나 그것은 어디까지나 우정의 차원이었지 성적인 관계는 아니었다. 성에 대해 남다른 두려움과 열등감을 지녔던 릴케였으니 당연한 결과라 하겠다.

제1차 세계대전이 끝난 후 스위스에 머물며 《두이노의 비가》를 완성하는 일에 힘을 쏟던 릴케는 40대 후반에 접어들어 급격히 건강이 악화되면서 결국 오랜 요양소 생활 끝에 그곳에서 담당 주치의 품에 안겨

51세를 일기로 세상을 떴다. 두 눈을 뜬 채 숨을 거둔 릴케는 아무런 유언도 남기지 않았는데, 항간에 떠도는 소문 중에 릴케의 죽음은 장미 가시에 찔린 상처 때문인 것으로 알려지기도 했지만, 실제로 그는 백혈병에 걸려 극심한 통증에 시달리다 죽었다.

서부의 야생마 잭 런던

《야성의 절규》, 《늑대개》, 《바다 이리》, 《강철군화》, 《마틴 에덴》 등 반문명적 메시지를 드러낸 작품들로 유명한 미국의 소설가 잭 런던(Jack London, 1876-1916)은 비록 정통 문단에서 제대로 인정받지 못한 일개 통속 작가로 알려져 왔다. 하지만 오늘날에 와서는 단순히 자연과 야생에 관련된 흥미 본위의 모험소설에 그친 것이 아니라, 오히려 불평등에 기초한 약육강식의 자본주의사회를 신랄하게 비판한 사회주의적 성향이 매우 강했던 작가로 재조명받고 있다. 하지만 그런 사회주의적 이념을 추구하는 작가가 철저한 자본주의 국가인 미국 사회에서 인정받는다는 것은 현실적으로 매우 어려웠을 것이며, 더욱이 상반된 이념과 가치관을 지니고 살아야만 했던 그 자신의 갈등과 좌절 또한 매우 컸으리라고 여겨진다.

그런데 그가 그토록 반문명적, 반자본주의적 태도를 노골적으로 보이게 된 것도 따지고 보면, 그 자신의 불우한 성장 과정에서 그 동기를 찾을 수 있다. 그는 미국 최초의 대륙횡단 철도가 개통하고 캘리포니아에서 금광이 발견되면서 골드러시 붐을 일으키던 서부개척시대에 온갖 뜨내기들이 일확천금을 노리고 모여들어 혼잡했던 항구도시 샌프란시스코에서 사생아로 태어났다. 당시 음악교사로 일하면서 심령술에 몰두하던 어머니 플로라는 떠돌이 점성술사 윌리엄 채니와 동거 중에 잭 런던을 임신하게 되었는데, 플로라의 주장에 의하면, 당장 유산할 것을 요구한 채니와 이를 거부한 플로라 사이에 언쟁이 벌어졌다는 것이다. 어쨌든 채니가 아이에 대한 책임을 거부하고 어디론가 사라져버리자 절망에 빠진 그녀는 총으로 자살까지 기도했으나 다행히 큰 부상은 아니었다.

그런 우여곡절 끝에 아기를 출산한 플로라는 아기 양육을 흑인 노예 출신의 버지니아에게 일임한 채 더 이상 아기에게 관심을 두지 않았으며, 곧바로 존 런던과 결혼하면서 그 아기는 잭 런던이라는 이름으로 불리게 되었다. 그런 배경 때문에 잭 런던은 생모보다 오히려 흑인 유모인 버지니아를 자신의 진정한 어머니로 여기게 되었다. 그 후 버클리 대학에 재학 중이던 21세 무렵, 그는 신문기사를 통해 과거 어머니의 자살기도 사실과 자신의 생부 이름을 발견하고 당시 시카고에 살고 있던 채니에게 편지를 띄웠으나, 채니의 답장에 의하면, 자신은 성 불구자였기 때문에 그의 생부가 될 수 없다며, 당시 플로라는 다른 남자를 통해 임신해 놓고 오히려 자신이 유산을 강요한 것처럼 사실을 호도했다는 것이다. 그런 내막을 알게 된 잭 런던은 분노와 모멸감에 사로잡힌 나머지 곧바로 대학을 때려 치고 당시 골드러시 붐을 일으키던 캐나다 클론다이크로 홀쩍 떠나버렸다.

잭 런던

이처럼 자신을 제대로 돌보지 않은 부모에 대한 원망과 분노로 가득 찬 상태에서 마음의 상처를 크게 받으며 성장한 잭 런던은 이미 어린 시절부터 통조림 공장에서 혹사당하는 가운데 불평등한 사회구조에 불만을 지니게 되었으며, 그런 불우한 아동기를 거치면서 점차 불량스러운 반항아의 모습으로 변해갔다. 결국, 이른 나이부터 신문

팔이, 세탁소, 발전소 탄부, 통조림 공장 노동자, 선원, 노다지를 찾는 투기꾼, 동네 불량배, 통신원 등 닥치는 대로 안 해본 일이 거의 없을 정도로 고달픈 밑바닥 생활에 젖어 살던 그는 세상에 대한 불만으로 일찌감치 공산주의 사상에 이끌려 고교 시절에 이미 사회주의 노동당에 가입했다. 대학을 도중에 포기하고 여기저기를 전전하며 닥치는 대로 노동일을 하다가 일확천금을 노리고 캐나다의 유콘강 부근을 돌아다니며 노다지를 캐려고 시도하기도 했으나, 결국에는 빈손으로 귀가하고 말았다.

22세가 되어 귀가한 후 생업을 위해 우체국 직원으로 일하면서 닥치는 대로 글을 쓰기 시작한 그는 1904년에 러일 전쟁 취재를 위해 특파원으로 활동하며 동아시아지역을 여행했을 당시 대한제국 시절의 한국을 잠시 방문해 서울과 평양 등지의 호텔에 머물며 취재 활동을 펼치기도 했다. 하지만 그의 눈에 비친 한국인은 게으르기 짝이 없고 전혀 쓸모없는 인간들의 모습이었을 뿐이며, 노골적인 백인우월주의자로 자신의 많은 작품 속에서 흑인과 유대인에 대한 경멸적인 묘사를 서슴지 않았다. 그럼에도 멕시코인, 하와이인, 중국인, 일본인 등에 대해서는 호감을 표시하기도 했다.

하지만 그의 백인우월주의는 자신의 사회주의 이념과도 일치하지 않는 모순을 드러냈을 뿐만 아니라 그토록 경멸하던 자본주의사회에서 세속적인 성공을 이루기 위한 야망에 불타오르기도 했으니 참으로 이율배반적인 모습이 아닐 수 없다. 그렇게 자가당착적 모순에 빠진 자신의 모습에 실망한 그는 스스로를 자책하고 달래기 위해 술과 마약에 의지했으며, 결국 자신의 야성과 이상, 그리고 현실적 장벽 사이에서 방황을 거듭하다가 자신의 오두막에서 40세라는 한창 나이로 일찍 요절하고 말았다. 비록 그는 요독증으로 사망했지만, 모르핀 과용이 그의 죽음을 재촉한 것으로 보이며, 그런 이유 때문에 자살 가능성도 꾸준히 제기되어 왔다. 더욱이 말년에 그는 극심한 우울증과 알코올 중독에 빠진 상태로 청년 시절에도 술에 취한 상태에서 바다에 뛰어들어 자살을 기도했다가 어부들에 의해 간신히 구조된 적도 있을 정도로 항상 자살 충동에 휘말리고 있었다.

이처럼 사생아로 태어난 잭 런던은 그 자신이 마치 길들여지지 않은 야생마처럼 생을 살았던 인물로 그런 점에서 소설《야성의 절규》는 바로 그 자신의 절규이기도 했다. 뭉크의 그림 '절규'가 유아적 공포 및 두려움을 연상시킨다면, 런던의 절규는 처절한 반항 및 권위에 대한 부정뿐 아니라 불공정한 자신의 운명과 문명사회에 대한 적개심을 드러낸 것이기도 했다. 특히 그의 주된 작품 주제가 되었던 늑대는 반문명의 상징으로 등장하는데, 왜냐하면 늑대는 결코 길들여지지 않는 짐승이기 때문이다. 그는 심지어 자신이 살던 집도 '울프 하우스'라고 명명했다. 늑대의 집이라는 뜻이다. 이처럼 잭 런던은 야생의 늑대처럼 타락한 자본주의 문명사회에 결코 길들여지지 않는 고독한 이리가 되고자 했지만 그 역시 인간인지라 세속적인 명성과 부의 유혹에서 결코 자유롭진 못했다.

실성한 어머니를 두려워한 아쿠타가와 류노스케

소설《라쇼몽(羅生門)》으로 유명한 아쿠타가와 류노스케(芥川 龍之介, 1892-1927)는 일본 근대 소설을 대표하는 작가로 일본 동경에서 우유 판매업자 니하라 도시조(新原敏三)의 아들로 태어났다. 원래 그는 위로 두 누나가 있었는데, 큰누나가 어린 나이로 사망하자 이에 큰 충격을 받은 어머니가 정신이상에 걸려 갓 태어난 아들을 키울 수 없는 상태에 빠지게 되었다. 당시 생후 7개월 된 그는 어쩔 수 없이 외갓집에 맡겨져 자라게 되었지만 그가 열 살이 되었을 때 결국 어머니는 세상을 뜨고 말았다. 그 후로는 외삼촌 아쿠타가와 미치아키(芥川道章)의 양자가 되어 아쿠타가와 성을 쓰게 되었지만, 사실상 그는 고아나 다름없는 존재였다.

아쿠타가와 류노스케

나쓰메 소세키처럼 동경제국대학에서 영문학을 공부한 그는 대표작 《라쇼몽》을 발표한 후 친구의 조카였던 쓰가모토 후미와 결혼해 삼형제를 낳았으나, 1920년대 초 중국 방문을 다녀온 후로는 극심한 신경쇠약과 위장병 등으로 기력을 잃기 시작해 창작 활동이 눈에 띄게 줄었으며, 온천지대로 요양을 떠나기도 했다. 당시 관동 대지진으로 일본 전국이 혼란에 빠졌을 때 그가 조선인 학살의 주동세력이었던 자경단의 일원으로 활약하기도 했으나, 끔찍한 학살 현장을 목격한 후로는 자경단에서 손을 뗐다고 한다.

그 후에도 그는 신경쇠약과 불면증 등으로 건강이 악화되자 구게누마에서 가족과 함께 머물며 요양 생활을 계속하다가 1927년 의형제 사이였던 니시카와가 방화 및 보험금 사기 혐의로 철도 자살을 하는 바람에 그가 남긴 빚과 가족부양까지 떠맡게 되면서 아쿠타가와는 상당한 정신적 부담에 시달려야 했다. 결국, 그는 부인의 친구이자 자신의 비서였던 히라마쓰 마쓰코와 함께 제국호텔에서 동반 자살을 하기로 약속했다가 그녀가 변심하는 바람에 실패했는데, 3개월이 지나서 다량의 수면제를 복용하고 기어코 숨을 거두고 말았다. 향년 35세였다. 그가 스스로 밝힌 자살 이유는 우울증이나 비관보다는 오히려 감당하기 어려운 불안 때문이라고 했다. 실제로 그는 말년에 이르러 자신도 어머니처럼 정신병에 걸릴까 몹시 두려워했으며, 그 자신이 극도의 정신적 혼란 속에 환시 경험을 하게 되면서 그런 두려움은 더욱 커졌다.

어쨌든 아쿠타가와의 작품에 등장하는 여성들의 대부분은 한결같이 매우 이기적이고 공격적이며, 기만적이기까지 한데, 반면에 남성들은 그런 여성들에 휘둘리고 이용만 당하는 불쌍한 희생자의 모습으로 나온다. 그렇게 여성들에 대해 부정적인 이미지를 갖게 된 것은 어릴 때 이미 실성한 어머니 후쿠의 이미지와 그를 직접 길렀던 잔소리 많은 숙모 후키의 이미지가 하나로 겹쳐진 결과로 볼 수 있다. 따뜻한 모정을 한 번도 받아보지 못하고 자란 아쿠타가와의 비극적인 최후는 정상적인 양육과정이 얼마나 중요한 일인지 큰 교훈을 남긴 사건이라 할 수 있다. 어쨌든 그의 이름을 딴 아쿠타가와 상은 오늘날 일본의 가장 권위 있는 문학상으로 자리 잡아 신인 작가의 등용문이 되고 있다. 참고삼아 한 가지 덧붙이자면 이미 고전이 된 구로사와 아키라 감독의 영화 〈라쇼몽〉은 아쿠타가와의 소설 《라쇼몽》의 제목을 그대로 차용했지만 그 내용은 《덤불 속》을 원작으로 한 것이다.

어린이를 사랑한 소파 방정환

일제 강점기에 '색동회'를 조직해 우리나라 최초로 어린이 인권 보호 운동을 벌이는 가운데 본격적으로 이 땅에 아동문학을 보급시켰을 뿐만 아니라, 1922년 어린이날 제정에도 큰 역할을 맡아 암담한 현실 속에 살아가는 어린이들에게 꿈과 희망을 심어주는 일에 일생을 바친 소파 방정환(方定煥, 1899-1931)은 일제의 검열을 피하기 위해 수많은 필명을 사용하며 활동했다. 소파(小波)라는 호는 일본 유학 시절에 그에게 영향을 끼친 일본의 아동 문학가 이와야 사자나미(岩谷小波)의 이름에서 따온 것이다.

방정환은 구한말 서울 당주동에서 어물전과 미곡상을 경영하던 상인의 아들로 태어났다. 하지만 이른 나이에 어머니와 누나를 모두 잃고 새로 들어온 계모 밑에서 눈치를 보며 자라야했던 그는 애정에 대한 굶주림과 외로움을 미술과 작문에 재미를 붙임으로써 달래야했다. 여섯 살 무렵 소학교에 입학할 때 댕기를 자르고 머리를 깎는 일에 거부감을 느낀 할아버지의 반대에 부딪쳐 한동안 애를 먹기도 했으나, 신학문에 대한 열의에 가득 찬 어린 손자의 뜻이 가상해 결국 할아버지도 입학을 허락하고 말았다.

그는 가업을 이어갈 것을 요구한 아버지 뜻에 따라 선린상고에 입학했으나 계모의 병환과 기울어진 가세 형편으로 도중에 스스로 자퇴하고 말았다. 비록 담임교사와 아버지는 학업을 계속하기를 바랐지만, 그의 고집을 꺾을 수는 없었다. 하지만 당시 이미 잡지 《청춘》에 자신의 글을 싣기도 했던 그는 마음에도 없는 상업보다는 문학에 더욱 관심을 기울이고 있었기 때문에 그가 내세운 자퇴 이유는 핑계에 불과했기 쉽다.

생계유지를 위해 조선총독부 토지조사국에 잠시 취직하기도 했으나, 당시 그 기관은 조선인의 토지수탈로 원성이 자자했던 터라 얼마 가지 않아 사직하고 대신 천도교 기관에서 일하기 시작했다. 그가 특히 천도교에 이끌린 이유는 물론 아버지가 독실한 천도교 신자이기도 했지만, 그것보다도 만민평등을 주장한 인내천 사상에 공감했기 때문이다. 18세 때 당시 천도교 교주였던 손병희의 딸과 중매로 결혼한 그는 그때부터 청년문학단체를 통해 어린이 운동에 뛰어드는 한편, 보성전문학교에 입학해 신학문을 익혔다.

3·1 만세운동이 일어나자 독립정신을 고취시

방정환

키는 지하신문을 발행해 돌리다가 동료들과 함께 일경에 체포된 그는 고문까지 받는 고초를 겪은 후 다행히 증거불충분으로 풀려났지만, 다른 동료들은 고문 끝에 옥중에서 사망하고 말았다. 그 후 일본 유학길에 오른 그는 도요대학(東洋大學) 철학과에 입학해 아동문학과 아동심리학을 공부했는데, 당시 그는 천도교 잡지《개벽》에 계급투쟁에 입각한 사회주의 성격의 우화들을 연재해 일본 형사의 감시를 받기도 했다. 1920년 '개벽'에 소개한 번역 동시를 통해 처음으로 '어린이'라는 말을 사용한 그는 이듬해에는 10편의 외국동화를 번역한《사랑의 선물》을 출판했는데, 그 중에는 〈신데렐라〉, 〈잠자는 숲속의 미녀〉, 〈왕자와 제비〉 등도 포함되었다.

1923년 우리나라 최초의 아동 잡지 월간《어린이》를 창간하는 한편, 구연동화 및 전국순회강연 등을 통해 어린이에 대한 관심과 사랑을 촉구한 그는 '색동회'를 조직해 어린이 문제를 사회운동 차원으로까지 끌어올렸다. 그동안에 그는《칠칠단의 비밀》등 어린이를 위한 추리 모험소설도 썼다. 인신매매 조직에 납치되어 중국으로 팔려간 누이동생을 찾아나선 오빠의 활약상을 그린 이 소설은 일제 강점기의 암울한 상황에서도 기죽지 않고 불의에 맞서 싸우는 조선의 용감한 어린이들의 모습을 담고 있어서 동시대의 어린이뿐 아니라 어른들에게도 진정한 용기와 지혜를 심어주는 계기가 되기도 했다.

하지만 오로지 어린이를 위해 무리한 과로도 마다하지 않던 그는 결국 과도한 흡연과 고혈압으로 쓰러져 급히 경성제대 병원으로 옮겼으나, 얼마 가지 않아 31세라는 한창 나이로 숨을 거두고 말았다. 1957년 어린이를 극진히 사랑한 그의 정신을 기려 소파상이 제정되었으며, 1971년에는 남산 어린이회관 옆에 그의 동상이 세워졌다. 어린이에 대한 그의 지극한 사랑은 물론 비참한 식민치하에서 사람대접도 제대로 못 받고 살아가는 이 땅의 불쌍한 아이들에 대한 측은지심에서 비롯된 결과이기도 하지만, 방정환 자신이 어린 시절에 겪었던 불행한 경험도 주된 동기가 되었기 쉽다. 그렇게 자신이 겪은 마음의 상처를 이타적인 어린이 운동을 통해 승화시킴으로써 자신의 불행했던 과거를 보상받은 방정환이야말로 진정으로 성숙한 이 땅의 지성인이 아니었을까 생각해본다.

노추를 두려워한 가와바타 야스나리

대표작 《설국》으로 1968년 일본인 최초로 노벨 문학상을 받은 가와바타 야스나리(川端 康成, 1899-1972)는 일본적인 미를 작품화시킨 공로가 크다는 노벨상 위원회의 수상 이유뿐 아니라 수상식장에서 행한 연설의 제목 "아름다운 일본의 나-그 序說"에서도 보듯이 일본인의 곱고 아름다운 심성과 섬세한 미적 감수성을 세계에 널리 자랑하며 알리기도 했다. 그 후 26년이 지나 1994년 노벨 문학상을 받은 오에 겐자부로(大江健三郎)는 바로 같은 장소에 서서 가와바타와는 대조적으로 "애매한 일본의 나"라는 제목으로 수상 연설을 함으로써 자신의 선배작가를 빈정대는 듯한 인상마저 주었다.

사실 오에 겐자부로가 표현한 애매모호성이야말로 일본인의 특성을 오히려 솔직하게 잘 드러낸 말이기 쉽다. 왜냐하면, 그것은 일본의 정신분석가 도이 다케오의 주장처럼 표리부동한 일본인의 심리와도 일맥상통하는 특성이기 때문이다. 그런 점에서 가와바타의 제자이기도 했던 미시마 유키오가 보수 우익을 대표한다면, 오에 겐자부로는 좌파성향을 지닌 반항아였으며, 반면에 가와바타는 사회성을 떠나 개인적 나르시시즘에 안주하면서 미의 추구에만 탐닉했다고 볼 수 있다. 그렇게 볼 때, 소설 《설국》의 주인공 시마무라는 가와바타 자신의 분신이라고 할 수 있다.

가와바타는 태어나서 청년이 되기까지 연이은 가족의 죽음으로 상실의 고통에 맞닥트릴 수밖에 없었다. 두 살 때 의사였던 아버지가 죽고, 이듬해인 세 살 때는 어머니마저 잃게 되는 불행을 겪으며 고아가 되었다. 그리고 일곱 살 때 그를 보살펴주던 할머니가 세상을 떠나고, 열 살 때는 누나마저 잃었다. 15세 때에는 그의 마지막 혈육인 할아버지마저 사망함으로써 그는 이 세상에 완전히 홀로 내던져진 존재가 되고 말았다. 이처럼 성장 과정 중에 그가 겪어야 했던 죽음과 상실의 문제는 그의 삶에 있어서 가장 중요한 화두가 되었으며, 이는 곧 그의 작품에도 주된 테마로 작용한다.

어린 나이에 이미 천애고아가 되어버린 그는 중학교 시절 기숙사에 들어가 생활하며 무척 고독한 소년 시절을 보냈는데, 조숙했던 그는 이미 16세 때 결혼을 시도할 만큼 뜨거운 열정에 사로잡히기도 했으나 그 꿈은 좌절되고 말았다. 물론 그것은 조숙한 탓도 있었겠지만, 다른 무엇보다도 가족이 없는 외로움을 견디지 못했기 때문으로 보인다. 더욱이

가와바타 야스나리

이른 나이부터 가족의 연이은 죽음으로 상실의 아픔과 상처에 익숙했던 그는 평생 죽음이라는 화두에 집착하게 되었다. 실제로 그는 죽음을 코앞에 둔 73세 황혼기에 아무런 예고 없이 스스로 자신의 목숨을 끊음으로써 한평생 그를 괴롭혔던 문제를 실행에 옮기고 말았는데, 그가 죽기 2년 전에 일어난 애제자 미시마 유키오의 끔찍스러운 할복자살 또한 그 어떤 계기를 만들어준 것은 아닌지 모르겠다.

가와바타의 대표작 《설국》은 불타는 누에고치 창고 장면으로 끝나고 있는데, 그것은 마치 새로운 생명으로 탈바꿈하려는 누에고치를 불태워 버림으로써 애당초 태어나지 말았어야 했을 작가 자신의 삶에 대한 부정을 드러낸 것은 아닌지 모르겠다. 그리고 고통과 슬픔에 가득 찬 주인공 시마무라가 먼 하늘에서 은하수를 발견하는 모습은 어린 시절 가와바타가 죽음을 앞둔 할아버지의 소변을 받아주며 고통에 찬 신음소리를 대하면서도 실제로는 요강에 흐르는 오줌 소리를 골짜기의 맑은 물소리로 연상해 들었던 마음 아픈 기억과 관련이 있는지도 모른다.

그런 특성은 그가 어려서부터 이미 체득한 버릇, 다시 말해서 추하고 불결한 것은 그 자리에서 간단히 부정해버리고 그것을 자신의 환상 속에서 한순간에 아름다운 대상으로 바꿔치기 하는 일이라 할 수 있는데, 그는 그런 일에 아주 익숙해 있었던 것이다. 또한 누에는 작은 애벌레로서 불결하고 더러운 존재인 동시에 벌레처럼 작은 성기를 지닌 유아기를 상징하는 것으로 이는 곧 그 자신의 고통스러운 아동기 외상을 뜻하는 것이기에 지고한 순백의 세계에서는 마땅히 불태워 없애 버려야 할 존재라 할 수 있다. 그렇게 그는 자신의 고통스러운 과거를 흔적도 없이 없애버리고 싶었던 것이다.

물론 가와바타의 강박적인 결벽증과 완벽주의, 나르시시즘 등이 《설국》의 배경이 될 뿐만 아니라 그의 자살과도 밀접한 관련이 있을 것으로 보지만, 그가 추구하는 가장 이상적인 세계야말로 깨끗한 눈으로 뒤덮인 설국이라는 점에서 그가 얼마나 더럽고 불결한 세상을 두려워했는지 짐작할 수 있다. 설국은 한마디로 눈이 많이 오는 곳을 가리킨다. 그곳은 청결과 순수로 이루어진 순백의 세계이자, 오염과 무질서, 후덥지근한 음란과 타락에서 격리된 장소이기도 하다. 달리 말해서 설국은 가와바타가 정신적 안정감을 찾을 수 있는 유일한 강박적 세계를 상징한다고 볼 수 있는데, 깔끔하고 정갈하며 질서정연함을 미덕으로 삼는 일본인의 보편적 심성과도 맞닿아 있는 곳이 곧 설국임을 알 수 있다.

하지만 외관상으로는 아름다움과 순수 그 자체인 눈벌판의 얼어붙은 땅 밑에는 차갑고 메마른 감정의 세계가 숨겨져 있으며, 결국 주인공 시마무라의 짧은 치정 관계는 진정한 사랑으로 승화될 수 없었다. 따라서 끝까지 사랑을 받아들이지 못하고 단지 차가운 시선만을 먼 곳을 향해 던질 수밖에 없는 주인공의 모습은 결국 어려서부터 숱한 죽음을 응시해온 가와바타 자신의 체념을 그대로 반영하는 것으로, 또한 그것은 해소될 수 없는 애정에 대한 굶주림이요, 두려움이며 외로움이기도 하다.

그런 근원적인 의혹과 불신이 세상에 대한 긍정보다는 부정하는 쪽으로 그를 내몰았다는 점, 그리고 순수에 대한 그의 과도한 집착 또한 항상 어둡고 을씨년스러운 어린 시절의 불행했던 기억과 관련이 있다는 점에서 노년에 이르러 굳이 자살로 생을 마감해야만 했던 그의 절박한 심정이 이해 가능해질 것으로 보인다. 왜냐하면, 말년에 병마에 시달리던 그가 자신의 늙고 추한 모습에 얼마나 끔찍스러운 혐오감과 두려움을 지니게 되었을지 상상해보는 일은 평소 그의 성격으로 보아 얼마든지 가능한 일이기 때문이다. 하지만 불과 4년 전에 노벨상 수상식장에서 백발을 휘날리며 일본의 미에 대하여 입에 침이 마르도록 찬미했던 인물이 그토록 아름다운 미의 나라를 마다하고 자살해 버렸으니 세속적 성공만으로는 결코 채워질 수 없는 만성적 공허감이 그의 내면에 존재하고 있었음을 알 수 있다.

영원한 산골나그네 김유정

일제 강점기에 태어나 한 번도 밝은 세상을 보지 못하고 20대 나이로 요절한 김유정(金裕貞, 1908-1937)은 참으로 불운한 천재작가였다고 할 수 있다. 불과 2년에 걸친 작가 생활을 통해 〈동백꽃〉, 〈땡볕〉, 〈따라지〉 등 30편의 소설을 남긴 그는 가난한 농촌과 도시의 소시민적 삶을 특유의 토착적인 유머를 동원해 향토색이 매우 짙으면서도 인간의 원초적인 욕망의 세계를 적절히 묘사한 작품들로 인해 가장 한국적인 작가로 손꼽힌다.

구한말 강원도 춘천에서 진사의 아들로 태어난 김유정은 7세 때 어머니를 여의고, 불과 2년 뒤에는 아버지마저 세상을 떠나 어린 나이에 이미 천애 고아가 되었다. 게다가 아버지가 죽은 후 가업을 이어받은 형의 방탕한 생활로 인해 가세가 몹시 기울었으며, 그 때문에 여기저기를 옮겨 다녀야 했다. 15세 때 경성에서 휘문고보에 입학한 그는 고아 신세의 어려움을 온갖 스포츠와 문학, 음악 등 다양한 취미 활동을 통해 이겨나갔으나, 건강이 여의치 않아 한동안 휴학을 하기도 했다.

마침내 경성에서 가산을 모두 탕진한 형이 가족을 남겨둔 채 혼자 고향으로 내려가 버리자, 생계가 막막해진 김유정은 삼촌과 누나들 집을 전전하며 힘겨운 더부살이를 계속해야 했다. 엎친 데 덮친 격으로 폐결핵까지 앓게 되어 21세에 가까스로 휘문고보를 졸업했다. 그런 힘겨운 상황에서도 그는 졸업할 무렵에 기생 박록주에게 반해 짝사랑하게 되었는데, 연희전문학교 문과에 입학했다가 수업일수 부족으로 제적을 당한 후에도 계속해서

김유정

혈서를 쓰거나 인력거에서 강제로 끌어내려 협박도 하는 등 온갖 수단을 다 동원했다. 그러나 2년에 걸친 그의 끈질긴 구애에도 불구하고 결국 뜻을 이루지 못한 채 실의에 빠져 낙향하고 말았다. 모정에 굶주리며 자랐기 때문에 그녀에게 더욱 그렇게 필사적으로 매달렸는지 모르지만, 어쨌든 어린애처럼 조르고 매달리는 그의 구애 방법은 매우 미숙하기 짝이 없는 일방적인 떼쓰기로 일관함으로써 오히려 역효과만 초래하고만 셈이 되었다.

고향인 춘천에 머무는 동안 술독에만 빠져 지내던 그는 다시 상경해 이번에는 보성전문학교에 입학했으나, 그곳에서마저 퇴학을 당하고 말았다. 그 후 건강이 좋지 못했던 그는 매형의 주선으로 요양 겸 충청도의 광업소 현장감독 일을 맡아보기 시작했지만, 광부들과 어울려 술만 마시며 지내던 끝에 결국 건강만 더욱 해치고 다시 고향으로 돌아오고 말았다.

하지만 그런 시골 생활을 통해 가난하고 순박한 농민들의 삶을 직접 목격한 그는 자신의 농촌체험을 작품 소재로 삼아 소설을 쓰기 시작했는데, 〈소낙비〉, 〈금 따는 콩밭〉, 〈노다지〉, 〈만무방〉, 〈산골〉, 〈봄봄〉 등의 단편 소설이 바로 그런 작품들이다. 점차 문단에 이름이 알려지면서 많은 원고 청탁이 들어왔지만, 원고료가 생기는 대로 술값으로 탕진해버리기 일쑤였던 그는 결국 폐결핵이 악화되어 29세라는 젊은 나이로 숨을 거두고 말았다.

한때 이상은 김유정에게 함께 자살하자고 권유하기도 했으나 이를 단호하게 거절할 정도로 그는 삶에 대해 강한 집착을 지니고 있었으며, 죽기 직전까지도 건강을 회복하기 위해 구렁이를 구입할 돈을 친구에게 부탁하는 글을 남기기도 했다. 두 사람 모두 폐결핵으로 그것도 같은 해에 불과 19일 차이로 나란히 생을 마감했는데, 생전에 매우 절친했던 그들

은 죽어서도 합동 영결식을 치르고 미아리 공동묘지에 안장되었으나 그
후 그들의 무덤은 유실되고 말았다.

띄어쓰기를 거부한 이상의 분리불안

본명이 김해경(金海卿)인 이상(李箱, 1910-1937)은 일제 강점기에 활동한
작가로 당시로서는 매우 파격적인 난해시 〈오감도〉를 발표해 세상에 충
격을 던져주었으며, 소설에서도 주인공의 이상심리에 기초한 일인칭 소
설 〈날개〉로 장안에 화제를 불러일으키기도 했다. 한일합병이 이루어진
국치일 직후에 태어나 중일 전쟁이 발발하기 직전에 27세라는 젊은 나이
로 생을 마감한 그는 가장 어둡고도 참담한 시절을 살다간 실로 불행한
천재였다고 할 수 있다.

살아생전에 단 한 번도 밝은 세상을 보지 못하고 죽은 그는 시대적 비
극뿐 아니라 개인적으로도 매우 불행한 삶을 보내야만 했다. 그는 한일
합병이 이루어진 직후 서울 사직동에서 이발사의 아들로 태어났는데, 태
어날 때부터 울지를 않아 어머니의 속을 태웠다고 한다. 생계의 어려움
때문에 불과 두 살 때 어머니 품을 떠나 자식이 없던 백부의 집으로 입양
되어 강릉에서 유년기를 보내야 했던 그는 생부모와 양부모를 동시에 두
고 살아야 하는 기묘한 신세가 된 것이다.

더욱이 아버지는 일자무식인 곰보에다 손가락 세 개가 없는 장애인
이발사였으며, 어머니 역시 곰보에 출신 성분이나 생일도 알 수 없는 천
애 고아였으니 그런 부모를 둔 이상은 그리움과 수치심, 원망감, 동정심
등이 뒤섞인 매우 복잡한 감정을 지닐 수밖에 없었을 것이다. 결국, 이상
은 따스한 부모 슬하에서 가족의 소중함을 느끼며 살아본 경험이 없기

때문에 매우 고독하고 불안정한 심성의 소유자로 클 수밖에 없었다.

따라서 이상의 난해시는 일종의 암호 해독 차원에서 풀어야 될 과제처럼 보이기도 하지만, 그의 난해성은 매우 의도적인 도발 행위이기도 했다. 그는 형식만을 파괴한 것이 아니라 내용 자체도 전복시켜 버렸는데, 왜냐하면 그가 처한 세상 전체가 상식적으로 이해가 되지 않는 세계였을 뿐만 아니라 그 자신의 태생 자체도 상식에서 벗어난 삶이었기 때문이다.

태어난 직후 그의 세상 전부이기도 했던 엄마라는 존재가 한순간에 눈앞에서 사라져버린 충격적인 사건의 여파는 일생동안 그를 따라다니며 괴롭힌 화두로 작용했다고 본다. 말을 배우기 시작할 무렵부터 부모 곁에서 강제로 떨어져야 했던 그는 생의 초반부터 이미 깊은 상처를 받은 나머지 그런 분리불안 때문에 그의 시에는 띄어쓰기가 완전히 무시된 것으로 볼 수 있다. 엄마와 아기뿐 아니라 활자와 활자 사이조차도 떼어놓기를 거부하는 몸짓이 아닐 수 없다.

더욱이 그는 자신의 필명을 이상(李箱)으로 삼았는데, 굳이 아버지로부터 물려받은 김씨 성를 버리고 이씨 성으로 택한 것도 자신의 양육을 포기한 부모에 대한 반항심에서 그랬을 것으로 보인다. 물론 '이상'이라는 필명은 그와 절친했던 꼽추 화가 구본웅이 선물한 그림도구 상자가 오얏나무로 만들어진 상자였다는 사실에서 비롯된 것으로 알려져 있지만, 일본인들이 이씨 성을 부를 때 '李さん(리상)'이라고 발음한다는 점에서 볼 때, 일본식 호칭 이상과 한국식 본명 김해경 사이의 혼란을 의미한다고 볼 수도 있다.

실제로 그는 어려서부터 자신의 정체성 면에서

이상

극심한 혼란을 겪으며 살았다고 할 수 있는데, 친부모와 양부모 사이의 혼란, 조선인이지만 총독부를 위해 일해야만 되는 가치관의 혼란, 성적인 욕망과 파괴적인 욕망 사이의 혼란, 만남과 헤어짐 사이의 혼란, 비굴한 현실 적응과 자기 욕망 추구 사이의 혼란 등 이 모든 혼란이 그를 괴롭힌 핵심적인 화두들이었다고 할 수 있다. 당연히 그런 혼란은 그의 시 〈오감도〉나 〈거울〉뿐 아니라 소설을 통해서도 여지없이 드러난다. 띄어쓰기를 거부한 소설 〈지도의 암실〉에서는 빈둥거림과 게으름을 역설적으로 찬미하는 가운데 강한 냉소와 조롱으로 인간에 대한 혐오감을 드러내 보이기도 한다. 하지만 사실 그에게 주어진 과거의 모든 상처를 포함해 미래에 대한 아무런 희망도 없는 실로 암담한 현실 전체가 어두운 암실일 뿐이었다.

그렇게 더 이상 탈출할 곳이 없는 막다른 상황에 처한 현실, 거의 미치기 직전인 상태에 놓인 절망적인 상황을 이상은 〈날개〉라는 소설 제목에서 이미 암시하고 있다. 땅으로 꺼질 수도 하늘로 날아오를 수도 없는 일제 식민치하 조선인의 극한 심리를 반영하기 때문이다. 하지만 날개가 꺾인 천사처럼 이상은 비상과 추락을 반복하는 몸부림에 지친 나머지 일종의 자포자기 심정으로 자신을 학대한다. 그것은 금홍과 이상의 기묘한 병적 관계를 통해서도 얼마든지 확인할 수 있는 모습이다. 아무에게나 몸을 파는 금홍은 변덕스러운 어머니를 대변하는 여성으로 자신을 챙겨주고 돌봐주다가도 느닷없이 자기를 버리고 떠나는 악역을 떠맡고 있는데, 주인공은 전적으로 금홍에게 의존하고 빌붙어 살며 빈둥거리기만 하는 매우 유아적인 단계에 머물러 있다는 점에서 이상 자신의 원초적인 욕망을 드러낸 모습이기도 하다.

이상은 결국 정상적인 가정을 이루어보지도 못하고 생을 마감했다. 아니 애당초 그럴 마음이 없었는지도 모른다. 가족에 대한 부정적인 인식이 그의 마음 한 가운데 자리 잡고 있었음 직하다. 그렇다고 그는 가족을 대신할 대리적 만족조차 추구하지 않았다. 예를 들어, 종교적 또는 정치적 이념으로 뭉친 단체나 집단을 찾을 생각조차 하지 않았던 것이다. 이상은 철저하게 자신의 가족과 이웃으로부터 소외된 삶을 살면서 자조와 자학으로 일관된 모습을 보였던 작가였다. 철저하게 고립된 세계로 자신을 도피시킨 것이다. 그리고 자학의 맨 밑바닥을 두드리는 가운데 스스로의 삶을 곱씹으며 허탈한 시선으로 세상을 외면한 채 오로지 자기 자신만을 응시했던 것이다.

그런 점에서 이상은 실로 괴짜요 기인이라 할 수 있다. 하지만 그는 단지 객기나 부리며 제멋대로 살다간 망나니 예술가는 결코 아니었다. 이루 말할 수 없는 비탄과 절망, 그리고 분노와 좌절이 오히려 그의 창작열에 불을 지핀 연료가 되었다. 당시 그가 마주했던 말도 되지 않는 세상의 모순과 역설에 대항하기 위해서는 그와 동일한 역설과 모순으로 맞대응하는 수밖에 없다고 이상은 생각했을지도 모른다. 하기야 그가 몸담았던 세상은 한 치 앞도 내다볼 수 없고, 말도 함부로 할 수 없었으며, 제대로 들을 수도 없는 장님이요 귀머거리, 벙어리 신세로 살아야만 했던 시절이었으니 그런 삼중고의 장애를 겪고 있던 조선인의 상황이 곧 이상의 삶과 난해한 작품을 통해서도 그대로 드러난다고 할 수 있다.

감옥을 안방처럼 드나든 장 주네

밑바닥 인생에서 출발해 프랑스를 대표하는 실존주의 작가로 성공한 장 주네(Jean Genet, 1910-1986)는 그의 기구한 삶 자체가 한 편의 드라마라 할 수 있다. 그의 자전적인 작품 《꽃들의 노트르담》, 《장미의 기적》, 《도

둑일기》등은 온갖 범죄와 동성애, 증오심으로 가
득 찬 어두운 지하세계를 난잡하고 외설스러운 비
속어를 사용해 묘사한 것들로 숱한 찬반 시비를
불러일으키기도 했지만, 사르트르는 그런 주네를
오히려 현대의 성자로 부르며 그에 관한 평전《성
주네》를 쓰기도 했다.

장 주네

파리 매춘굴의 한 어린 창녀가 낳은 사생아였
던 장 주네는 젖먹이 때 가난한 목수 부부에게 맡
겨져 자랐으나, 어려서부터 잦은 가출과 도둑질
등 숱한 비행을 저지르고 다녔다. 결국, 15세 때 감화원에 들어가 3년 가
까이 수감되었다가 풀려난 뒤 곧바로 외인부대에 지원했지만, 그곳에서
마저 동성애와 관련된 성추행 문제로 쫓겨나 불명예제대를 하고 말았다.

여기저기를 떠도는 부랑자 생활로 전전하며 도둑질과 남창 생활을 계
속하던 그는 절도와 사기, 음란행위 등의 혐의로 감옥을 안방처럼 드나
들었는데, 그때 처음으로 시와 소설을 쓰기 시작했으며, 그의 처녀작《꽃
들의 노트르담》은 당시 감방에서 쓴 작품이다. 감옥에서 풀려난 뒤 소설
을 출간한 그는 또 다른 열 가지 항목에 달하는 범죄행위로 인해 종신형
을 선고받을 처지에 이르렀지만, 사르트르와 콕토, 피카소 등이 드골 대
통령에게 탄원해 가까스로 중벌은 면하게 되었다.

그 후 개과천선해 암흑세계와 손을 끊고 오로지 집필 활동에만 몰두
하게 된 주네는 한때 아랍계의 줄타기 곡예사 압달라와 동성애적 관계에
빠져 지내다가 1964년 압달라가 자살하자 극심한 우울증에 빠진 나머지
그 자신도 자살을 시도하기까지 했으나 다행히 미수에 그치고 말았다.
40대 이후 이렇다 할 작품을 남기지 못한 그는 말년에 인후암에 걸려 파
리의 한 호텔에서 75세를 일기로 파란만장한 생을 마감했다.

장 주네는 한마디로 저주받은 삶의 희생자였다고 할 수 있다. 창녀의 사생아로 태어나 엄마에게서 버림까지 받고 제대로 된 교육은커녕 감화원과 감옥이 그의 주된 성장 무대였으니 그가 보였던 온갖 비행과 범죄는 자신에게 그런 저주받은 운명을 안겨준 세상에 대한 복수이기도 했을 것이다. 그럼에도 불구하고 그토록 반사회적 인간이었던 주네가 세계적인 작가로 변신했다는 사실 자체가 참으로 믿기 어려운 일이기도 하지만, 예술적 창작의 치유효과라는 차원에서 보자면 전혀 이해하지 못할 것도 아니다. 왜냐하면, 작가들이 그런 치유의 힘으로 정신적 혼란과 방황을 극복한 사례는 얼마든지 있기 때문이다. 무신론자였던 주네는 종교의 도움을 받은 적도 없으며, 그렇다고 정신과적인 도움을 받지도 않았다. 그런 점에서 그를 범죄의 수렁에서 건진 것은 다름 아닌 예술적 승화의 힘이었다고 감히 단언할 수 있다.

이중섭의 굶주린 황소

극심한 가난과 고질적인 정신분열병에 시달리다 40세 나이로 비극적인 최후를 마친 비운의 화가 이중섭(李仲燮, 1916-1956)은 굶주린 황소로 대표되는 처절한 현실과 천진스레 발가벗고 노는 아이들을 주제로 한 동화적인 환상의 세계를 묘사한 일련의 작품들로 유명한데, 그것은 곧 이중섭의 모든 것을 담고 있는 고통과 소망의 몸부림이라 볼 수 있다.

그는 일제 강점기에 평안남도 평원에서 부유한 지주 집안의 차남으로 태어났다. 그가 5세 무렵에 정신질환에 걸린 아버지가 온종일 누워 천장만 물끄러미 바라보며 지내다가 세상을 뜬 이후로는 홀어머니의 극진한 사랑을 받으며 자랐는데, 어린 아들을 딱하게 여긴 어머니는 무조건 중

섭을 감싸고돌며 키운 것으로 보인다. 그것은 장
성한 아들이 술에 만취되어 인사불성인 상태로 길
에 쓰러져 리어카에 실려 집으로 옮겨질 정도임에
도 어머니가 언짢은 소리 한마디조차 하지 않았다
는 사실을 봐서도 알 수 있는 일이다.

이중섭

그렇게 과잉보호를 받으며 자란 이중섭이 8세
때 어머니와 떨어져 외가로 보내진 것은 전적으로
교육 때문이었다. 젊은 나이에 과부가 된 어머니
는 매우 정력적인 여성으로 부농의 집안 살림을
이끌어 가느라 여념이 없었으나, 어린 중섭의 입장에서는 첫째 아들보다
둘째인 자신을 더욱 아꼈으면서도 어머니가 형은 곁에 두고 자신은 일찍
부터 외가에 맡긴 사실에 대한 원망이 컸을 것으로 보인다. 왜냐하면, 외
가에서 항상 눈칫밥을 먹으며 지내야 했던 그는 속 편할 날이 단 하루도
없었기 때문이다. 그런 점에서 비록 경제적 어려움을 모르고 자랐던 이
중섭이지만 어머니에 대한 의존과 갈망은 상대적으로 더욱 클 수밖에 없
었다. 어쨌든 그는 어머니의 따스한 품을 항상 그리워하면서도 그녀의
곁으로 달려가지 못하는 자기 자신의 무력함에 대한 자책도 있었을 것이
다. 가끔 어머니가 외가를 방문하면 가장 먼저 달려가 그녀의 품안에 뛰
어든 것은 바로 둘째 아들 중섭이었던 것이다.

말년에 거식증과 함께 나타난 그의 증상 중에는 항상 혼잣말처럼 중
얼거리는 말로 둘째 단추가 보인다는 것이었는데, 그는 평소에도 둘째
단추가 보이면 배탈이 나기 때문에 먹지 말라는 신호라는 자신만의 미신
적인 믿음을 지니고 있었다. 자신이 둘째라는 사실 때문에 불이익을 당
했다는 기억이 몹시도 가슴에 사무쳤었나보다. 생전에 이중섭이 가장 즐
겨 부른 노래는 독일 민요 '소나무'였다고 하는데, 그것은 비가 오나 눈이

오나 항상 변함이 없는 푸름을 유지한다는 점에서 그가 믿고 의지할 수 있는 보살핌의 대상인 어머니를 늘 그리워하고 있었음을 반영한 것이기 쉽다.

이중섭은 결국 홀로서기에 실패한 인물이다. 인간은 그 어떤 시련과 난관에도 불구하고 스스로의 힘으로 주어진 통과의례를 뚫고 나가야 한다. 삶은 그래서 누구에게나 힘겨운 짐이 된다. 하지만 이중섭은 그 기초부터가 취약했음을 알 수 있다. 어머니의 과잉보호는 그의 분리불안과 의존성을 가중시켰으며, 더군다나 적절한 남성다움의 모델이 될 수 있는 아버지와 동일시할 수 있는 기회마저 사라져 매우 유약하고 상처받기 쉬운 성격의 소유자로 자라게 되었다. 물론 아버지의 존재가 보이지 않는 김소월의 시 〈엄마야 누나야〉처럼 아버지를 배제하고자 했던 이중섭의 무의식적 소망은 거의 이루어진 듯 보였으나 그의 소박한 꿈은 결국 모두 무산되고 말았다. 어머니와 생이별하고 그녀의 유일한 대리자인 아내와도 헤어져야 했기 때문이다.

이중섭의 취약한 자아를 그나마 지탱시켜준 유일한 삼각구도는 어머니와 아내 그리고 이중섭이라는 심리적 유대관계를 통해 간신히 유지되고 있었지만, 그런 구조는 이념과 전쟁에 의해 여지없이 파괴되고 만 셈이다. 그 결과 어머니는 북한에, 그리고 아내는 일본에, 이중섭은 남한에 뿔뿔이 흩어져 제각기 살 길을 모색할 수밖에 없었다. 그것은 물론 전쟁이 낳은 비극적인 결과였지만, 그러한 삶의 위기에 익숙지 못한 이중섭의 자아는 감당할 수 없는 현실적 조건에 흔들리다 여지없이 무너지고 만 것이다.

이중섭의 전매특허로 간주되는 굶주린 황소 시리즈는 초점을 잃은 듯한 눈망울과 가죽만 앙상하게 남아 뼈가 드러나 보이는 소의 굶주린 모습이 어쩌면 이중섭 자신의 처지를 드러낸 자화상이라 할 수도 있다. 물

론 그 굶주림은 실제로 그
가 처했던 가난뿐 아니라
애정에 대한 갈망을 나타
낸 것일 가능성이 크다.
이중섭 스스로도 소는 곧
자신이며 자기 또한 소라
고 말하기도 했다.

1954년 작품, 〈흰 소〉

　끼니를 거를 정도로 극
심한 가난에 시달리며 살
았던 그는 가까운 친구들의 도움으로 겨우겨우 버텨나갈 정도로 현실 적
응에 어려움을 겪었다. 설상가상으로 피해망상증에 사로잡힌 나머지 정
신병원을 드나들었으니 아무런 연고자도 없이 홀로 힘겨운 삶을 헤쳐 나
가기에는 실로 감당하기 어려운 고통의 나날들이었을 것이다. 그런 고통
에서 벗어날 수 있는 유일한 탈출구는 서로 손을 마주잡고 즐겁게 뛰노
는 벌거숭이 아이들의 천진스러운 동심의 세계였을 것이다.

　그런데 그의 작품에 등장하는 아이들은 항상 서로 약속이나 한 듯이
눈을 감고 고개를 뒤로 젖히고 있는 모습으로 이는 마치 젖먹이 시절의
행복에 겨운 상태를 암시하는 것처럼 보이기도 한다. 외부세계에는 일체
관심을 두지 않고 오로지 자기들만의 세계에 빠져있는 매우 나르시시즘
적인 몽환 상태에 빠진 모습이다. 또한, 아이들은 항상 서로의 손을 잡고
있다는 점에서 접촉에의 갈망과 단절에 대한 두려움을 드러내기도 한다.
그것은 이상이 띄어쓰기를 거부하고, 시어를 모두 붙여 떨어지지 않게
하는 모습과도 매우 유사하다. 이들의 표현 방식은 모두 분리와 이별에
대한 두려움과 거부의 몸짓으로 이해할 수 있다. 그리고 특히 이중섭의
경우에는 그런 두려움이 서로의 존재를 이어주는 손과 줄로 엮어지면서

분리의 아픔을 극복한다.

하지만 그의 작품에는 그런 아이들을 돌보는 어머니의 모습이 일체 보이지 않는데, 그것은 이중섭 자신의 개인적인 모성 콤플렉스 때문일 것으로 보인다. 그에게 가장 중요한 심리적 의지처는 자신을 낳아준 어머니와 일본인 처 마사코였겠지만, 이북에 홀로 남겨진 어머니와는 휴전선이 가로막고 있었으며, 그의 아내는 아이들을 데리고 일본으로 훌쩍 떠나버렸으니 대한해협을 가로지르는 평화선이 가족과의 상봉을 가로막고 있었다. 자신을 고립시킨 보이지 않는 선에 대한 적개심은 그래서 아이들을 서로 이어주는 선으로 승화되어 그림에 나타난 것이 아니겠는가.

그래서 이중섭은 사랑하는 사람들 사이를 떼어놓은 선을 증오하고 그런 비정한 선을 평화로운 화합의 선으로 변형시켜 놓은 것이다. 모든 이들을 하나로 엮는 합일의 선이 되는 셈이다. 그렇게 해서라도 그는 자신의 고립과 자아붕괴를 막아보려 애쓴 것으로 볼 수 있다. 그는 자신을 끝까지 돌봐주지 않은 어머니와 아내에 대한 원망감으로 인해 그의 작품 속에 그 어떤 여성도 등장시키지 않은 것으로 보인다. 모성에 대한 그리움이 사무치면서도 한편으로는 그런 원망 때문에 이율배반적인 모순된 감정에 빠진 나머지 어머니 젖가슴을 상징하는 둥근 원에 대한 두려움에 사로잡힌 그는 원형으로 이루어진 모든 물체만 보면 잔뜩 겁을 집어먹고 달아나기 일쑤였다.

이중섭의 소망은 그리 대단한 것도 아니었다. 단 한 가지 소원이 있다면 자신의 가족과 함께 단란하게 살고 싶다는 매우 소박한 꿈이었을 뿐이다. 하지만 냉엄한 현실은 그에게 그런 소박한 꿈마저 허용하지 않았다. 피난시절 서귀포 바닷가에서 자신의 두 아들과 함께 게를 잡고 다니던 지극히 짧았던 기간이 그에게는 가장 행복한 순간이었지만, 그런 기회는 두 번 다시 돌아오지 않았다.

따라서 이별과 분리의 화두야말로 이중섭에게는 현실적으로 해결할 수 없는 끔찍스러운 절망과 좌절로 다가왔을 것이다. 하늘로 솟아오를 수도 없고 땅으로 꺼질 수도 없는 절망적인 상황에서 벗어나기 위해 그는 필사적으로 그림을 그렸지만, 화가로서의 명성조차 그에게는 주어지지 않았다. 한국 전쟁 당시 오로지 살아남기 위한 투쟁에 몸부림치던 그 시절에 그 누구도 그림 따위에는 관심을 두지 않았기 때문이다. 사실 굶어죽기 십상인 난리통에 그림은 한가로운 사치에 불과했다.

더군다나 유일하게 가진 재주라고는 그림 그리는 일밖에 없었던 이중섭으로서는 실로 암담한 고난의 시기였을 것이다. 달리 선택의 여지가 없었던 그에게는 광기의 세계로 빠질 수밖에 없는 극한적인 상황이 그를 계속해서 피해망상증으로 몰아붙인 셈이다. 그는 이북에서 지주의 자식이자 친일파로 코너에 몰렸으며, 월남한 이후로는 무능력한 인생 실패자로 전락해 밑바닥 삶에 허덕여야 했다. 그러니 비현실적인 망상의 세계는 오히려 그에게 현실적인 고통을 잊게 해주는 도피처를 제공해주었는지도 모른다.

이중섭의 호는 대향(大鄕)이다. 말뜻 그대로 그는 일생동안 위대한 고향이자 자신의 이상향인 어머니의 따스한 품을 애타게 찾으며 헤매는 삶을 보냈지만, 결국 그 꿈을 이루지 못하고 홀로 외롭게 세상을 하직했다. 그가 힘겹게 담배 은박지에 아로새긴 그림들은 자신의 처절한 꿈과 소망을 담은 일종의 그림일기다. 그런 점에서 그의 작품들은 낭만적이지도 사실적이지도 않다. 오히려 만화적이고 동화적이다. 실제로 그가 처했던 절망적인 상황에서는 낭만적인 작품들이 나올 수가 없었을 것이다.

하지만 그의 유일한 도피처요 구원의 세계였던 그림마저 그에게는 근원적인 해답을 제공해주지 못했다. 그는 마치 일기를 쓰듯이 필사적으로 그림을 그렸지만, 그의 공허한 심리세계를 채울 수는 없었기 때문이다. 세상은 그를 버렸고 유일한 피난처인 가족마저 그를 보호하지 못했다. 그것은 갓 태어난 아기가 남의 집 대문 앞에 버려진 것과 같다고 할 수 있다. 실제로 그는 누군가의 보살핌이 없으면 스스로 먹지도 걷지도 못하는 유아적 단계에 머물러 있었기 때문이다.

정신병원에서 퇴원한 후 한동안 정릉에서 친구와 함께 지내던 이중섭은 심한 영양실조와 간염으로 서대문 적십자병원에서 숨을 거두었다. 사망 당시 그는 무연고자로 취급되어 사흘간 시체실에 방치되었다가 병원을 찾아온 친구 김병기에 의해 겨우 신원이 확인되어 화장했다. 그 후 그 재를 산에 뿌리고 일부는 미아리 공동묘지에 묻었으며, 나머지는 시인 구상이 일본에 가는 길에 부인 마사코를 방문하여 전달했다고 한다.

어머니의 학대에 시달린 구사마 야요이

현대 일본의 여류화가 구사마 야요이(草間 彌生, 1929-)는 오랜 기간 정신분열병에 시달리며 정신병원 신세를 지고 있으면서도 독창적인 화풍과 환상적인 설치미술로 세계적인 명성을 누리고 있는 보기 드문 의지의 여인이다. 특히 동그란 물방울무늬와 호박을 중심으로 펼쳐지는 그녀의 이색적인 작품 주제는 곧바로 구사마 야요이의 고유한 트레이드마크가 되어 전 세계에서 큰 인기를 얻었다. 비록 그녀는 아직까지도 정신병원에 수용된 상태에 있지만, 원장의 특별 배려로 병동 내에 마련된 자신만의 작업실에서 창작 활동을 계속하고 있는 중이다.

그녀는 노년에 이른 지금도 여전히 소녀 시절의 단발머리 차림을 계속 고집하고 있는데, 물론 그 어떤 질환보다 퇴행적인 경향이 농후한 정신분열병 증상의 일부로 볼 수도 있겠다. 다른 한편으로는 소녀 시절에 겪은 정신적 외상의 흔적으로 볼 수도 있다. 실제로 소녀 시절에 이미 정신착란 증세를 보이기 시작한 그녀는 당시 그녀가 병을 앓고 있는 줄 몰랐던 어머니로부터 수시로 매를 맞는 등 심한 학대를 받았기 때문이다. 더군다나 아버지마저 바람을 피우며 가족을 등한시하자 어머니는 그 화풀이를 죄 없는 딸에게 퍼붓기 일쑤였다.

이처럼 어린 시절부터 불행을 겪은 구사마는 일본 나가노 현에서 비교적 부유한 가정의 4남매 중 장녀로 태어났으나 10세 무렵부터 환각 및 발작증세를 보이기 시작했다. 설상가상으로 아버지마저 집을 나가버리는 바람에 그녀는 치료조차 제대로 받지도 못한 채 오랜 기간 방치된 상태로 지내야 했다. 더욱이 그녀는 중일 전쟁과 태평양 전쟁이 한창이던 시절 어린 나이에도 불구하고 낙하산을 제조하는 군수공장에서 재봉일을 강요당했다. 심지어 그녀는 지친 몸을 이끌고 귀가하면 또 다시 어머니의 심한 매질과 욕설에 시달려야 하는 그야말로 악몽 같은 소녀 시절을 보내야 했는데, 그런 이중의 상처가 그녀의 병을 더욱 악화시켰는지도 모른다.

어쨌든 그녀는 소녀 시절부터 집에 있는 빨간 꽃무늬 식탁보와 똑같은 무늬의 잔상이 집안 여기저기 날아다니는 모습을 목격하게 되었으며, 그것이 나중에는 점차 동그란 물방울무늬로 변형되어 자기를 계속해서 따라다니는 이상체험으로 발전하기에 이른 것이다. 그녀는 그것이 증세인 줄도 모르고 그 무늬를 소재로 그림을 그렸는데, 23세 때 개최된 전시회를 통해 우연히 그녀를 진찰한 나가노 대학 정신과 교수 니시마루 시호 박사에

구사마 야요이

의해 자신이 정신분열병에 걸린 사실을 비로소 알게 되었다. 그 후 미국으로 건너가 뉴욕에서 작품 활동을 계속한 그녀는 일본으로 다시 귀국한 1977년 이후 지금까지 40년 가까이 정신병원에 입원해 치료를 받으면서도 꾸준히 창작 활동을 이어가고 있다.

그녀는 개인적 퍼포먼스를 벌일 때도 자신의 트레이드마크인 물방울 무늬의 의상을 걸친 모습을 보여주고 있으며, 그녀의 설치 미술 작품 가운데 주종을 이루는 것도 거의 대부분 공중에 떠있는 물방울무늬의 풍선들이거나 또는 호박 모양의 둥근 물체인데, 이는 곧 소녀 시절 그녀가 공장에서 일하며 만들었던 낙하산을 의미하는 것일 수 있다. 당시 그녀는 집안에서도 공중에 마구 떠다니는 물방울들을 수없이 목격하는 환각증세를 보였다고 했는데, 이 역시 낙하산의 잔영이기 쉽다.

어쨌든 그녀는 현대 의학의 발전에 힘입어 적절한 약물치료를 받으며 나름대로 창조적인 예술활동을 계속해나가고 있는 중이다. 그런 점에서 볼 때, 과거 치료약이 전혀 없던 시절에 정신분열병에 걸려 황폐해진 정신상태로 아무런 활동도 하지 못하고 정신병원에서 생을 마감해야만 했던 카미유 클로델에 비하면 구사마 야요이는 그래도 운이 좋은 편에 속한다고 할 수 있다. 물론, 카미유 클로델은 비록 어머니의 냉대를 받기는 했으나, 대신에 아버지의 사랑을 듬뿍 받고 자랐으니 부모의 사랑을 전혀 받지 못한 구사마 야요이에 비하면 한결 나은 환경에서 성장했다고 볼 수도 있다. 하지만, 불행히도 시대를 잘못 만나 적절한 치료도 받지 못한 채 30년 세월을 정신병원에 갇혀만 지내다가 세상을 뜨고 말았으니 40년간 그래도 꾸준히 창작 활동을 계속하고 있는 구사마는 어린 시절의 불행에 대한 보상을 충분히 받고 있는 셈이라 할 수 있겠다.

7장
—

동성애로 도피한 사람들

레오나르도 다 빈치와 살라이

　서양미술의 역사에서 가장 위대한 천재 화가로 손꼽히는 레오나르도 다 빈치(Leonardo da Vinci, 1452-1519)는 화가이자 조각가, 발명가, 건축가, 도시계획가, 식물학자, 천문학자, 지리학자인 동시에 음악가이기도 했으며, 해부학에도 조예가 깊었다. 물론 그의 대표작 〈모나리자〉는 신비스러운 미소로 유명하지만, 그의 생애 역시 그녀의 미소만큼이나 수수께끼 같은 삶의 흔적들로 가득하다. 특히 평생 독신과 채식주의를 고집하며 매우 금욕적인 삶을 살았던 것으로 알려진 그가 제자 살라이(Andrea Salai, 1480-1524)와 30년 이상을 함께 지내며 동성애적 성향을 보인 사실은 더욱 큰 미스터리가 아닐 수 없다.

　레오나르도 다 빈치는 이탈리아 중부 토스카나 지방의 산골 마을 빈치에서 사생아로 태어났다. 그의 생부는 부유한 법률공증인으로 농부였던 카테리나와 관계해 레오나르도를 낳았는데, 다섯 살까지 시골 농가에서 어머니와 함께 지낸 후로는

레오나르도 다 빈치

생부의 집으로 보내져 그곳에서 자랐다. 네 번이나 결혼한 아버지는 16세 어린 소녀와 혼인하기까지 했던 인물로, 사생아였던 레오나르도는 다른 이복형제들 눈치를 보며 자랄 수밖에 없었다. 아버지의 권유로 어린 시절부터 그림을 배우기 시작한 그는 결국 당대 최고의 화가로 성공하기에 이르지만, 그의 삶 자체는 매우 외롭고도 고달픈 과정이었다고 할 수 있다.

프로이트는 레오나르도 다 빈치에 대한 분석에서 그의 모성 콤플렉스를 언급하는 가운데 어머니를 신성시하는 그의 유아적 특성이 마돈나-창녀 콤플렉스로 이어져 건전하고 정상적인 여성과는 성관계를 맺지 못하는 매우 신경증적인 상태를 초래한 것으로 보았으며, 그 기원을 동성애적 유아기 환상의 잔재에서 찾기도 했다. 실제로 그는 여성들을 기피하고 살았을 뿐만 아니라 잠재적인 동성애 성향을 보였던 게 사실이다.

그는 24세 때 이미 다른 여러 명의 청년과 함께 남창을 상대로 남색 행위를 벌였다는 혐의로 법정에 고소를 당한 적이 있었다. 비록 증거 불충분으로 풀려나긴 했지만, 그것은 피고인 중의 한 명이 당시 세도가 막강했던 메디치 일가에 속했던 인물로 결국 외압에 의해 사건이 흐지부지 종결된 것으로 보인다. 그는 애제자였던 살라이, 프란체스코 멜치 등과 함께 오랜 세월 동반자적 관계를 유지했으며, 임종 시에도 그들에게 자신의 재산 일부를 상속하기도 했다. 특히 귀족 출신인 멜치는 레오나르도를 마치 아버지처럼 따르고 숭배했다.

살라이

그런데 문제는 비록 뛰어난 미모를 지녔지만, 사기성이 농후했던 제자 살라이라 할 수 있다.

10세라는 어린 나이에 레오나르도의 문하에 들어와 30년 이상을 함께 지냈던 살라이는 '작은 악마'라는 뜻의 별명에 걸맞게 두고두고 레오나르도의 속을 썩였는데, 수시로 돈을 훔쳐 달아나는 등 말썽을 부리기 일쑤였다. 하지만 스승은 그런 제자를 도둑놈에다 거짓말쟁이라 욕하면서도 이례적으로 그에게 강한 집착을 보이며 30년 넘게 자기 곁에 둔 것이다. 그런 살라이의 모습은 레오나르도의 작품 가운데 가장 에로틱한 그림으로 유명한 〈세례 요한〉에서 한 손으로 하늘을 가리키며 야릇한 미소를 머금고 서있는 요염한 자태의 세례 요한을 통해 볼 수 있는데, 그 얼굴의 주인공은 놀랍게도 바로 살라이였다.

살라이는 불후의 명작 〈모나리자〉의 누드판 모작이라 할 수 있는 〈모나반나〉를 그리기까지 했는데, 모나리자와 똑같은 포즈를 취하며 미소를 머금고 있는 살라이 자신의 모습이 너무도 유혹적이다. 그것도 상체를 홀랑 벗고 있는데다 통통한 젖가슴까지 내보이고 있으니 다른 할 말을 잊게 만든다. 일부 학자들에 의하면 모나리자의 모델 자체가 살라이였다는 주장도 있다. 특히 코와 입의 특징이 영락없이 닮았다는 것이다. 더군다나 살라이는 죽을 때까지 〈모나리자〉 진품을 보관하고 있었는데, 어떤 경로로 그가 스승의 대표적인 걸작을 소유하게 된 것인지는 알려져 있지 않다. 왜냐하면, 레오나르도의 유언에 따라 그의 모든 작품에 대한 관리는 제자 멜치에게 일임했기 때문이다. 어쨌든 살라이는 레오나르도가 세상을 뜬 지 6년 뒤에 사망했는데, 활쏘기 결투에서 입은 부상으로 죽은 것으로 알려졌다.

레오나르도 다빈치는 어린 나이에 생모와 떨어지는 상처를 받았으나 그런 아픔을 오로지 그림을 통해 극복해나갔다고 볼 수 있다. 유달리 그가 성모와 아기 예수에 관련된 그림을 많이 남긴 점을 보면, 근원적인 애정 결핍 문제를 안고 있었음을 알 수 있다. 하지만 생모에게 버림을 받은 것으로 여긴 유아적인 원망감은 일생동안 여성과의 접촉을 멀리하도록 이끌었을 것으로 보이며, 대신 그런 애정에 대한 갈망을 여성이 아닌 남성을 통해서 얻고자 했는지도 모른다. 비록 청년 시절에 남색 혐의로 법정에 섰다가 운 좋게 풀려나기는 했으나 그런 위기를 모면한 이후로는 공개적으로 동성애적 성향을 드러내긴 어려웠을 것이다. 어쨌든 그는 자신의 그런 은밀한 욕망을 억압하기 위해 일생동안 금욕적인 태도로 일관한 것처럼 보이기도 하지만, 다른 무엇보다 예술적 승화를 통해 자신의 근원적인 욕망을 해소하는 데 성공했다는 점에서 레오나르도 다 빈치의 위대성이 더욱 빛을 발한다고 할 수 있다.

아동기에 성추행을 당한 바이런

한때 만인의 연인으로 불리며 수많은 여성의 가슴을 설레게 했던 정열의 시인 조지 고든 바이런(George Gordon Byron, 1788-1824)은 19세기 영국의 낭만주의를 대표하는 시인이다. 자유분방한 성격에 반항적 기질이 농후했던 그는 자신의 마지막 유작 〈돈 주앙〉의 주인공처럼 한동안 방탕한 생활로 보수적인 영국 사회에서 비난의 대상이 되었으며, 결국에는 영국을 떠나 그리스 독립전쟁에 참여해 싸우다가 말라리아에 걸려 36세라는 아까운 나이로 요절하고 말았다.

런던에서 귀족 가문의 후예로 태어난 바이런은 어려서부터 문학적 재능을 발휘했는데, 케임브리지 대학교에서 역사와 문학을 전공했으나, 학업에는 관심이 없고 시작(詩作)에만 몰두해 이미 재학 시절에 시집을 출판할 정도였다. 하지만 극도로 문란한 사생활에 동성애 소문까지 겹치면서 사회적 지탄을 받기에 이르자 더 이상 영국에서 활동하기 힘들게 되었으며, 결국 해외로 도피성 여행에 올라야 했다. 그는 앤 이자벨라 밀뱅크와 혼인해 딸까지 낳았지만, 평소에 그가 저지른 불미스러운 행적으로 인해서 그 결혼은 곧 파경을 맞고 말았다.

당시 바이런에 대한 소문은 가정폭력, 여배우와의 간통 혐의, 이복동생인 오거스타와의 근친상간 혐의, 남색 혐의 등으로 걷잡을 수 없이 퍼져나갔다. 특히 결혼 전에 이미 그와 깊은 관계를 맺었던 캐롤라인 부인의 질투심과 앙심 때문에 소문은 더욱 증폭되었으며, 심지어 그녀는 자신의 소설에서 바이런을 매우 추잡하고 더러운 인물로 묘사해 사태를 더욱 악화시켰다.

실제로 바이런의 애정행각은 희대의 바람둥이 카사노바에 결코 뒤지지 않을 만큼 숱한 염문을 뿌렸지만, 여성만을 공략한 카사노바와는 달리 동성애 스캔들까지 겸했다는 점이 다르다. 그런 점에서 바이런은 양성애자였다고 할 수 있다. 물론 노골적인 동성애를 드러내 보인 적은 없었지만, 그것은 당시만 해도 잘못하면 감옥에 갈 수도 있는 사회적 금기사항이었으니 귀족 신분이었던 그로서는 더욱 조심스러웠을 것이다. 바이런 사후 70년이나 지난 1895년에 오스카 와일드가 동성애 혐의로 실형을 선고받고 감옥에 갈 정도로 보수적이었던 영국 사회였으니 바이런이 살았던 시절은 두말할 것도 없었을 것이다. 결국, 바이런은 자신에 관한 불미스러운 소문을 감당하지 못하고 해외로 도피한 셈이다.

바이런은 비록 뛰어난 외모의 소유자이긴 했지만, 어릴 때부터 한쪽 발을 절어야 했던 절름발이였는데, 그런 신체적 장애로 인해 열등감에 사로잡힌 그는 외출할 때도 기형인 발을 감추기 위해

조지 고든 바이런

특별히 제작된 신발을 신고 다닐 정도였다. 다리에 부담을 주지 않기 위해 무진 애를 쓴 그는 항상 다이어트에 신경을 쓰고 채식만을 고집했으며, 가끔씩 폭식을 한 후에는 모조리 토해내기도 했다. 또한 땀을 빼야한다는 집념 때문에 여러 옷을 겹겹이 걸치고 다녔으며, 특히 외모에 신경을 써서 잘 때도 머리를 마는 종이를 쓰고 잘 정도였다.

그런데 매우 불안정한 그의 성격 형성에 영향을 준 상처는 다른 곳에 있었다. 어린 시절 그는 수시로 성추행을 당했던 것이다. 어머니를 대신해서 그를 돌봐주던 보모 메리가 밤마다 그의 침대에 와서 성적인 희롱을 가했는데, 그의 입을 열지 못하도록 협박까지 했으며, 결국에는 손찌검을 했다는 이유로 해고되고 말았다. 이처럼 어릴 때부터 겪은 불미스러운 경험은 그로 하여금 성에 매우 민감한 소년으로 자라게 만든 요인이 되었다고 볼 수 있다. 소년 시절 자신의 사촌인 메리 더프를 보자마자 첫눈에 사랑하게 된 사실이나 메리 채워드에 푹 빠져 등교를 거부하는 바람에 어머니의 애를 먹이기도 하는 등, 나이에 맞지 않게 지나치게 성적으로 조숙한 모습을 보였다. 우연의 일치인지 모르나 이들 여성의 이름이 모두 메리라는 점도 매우 특이한 현상이 아닐 수 없다.

하지만 문제는 그것으로 끝나지 않았다. 수년 뒤에는 어머니에게 접근하던 그레이 경으로부터 은밀한 성적 유혹을 받은 것이다. 당시 그의 어머니 캐서린은 일찍 남편을 여의고 과부 신세로 지내고 있었는데, 그런 사건 이후로 바이런은 집에 그레이 경만 나타나면 매우 신경질적인 반응을 보였지만, 그 자세한 내막은 어머니에게 고자질하지 않았다. 이처럼 어린 시절 당했던 사건으로 인해 그 후 바이런은 대학에 가서도 동성애적 친구 관계를 유지했는데, 특히 존 에들스턴과 맺은 묘한 동반자 관계는 많은 구설수에 올랐으며, 느닷없이 지중해 연안으로 훌쩍 여행을 떠난 것도 사실은 동성애 경험을 하기 위한 것으로 추정된다.

항상 빚에 쪼들려 살면서 돈타령만 계속 하다가 바이런이 세 살 무렵 외국 여행 중에 사망한 아버지처럼 그 아들 역시 무절제한 삶으로 낭비벽이 심해 죽을 때까지 계속해서 어머니의 속을 태웠는데, 그것은 항상 술에 절어 지내면서 외간 남자와 시시덕거리는 추태를 보이는 등 행실이 그다지 좋지 못했던 어머니의 무관심에 대한 일종의 복수이자 앙갚음이었을 수 있다. 또한 그렇게 해서라도 어머니의 관심을 끌고자 했는지도 모른다. 결국, 아버지의 얼굴조차 제대로 기억하지 못하고 자란데다 무심한 어머니로 인해 더욱 제멋대로인 성격으로 자라게 된 바이런은 마침내 지겹도록 숨 막히는 영국을 떠나 머나먼 이국 땅 그리스에서 생을 마감하고 말았다. 더욱이 그는 동성애자였으니 당시로서는 그야말로 발붙일 곳이 없었을 것이다.

동성애를 숨기고 결혼한 차이코프스키

19세기 러시아 음악을 대표하는 차이코프스키(Pyotr Ilyich Tchaikovsky, 1840-1893)는 국민악파와는 달리 전통적인 유럽풍의 낭만주의 음악을 러시아에 도입해 수많은 걸작을 남겼다. 우랄지방의 오지 탄광촌 봇킨스크에서 광산기사의 아들로 태어난 그는 어려서부터 잔병치레가 많고 신경이 예민한 마마보이였는데, 냉담하고 무관심한 어머니 대신 젊은 가정교사에 더욱 의지했다. 10세 때 기숙학교에 들어가면서 어머니와 떨어지게 되자 극심한 불안에 빠진 그는 그때부터 이미 동성애에 빠지기 시작해 친구들과 제대로 어울리지도 못하고 고립되었다. 게다가 14세 무렵 어머니까지 콜레라로 사망하자 더욱 큰 충격에 빠져 우울한 나날을 보내야 했다.

차이코프스키

가까스로 학교를 마친 그는 법무성 관리로 근무했으나 적성에 맞지 않아 곧 그만두고 음악원에 들어가 자신의 외로움과 성적인 혼란을 오로지 음악에만 몰두함으로써 잊으려 했다. 당시만 해도 동성애는 큰 죄악으로 여겨졌기 때문에 자신의 그런 성향을 철저히 감추고 살아야만 했던 그는 자신이 정상인이라는 사실을 입증하기 위해 마음에도 없는 결혼을 하기에 이르렀다. 모스크바 음악원 교수로 재직하던 시절에 자신의 제자 안토니나 밀류코바가 끈질기게 따라다니자 처음에는 정중히 거절했으나, 그녀가 자신의 사랑을 거절하면 죽어버리겠다고 위협하자 마지못해 결혼을 승낙하고 말았다.

하지만 그 결혼은 또 다른 재앙의 신호탄에 불과했다. 그는 격정적인 아내의 요구를 물리치고 잠자리를 계속 피하다가 자신이 오히려 어린 소년들에게만 이끌린다는 사실에 더욱 큰 곤혹감을 느끼고 날이 갈수록 신경쇠약과 우울증에 빠져들게 되었다. 실제로 이들 부부 사이에는 아이가 없었는데, 이런 사실로 인해 그가 동성애자라는 소문이 더욱 확산되었다. 설상가상으로 누이동생 집에서 휴가를 보내던 중 어린 조카 블라디미르 다비도프에게 사랑을 느끼게 되면서 더욱 큰 죄책감과 자책감에 빠진 나머지 한동안 아무런 활동조차 하지 못할 정도로 극심한 우울증을 겪어야 했다.

그러던 중 자신의 열렬한 후원자인 부유한 미망인 메크 부인을 만나면서 그녀의 지원에 힘입어 교수직을 그만두고 오로지 창작에만 몰두하게 된 그는 모처럼 기력을 회복하고 숱한 걸작들을 작곡함으로써 승승장구하기 시작했다. 하지만 1890년에 이르러 자신에 대한 주변의 따가운 시선과 메크 부인으로부터 갑자기 전해 받은 결별 통보로 인해 그는 큰 충격과 절망을 느끼고 다시 또 극심한 우울증 상태에 빠지고 말았다.

당시 메크 부인이 아무런 설명도 없이 그에 대한 지원을 일방적으로 중단한 이유는 분명치가 않지만, 일설에 의하면 그녀의 사위가 차이코프스키의 동성애 사실을 귀띔했기 때문이라는 주장도 있다. 어쨌든 극심한 좌절과 배신감에 젖어 괴로워하던 차이코프스키는 그 후 술에 의지해 고통을 잊으려했지만, 그런 감정은 죽을 때까지도 손쉽게 떨쳐버리지 못한 것으로 보인다. 그로부터 3년이 지나 〈비창〉 교향곡을 발표한 직후 일주일 만에 그는 갑자기 콜레라로 세상을 떴는데, 그의 어머니 역시 콜레라로 사망했으니 우연치고는 너무도 기묘한 일이 아닐 수 없다. 그의 조카 다비도프는 차이코프스키 사후 기념사업에 전념하다가 모르핀에 중독되어 자살하고 말았다.

앙드레 지드의 이중생활

1947년 노벨 문학상을 받은 프랑스의 소설가 앙드레 지드(Andre Gide, 1869-1951)는 파리 태생으로 11세 때 파리 대학 법학교수였던 아버지를 여읜 후 매우 엄격한 청교도적 교육을 아들에게 강요한 홀어머니 밑에서 자랐다. 그녀는 인간의 모든 육체적 욕망을 악마로 간주했던 여성으로 그런 이유 때문에 아들인 지드는 일생동안 성적인 욕망과 투쟁을 벌였으며, 청년기에 접어들어서는 자신의 내면에 솟구치는 이상한 동성애적 욕구로 인해 항상 죄의식에 사로잡혀 지내야만 했다.

소년 시절 지드는 수업시간에 자위행위를 하는 바람에 학교에서 쫓겨나기도 했으며, 그런 아들의 모습에 기겁하고 놀란 어머니는 그를 이끌고 억지로 의사의 진찰을 받게 했다. 그는 자위를 계속하면 거세를 해버리겠다는 의사의 말에 겁을 집어먹고 매우 불안정한 아동기를 보내야만 했는데, 그런 이후로는 이성과의 접촉을 더욱 꺼리게 된 것으로 보인다. 물론 그런 변화는 매우 금욕적인 어머니의 영향에서 비롯된 결과라 할 수 있겠지만, 어머니의 뜻과는 달리 아들의 성향은 전혀 엉뚱한 곳으로 튀고 말았다.

그는 젊은 시절 북아프리카 여행에서 어린 소년들에게 묘한 매력을 느끼게 되었지만, 어머니의 불같은 성화에 못 이겨 서둘러 귀국하고 말았다. 그러다가 1895년에 만난 영국작가 오스카 와일드에게서 동성애의 신비한 세계를 전수받기도 했다. 하지만 어려서부터 사촌누이 마들렌을 사랑했던 그는 일찍부터 그녀와 결혼하기를 열망했으나, 어머니의 반대로 그 뜻을 이루지 못하다가 어머니가 세상을 뜨게 되자 비로소 마들렌과 결혼하기에 이르렀다.

물론 그 자신도 스스로 혼란스러웠던지 결혼하기 직전 자신의 상태에 대해 의사의 진찰을 받았지만, 그 의사는 오직 상상일 뿐이라며 결혼하게 되면 자연히 해결될 문제라고 일축했다. 의사의 말만 믿고 안심한 지드는 마침내 마들렌과 결혼하지만 그 결과는 실로 참담했다. 지드는 아내 몸의 털끝 하나 손대지 않았으며, 정상적인 부부관계가 배제된 혼인 생활은 마들렌에게는 그야말로 악몽과도 같은 나날의 연속이었다. 게다가 그녀는 지드와 어린 소년들 간에 벌어지는 은밀한 동성애적 관계를 알고도 눈감아줘야만 했으니 그 고통은 더욱 컸을 것이다. 그 중에서도 특히 15세 소년 마르크 알레그레의 존재는 지드의 부부관계까지 위협할 정도로 그 관계는

앙드레 지드

매우 심각했다.

이처럼 지드의 결혼은 명색만 유지한 일종의 소원도 부부관계였다고 볼 수 있는데, 아내인 마들렌뿐 아니라 지드 역시 괴롭기는 마찬가지였을 것이다. 그래서 그는 마치 자신의 이성애 능력을 스스로에게 입증해 보이기라도 하듯 자신과 절친했던 화가 리셀베르그의 딸 엘리자베트와 관계를 맺고 1923년 나이 53세에 이르러 딸 카트리느를 낳았는데, 이 일로 해서 오랜 연인관계였던 마르크와 갈등을 빚기도 했다. 그의 유일한 혈육인 딸 카트리느의 존재는 1938년 아내 마들렌이 죽기까지 철저히 비밀에 부쳐졌다.

지드는 1924년에 발표한 자서전《하나의 밀알이 죽지 않는다면》을 통해 동성애를 옹호하는 입장을 드러내기도 했지만, 당연히 그의 아내 마들렌은 그 책을 읽지 않았다고 한다. 오랜 세월 이중적인 생활을 영위한 남편의 글이니 어차피 거짓투성이라고 여겼을 것이다. 어쨌든 지드는 자신의 이율배반적인 모순에서 벗어나기 위한 시도의 일부로 50대 초반에 접어들면서 당시 유명한 여성분석가 소콜니카에게서 잠시 정신분석을 받기도 했지만, 그 치료는 얼마 지속되지 못하고 도중에 중단되고 말았다. 결국, 그는 변화를 원하지 않은 것이다.

서머셋 몸의 복잡한 사생활

영국 작가 서머셋 몸(William Somerset Maugham, 1874-1965)은 원래 의학을 공부했으나 나중에 문학으로 전향해 소설《인간의 굴레》,《면도날》,《달과 6펜스》등을 발표함으로써 영국에서 가장 인기 있는 베스트셀러 작가로 성공했다. 하지만 그의 개인적인 삶은 결코 순탄치가 못해서 일생동

서머셋 몸

안 숱한 잡음을 일으키며 살았는데, 양성애자였던 그는 결혼해서 자식도 낳고 91세까지 장수하며 부를 쌓기도 했으나, 동성애 문제로 죽은 후에까지 온갖 구설수에 오르는 인물이 되었다.

파리 주재 영국대사관의 법률담당 변호사의 아들로 태어난 그는 8세 때 어머니를 잃었는데, 결핵을 앓았던 그녀는 막내아들을 출산한 직후 아기와 함께 숨을 거두고 말았다. 어머니의 죽음으로 큰 충격과 상처를 받은 그는 그런 아픔 때문에 평생 어머니의 사진을 항상 곁에 두고 살 정도로 그녀의 존재를 잊지 못해 괴로워했지만, 어머니를 잃은 지 불과 2년 뒤에 아버지마저 암으로 세상을 떠나면서 어린 나이에 이미 천애 고아가 되었다.

그렇게 부모를 잃고 홀로 남겨진 그는 영국에서 목사로 활동하고 있던 삼촌에게 보내져 자랐는데, 냉담하고 잔인한 삼촌으로 인해서 더 큰 마음의 상처를 받았다. 더욱이 어려서부터 프랑스어에 익숙했던 그는 서툰 영어로 학교를 다니느라 엄청난 스트레스를 받아야 했으며, 그런 이유 때문에 고질적인 말더듬으로 애를 먹어야 했다. 삼촌은 한때 조카의 장래 직업으로 성직자를 고려한 적도 있었지만, 말을 더듬는 목사의 설교는 웃음거리 밖에 되지 않을 것임을 알고 일찌감치 포기했다.

아버지처럼 변호사의 길을 택한 세 형들과는 달리 몸은 의사가 되기로 결심하고 의학을 공부했는데, 불치병으로 죽은 부모를 생각해서 그런 선택을 한 것일 수 있다. 하지만 이미 어릴 때부터 작가의 꿈을 키웠던 그는 낮에는 의학을 공부하고 밤에만 글을 쓰는 생활을 계속하다가 결국에는 의사의 길을 포기하고 본격적인 작가의 길로 들어서게 되었다. 물론 그런 결정의 배경에는 남다른 문학에 대한 열정도 있었겠지만, 특히 의사 수련 중에 목격한 환자들의 고통과 죽음을 통해서 어린 시절 겪었던 마음의 상처가 되살아났기 때문일 수도 있다.

제1차 세계대전이 발발하면서 군대에 지원한 그는 나이가 많다는 이유로 입대를 거부당하자 대신 적십자사 요원으로 봉사활동을 벌였는데, 그때 만난 미국 청년 프레데릭 핵스턴과 사랑에 빠진 이후 30년간 연인관계를 유지했다. 그는 동성애자임에도 불구하고 유부녀인 시릴 웰콤과 불륜을 일으키고 딸 리자까지 낳았다. 결국, 그녀의 남편이 이혼소송을 제기함으로써 1917년 두 사람은 결혼식을 치렀지만, 당연히 그 결혼은 순탄할 리가 없었다. 왜냐하면, 몸과 핵스턴의 관계는 그 후에도 계속되었기 때문이다.

마침내 1928년 엄청난 위자료를 지불하고 시릴과 헤어진 몸은 프랑스 리비에라 해안에 있는 자신의 빌라에서 핵스턴과 동거생활에 들어갔으나, 제2차 세계대전의 발발로 미국으로 도피해야만 했다. 하지만 핵스턴이 1944년에 병으로 죽자 크게 상심한 그는 다시 프랑스에 있는 자신의 빌라로 돌아가 죽을 때까지 그곳에 머물렀다. 당시 그는 런던 빈민가 출신의 청년 앨런 썰에 빠져들어 양자로 입양시켰는데, 그런 이유로 말년에 이르러 상속문제로 인한 법정 싸움에 휘말리는 수모를 겪어야 했다.

평소 유명화가들의 명화 수집가로 알려진 몸은 88세에 이르러 그 명화들을 경매에 붙이려다가 딸 리자가 아버지를 상대로 제기한 소송에 휘말려 곤욕을 치러야 했으며, 결국 딸의 승소로 몸은 크게 상처를 입었다. 그는 공개적으로 리자가 자신의 딸이 아니라고 주장해 세간의 빈축을 샀으며, 그가 죽은 후에도 리자는 아버지의 유언장 내용에 이의를 제기해 결국 법원의 인정을 받았다. 그럼에도 불구하고 앨런은 몸이 거주하던 빌라를 비롯해 거액의 유산을 상속받았다. 이처럼 말년에 이르도록 온갖 시비에 휘말린 몸은 91세를 일기로 눈을 감았다.

과거의 악몽에 시달린 버지니아 울프

20세기 영국 문단에서 가장 독보적인 위치를 차지했던 여류작가 버지니아 울프(Virginia Woolf, 1882-1941)는 의식의 흐름 기법을 이용한 문제작 《댈러웨이 부인》, 《등대로》, 《파도》 등을 계속 발표하여 세계적인 명성을 얻었으며 평론에도 일가견이 있었다. 특히 그녀는 여성들의 정신적, 경제적 독립을 강력히 주장함으로써 페미니즘 문학의 선구자로 평가되기도 했다. 하지만 불행히도 그녀는 고질적인 조울병으로 인해 수시로 망상과 환청에 시달렸으며, 여러 차례 자살을 시도하기도 했다. 다행히 헌신적인 남편 레너드의 지극한 정성과 보살핌의 덕분으로 그나마 그녀의 창작 의욕은 계속 유지될 수 있었지만, 결국 정신적 혼란을 극복하지 못하고 59세 나이로 자살하고 말았다.

그런데 버지니아 울프의 결혼 생활은 매우 특이한 경우에 속한다고 할 수 있다. 그녀의 입장에서 볼 때 사랑의 교류에 바탕을 두었다기보다 의지하고 보살핌을 받고자 하는 동기가 더욱 컸다고 볼 수 있으며, 더 나아가 그녀의 요구에 따라 성생활을 배제한다는 합의하에 이루어진 결혼이었기 때문이다. 특히 이성과의 성적 접촉에 대해 극도의 혐오감과 두려움을 지녔던 그녀는 동성애적 성향까지 지니고 있었지만, 그럼에도 불구하고 남편 레너드 울프는 그녀의 모든 것을 수용하고 묵인해주었다. 어디 그뿐인가. 평생 반려자로서 그녀의 곁을 굳건히 지켜주는 버팀목이 되어 끝까지 최선을 다해 보살펴주었으니 세상에 그토록 헌신적이면서 희생적인 남편이 어디 또 있겠는가.

그들이 결혼한 이듬해인 1913년, 버지니아 울프는 처녀작 《출항》의 원고를 완성시킨 후 다시 조울병 증세가 악화되어 요양소에 들어갔으나 퇴원한 직후 다시 자살을 기도하는 소동을 벌이기도 했다. 하지만 당시는 조울병 치료제가 존재하지 않던 시기였으니 어쩔 도리가 없었을 것이다. 결국, 우여곡절 끝에 그녀의 처녀작 《출항》은 덕워스사의 간행으로 세상에 빛을 보게 되었으며, 그 후로는 상당히 자신감을 되찾고 안정된 상태를 보이기 시작했다.

그런데 역설적인 상황이긴 하지만 그녀의 처녀작을 간행시켜준 인물은 다름 아닌 어릴 적 버지니아를 추행했던 장본인으로 당시 덕워스사를 운영하고 있던 의붓오빠 제럴드 덕워스였으니 그녀의 말 못할 슬픔과 고통이 어느 정도였을지 짐작이 가고도 남는다. 또한 그런 일이 계기가 되어 그녀는 자신만의 독자적인 출판사 설립의 필요성을 더욱 절실하게 느끼고 남편 레너드와 함께 호가스 출판사를 따로 세우게 된 것이다.

사실 버지니아 울프의 지독한 남성 혐오는 어릴 때 두 의붓오빠들로부터 겪은 성적 추행이 직접적인 원인이 된 것으로 보인다. 어머니 줄리아가 레슬리 스티븐과 재혼하기 전에 낳았던 두 아들 제럴드 덕워스와 조지 덕워스는 어릴 적부터 줄곧 버지니아와 언니 바네사를 괴롭힌 장본인들이었는데, 최초의 사건은 버지니아가 백일해를 앓고 난 직후인 6세 때였다. 당시 이미 20대 초반이었던 의붓오빠 제럴드는 어린 버지니아의 성기를 만지고 조사하는 등 그녀에게 깊은 상처를 남겼다. 그녀는 수치심에 치를 떨었지만 아무런 저항도 할 수 없었다. 아버지 레슬리는 점차 말이 없어지고 우울한 모습으로 변한 어린 딸의 문제가 백일해 후유증 때문일 것으로 여겼을 뿐이다.

버지니아 울프

설상가상으로 그녀가 13세가 되었을 때 유일한 의지의 대상이었던 어머니가 사망하자 그 충격으로 그녀는 정신이상 증세까지 보였는데, 그 여파는 일생동안 그녀를 따라다니며 괴롭힌 조울병으

315

로 발전하기에 이르렀다. 그 후 2년이 지나 어머니 대신 의지했던 의붓
언니 스텔라마저 죽게 되면서 그녀는 더욱 고립무원의 상태에 빠지고 말
았다. 그때부터 또 다른 의붓오빠 조지가 괴롭히기 시작했는데, 조지의
추행은 그 후 아버지가 사망할 때까지 10여 년간이나 계속되었다. 아내
를 잃은 후 상심한 아버지 레슬리는 더욱 우울해진 상태에서 가족들에게
전혀 신경을 쓰지 않았기 때문에 그들의 추행은 아무런 제지 없이 계속
될 수 있었다.

이처럼 악몽 같은 세월이 아버지가 세상을 떠날 때까지 이어졌으니
그런 끔찍한 경험으로 인해 남성들에 대한 뿌리 깊은 증오심과 혐오감이
그녀를 사로잡은 건 너무도 당연한 결과였다. 아버지를 여읜 22세 때 그
녀는 다시 상태가 악화되어 잠시 요양원 신세를 지기까지 했는데, 2년 후
에는 사랑하던 오빠 토비마저 20대 젊은 나이로 세상을 뜨자 그녀는 더
이상 의지할 대상이 없어지고 말았다. 결국 그녀는 지푸라기라도 잡는
심정으로 오빠의 친구였던 레너드 울프의 청혼을 수락한 것이다. 레너드
울프는 매우 온화하고 성실한 인품을 지닌 유대인으로 주기적인 발작을
보인 아내의 뒷바라지에 온힘을 기울였다. 그러나 그의 노력에도 불구하
고 당시 히틀러의 영국 본토 침공 소문으로 피해망상과 환청 증세가 더
욱 악화된 그녀는 결국 우즈 강에 몸을 던져 자살해버리고 말았다.

어머니의 사랑을 받지 못한 해리 스택 설리반

정신분석에서 대인관계이론(interpersonal theory)으로 유명한 미국의 정
신과의사 해리 스택 설리반(Harry Stack Sullivan, 1892-1949)은 프로이트 이론
의 확장에 큰 공헌을 남긴 정신분석가다. 노이로제의 성적인 원인보다

환경적인 배경을 더욱 강조함으로써 에리히 프롬, 카렌 호나이, 클라라 톰슨, 에릭슨 등과 함께 학문적 동지 관계를 유지하는 가운데 자신만의 독자적인 문화학파를 이끈 정신의학계의 거목이다.

가난한 아일랜드계 농민의 아들로 태어난 그는 어머니가 우울증으로 자주 병원에 입원했기 때문에 갓난아기 시절부터 어머니와 떨어져 지내야 했다. 어린 시절 내내 어머니의 사랑을 받아보지도 못하고 외톨이로 지내야 했는데, 대화에 서툴고 사람들과 잘 어울리지 못하는 그의 성격은 그런 특이한 성장배경 때문인 것으로 보인다. 그런 이유로 그는 대학 생활에도 적응하지 못해 전전긍긍했는데, 그렇게 여러 대학을 전전하는 가운데 심각한 정신적 위기를 맞이한 끝에 결국 도중에 학업을 중단하기까지 했다.

비록 그는 시카고 의대를 간신히 졸업하긴 했지만, 정신적 위기의 고비를 넘긴 그의 개인적 체험은 오히려 전화위복이 되어 나중에 정신분열증 환자들을 상대로 한 정신치료에서 남다른 공감능력과 재능을 발휘하는데 큰 힘이 된 것으로 보인다. 특히 어머니의 사랑을 제대로 받지 못하고 외롭고도 불행한 아동기를 보내며 다른 무엇보다 대화의 상대가 없다는 사실에 뼈저린 고독과 소외감을 스스로 견디어내야만 했던 그였기에 그가 이룩한 대인관계이론에서 그토록 의사소통의 중요성을 강조했는지도 모른다.

더군다나 일생동안 독신으로 살면서 은밀한 동성애적 성향 때문에 세상과의 교류에 더욱 큰 부담을 안고 살았던 그는 35세 때 당시 15세의 어린 지미를 양자로 들여 키웠는데, 말이 양자였지 사실은 은밀한 내연의 관계였다. 하지만 양자 지미는 22년에 걸친 오랜 기간 어머니를 대신해 그의 곁을 지켜준 유일한 동반자였으며, 의지의 대상이기도 했다.

그는 제2차 세계대전 기간 군대 징집 과정에서 동성애자를 가려내려

해리 스택 설리반

는 군 당국의 방침에 명백한 반대 의사를 표시하기도 했는데, 그런 점에서 설리반은 미국 최초로 동성애자 권익 보호에 일조한 사람이기도 하다. 물론 정신분석가로 동성애에 빠진 사람은 설리반뿐만 아니었다. 프로이트의 제자였던 영국의 제임스 스트래치 역시 한때 동성애에 빠져 지낸 적이 있었기 때문이다.

어쨌든 설리반은 그 자신이 어릴 적부터 어머니의 사랑을 받지 못하고 의사소통에 큰 어려움을 겪었기 때문에 인간적 관계의 교류 및 안전감을 제공하는 환경적 배경에 더욱 큰 중점을 두게 되었다. 그런 점에서 성격 형성이나 노이로제의 모든 원인을 성적인 차원으로 설명한 프로이트 이론에 이의를 제기한 것이다. 당연히 그는 자신의 동성애적 성향도 단순한 성적인 차원이 아니라 인간적 소통과 교류의 차원으로 이해했기 쉽다. 정신병조차도 일종의 특이한 삶의 한 방식으로 이해한 그였으니 동성애는 두말할 것도 없을 것이다. 하지만 다른 무엇보다 분명한 사실 한 가지는 대인관계이론의 창시자인 그가 역설적으로 대인관계에 매우 미숙했다는 점이며, 환경을 그렇게 강조했으면서도 정작 본인 자신은 세상에 적응하는 데 남달리 힘들어했다는 사실일 것이다.

어머니의 마지막 부탁을 거부한 앨런 긴즈버그

비트 제너레이션을 대표하는 미국의 좌파적 저항시인 앨런 긴즈버그(Allen Ginsberg, 1926-1997)는 성서와 마르크스주의를 함께 접목시키며 물질

만능주의에 물든 미국 산업사회의 더러운 치부를 고발하고 질타했다. 그런 점에서 1957년에 발표한 그의 매우 도발적인 시집 《울부짖음》은 그를 비트 운동의 기수로 불리게 만든 대표작이라 할 수 있다.

짙은 턱수염과 헝클어진 머리의 시인이 카페와 대학가를 돌며 자작시를 낭송하는 그의 모습은 미국 사회의 소수파에게는 성자의 이미지로, 그리고 다수파에게는 괴짜시인의 이미지로 매우 상반된 인상을 남겼다. 동성애자였던 그는 당시 법으로 금지된 동성애의 자유를 위해서도 맹렬한 투쟁을 벌이는 동시에 미국의 월남전 개입에 반대하는 반전운동에도 앞장서 젊은이들의 우상이 되었으며, 당시 미국 사회를 뜨겁게 달궜던 히피운동에도 참여해 마약을 복용하는 등 그만의 특유한 반골 기질을 유감없이 발휘하기도 했다.

긴즈버그의 강한 반골 기질은 그의 불우했던 어린 시절에서 그 뿌리를 찾을 수 있다. 뉴저지 주 뉴어크에서 러시아계 유대인의 아들로 태어난 그는 정신분열병을 앓던 어머니 밑에서 자라면서 일찍부터 극심한 정서적 혼란과 불안정에 시달려야 했다. 편집증적 망상에 사로잡힌 어머니 나오미는 집안에 도청장치가 있다고 믿으면서 걸핏하면 손목을 칼로 그어 자해를 함으로써 어린 아들을 놀라게 했지만, 정신병원을 수시로 드나들면서도 아들만큼은 끔찍하게 아꼈다.

열렬한 공산주의자였던 어머니는 공산당 집회에 어린 아들을 항상 데리고 다녔으며, 그런 어머니의 특이한 행적은 그의 삶에 결정적인 영향을 끼친 것으로 보인다. 적절한 치료약이 없던 시절에 결국 어머니는 최후의 수단으로 전두엽 절제술까지 받고 거의 폐인이 되다시피 했으며, 그런 어머니의 모습을 무기력하게 그저 지켜볼 수밖에 없었던 아들의 비통한 심정은 이루 다 말할 수 없었을 것이다. 세상에 대해 치밀어 오르는 분노를 억누를 길이 없었던 그는 마침내 어머니가 세상을 떠나자 처녀시

앨런 긴즈버그

집《울부짖음》을 통해 미국 자본주의의 병폐를 향해 선전포고를 날리게 되었다.

어머니는 자신의 아들에게 마지막으로 남긴 편지에서 부디 착하게 살 것과 약물을 멀리 하라고 타이르며 결혼할 것도 당부했지만, 그는 어머니의 모든 요구를 거부하고 오히려 정반대의 길을 걸었다. 그는 어머니의 뜻과는 달리 평생을 독신으로 살면서 마약을 복용하고 히피처럼 살았으며, 동성애자가 되어 시인 피터 올롭스키와는 40년 이상 연인관계를 유지했다. 또한 그는 반전운동의 기수로 앞장서는 한편, 기존의 가치관에 저항하는 비트 세대의 선두주자가 되어 자본주의적 횡포에 맞섰으며, 비록 이념적으로는 어머니를 따라 공산주의를 추종했으나 종교적으로는 오히려 불교신자가 됨으로써 어머니의 종교를 버렸다.

하지만 30대 중반 무렵부터 이미 간염에 걸린 그는 결국 간암으로 세상을 떴는데, 그럼에도 그는 평생 동안 담배를 끊지 못했으며 게다가 마약까지 복용했다. 설상가상으로 40대 이후에는 뇌졸중의 여파로 안면신경 마비까지 와서 한쪽 눈을 제대로 뜰 수 없게 되는 불운이 겹쳤는데, 항상 바쁜 일정에 쫓긴 그는 치료조차 제대로 받지 않았다. 결국 71세 나이로 생을 마감한 그는 자신의 정신적 스승인 티베트 승려 겔렉 린포체가 침상 곁에서 티베트 불교의식에 따라 그의 마지막 가는 길을 배웅하는 가운데 조용히 눈을 감았다.

어머니 장례식에 불참한 스티븐 손드하임

현재 미국에서 가장 존경받는 음악가의 한사람으로 손꼽히는 스티븐 손드하임(Stephen Sondheim, 1930-)은 뉴욕 태생의 유대계 작곡가이자 작사가로 브로드웨이 뮤지컬 〈웨스트사이드 스토리〉의 작사자로 유명하다. 영화 〈레즈〉의 음악을 맡은 후 〈딕 트레이시〉로 아카데미 작곡상을 수상하기도 했는데, 그 외에도 8개의 토니상과 그래미상, 그리고 1985년에는 〈조지와 함께 일요일 공원에서〉로 제임스 래핀과 함께 공동으로 퓰리처상까지 받았다. 2015년에는 백악관에서 오바마 대통령으로부터 자유의 메달을 수여받는 영예도 안았다.

이처럼 온갖 영예를 거머쥔 그였지만 개인적으로는 몹시 불행한 통과의례를 거쳐야 했는데, 그중에서도 가장 큰 시련은 어린 시절 어머니로부터 받은 정신적, 신체적 학대였다. 그가 열 살 때 아버지는 처자식을 버리고 가출해서 다른 여성과 살림을 차렸는데, 이에 정서적으로 매우 불안정해진 어머니는 남편에게 버림받은 분풀이를 어린 아들에게 쏟아내며 욕하고 때리기까지 했으니 그런 어머니를 일생동안 증오하고 원망하게 된 것은 어쩌면 당연한 결과라 할 수 있다. 심지어 어머니는 아들을 낳은 일이 자신의 인생에서 가장 큰 실수였다고 말할 정도였으니 1992년 어머니가 95세로 세상을 떠났을 때도 장례식에 참석조차 하지 않았던 그의 행동을 크게 탓할 수는 없을 것이다.

그렇게 학대하는 어머니 밑에서 외롭고 소외된 아동기를 보낸 그는 부모가 완전히 헤어졌을 무렵 유명한 작사자 오스카 해머스타인의 아들 지미와

스티븐 손드하임

321

친구가 되었다. 〈왕과 나〉, 〈남태평양〉, 〈사운드 오브 뮤직〉 등으로 명
성이 자자한 오스카 해머스타인은 그를 마치 친자식처럼 대해줌으로써
손드하임 역시 평생 오스카 해머스타인을 아버지처럼 따르고 존경했다.
뿐만 아니라 오스카 해머스타인은 그에게 음악에 대한 사랑을 심어주고
작사에 대한 가르침으로 스승 노릇까지 해줌으로써 그의 장래에 결정적
인 영향을 끼쳤다고 할 수 있다. 1960년 오스카 해머스타인이 죽고, 6년
뒤 아버지 역시 세상을 떴지만, 손드하임이 가장 슬퍼했던 사람은 바로
오스카 해머스타인이었다. 그렇게 어린 시절 아버지로부터 버림받고 어
머니의 심한 학대를 겪은 손드하임은 동성애자로 86세에 이른 지금까지
도 결혼하지 않고 독신을 고수하고 있다. 사족을 곁들이자면, 브로드웨
이 뮤지컬 〈웨스트사이드 스토리〉의 안무감독 제롬 로빈스 역시 유대인
으로 동성애자였다.

약물과용으로 숨진 파스빈더 감독

독일의 전후 세대로 뉴 저먼 시네마의 기수로 떠오른 영화감독 라이
너 베르너 파스빈더(Rainer Werner Fassbinder, 1945-1982)는 37세라는 젊은 나
이로 생을 마감할 때까지 15년도 채 되지 않는 짧은 기간에 무려 45편의
영화를 만든 천재적인 능력의 소유자였다. 그가 남긴 〈사랑은 죽음보다
차갑다〉, 〈불안은 영혼을 잠식한다〉, 〈마리아 브라운의 결혼〉, 〈베를린
알렉산더 광장〉, 〈릴리 마를렌〉 등의 영화는 많은 비평가의 찬사를 받은
작품들이다.
동성애자였던 그는 자신의 작품에서도 동성애자의 모습을 즐겨 다루
었으나, 그럼에도 20대 초반에는 자신을 우상시하고 따르던 여배우 이름

헤르만과 사귀었으며, 20대 중반에는 여배우 잉그
리드 카벤과 2년간 결혼 생활을 누리기도 했다. 그
런 점에서 그는 양성애자였다고 할 수 있지만, 여
성들보다는 남성들에게 더욱 강한 집착을 보였다.

라이너 베르너 파스빈더

단적인 예로 파스빈더는 처자식을 거느린 유부
남 단역배우인 귄터 카우프만에게 광적으로 빠져
든 나머지 그의 환심을 사기 위해 값비싼 선물은
물론 자신의 영화에 주연으로 출연시키기도 했다.
카우프만은 자신에게 매달리는 파스빈더를 이용
해 더욱 많은 요구를 했으며, 그 결과 파스빈더가 한 해에 고급 스포츠카
를 네 대나 사주기까지 했지만, 카우프만은 그 차들을 모두 팔아버렸다.
결국, 그들의 관계는 카우프만이 다른 남자와 사귀면서 파경을 맞고 말
았는데, 카우프만은 파스빈더의 영화 14편에 출연했다.

그 후 파스빈더는 잉그리드 카벤과 결혼했으나 그의 동성애적 욕구를
말릴 수 없어 2년 만에 헤어지고 말았다. 당시 그는 파리의 게이 목욕탕
에서 만난 모로코 출신의 이발사 살렘과 3년간 동성애 관계를 유지했다.
이혼남이었던 살렘은 10년 연상으로 그 후 파스빈더의 영화에 출연해 유
명해졌는데, 〈불안은 영혼을 잠식한다〉에서 주인공 알리 역을 맡았다.

하지만 알코올중독에 술주정까지 심했던 살렘에게 시달리던 파스빈
더는 결국 결별을 선언하고 말았으며, 그 후 살렘은 베를린에서 칼로 사
람을 찌르는 상해를 입힌 후 파리로 달아났다가 그곳에서 경찰에 체포되
어 감옥에 들어간 후 목을 매 자살하고 말았다. 살렘의 자살 소식은 파스
빈더에게 상당 기간 비밀에 붙여졌는데, 그가 받을 충격을 염려해서
였다.

어쨌든 살렘과 헤어진 후 파스빈더는 고아원에서 자란 백정 출신의

아르민 마이어와 열애에 빠졌으나, 파스빈더와 불화를 일으킨 그 역시 자살하고 말았다. 이처럼 자신의 동성애적 관계가 모두 비극적인 결말로 끝나게 되자 그 후 파스빈더는 자신의 동료였던 여성 율리아네 로렌츠와 사귀며 결혼까지 생각했지만, 그가 약물과용으로 갑자기 숨지는 바람에 불발로 그치고 말았다.

이처럼 좌충우돌하는 매우 혼란스러운 애정행각을 벌이다가 짧은 생을 마감한 파스빈더는 사실 따지고 보면 전후 혼란기에 비정상적인 성장 과정이 낳은 희생양이었다고 할 수 있다. 독일의 무조건 항복이 있은 지 3주 뒤에 태어난 그는 생후 3개월에 시골에 사는 삼촌 부부에게 맡겨져 지내다가, 한 살 무렵에 뮌헨에 살던 부모 곁으로 돌아갔다. 그러나 생계 유지에 급급했던 부모는 아기 돌보는 일에 소홀할 수밖에 없었다.

더욱이 6세 때 부모가 이혼하게 되면서 어머니가 홀로 키웠지만, 온종일 일을 나가야 했던 어머니는 아들에 신경 쓸 여유조차 없었기 때문에 자신이 집을 비우고 있는 시간에는 아들을 극장에 보내 그곳에서 시간을 보내게 했다. 그렇게 어린 파스빈더는 거의 매일 극장에서 살다시피 하며 영화를 봤는데, 어머니가 결핵 요양 차 장기간 떨어져 지내는 경우에는 그녀의 친구들이 대신 그를 돌봐주었다.

혼자 지내는 시간이 많아지면서 점차 반항적인 아이로 변하기 시작한 그는 8세 무렵에 함께 살기 시작한 어머니의 젊은 애인과 자주 충돌을 일으켰으며, 14세 때 어머니가 재혼하면서부터는 계부와도 수시로 부딪쳐 말썽을 부렸는데, 이미 그때부터 그는 동성애적 성향을 보이기 시작했다. 결국 기숙학교에 보내졌지만, 그곳에서 도망친 그는 15세 때 쾰른에 사는 아버지를 찾아가 서로 티격태격하면서도 수년간 함께 지내기도 했다. 18세가 되어 다시 뮌헨으로 간 그는 어머니의 권유로 연기수업을 받기 시작해 드디어 영화계에 첫발을 들여놓게 된 것이다.

이처럼 파스빈더는 태어
난 직후부터 부모와 헤어지
고 다시 만나는 일을 반복했
으며, 안정적인 보살핌과 사
랑을 받지 못하고 홀로 고립
된 상황에서 자라야 했으며,
그런 불안정한 성장과정을
통해 이성과 동성에 대한 집
착을 동시에 갖게 된 것으로 보인다. 하지만 그는 이성이든 동성이든 지
속적인 애정관계를 유지하는 일에도 어려움을 보였으니, 어쩌면 그것은
이른 나이부터 버림을 받고 무관심 속에 내던져진 결과 근원적인 불신이
마음속 깊이 자라잡고 있었기 때문일지도 모른다. 어쨌든 그는 단 한 번
도 행복한 애정 생활을 만끽해보지도 못한 채 마약의 세계로 도피한 끝
에 결국 비극적인 최후를 맞이하고 말았다.

8장

—

세상을 상대로 복수한 사람들

중국 최대의 폭군 진시황제

중국 최초로 천하를 통일하고 만리장성을 완성시킨 진시황제(秦始皇帝, BC 259-BC 210)는 본명이 영정으로 진나라 장양왕 영자초의 아들로 태어났다. 그의 생모는 원래 조나라의 거상 여불위가 데리고 있던 기녀 출신의 조희였는데, 진나라 공자 영자초가 조나라에 인질로 잡혀있을 때 여불위가 선물로 바친 여인이었다. 비록 《사기》에는 조희가 여불위의 아이를 임신한 상태에서 영자초의 아내가 되었다는 기록을 남기기도 했지만, 그 진위 여부는 알 수가 없다.

진시황제는 어린 시절을 조나라에서 보내다가 10세 무렵 그의 아버지가 처자식과 여불위를 데리고 진나라로 돌아가 왕위에 올랐으나 불과 3년 뒤에 세상을 뜨고 말았다. 부왕의 뒤를 이어 13세라는 어린 나이에 왕위에 오른 시황제는 국사를 돌볼 능력이 없었기 때문에 5년간에 걸쳐 승상 여불위가 대신 섭정을 보며 무소불위의 권력을 휘두르게 되었다. 더욱이 시황제의 어머니 조희와도 각별한 사이였던 여불위는 한술 더 떠서 자신의 심복인 노애를 환관으로 위장시켜 조희의 처소에 들게 했는데, 그 결과 조희는 노애를 상대로 두 아들까지 낳게 되었다.

조희는 그 후 노애와 함께 수도 함양에서 멀리 떨어진 곳에 거처하게 되었지만, 성인이 된 시황제가 친정을 맡아볼 나이에 도달하자 문제가 터지고 말았다. 성인식을 치르기 위해 시황제가 잠시 함양을 비운 사이에 노애가 반란을 일으킨 것이다. 그 소식을 들은 시황제는 곧바로 군대를 보내 반란을 진압하고 노애를 능지처참에 처했으며, 어머니 조희는 처소에 가두고 그녀가 낳은 노애의 두 아들은 무자비하게 살해했다. 그리고 승상의 자리에서 쫓겨난 여불위에게는 스스로 자진(自盡)하도록 강요했다. 결국, 여불위가 자결하면서 마침내 시황제의 나이 22세에 진정한 친정시대로 접어들게 된 것이다.

이처럼 어머니를 중심으로 벌어진 불미스럽고도 치욕스러운 오명을 떨쳐버리기라도 하듯 시황제는 그 후 대규모 군사를 일으켜 대륙을 통일하는 일에 전념하기 시작했다. 그는 조나라, 위나라, 초나라, 연나라 등을 차례로 멸망시키고 마지막으로 제나라까지 정복함으로써 마침내 나이 38세에 이르러 중국 대륙을 통일하는 위업을 달성하기에 이르렀다.

하지만 비천한 출신에 행실까지 좋지 못했던 어머니에 대한 열등감과 편집증적 의심 때문에 유달리 학자들을 업신여긴 그는 유명한 분서갱유를 통해 수많은 학자를 잡아들여 생매장시켰으며, 다른 한편으로는 북방의 흉노족의 침입을 막기 위해 만리장성을 쌓도록 지시했는데, 당시에 동원된 인부의 수가 150만 명에 달했을 뿐 아니라 강제노역 중에 죽어간 사람들이 부지기수였다고 한다. 노역에 끌려간 후 소식이 끊긴 남편을 찾아 나선 맹강녀의 애달픈 전설도 그래서 생겨난 것으로 보인다.

시황제의 폭정은 그뿐만이 아니었다. 자신이 거처하는 궁이 비좁다 해서 호화롭기 그지없는 아방궁을 새로 짓도록 했으며, 심지어 수도 함양 부근의 야산 전체를 자신의 능묘로 삼아 대대적인 공사를 벌이도록 했는데, 여기에 동원된 인부만도 70만 명에 달했다고 하니 백성들의 원성이 자자할 수밖에 없었다. 진시황릉 인근에서 발견된 병마용갱은 수천 점에 달하는 실물 크기의 병사들로 장관을 이루고 있는데, 사후에도 자신을 호위할 병사들이 필요하다고 여겼기 때문으로 보인다. 그토록 의심이 많았던 시황제였기에 공사가 완성된 후에는 도굴을 염려한 나머지 동원된 인부들을 모두 죽이라고 명하기까지 했다. 이래저래 날이 갈수록 민심이 흉흉해지자 그는 백성들의 무기 소지를 엄격히 금지시키고 법을 어길 시에는 삼족을 멸할 뿐 아니라 그들이 속한 마을 전체를 몰살시킬 정도로 폭정을 일삼았으니 거리마다 끌려가는 죄인들의 행렬이 끊이질 않았다고 한다.

더군다나 불로불사의 꿈에 부풀어있던 시황제는 전설에 나오는 봉래산에 불로초가 있다는 말을 듣고 서복에게 배를 내주어 불로초를 구해오라 지시했으나 배를 타고 떠난 서복은 끝내 돌아오지 않았다. 불로초를 구하지 못하고 돌아가면 목이 달아날 줄 알고 있었기 때문이다. 그 후에도 전국에서 모여든 수많은 협잡꾼이 불로불사약이라고 속여 포상금을 챙겨가자, 이에 화가 치민 시황제는 효험이 없는 약을 제공한 자는 극형에 처한다는 포고문까지 내릴 정도였다.

시황제의 편집증적 의심은 날이 갈수록 심해져서 전국을 순행할 때에도 똑같이 생긴 수레 다섯 개를 동시에 굴리도록 하고 자신은 그중 한 개의 수레에 몸을 숨길 정도로 암살에 대한 피해의식이 유달리 컸음을 알 수 있다. 마지막 순행에는 승상 이사, 환관 조고, 막내아들 호해와 동행했는데, 도중에 시황제의 병이 위독해지면서 환관 조고에게 유언장을 맡기고 숨을 거두었다. 하지만 간교한 조고는 황태자 부소에게 양위한다는 유언장 내용을 조작해 호해를 황제에 오르게 하고 부소로 하여금 자결하도록 했으며, 그 후로는 자신이 직접 섭정 노릇을 하며 개국공신인 이사마저 반역죄로 몰아 처형시키고 승상 자리를 차지함으로써 모든 권력을 독차지하기에 이르렀다.

원래 조나라의 왕족 출신이었던 조고는 그동안 숨기고 있던 복수심을 드러내면서 마침내 반역을 일으키고 살려 달라 애걸하는 호해를 살해했으나 조고 역시 부소의 아들 자영이 보낸 자객들에 의해 죽임을 당하고 말았다. 그 후 자영은 3대 황제에 올랐으나 이미 분열된 나라는 걷잡을 수 없이 무너져 결국 재위 한 달여 만에 유방에게 항복하고 말았으며, 뒤늦게 함양에 입성한 항우는 몹시 분개하며 자영의 목을 베어버렸다. 그렇게 해서 시황제가 천하를 통일한 지 불과 15년 만에 대제국은 허망하게 멸망하고 말았다.

어머니를 죽인 패륜아 폭군 네로

동양의 폭군에 수양제와 진시황제, 연산군이 있다면 서양의 폭군으로는 단연 로마 제국의 황제 네로와 칼리굴라, 콤모두스가 가장 악명이 높다. 그중에서도 네로(Nero, 37-68)는 특히 로마 대화재 사건의 책임을 기독교인들에게 뒤집어씌워 대대적인 학살을 자행함으로써 두고두고 폭군의 대명사로 불려왔으나 그래도 처음 즉위 5년간은 스승인 세네카의 조언에 따라 나름대로 선정을 베풀기도 했다.

네로는 외삼촌 칼리굴라 황제 재위 시절에 태어났는데, 아버지는 네로가 두 살 때 병으로 죽었으며, 그 후 어머니 아그리피나가 오빠인 칼리굴라와 사이가 틀어져 추방되는 바람에 네로는 자신의 상속 재산을 황제에게 몰수당했을 뿐만 아니라 어머니 품에서 떨어져 고모 도미티아 레피다에게 맡겨져 자라야했다. 도미티아의 딸 메살리나는 클라디우스 황제와 혼인해 아들 브리타니쿠스를 낳았으나 문란한 사생활뿐만 아니라 반역을 꾀한 혐의로 처형당하고 말았다.

그 후 네로가 12세가 되었을 때 어머니 아그리피나는 자신의 숙부이
자 황제였던 클라우디우스와 재혼했는데, 그 결혼은 애정 때문이 아니라
오로지 권력에 대한 욕심에서 비롯된 것이었다. 그녀는 황후가 되자마자
그동안 자신의 강력한 라이벌로 황후의 자리를 다투었던 파울리나를 마
녀로 몰아 자살하도록 이끌었으며, 그 외에도 자신에게 걸림돌로 작용하
는 인물들은 가차 없이 제거하는 잔인함을 보였는데, 자신의 아들 네로
를 황제에 앉히기 위해 남편을 구워삶아 황제의 양자로 입적시키는 데
성공했다.

15세에 네로는 어머니의 뜻에 따라 메살리나의 딸이자 이복누이인 옥
타비아와 마음에도 없는 혼인을 하게 되었다. 하지만 클라디우스 황제가
뒤늦게 아그리피나와 결혼한 사실뿐 아니라 네로의 입양을 결정한 데 대
해 후회하기 시작하면서 전처 메살리나가 낳은 자신의 친아들 브리타니
쿠스를 더욱 총애하며 그에게 양위할 계획에 착수하게 되었다. 그러자
오로지 권력만을 위해 결혼까지 불사했던 아그리피나는 결국 남편인 황
제에게 독버섯을 몰래 먹여 독살하고 자신의 아들 네로가 황제의 자리에
오르게 하는 반인륜적 만행까지 저지르고 말았다.

16세 어린 나이에 황제가 된 네로는 어머니가
사실상 모든 권력을 좌지우지하며 간섭하고 나설
뿐 아니라, 그가 사랑했던 노예 출신의 애인 클라
우디아 악테를 어떻게 해서든 아들 곁에서 떼어놓
으려 들자 점차 어머니에게 노골적인 반감을 드러
내기 시작했다. 그런 아들의 태도 변화에 크게 배
신감을 느낀 어머니 아그리피나는 심지어 친아들
네로를 제거하고 오히려 네로의 이복동생인 브리

네로

333

타니쿠스를 황위에 올리려는 음모를 꾸미기 시작했다. 하지만 어머니의 의도를 눈치 챈 네로는 이복동생 브리타니쿠스를 살해한 뒤 어머니까지 죽이고 말았다. 적어도 존속살인에 있어서는 모전자전이었던 셈이다. 하기야 생부의 얼굴조차 기억하지 못한 네로는 늙은 계부의 인정도 전혀 받지 못한데다 권력을 추구하기 위해서는 수단방법을 가리지 않는 매우 비열하고도 무정한 어머니 밑에서 컸으니 그런 네로에게 올바른 심성 발달을 기대한다는 자체가 무리일 것이다.

그 후 포페아에게 마음을 빼앗긴 네로는 그녀가 계속해서 옥타비아와 헤어지고 자신과 혼인할 것을 졸라대자 결국 아내이자 이복누이인 옥타비아를 불륜죄 명목으로 내쫓고 포페아를 후처로 맞아들였다. 로마 시민들이 옥타비아의 처지를 동정하고 그녀를 숭배하기에 이르게 되자 이를 질투한 네로와 포페아는 아예 옥타비아를 뜨거운 욕탕에서 질식사하도록 만들었으며, 잘린 그녀의 목은 포페아에게 선물로 바쳐졌다. 하지만 포페아 역시 오래 살지 못하고 35세 젊은 나이로 사산 중에 죽고 말았다. 일설에는 말다툼 중에 네로가 그녀의 배를 걷어차 죽게 되었다고도 한다.

포페아가 죽자 크게 상심한 네로는 그녀의 외모를 그대로 빼닮은 노예 출신의 어린 소년 스포루스를 거세시킨 후 그와 결혼까지 했으며, 심지어는 네로가 스포루스를 부를 때도 포페아의 이름으로 불렀다고 한다. 하지만 무자비한 폭정에다가 때마침 로마에 대화재가 일어나 이재민이 속출하게 되면서 그 책임을 기독교인 탓으로 돌리고 참혹한 학살이 자행되자 민심이 더욱 흉흉해졌다. 결국, 에스파냐의 총독 갈바 장군이 반란을 일으켜 황제의 자리에 올랐으며, 로마를 탈출한 네로는 끝까지 자신을 보호해준 노예 출신 파온의 집에 숨어 지내다가 자살하고 말았다. 네로가 죽자 당시 19세에 불과했던 스포루스 역시 그의 뒤를 따라 자살했다. 죽은 네로의 시신은 과거 애인이었던 악테가 거두어 친부의 가족묘지에 안장시켜주었다고 한다.

칠삭둥이 미숙아로 태어난 한명회

조선 왕조 500년 역사에서 가장 교활한 모사꾼이며 가장 오랫동안 권세를 누린 정치가 한명회(韓明澮, 1415-1487)는 1453년 수양대군을 도와 계유정난을 일으키고 세조를 왕위에 앉혔으며, 단종 복위를 노리는 사육신과 관련자 800여 명을 처형시키고 수천 명을 유배시킨 장본인이다. 세조의 총애를 받으며 출세 가도를 달리기 시작한 그는 세조와 사돈 관계를 맺었을 뿐만 아니라, 그 뒤를 이은 예종과 성종을 사위로 삼는 등 왕실과 인척 관계를 맺어 권력을 유지한 나쁜 선례를 남기기도 했다. 하지만 세 명의 왕을 모시며 온갖 부귀영화를 누리고 죽은 그는 연산군의 생모 폐비 윤씨 문제로 불거진 갑자사화에 연루되어 사후 17년이 지나 부관참시를 당하는 수모를 당했는데, 시체는 토막 나고 잘린 목은 저잣거리에 효수(梟首)되었다.

한명회 신도비(충남 천안시)

이처럼 수단방법을 가리지 않고 출세에 눈이 멀었던 한명회는 조선의 개국공신인 한상질의 손자로 태어났다. 한명회는 임신 7개월 만에 태어난 칠삭둥이 미숙아로 누가 봐도 살 것 같지 않아 그대로 방치되었다가 이를 측은히 여긴 나이든 여종이 대신 거두어 보살피며 목숨을 살렸다고 한다. 그가 11세 때 동생 한명진이 태어났으나 그 후 얼마 되지 않아 부모가 모두 일찍 사망하면서 고아가 되었으며, 조부의 아우들이 어린 두 형제를 대신 맡아 키웠다. 그는 어려서부터 유달리 작은 체구와 부모 없는 자식이라는 이유로 주위의 놀림과 멸시를 받으며 불우한 소년 시절을 보내야 했는데, 남달리 기억력이 좋고 민첩했던 그는 그런 수모와 치욕 때문에 일찍부터 강한 출세욕에 사로잡힌 것으로 보인다. 하지만 동생 한명진은 형처럼 오래 살지 못하고 계유정난 직후 28세 나이로 일찍 죽었다. 시인 만해 한용운은 바로 한명진의 후손이다.

어려서부터 한학을 배우며 권람과 친해진 그는 출세에 대한 집념으로 여러 차례 과거에 응시했으나 번번이 실패함으로써 또 주위의 비웃음을 샀다. 그동안 혼인해 많은 자녀까지 두었으나 그 후에도 계속해서 과거에 낙방하자 실의에 빠진 그는 친구 권람과 함께 전국을 유람하며 마음을 달래기도 했다. 37세가 되어서야 비로소 말단 관직인 궁지기로 일할 수 있게 되었지만, 그것도 양반 가문의 신분을 이용한 특채에 의한 것이었다. 과거를 통해서는 출세할 방도가 없음을 절감한 그는 결국 친구 권람을 통해 수양대군에 접근해서 그의 책사가 됨으로써 반정을 꾀하게 되었다. 처음에는 망설이던 수양대군에게 강력한 군주의 필요성을 역설하며 거사를 설득한 결과, 마침내 수양대군의 마음을 움직이는데 성공했다. 그렇게 반정의 모든 전권을 쥐게 된 한명회는 작전계획 수립은 물론 인맥과 자금 동원, 살생부 작성 등에 이르기까지 치밀하게 거사를 준비해나갔다.

마침내 1453년 계유정난을 일으켜 충신 김종서 장군의 일족과 세조의 동생 안평대군 등을 죽이고 한순간에 한성부를 점령한 한명회는 이어 단종을 폐위시키고 수양대군을 세조로 즉위시키는데 성공했다. 이처럼 세조의 최측근으로 눈부신 활약을 보인 한명회는 그 후 승승장구하며 출세 가도를 달리게 되었으니 그런 그에게 과거를 통한 출세 따위가 얼마나 번거롭고 우습게 보였을지 상상이 가고도 남는다. 하지만 그는 자신의 개인적 영달을 위해 숱한 인재들과 가문의 씨를 말렸으며, 간교한 술책으로 왕실과 인척 관계를 맺어 자신의 권력 기반을 유지해나갔다. 그는 그런 수법으로 세조와 예종, 성종 등 왕실뿐 아니라 권람, 신숙주와도 인척 관계를 맺었다.

말년에 이르러 그는 '압구정'이라는 정자를 세워 자신이 권력에 물든 사람이 아니라 자연과 더불어 사는 사람임을 과시하기도 했으나, 오히려 그 정자가 화근이 되어 탄핵을 받고 삭탈관직당하는 수모를 겪게 되었다. 명나라 사신들을 그곳에 사사로이 초대해 접대한 일이 문제가 된 것이다. 당시 나이 70세에 이른 그는 분을 이기지 못하고 자신의 집 대들보를 도끼로 내리찍었다고 하니 볼품없는 외모나 체구와는 달리 힘은 장사였던 모양이다. 하기야 그는 정실부인 외에도 여러 명의 첩을 두고 살았는데, 그가 거느린 소실 중에는 고려의 충신 정몽주의 손녀도 포함되어 있었다.

어쨌든 어릴 때부터 부모를 잃고 온갖 멸시를 당하면서 생긴 원한과 복수심으로 인해 뿌리 깊은 열등감과 맞물려 남다른 권력욕에 빠진 그는 연이어 과거에 낙방하게 되자 정상적인 수단으로는 출세할 길이 없음을 깨닫고 수양대군을 부추겨 반정까지 일으키게 함으로써 조선 왕조에서 그 유례를 찾아보기 힘든 모사꾼이자 사악한 간신의 대명사가 되었다. 더욱이 그는 왕실과 정략혼인을 맺는 방법으로 자신의 권력 기반을 유지하는 등 국가 기강을 무너뜨리는 술책도 마다하지 않았는데, 그 덕분에 수많은 토지와 노비를 거느리고 일생을 호의호식하며 온갖 부귀영화를 누릴 수 있었다. 하지만 오늘날 그의 존재를 자랑스럽게 여길 후손들이 과연 몇이나 있을지 궁금할 뿐이다.

생모의 죽음에 복수의 칼을 휘두른 연산군

조선 왕조 500년 역사에서 반정으로 폐위된 왕은 10대 임금 연산군과 15대 임금 광해군 두 사람뿐이다. 연산군은 후궁 장녹수의 농간에 놀아나 온갖 횡포와 향락을 일삼다 자신의 생모 폐비 윤씨의 억울한 죽음을 알고 갑자사화를 일으켜 온 나라에 피바람을 불러일으킴으로써 중종반정의 빌미를 주고 폐위되었으며, 광해군은 상궁 김개시의 농간에 놀아나 친형 임해군과 이복동생 영창대군을 죽이고 계모 인목대비를 유폐시키는 등 패륜적 행위로 인해 인조반정의 빌미를 주고 폐위되고 말았다. 하지만 연산군이 어머니의 억울한 죽음에 대해 복수한 것이라면, 광해군은 자신을 무시하고 박대한 부왕 선조에 대해 복수한 것이라는 점에서 차이가 있다고 할 수 있다.

연산군(燕山君, 1476-1506)은 성종의 맏아들로 어머니는 폐비 윤씨다. 생모인 윤씨는 그가 세 살 때 폐위되고 여섯 살 때 사사되었다. 7세 때 세자로 책봉된 후 성종이 승하하면서 18세 나이로 왕위에 오르자, 처음에는 남해안에 자주 출몰하는 왜구를 격퇴하며 국방에 주력하는 한편 빈민 구제와 사서 간행 등의 일

연산군 묘(서울시 도봉구)

로 다소 치적을 쌓는 듯했다. 그러나 그동안 자신의 생모인 윤씨가 후궁들의 모함에 의해 사약을 마시고 억울하게 죽은 사실을 까맣게 모르고 있다가, 즉위 후에 가서야 비로소 장녹수의 귀띔으로 그 사실을 알고 점차 타락하기 시작해 재위 12년 동안 온갖 횡포와 향락을 일삼으며 두 차례의 큰 사화 등 많은 실정을 저지르게 되었다. 결국, 연산군은 중종반정으로 강화에 유배되어 30세의 나이로 죽었다.

연산군이 폭군으로 돌변한 이유는 물론 생모의 억울한 죽음을 알게 된 점이라 할 수 있지만, 그런 사실을 처음으로 알려준 장본인은 당시 그를 손아귀에 쥐고 흔들던 기녀 출신 장녹수였다. 장녹수를 통해 외할머니의 소식을 알게 된 연산군은 그 길로 예종의 딸 현숙공주의 집에 머물고 있던 외할머니 신씨를 찾아가 그동안에 있었던 억울한 사연의 자초지종을 듣게 되자 하염없이 눈물을 흘리고 그 자리에서 어머니의 복수를 다짐하게 된 것이다.

연산군은 곧바로 폐비 윤씨의 명예를 복권시키는 조치를 취함과 동시에 그런 왕의 조치가 부당함을 상소한 선비들을 비롯해 과거 윤씨의 폐비에 찬성했던 신하들까지 모조리 참살하는 갑자사화를 일으켰으며, 생모를 모함해 죽게 만든 부왕의 후궁 정씨와 엄씨를 손수 때려죽이는가하면, 폐비 윤씨의 복위문제로 조모 인수대비와 심하게 다투다가 그녀의 머리를 들이받아 죽게 하는 패륜까지 저질렀다.

이처럼 극악무도한 폭정이 지속되자 결국 1506년 참다못한 신하들이 정현왕후의 소생인 진성대군을 왕으로 옹립하는 중종반정을 일으켜 연산군을 폐위시키고 말았다. 반정을 주도한 박원종은 연산군의 큰어머니인 월산대군 부인 박씨의 동생으로 당시 박씨가 연산군에게 겁탈을 당했다는 악소문에 시달리다 자신의 결백을 입증하기 위해 스스로 목을 매 자살하자 반정을 꾀하게 된 것이다.

장녹수는 장희빈과 더불어 조선시대 2대 악녀로 꼽히는 여인으로, 연산군의 후궁이 되어 그를 마음대로 농락하면서 온갖 사치와 향락에 빠져 지냈는데, 질투심도 심해 다른 후궁들을 죽음으로 몰아넣는가 하면, 연산군의 어머니 폐비 윤씨가 억울하게 모함을 당해 사약을 받고 죽은 사실을 귀띔해 줌으로써 갑자사화를 일으켜 숱한 피를 뿌리게 만든 장본인이기도 하다.

원래 노비 출신의 창기였던 그녀는 가무에 능해 소문이 자자했는데, 우연히 연산군의 눈에 띄어 입궐한 후 그의 총애를 배경으로 엄청난 권세를 누리기 시작했다. 연산군은 그녀가 죽으라면 죽는 시늉까지 할 정도로 장녹수는 남자 다루는 솜씨가 매우 능숙했으며, 마치 아기 다루듯 연산군을 마음대로 농락하고 조종했다. 따라서 그녀의 뜻이 곧 왕의 뜻이 되고 그녀의 뜻에 따라 모든 상벌이 결정되기까지 했다. 하지만 연산군이 폐위된 후 장녹수는 참수형을 당하고 말았는데, 수많은 백성이 그녀의 시체에 돌을 던지며 욕을 했다고 하니 그녀에 대한 원성이 얼마나 컸는지 알 수 있다.

어머니의 정을 모르고 자란 연산군은 10년 연상의 장녹수를 마치 엄마처럼 여기고 따를 정도로 그녀 앞에서는 몹시 퇴행적인 모습을 보였는데, 그녀를 통해 생모의 억울한 사연을 알게 된 후, 그동안 자신이 속고 살았다는 배신감과 원망감이 한꺼번에 터지면서 피비린내 나는 복수극을 벌인 것이다. 하지만 연산군의 그런 약점을 알고 뒤에서 교묘하게 부추긴 장녹수는 더욱 가증스러운 인간이 아닐 수 없다. 물론 그녀 자신이 비천한 노비 출신이었기 때문에 양반에 대한 적개심이 남달리 컸겠지만, 어쨌든 연산군과 장녹수는 복수라는 키워드를 중심으로 서로 맞물린 톱니바퀴처럼 한 몸이 되어 온갖 패악을 저지르다 비참한 말로를 겪고 말았다.

잉카의 정복자 피사로

멕시코의 아즈텍 문명을 정복한 코르테스의 친척이기도 했던 피사로 (Francisco Pizarro, 1471-1541)는 200명도 채 안 되는 병사들을 이끌고 안데스의 대제국 잉카 문명을 하루아침에 멸망시켜버린 스페인의 정복자다. 스페인의 트루히요에서 군인의 아들로 태어났으나 사생아 출신이었던 그는 자신의 떳떳하지 못한 출생 배경 때문에 남달리 출세에 대한 야심과 정복욕에 불탄 나머지 일찌감치 미지의 땅 남미대륙에 진출해 차례차례 정복해나갔다. 그중에서도 가장 참담한 일은 잉카 제국을 멸망시킨 사건이었다.

그는 소수의 병력으로 잉카 제국을 공격해 아타후알파 황제를 인질로 사로잡은 후 제멋대로 처형시켜버렸다. 일국의 왕을 본국의 허락도 없이 제멋대로 처형시키는 일은 불법이라며 주위에서 말리는데도 일방적인 결정에 의해 처형시킨 것이다. 그런 몰상식한 행동은 결국 자신을 사생아로 낳게 한 무책임한 아버지에 대한 복수를 의미한다고 볼 수 있으며, 잉카 황제는 졸지에 그 희생양이 된 것이다.

심지어 그는 잉카의 마지막 황제 아타후알파의 여동생과 혼인해서 두 아들을 낳았을 뿐만 아니라, 당시 10세에 불과했던 황후 유팡키를 자신의 첩으로 삼아 두 아들까지 출산했으니 백인 정복자의 오만방자함이 어느 정도였는지 알만하다. 하지만 그런 파렴치한 행동도 알고 보면 그 자신이 지녔던 사생아라는 열등감에 기인한 결과로 볼 수 있다. 힘없는 원주민을 상대로 무소불위의 권력을 행사함으로써 자신의 뿌리 깊은 열등감을 상쇄시

프란시스코 피사로

킴과 동시에 자신을 사생아로 낳은 어머니를 대신해 원주민 여성들에게 복수와 분풀이를 한 셈이다.

피사로는 잉카 제국을 멸망시킨 후 페루의 도시 리마를 건설하고 마지막 생애 2년간을 그곳에서 왕처럼 군림하며 지내다 동료였던 알마그로와 불화가 생기자 그를 처형시켜버렸는데, 알마그로의 수하들이 그에 대한 보복으로 피사로가 머물던 궁에 침입해 그를 칼로 찔러 암살했다. 피사로는 숨을 거두는 순간에도 자신의 목에서 흐르는 피로 십자가를 그리며 죽었다고 전해지지만, 그것은 무자비한 정복자의 이미지를 희석시키기 위해 꾸며낸 내용일 가능성이 크다.

러시아의 폭군 이반 4세

러시아의 폭군 이반 뇌제(Ivan IV Vasilyevich, 1530-1584)는 차르라는 호칭을 최초로 사용한 러시아의 통치자로, 어릴 때 모스크바 공국의 대공으로 즉위해 16세 때부터 러시아 제국을 직접 다스리며 카잔과 시베리아를 정복해 광대한 지역까지 영토를 확장시켰으며, 러시아 최초로 법전을 제정해 국가 체제를 완비했다. 그러나 편집증적인 성격에 몹시 포악하고 잔인한 성품으로 인해 온 백성들이 두려움에 떨었으며, 그래서 폭군 이반(Ivan the Terrible)으로도 불린다.

그의 포악한 성품은 어린 시절 겪었던 잔혹하고 혼란스러운 왕실 분위기에서 그 원인을 찾을 수 있다. 그가 3세 때 부왕이 죽자 그 후 5년간 어머니 엘레나 글린스카야가 대신 섭정을 맡았으나 이반이 8세가 되었을 무렵 그녀는 28세라는 젊은 나이로 독살당하고 말았다. 당시 이반에게는 남동생 유리가 있었지만, 그는 듣지도 말하지도 못하는 농아였다.

그 후 이들 형제는 탑 속에 갇혀 굶주림과 온갖 수모에 시달려야 했는데, 귀족들로부터 이루 형언할 수 없는 천대와 굴욕을 당하며 지낸 경험 때문에 일찍부터 사람을 믿지 못하는 편집증 성향에 잔인하고 비뚤어진 특성까지 지니게 된 것으로 보인다.

이반은 5명의 왕비와 혼인하고 2명의 애첩을 두었는데, 첫 번째 왕비 아나스타샤는 6남매를 낳고 30세 때 일찍 죽었다. 그녀를 몹시 사랑했던 그는 자신의 왕비가 독살되었다고 믿고 많은 귀족을 고문하고 처형하기까지 했다. 말년에 이르러 더욱 포악해진 그는 검은 제복의 오프리치니나 근위대를 창설해 공포정치를 계속했으며, 1570년에는 일주일 사이에 무려 6만 명의 시민을 잔혹한 방법으로 참살한 노브고로드 대학살을 자행해 온 나라를 공포의 도가니로 만들었다. 당시 오프리치니나 대원들은 펄펄 끓는 물이나 가마솥에 사람을 집어던져 죽이거나, 심지어는 항문에 말뚝을 박아 죽이는 등 끔찍스러운 방법으로 사람들을 죽이기까지 했다.

이처럼 잔혹했던 이반 4세는 일반 백성을 상대로 한 대량학살 뿐만 아니라 임신한 며느리가 유혹적인 옷을 입었다며 폭력을 휘둘러 유산까지 시켰으며, 이에 항의하던 아들마저 들고 있던 지팡이로 때려 숨지게 했다. 그 후 자책에 빠진 나머지 수도원에 은거하며 회오의 나날을 보내던 그는 체스를 두던 도중에 갑자기 뇌출혈을 일으켜 53세를 일기로 숨을 거두었다.

이반 4세는 어린 나이에 고아가 되었을 뿐만 아니라, 그것도 끔찍한 독살 때문에 어머니를 잃게 되면서 그런 만행을 저지른 귀족들에 대한 증오심과 복수심으로 가득 차 있었다. 하지만 그의 복수는 귀족들에게만 국한되지 않고 자신의 가족과 일반 백성들에 대해서도 가해짐으로써 숱한 원성의 대상이 되었다. 물론 그것은 그의 편집증적인 정신상태에 따른 결과이기도 했지만, 어머니와 사랑하는 아내의 죽음에서 비롯된 상실감과 좌절감으로 인해 더욱 큰 분노발작을 일으킨 것으로 보인다. 그야 말로 온 세상을 상대로 복수극을 벌인 셈이다.

변태적인 소설로 세상을 조롱한 사드 후작

성도착증의 일종인 '사디즘'이라는 명칭이 유래된 인물로 알려진 마르키 드 사드(Marquis de Sade, 1740-1814)는 프랑스의 귀족 출신 작가이며 사상가로 20대 초반에 결혼한 지 불과 수개월 만에 온갖 방탕한 생활과 신성모독죄로 투옥되었다. 프랑스 대혁명으로 가까스로 자유의 몸이 된 그는 소설, 희곡 등 많은 작품을 써서 필명을 날렸으나, 노골적인 성묘사와 변태성욕 장면으로 인해 악명이 자자해서 새로운 작품이 나올 때마다 당국의 검열 대상이 되었을 뿐만 아니라 오랜 기간 금서목록 1호로 지정되기도 했다.

74세로 죽은 사드는 생의 절반에 해당하는 32년을 감옥과 정신병원에서 보냈는데, 바스티유 감옥에만 10년을 있었으며, 샤랑통 정신병원에서 13년을 지내다가 그곳에서 죽었다. 따라서 그의 대부분 작품은 감옥에서 쓴 것들이다. 하지만 사드의 사생활은 그야말로 사회에서 격리될 수밖에 없는 비행의 연속으로 점철되었으며, 실제로 그는 지독한 성도착증 환자였다.

사드는 자신의 저택에 창녀들을 고용해 성적으로 괴롭혔으며, 심지어는 자신의 처제를 건드리기까지 했다. 20대 초반에 이미 그는 창녀들에게 변태적인 성행위를 강요한다는 소문을 일으켜 경찰의 감시를 받는데, 그런 이유 때문에 여러 차례 감옥을 드나들었다. 그중에서도 가장 큰 사건은 그가 거리를 배회하는 한 걸인 여성을 돈을 주고 유혹해 자신의 집으로 데려가 성적인 학대를 가했던 일이다. 그는 그녀의 옷을 벗기고 침대에 사지를 묶은 뒤 채찍질을 가하면서 그녀의 몸에 뜨거운 촛농을 붓고 때리기도 했다. 결국, 견디다 못한 그녀는 창문을 통해 도망쳤으며, 그 사건 이후부터 사드에게는 법원의 영장 없이 체포, 구금이 가능한 조치가 내려져 그의 행동에 큰 제약이 따르게 되었다.

그러나 사드의 못 말리는 변태적 욕구는 그 후에도 계속되어 마르세유에서 또 다른 사건을 일으키고 말았다. 1772년 그는 자신의 하인과 남색을 벌이고, 창녀들에게 최음제를 강제로 먹임으로써 궐석재판에서 사형선고를 받았다. 이탈리아로 도망친 사드와 하인은 결국 체포되어 감옥에 갇혔지만 수개월 후 탈옥에 성공했다. 몰래 자신의 집으로 돌아온 후에도 어린 하녀들을 성적으로 괴롭히던 그는 도망친 소녀의 아버지가 그를 찾아와 총을 쏘는 바람에 죽을 뻔한 적도 있었지만, 운 좋게 총이 불발해 간신히 살아남았다.

당시 그는 어머니가 위독하다는 연락을 받고 병문안을 갔다가 현장에서 체포되었는데, 사실 그의 어머니는 이미 죽은 상태였으며, 단지 그를 체포하기 위한 속임수에 넘어간 것이었다. 바스티유 감옥으로 이송된 후 사드는 그곳에서 죄수들이 자신을 죽이려든다고 소리 지르며 난동을 부리는 바람에 결국 샤랑통 정신병원으로 옮겨졌는데, 그 직후 프랑스 대혁명을 일으킨 민중이 바스티유 감옥을 습격해 점령하는 사건이 일어났다.

이듬해에 정신병원에서 풀려난 사드는 자유를 얻고 집으로 귀가하지만 이미 그에게 지칠 대로 지친 아내는 이혼을 요구했으며, 대신 그는 여배우 출신의 과부 마리 콩스탕스와 동거에 들어갔

사드

다. 하지만 라코스트에 있는 그의 성(城)은 이미 성난 폭도들에게 약탈을 당한 후여서 어쩔 수 없이 파리로 거처를 옮긴 그는 한동안 정계에 발을 들여 활동하기도 했는데, 겁도 없이 로베스피에르를 비난했다가 다시 또 감옥에서 일 년을 보내야 했다.

그 후 나폴레옹이 사드의 소설을 문제 삼아 그에 대한 체포령을 내리는 바람에 다시 감옥에 갔으나, 그곳에서도 여전히 젊은 죄수들을 유혹하는 행동을 보여 결국 또 정신병원으로 이송되었으며, 모든 집필 활동도 금지되었다. 당시 이미 노년에 접어든 사드는 정신병원 직원의 어린 딸 마들렌과 성적인 관계를 시작했는데, 당시 그 소녀는 14세에 불과했다. 그리고 그들의 관계는 사드가 죽을 때까지 4년간이나 지속되었으니 참으로 그의 욕구는 지칠 줄 모르는 활화산에 비유할 수 있겠다. 이처럼 불가사의한 행적을 남긴 사드의 두개골은 따로 분리되어 의학적 조사의 표본으로 보관되었으며, 그의 아들은 아버지가 남긴 방대한 분량의 미출판 유고를 모두 태워버렸다고 한다.

물론 사드 후작의 성도착 행위와 변태적인 소설 내용만으로 따지자면, 일고의 가치도 없는 타락한 귀족의 최후 발악처럼 보이기도 하겠으나 그런 행동의 이면에는 자신의 불행한 과거에 대한 보상이나 복수의 의미를 찾아볼 수도 있다. 왜냐하면, 비록 그는 귀족의 후예로 태어났지만, 어릴 때부터 부모로부터 버림을 받았기 때문이다. 그의 아버지는 일찌감치 가족을 버리고 어디론가 떠나버렸으며, 이에 실망한 어머니는 어린 외아들을 하인들에게 맡기고 수녀원에 들어가 버린 것이다.

비록 교육은 삼촌이 맡았지만, 모든 것을 떠받드는 하인들 손에 의해 자란 그는 세상에서 자기만이 최고라는 극심한 나르시시즘과 모든 사람들을 자기가 부리는 하인처럼 대하는 매우 가학적인 성격으로 변해갔다. 더욱이 소년 시절 다녔던 예수회 학교에서 채찍으로 체벌을 당할 때 짜

릿한 쾌감을 경험한 뒤부터 비로소 변태적인 충동에 눈이 뜬 그는 특히 여성들을 상대로 가학적인 괴롭힘을 즐기기 시작했다. 물론 그것은 과거에 자신을 버리고 수녀원으로 도망간 어머니에 대한 상징적인 복수이자 응징이기도 했을 것이다. 그런 복수의 대상은 남성들도 예외가 될 수 없었는데, 자신에게 복종하는 하인들 외에는 현실적으로 어려움이 많았기 때문에 대신에 그는 소설 창작을 통해 부분적으로나마 자신의 충동을 해소했을 것으로 본다.

혁명의 이름으로 피의 공포정치를 자행한 로베스피에르

프랑스 대혁명을 주도한 로베스피에르(Maximilien Robespierre, 1758-1794)는 변호사 출신의 정치인으로 당통, 마라와 함께 절대 왕정을 무너뜨리고 한동안 민주 공화제를 이끌며 시민 정치의 초석을 쌓는 업적을 낳았다. 하지만 내분을 수습하고 정적들을 제거하는 과정에서 잔혹한 피의 공포 정치를 자행함으로써 수많은 목숨을 단두대의 이슬로 사라지게 했다. 루이 16세와 마리 앙투아네트 왕비의 처형은 물론 혁명 동지였던 당통, 세계적인 화학자 라부아제 등을 위시해 수만 명을 참수시켜 전국을 공포의 도가니로 몰고 간 그는 결국 그의 백색 테러 정치에 반발한 쿠데타 세력에 의해 그 자신도 단두대에 올라 참수되고 말았다. 당시 그의 나이 불과 36세였다.

그토록 숱한 목숨을 앗아간 그는 프랑스 북부의 아라스에서 변호사의 아들로 태어났다. 원래 그는 혼외정사로 낳은 사생아 신분이었다가 그런 사실을 숨기기 위해 부모가 서둘러 결혼한 것으로, 그 혼인을 끝까지 반대했던 조부는 결혼식에 참석조차 하지 않았다. 하지만 어머니는 그가 여섯 살 때 난산 중에 숨을 거두었으며, 크게 상심한 아버지는 그 후 가출해 여기저기를 떠돌아다니다가 독일 뮌헨에서 사망했는데, 그동안 홀로 남겨진 로베스피에르와 동생 오귀스탱은 외가에 맡겨져 자랐다. 결국 6세 이후로 고아나 다름없는 신세로 성장한 그는 그런 아픔과 원망 때문에 매우 냉정하고 차가운 성격의 인물로 변해갔다.

그는 학생 시절에도 술과 담배를 멀리했으며, 매우 도덕적이고도 금욕적인 태도로 일관해 불량기가 있는 친구들을 경멸하고 무시해 아예 상종조차 하지 않았다. 루이왕립고등학교 재학 시절 루이 16세가 학교를 방문한 적이 있었는데, 당시 학생 대표로 환영사까지 읽었던 그는 국왕 내외를 맞이하기 위해 장시간 비를 맞으며 기다린 학생들과 자신의 환영사에 대해 아무런 답례도 없이 그냥 지나치는 루이 16세의 오만방자한 모습을 보고 국왕을 불신하기 시작했으며, 결국에는 그로부터 20여년이 지나 국왕 내외를 단두대에 올리는 극형까지 불사하기에 이르렀다.

20대에 자신의 고향 아라스에서 가난한 서민층을 위한 인권변호사로 활동하며 명성을 날린 그는 30대에 접어들어 정계에 입문해 삼부회 대의원으로 선출되었으며, 자코뱅당의 실질적인 지도자가 되면서 왕당파와 손잡은 지롱드당을 상대로 투쟁을 벌여나갔다. 당시 루소와 몽테스키외 등 계몽사상가의 영향을 받은 그는 사형제도 폐지 법안을 제출하는 등 인도주의에 입각한 정책 수립에 앞장서기도 했으나, 혁명 정부를 이끌면서 숱한 반대에도 불구하고 국왕 내외를 처형시켜버림으로써 피비린내 나는 공포 정치의 시작을 알리는 신호탄이 되었다. 그가 그렇게 주위의 반대를 무릅쓰고 무리수를 두면서까지 국왕 내외를 단두대에 올린 것도 사실 따지

로베스피에르

고 보면 어릴 적 자신을 버리고 사라져버린 부모에 대한 상징적 복수의 의미로 새겨볼 수도 있다.

어쨌든 로베스피에르는 처음에 당통, 마라 등과 함께 힘을 합쳐 국왕 및 왕당파 처형을 일사분란하게 밀고나가면서 부정부패와 각종 범죄에 대해 극형으로 다스리는 등 강력한 정책을 펼쳐나갔을 뿐만 아니라 건전하고 올바른 시민 생활을 도모한다는 취지에서 매춘을 엄격히 단속하고, 미신을 조장한다는 이유로 점술도 금지시켰으며, 심지어 카드놀이와 경마, 투우, 투견 등 일체의 오락행위마저 금지시킬 정도로 도덕적인 삶을 강조했다.

하지만 점차 냉혹한 독재자의 본색을 드러내기 시작해 자신에게 반대하는 사람들은 무조건 단두대로 보내기 시작한 그는 국왕을 처형한지 불과 1년 만에 17,000명에 달하는 사람들을 단두대에 올려 공개 처형시켰다. 특히 공포 정치의 주동자이기도 했던 동료 마라가 왕당파에게 암살당한 후로는 그런 잔혹함이 더욱 심해졌다. 더군다나 로베스피에르와 자주 의견 충돌을 보인 당통이 당파싸움을 멈추게 하기 위한 목적으로 지롱드당과 접촉한 사실을 빌미로 삼아 부패한 반혁명분자로 몰아 결국 단두대에 올리고 말았다.

하지만 동지였던 당통마저 무자비하게 처형하는 그의 모습을 보고 위기감을 느낀 사람들이 언제 화살이 자신에게 돌아올지 모른다는 두려움에 사로잡힌 나머지 마침내 국민의회는 로베스피에르를 반혁명 혐의로 법정에 고발하기에 이르렀다. 물론 그에게 충성을 맹세한 지지자들이 무력봉기를 주장하기도 했지만, 이를 거부한 그는 스스로 권총을 쏘아 자살을 시도해 중상을 입은 상태로 체포되어 결국 콩코르드 광장에서 자신의 측근들과 함께 단두대에 올라 참수당했다. 한때 사형폐지를 외쳤던 그가 자신이 주도해 숱한 사람들을 처형시켰던 바로 그 단두대에서 본인 자신도 그 희생자가 되리라고는 미처 상상하지 못했을 것이다.

물론 그는 매우 청렴결백하고 검소한 생활로 일관한 인물로 손수 빨래를 하고, 누구에게나 항상 예의 바른 태도를 보였으며, 매일 아침저녁으로 기도를 올릴 만큼 독실한 신앙인이기도 했다. 술과 담배, 여성을 멀리하며 독신으로 생을 마친 그는 반면에 소심하고 우유부단하며 융통성이 결여된 고집불통의 고지식한 원칙주의자로도 알려졌는데, 요즘 식으로 말하자면 매우 강박적인 성격의 소유자라 할 수 있다.

그런 점에서 그가 그토록 참수형에 강한 집착을 보인 사실도 단두대 처형이 상징적 거세라는 측면에서 보면 어느 정도 수긍이 가는 대목이기도 하다. 정신분석에서 강박적 성격의 핵심적인 과제는 거세공포(castration fear)로 보고 있기 때문이다. 로베스피에르 역시 어린 시절 아버지에게 버림을 받았을 때 자신은 이미 거세를 당한 징벌의 피해자라고 여겼을 수 있다. 또한, 그런 징벌의 계기를 만든 어머니의 죽음으로 인해 자신이 받은 마음의 상처를 보상받는 차원에서라도 마리 앙투아네트 왕비를 단두대에 올렸는지도 모른다. 하지만 국왕 내외뿐 아니라 자신에게 반대하는 수많은 시민을 닥치는 대로 무자비하게 참수시킨 것은 세상 전체를 향한 복수심의 발로이기도 했다.

스파이 혐의로 처형당한 마타 하리

세기적인 팜므 파탈로 알려진 마타 하리(Mata Hari, 1876-1917)는 네덜란드 태생의 댄서이며 고급 창녀로 제1차 세계대전 기간에 파리에서 독일군 스파이로 활동하다 체포되어 처형당한 비운의 여성이었다. 마타 하리는 그녀의 가명으로 인도네시아어로는 '여명의 눈동자'라는 뜻이다. 그녀가 그런 가명을 쓴 것은 어머니가 인도네시아 자바 섬 출신의 혼혈아인 데다가 네덜란드 군인이었던 남편과 함께 자바에서 살았던 적이 있었기 때문이다. 하지만 무엇보다도 자신이 자바에서 온 공주 출신인 것처럼 사람들을 속였기 때문에 그런 가명이 더욱 잘 어울렸는지도 모른다.

마르가레타 젤레가 본명인 그녀는 네덜란드의 리우와르덴에서 부유한 사업가 아담 젤레의 장녀로 태어났다. 하지만 남부러울 것 없이 살던 그녀는 12세 때 아버지가 파산하면서 부모가 이혼하고, 더군다나 2년 뒤에 어머니마저 일찍 세상을 뜨게 되자 점차 불행한 운명의 길로 접어들기 시작했다. 16세 무렵 아버지가 재혼했으나 새로운 환경에 이질감을 느낀 그녀는 자신의 대부였던 비세르와 함께 지내며 유치원 교사가 되기 위한 공부를 시작했다. 그러나 교장이 추파를 던지며 추근대는 바람에 학업을 중단하고 헤이그에 사는 삼촌 집으로 달아나고 말았다.

그녀는 18세가 되자 신문에 난 구혼광고를 우연히 보고 연락을 해 알게 된 매클로드 대위와 결혼하여 남편과 함께 인도네시아 말랑에 살면서 남매까지 낳았으나, 20년 연상의 남편은 술주정뱅이에 바람까지 피워 그 결혼은 초반부터 흔들리기 시작했다. 비록 남편의 행패가 심했지만 그래도 동양무용을 배우는 일로 이겨내던 그녀는 어린 남매가 매독에 감염되어 치료를 받는 도중에 두 살짜리 아들이 사망하게 되자 마침내 이혼을 결심하게 되었다. 물론 남매의 매독 감염은 부모에게서 옮은 것이었다. 이혼 후 그녀는 딸의 양육을 맡았으나 그 딸도 매독 합병증으로 인해 오래 살지 못하고 마타 하리가 사형당한 지 2년 뒤인 1919년에 21세 나이로 죽었다.

결혼에 실패하고 아들까지 잃은 마타 하리는 1903년 파리로 가서 서커스단의 곡예사로 일했는데, 그 후에는 이국적인 동양 춤으로 명성을 날리기 시작했다. 이사도라 덩컨과 동시대에 활동한 그녀는 매우 난잡하

마타 하리

고 유혹적인 몸짓으로 밤무대에서 큰 인기를 끌었으며, 당대에 백만장자로 알려진 사업가 에밀 귀메와 오랜 기간 연인관계를 유지하기도 했다. 어쨌든 그녀는 자신이 네덜란드 출신임을 숨기고 동양에서 온 귀족인 것으로 위장하기 위해 숱한 거짓말을 유포시켜 자신에 대한 호기심과 신비감을 더욱 자극했는데, 동양적인 의상에 매우 도발적인 반라의 몸으로 동양식 춤까지 선보임으로써 파리 시민들을 매료시켰다.

하지만 그녀는 파리의 고급 창녀로 일하면서 수많은 장교와 정치인들을 유혹해 숱한 스캔들을 뿌리기도 했으며, 제1차 세계대전이 발발하자 독일 정보기관에 포섭되어 암호명 'H21호'로 활동하며 연합군 고위직 장교들을 유혹해 접근했다. 그렇게 해서 빼돌린 군사정보는 곧바로 독일군의 수중에 들어갔으며, 그녀는 그 대가로 엄청난 돈을 제공받았다. 그렇게 독일군에게 넘긴 군사기밀로 인해 수만 명의 목숨이 희생당하는 결과를 낳고 말았는데, 당시 영국 정보기관이 그녀의 정체를 알아내고 프랑스 정부에 통보함으로써 결국 경찰에 체포된 마타 하리는 얼마 가지 않아 총살형에 처해졌다. 당시 그녀 나이 41세였다.

물론 그녀가 실제로 스파이 활동을 한 것인지 아니면 평소 헛소문을 퍼뜨리기 잘하던 그녀의 말장난에 연합국 측 정보기관이 놀아난 것인지 여부에 대해서는 아직도 논란이 많다. 그녀는 끝까지 자신의 무고함을 강변했지만 그녀의 주장은 받아들여지지 않았다. 하여튼 진실이 무엇이든 간에, 그녀의 존재는 한동안 세상에서 가장 사악한 팜므 파탈의 전형으로 간주되어 찬반양론을 불러일으킨 장본인으로, 뭇 남성들을 사로잡은 요부이자 간교한 여성의 상징으로 사람들의 입에 오르내리게 되었다.

항상 거짓말이 입에 붙었던 그녀로서는 어쩌면 자신이 한 말이 화근이 되어 스스로 화를 입은 것인지도 모른다.

그녀는 자신의 불행한 운명을 세상 탓으로 돌리고 그런 세상에 복수하기 위해 수많은 사람을 유혹하고 이용했을 뿐만 아니라, 더 나아가 적국의 스파이 노릇으로 전장에서 숱한 젊은이들의 목숨을 앗아가도록 유도했으니 복수도 그런 무서운 복수가 없을 것이다. 정신분석에서는 그런 경우를 투사적 동일시(projective identification)라고 부르는데, 자신의 결함이나 악한 측면을 상대에게 뒤집어씌워 사악한 인간으로 만든 뒤 그런 상대를 상대로 비난을 퍼부으며 싸움을 벌이거나 복수하는 매우 원초적인 정신 방어기제를 말한다. 그런 점에서 마타 하리는 성숙한 인격으로 자랄 수 있는 기회를 일찌감치 상실함으로써 세상뿐 아니라 자기 스스로를 파멸의 구렁텅이로 몰고 가는 우를 범한 것으로 보인다.

조국을 배신한 코코 샤넬

20세기 초 파리 패션계를 주름 잡았던 향수의 여왕 코코 샤넬(Coco Chanel, 1883-1971)은 세계적인 명성에도 불구하고 타락하고 방종한 사생활과 제2차 세계대전 당시 독일군에 협조한 매국적인 행적 때문에 연합군에 의해 파리가 해방되었을 때는 스위스로 망명해야 했으며, 조국 프랑스를 배신했다는 불명예로 인해 죽어서도 고국 땅에 묻힐 수 없는 수모를 겪어야만 했다.

그렇게 불행한 말로를 겪은 코코 샤넬은 몹시 어두운 과거를 딛고 자수성가한 집념의 여인으로, 프랑스 남부의 시골 마을 소뮈르에서 세탁부로 일하던 미혼모의 사생아로 태어났다. 더욱이 그녀는 12세 때 어머니가 일찍 세상을 뜨자 떠돌이 노점상을 하던 아버지로부터도 버림을 받고 고아원과 수녀원을 전전하며 자랐는데, 성장해서는 술집에서 노래를 부르며 가수로 성공할 뜻을 품기도 했다. 이처럼 치욕스러운 성장배경에 의지할 대상조차 아무도 없었던 그녀로서는 수단과 방법을 가리지 않고 출세하는 일에 혈안이 될 수밖에 없었다.

당시 애인이자 후원자이기도 했던 에튀엔느 발장의 도움으로 파리 시내에 모자가게를 처음으로 차린 그녀는 자신만의 독특한 디자인이 히트를 치자, 발장과 헤어진 후 그의 친구였던 영국의 부유한 폴로선수 아서 카펠의 애인이 되었으며, 그의 후원에 힘입어 패션계에도 진출했다. 하지만 카펠이 교통사고로 갑자기 죽자 이번에는 영국의 웨스트민스터 공작과 오랜 기간 관계를 맺었으며, 반유대주의자였던 그의 영향으로 그녀 역시 유대인을 몹시 혐오하게 되었다.

그럼에도 불구하고 그녀는 향수회사를 운영하는 유대인 사업가 베르트하이머와 손을 잡고 '샤넬 No. 5'를 내놓아 크게 히트시켰는데, 나치가 파리를 점령한 후 유대인 소유의 기업과 재산을 몰수하면서 나치 동조자였던 그녀는 엄청난 불로소득을 챙기게 되었다. 하지만 전쟁이 끝난 후 샤넬 향수의 소유권은 베르트하이머에게 되돌아갔으며, 코코 샤넬은 비열한 방법으로 부를 축적했다는 오명에서 결코 자유로울 수 없었다.

비록 그녀는 수천 명의 노동자를 부리는 대기업의 총수로 출세 가도를 달렸으나, 열악한 근무조건에 불만을 품은 노동자들이 파업투쟁을 벌이는 바람에 사업에서 손을 떼고 패션계를 떠나야만 했다. 그러나 이미 세계적인 패션 디자이너로 명성이 자자했던 그녀는 파리 사교계의 꽃이 되어 다양한 인사들과 교제하기 시작했는데, 공교롭게도 그녀와 사귀던 남자들은 모두 말로가 좋지 않아 그녀는 불길한 운명을 타고난 여인의 상징이 되기도 했다.

제2차 세계대전이 발발하고 파리가 독일군에 점령당하자, 수많은 프랑스인이 독일군에 저항해 레지스탕스 활동을 벌이다가 목숨을 잃은 반면에, 반유대주의자였던 샤넬은 오히려 제 세상을 만난 듯이 활개 치며 노골적으로 나치에 협조하기 시작했다. 심지어는 나치 친위대 정보기관의 보스인 셸렌베르크 장군의 애인이 되어 그 하수인 노릇까지 했으며, 친위대장 히믈러를 직접 만나기 위해 베를린을 방문하기까지 했다.

사생아로 태어나 고아원에서 자라는 등 어린 나이에 일찌감치 세상으로부터 버림을 받은 그녀는 자신의 치욕스러운 과거를 보상받는 길은 오로지 출세에 있으며, 출세야말로 자신을 나락에 빠트린 부모와 세상에 대해 복수할 수 있는 유일한 길이라고 믿었을 것이다. 따라서 그녀는 자신의 성공을 위해서라면 항상 돈이든 권력이든 힘을 지닌 사람들에게만 접근해 자신의 야심을 이루고자 했다. 그런 점에서 파리를 점령한 나치는 가장 강력한 힘을 지닌 지배자였으니 수단과 방법을 가리지 않는 그녀로서는 그런 절호의 기회를 놓칠 리 만무했을 것이다. 그녀에게 조국 프랑스는 불행한 운명을 안겨준 나라에 불과했으며, 그녀에게 진정으로 필요한 것은 오로지 자신의 성공을 보장해주는 막강한 힘과 권력뿐이었다.

당시 나치 독일은 처칠과 친분관계를 지니고 있던 그녀의 명성을 이용해 영국과 정치적 협상을 벌이려는 소위 '모델 햇' 작전을 전개하려다 실패했는데, 그 작전명의 이름은 바로 샤넬의 전매 특허인 모자 디자인을 뜻한 것이기도 했다. 그 후 셸렌베르크는 뉘른베르크 전범재판에서 실형을 선고받고 복역 중에 병보석으로 풀려났는데, 그녀는 그의 병원비와 장례비는 물론 그 가족들의 생활비

코코 샤넬

까지 지원했으니 매국노라는 소리를 들어도 쌌다. 그런 비애국적인 배신 행위로 인해 세상의 비난을 사게 된 그녀는 결국 파리가 해방되자 드골 장군이 이끄는 자유 프랑스군에 체포되어 조사를 받다가 증거 불충분으로 풀려나긴 했으나 그런 배경에는 처칠 수상의 입김이 작용했다는 소문도 있다.

어쨌든 나치 동조자로 낙인찍힌 그녀는 더 이상 프랑스에 머물 수 없는 입장이었기에 파리를 탈출해 스위스로 도피했으며, 그 후 10년간 귀국할 엄두조차 내지 못했다. 비록 그녀는 나이 70세가 되어 가까스로 귀국해서 재기를 노렸지만, 이미 매국노로 찍힌 그녀는 파리 시민들의 차가운 시선 속에 아무런 관심도 끌지 못했다. 결국 그녀는 사람들의 냉대와 무관심으로 벙어리 냉가슴만 앓다가 87세를 일기로 세상을 떴는데, 그녀의 유해는 시민들의 반대로 고국에 묻히지도 못하고 스위스 로잔으로 옮겨져 그곳에 매장되었다.

천황 암살을 기도한 가네코 후미코

조선의 독립운동가인 박열(朴烈, 1902-1974)과 함께 다이쇼 천황 및 히로히토 왕세자 암살을 기도한 대역죄 명목으로 체포되어 사형선고를 받고 옥중에서 자살한 가네코 후미코(金子 文子, 1903-1926)는 근대 일본에서 활동한 급진적 아나키스트다. 그녀는 요코하마 태생으로 어려서 부모에게 버림을 받고 친척집에 맡겨져 자랐는데, 출생신고조차 되지 못한 상태여서 학업마저 제대로 받지 못하며 자랄 수밖에 없었다.

그녀는 9세 무렵 당시 조선에 거주하던 고모의 집에 7년간 얹혀살았으나 할머니의 학대에 시달렸으며, 그때 일어난 3·1 만세운동의 현장을 목격한 후 조선인들의 비참한 처지에 동감하게 되었다. 그 후 일본으로 다시 돌아갔지만, 매우 불안정한 삶을 살고 있던 어머니는 모처럼 찾아온 자신의 어린 딸을 오히려 술집에 팔아넘기려 했다. 그런 어머니에게서 도망친 그녀는 도쿄로 상경해 신문 배달과 식당 점원으로 일하는 가운데 교습소를 다니며 공부했는데, 그때 알게 된 사회주의자들과 교류하며 아나키스트가 되었다.

그 후 조선인 유학생 사회주의자들과도 어울리게 된 그녀는 19세 때 조선인 독립운동가 박열을 만나 동거하기 시작했으며, 1923년에는 박열과 함께 무정부주의 비밀결사단체 불령사(不逞社)를 조직해 활동을 하다가 관동대지진으로 정국이 어수선한 틈을 타 히로히토 왕세자의 혼례식 때 다이쇼 천황 및 왕세자 암살을 기도한 대역죄 명목으로 두 사람 모두 체포되어 사형 선고를 받았다.

처형 후 자신의 시신을 거두어줄 사람이 없었던 가네코 후미코는 박열과 서류상으로 옥중에서 결혼을 치렀으며, 그 후 무기징역으로 감형되었지만, 당시 23세였던 그녀는 얼마 가지 않아 우쓰노미야 형무소에서 목을 매어 자살하고 말았다. 그녀의 유골은 박열의 형이 인수해 고향인 경북 문경에 안장했는데, 그녀가 자살한 후 박열은 20년간 복역하다가 미군에 의해 해방되어 재일한인거류민단 초대 단장을 역임했으며, 정부 수립 후 그는 이승만의 초청으로 귀국했다가 한국전쟁 당시 납북되어 북한에서 사망했다.

천황의 존재를 하늘처럼 떠받들며 절대적인 충성을 바치던 일본에서 조선인 사회주의자와 동거하며 무정부주의 활동을 벌이고 더 나아가 천황 부자를 암살까지 하려 했던 가네코 후미코의 행적은 동시대의 일본인들에게는 상상조차 할 수 없는 일이었다. 하지만 그녀의 개인적인 불행을 생각해본다면 충분히 그럴 만도 했을 성싶다. 그녀에게 조국 일본이

가네코 후미코

베풀어준 것은 아무 것도 없었으며, 천황의 존재도 자신을 무정하게 내버린 부모와 하등 다를 게 없는 무의미한 존재였을 뿐이었다.

결국, 그녀는 자신의 부모에게 복수하는 대신 천황을 응징함으로써 자신이 겪은 상실의 아픔과 분노를 극복하고자 했으며, 더 나아가 일본이 저지른 잔혹한 죄악에 대해 복수의 일념에 불타는 조선인 독립운동가의 아내가 됨으로써 스스로 일본인임을 부정하기에 이른 것이다. 또한, 당시 그녀가 몸담았던 무정부주의 이념은 부모든 천황이든 그 어떤 권위적 체제도 거부한다는 점에서 그녀의 맺힌 원한이 어느 정도였을지 짐작이 가게 한다. 하지만 자신의 뜻을 이루지 못하고 평생을 감옥에서 보내게 될 것에 더욱 크게 절망한 그녀는 스스로 목숨을 끊어 23세라는 짧은 생을 마감하고 말았다.

전설적인 은행 강도 존 딜린저

1930년대 미국을 대혼란에 빠트린 경제 대공황 시기에 보니와 클라이드를 능가하는 무법자로 이름을 떨친 존 딜린저(John Herbert Dillinger, 1903-1934)는 자신의 갱 조직을 이끌고 수많은 은행을 털고 다닌 범죄자로 탈옥도 두 차례나 저지르며 수사당국을 농락했다. 심지어는 경찰서까지 터는 대범함을 보이기도 했다. 이처럼 악명을 떨친 인물이었기에 동시대 암흑가의 거물로 알려진 갱스터 두목 알 카포네를 능가하는 유명세를 얻은 결과 그 시대를 '딜린저 시대'라고 부르는 말까지 생길 정도였다. 하지만 수사당국의 집요한 추적 끝에 그는 시카고의 한 극장에서 경찰과 FBI 요원들에게 사살됨으로써 31세 나이로 생을 마감해야 했다.

이처럼 한 시대를 뒤흔든 딜린저는 인디애나폴리스에서 식료품 장사를 하는 상인의 늦둥이 아들로 태어났는데, 그를 낳았을 때 어머니 나이 43세였다. 그의 조부는 독일에서 미국으로 이민 온 사람으로 그의 아버지 역시 독일에서 출생했다. 하지만 불과 네 살 때 어머니를 여읜 딜린저는 바로 그 해에 결혼한 14년 연상의 누나 오드리의 보살핌을 받으며 아버지가 재혼할 때까지 5년을 함께 지냈다. 그 후 새로운 계모와 함께 살았는데, 처음에는 적대감을 보였지만 점차 그녀를 따르게 되었다. 그러나 자신보다 나이가 훨씬 어린 이복동생들이 셋씩이나 생기면서 그는 집안에서 더 이상 관심의 대상이 되지 못했다. 더군다나 아버지는 '귀한 자식 매 한 대 더 때린다.'라는 격언을 철석같이 믿은 사람으로 딜린저를 매우 엄하게 다스렸다.

결국, 가족으로부터 소외당한 딜린저는 이미 10대 소년 시절부터 매우 반항적인 문제아가 되어 말썽을 피우기 시작했으며, 툭하면 싸움질에 물건을 훔치거나 꼬마들을 괴롭히며 돈을 뜯기도 했다. 학교도 중단한 그는 19세 때 자동차 절도죄로 처음 경찰에 체포당했는데, 그 이후로 아버지와의 관계는 악화일로를 겪게 되었다. 20세 때 베릴 에델 호비어스와 무작정 결혼까지 했으나 일자리를 구하지 못한 그는 친구 에드 싱글턴과 함께 가게를 털다가 곧바로 체포되었다. 당시 아버지는 변호사를 선임하지 않고 검사가 시키는 대로 유죄를 인정하면 가벼운 형량을 받을 것이라고 아들을 설득했으나, 실제로는 예상보다 더 무거운 중형이 선고되면서 10년의 세월을 감옥에서 썩어야 했다. 뒤늦게 검사에게 속은 사실을 알고 후회한 아버지가 판사에게 선처를 호소했지만 판결은 번복되지 않았다.

존 딜린저

이처럼 억울한 옥살이를 하게 된 딜린저는 오히려 감옥 안에서 세상에 대한 복수심을 갖게 되었으며, 그곳에서 친하게 된 은행 강도들로부터 온갖 범죄의 노하우를 전수받기에 이르렀다. 결국, 아버지의 구명운동에 힘입어 1933년 10년 만에 가까스로 감옥에서 풀려났지만, 그가 출소해서 집에 도착하기 직전에 계모가 세상을 뜨는 바람에 마지막 임종의 기회조차 얻을 수 없었다. 어릴 때 생모를 잃었던 그에게 그나마 어머니를 대신해 정을 베풀어준 계모까지 잃게 되자 더욱 분노한 그는 그 후 곧바로 은행을 털기 시작했으며, 과거 감방 동료들과 합세해 딜린저 갱단을 조직하고 닥치는 대로 강도 행각을 벌이고 다녔다. 세상에 대한 본격적인 복수에 돌입한 것이다.

시카고의 은행을 턴 뒤 다시 감옥에 간 그는 신출귀몰한 수법으로 탈옥에 성공한 후 얼굴 성형수술까지 하는 치밀함을 보였으나 그를 체포하는데 전력을 기울인 FBI 국장 에드거 후버의 집요한 추적을 따돌리진 못했다. 마침내 시카고의 한 여성 포주를 끄나풀로 이용해 딜린저의 위치를 알아낸 FBI는 극장에서 영화를 관람하던 딜린저를 덮쳐 난투극을 벌이다가 총격전 끝에 그를 사살했다. 시체 안치소에 공개된 그의 시신을 보기 위해 수많은 시민이 몰려들어 인산인해를 이룬 가운데, 누나 오드리의 집 앞에서 장례식을 치른 뒤 공동묘지에 안장되었지만, 그 후에도 방문객들이 기념으로 그의 묘비 조각을 흠집 내어 몰래 가져가는 바람에 여러 차례 보수를 거듭해야 했다고 한다. 참으로 사람들의 심리는 알다가도 모를 일이다.

마지막 황제 푸이

청나라의 마지막 황제 아이신기오로 푸이(愛新覺羅溥儀, 1906-1967)는 순친왕과 유란의 아들로 태어났는데, 서태후의 지명에 따라 생후 2년 10개월에 황제에 즉위해서 신해혁명으로 청조가 멸망한 1912년 그의 나이 여섯 살에 폐위될 때까지 4년이라는 극히 짧은 기간 동안 황위에 머물렀다. 자금성에서 거행된 즉위식 날 어린 푸이가 울음을 터뜨리자 당시 섭정을 맡은 아버지 순친왕이 "울지 마세요, 곧 끝납니다."라며 달랬다고 하는데, 실제로 그의 황위는 얼마 가지 않아 곧 끝나고 말았다. 그는 생후 7년간 생모를 볼 수 없었으며, 대신 유모가 돌봤는데, 푸이가 15세 무렵, 생모 유란은 아편에 중독되어 37세라는 젊은 나이로 숨졌다.

생모가 죽은 이듬해 16세가 된 푸이는 다우르족 출신의 완룽을 황후로, 그리고 몽고족 출신의 원슈를 숙비로 삼아 자금성에서 혼례식을 올렸는데, 그래도 뭔가 마음이 불안하고 허전했던지 이미 오래전에 출궁했던 유모를 다시 찾아 그녀에게 의지하는 모습을 보이기도 했다. 유모 왕초씨는 그 후 만주국 시절에도 푸이와 밀접한 관계를 유지하며 탄위링과 리위친 두 후궁을 소개시켜주는 등 어미 역할을 대행했다. 아무리 황제라 해도 모정에 대한 굶주림만큼은 어찌할 방도가 없었던 모양이다.

청조의 멸망으로 황위에서 쫓겨난 후에도 황제에 준하는 예우를 받으며 자금성에 머물렀던 푸이는 폐위 반대운동을 벌인 숙친왕과 공친왕에 힘입어 잠시 황제에 복위하기도 했으나 그 기간은 10여 일에 불과했다. 그 후 쿠데타로 자금성에서도 쫓겨난 푸이는 일본의 비호 아래 천진에 머물다가 결국에는 1931년 만주사변을 일으킨 일본 관동군과 손을 잡고 일본의 괴뢰정부라 할 수 있는 만주국 황제에 즉위하면서 장춘을 수도로 삼았다. 당시 관동군에 협력하고 있던 숙친왕의 딸 가와시마 요시코는 황후 완룽을 천진에서 여순까지 호송하는 임무를 맡았는데, 사실 북경에서 만주로 거처를 옮기도록 푸이를 설득한 것은 전적으로 가와시마의 공이었다.

하지만 허울뿐인 황제 자리는 아무런 힘도 없었다. 더군다나 히로히토 천황의 초대로 일본을 국빈자격으로 방문했던 1935년에는 그동안 일본군 장교와 놀아난 황후 완룽이 사생아를 낳는 일까지 벌어지고 말았다. 푸이는 그 아기를 화로에 던져 죽일 정도로 몹시 격분했으나 당시 아편 중독에 정신질환까지 앓고 있던 완룽이었기에 어쩔 도리가 없었다. 결국, 그녀는 일본이 패전한 직후 중국 공산군에 체포되어 길림성 연길의 감옥에서 영양실조와 아편 금단증상으로 죽었는데, 그때까지도 자신의 아기를 친오빠가 키우는 줄 알고 있었다.

어쨌든 처음부터 일본 관동군의 도청을 의심한 푸이는 일본육사를 졸업한 친동생 푸제가 일본 귀족 출신 사가 히로시와 도쿄에서 혼례를 올렸을 때도 그녀를 첩자로 의심하기도 했으며, 후궁 탄위링이 급사하자 일본군에 의한 독살로 의심까지 했다. 그러나, 이미 전권을 휘두르는 관동군의 위세에 눌려 아무 말도 못하고 지내야만 했다. 허수아비 황제로

아이신기오로 푸이

감수할 수밖에 없는 치욕의 나날일 뿐이었다.

그럼에도 정작 일본이 패망하고 물러나자 오갈데 없는 신세로 전락한 그는 심양에서 비행기로 일본에 망명하고자 했다. 공항에서 출발하기 직전 소련군 공수 부대에 붙들려 잠시 하바롭스크에 수용되었다가 도쿄 전범 재판에 증인으로 출석한 후 곧바로 중국 공산당에 인계되어 푸순 전범 관리소에 수감되었으며, 그때부터 무려 10년간에 걸친 끈질긴 사상개조 끝에 마침내 1959년에 풀려났다.

당시 그에게 동정적이었던 주은래의 배려로 북경 식물원의 정원사로 일하면서 한족 출신의 간호사 리수셴과 재혼까지 한 그는 문화대혁명 시기에 암에 걸렸을 때도 홍위병의 비난을 두려워한 병원들이 그의 입원을 계속 거부했으나, 그때도 주은래의 특별 지시로 베이징의 병원에 입원해 치료를 받다가 61세를 일기로 숨을 거두었다.

소련 공산당이 로마노프 황제 일가를 총살시킨 것과는 대조적으로 중국 공산당은 적국인 일본에 빌붙어 이적 활동까지 했던 황제임에도 처단하지 않고 사상개조를 거쳐 일반 시민으로 살게 했으니 그런 점에서는 소련보다 훨씬 고수였던 것으로 보인다. 중국으로서는 스스로 신발 끈도 매지 못하던 황제가 평범한 정원사로 거듭난 모습을 세계만방에 보여줌으로써 더욱 큰 선전 효과를 얻었을 것이 분명하다.

어쨌든 푸이는 겨우 말을 배울 나이에 그것도 생모의 보살핌을 제대로 받지도 못한 상태에서 영문도 모르고 황제의 자리에 올랐다가 혁명의 여파로 그 자리에서 쫓겨났을 뿐만 아니라 어머니와 부인 모두를 아편중독으로 잃는 아픔을 겪었다. 더 나아가 자신으로부터 왕국 전체를 통째로 빼앗아간 중국 대륙에 대한 앙갚음으로 만주국을 세움으로써 일본의 허수아비가 되는 길을 택하고 말았다. 하지만 그의 어리석은 복수에 대해 중국 공산당은 그와 똑같이 어리석은 방법으로 응수하지 않고 오히려 장기간에 걸친 사상개조방식을 택함으로써 대륙인다운 여유와 관용을 베풀었다고 볼 수 있다.

짐 존스의 인민사원과 집단자살

사회주의 이념을 추구하는 기독교 신앙공동체 인민사원의 지도자로 강력한 카리스마를 발휘했던 미국의 짐 존스 목사(Jim Jones, 1931-1978)는 1978년 남미 가이아나의 존스타운에서 벌어진 끔찍스러운 집단자살을 초래한 장본인으로, 광적인 과대망상과 피해망상을 지닌 인물인 동시에 심각한 약물중독 환자이기도 했다.

짐 존스는 사회적 불평등과 인종 차별을 벗어나 영적 구원과 천년 왕국을 건설한다는 원대한 목표를 내세우고, 1977년 신도들과 함께 미국을 떠나 적도 부근의 남미 가이아나로 집단 이주한 후 새로운 유토피아 마을을 자신의 이름을 본떠 존스타운이라 명명하고 신도들에게 하루 12시간 이상의 중노동을 시키며 지상낙원 건설에 박차를 가했다. 짐 존스에 절대 복종한 신도들은 그를 아버지라 부르고, 예수가 부활한 것으로 굳게 믿었다.

하지만 살인적인 무더위와 열악한 급식, 약품 부족 등으로 많은 신도들이 고통에 시달렸으며, 규칙을 위반한 주민들에게는 가혹한 체벌이 가해졌음은 물론 무장 경비원들이 밤낮으로 순찰을 돌며 감시하는 가운데 탈출을 시도하다 붙들린 주민들에게는 약물까지 투여했다. 특히 그는 존스타운에서 말썽 피우는 아이들에 대해서 매우 가혹하게 다루었는데, 미 의회 조사단이 파견된 것도 아동학대, 성적 착취, 신도 살해, 인권 유린, 노동 착취 등 실로 많은 부분에서 그에 대한 좋지 않은 소문들이 무성했기 때문이다.

그는 정기적으로 백야(white night)라고 불린 의식을 치렀는데, 그것은 언제 닥칠지 모르는 지구 종말에 대비한 집단자살 모의 행사로 아이들을 포함한 주민 모두를 불러 모아 줄을 서게 하고, 작은 잔에 담긴 붉은 음료를 차례로 마시게 하는 의식이었다. 그것은 독배를 마시는 의식으로 45분 안에 죽을 것이라는 말도 들었다. 존스의 설명은 충성심을 시험하는 것이라고 했지만, 그 때문에 실제로 집단자살이 실행된 그 날에도 많은 신도는 평소에 행하던 모의 독배의식인 것으로 믿었다고 한다.

짐 존스

참혹한 집단자살의 비극은 1978년 11월 미 상원의 라이언 의원 일행이 존스타운의 인권침해 여부를 조사하는 임무로 가이아나에 도착하면서부터 이미 시작되었다. 조사단 일행은 존스타운에서 3일간을 신도들과 함께 지냈는데, 신도들은 춤과 노래로 밤을 지새우며 자신들의 안락한 삶을 과시했다. 하지만 신도 한 사람이 느닷없이 칼을 들고 라이언 의원을 해치려 드는 불의의 사고가 발생하면서 조사단은 서둘러 철수하기에 이르렀다. 그때 라이언 의원이 존스타운을 떠나기 원하는 신도들 15명을 함께 데리고 갈 것을 요청하자, 짐 존스도 굳이 말리지 않았다. 그러나 조사단 일행이 비행기에 탑승하려는 순간, 트럭을 몰고 따라온 짐 존스의 무장 경호원들이 총기를 무차별 난사하며 라이언 의원과 다른 일행 다섯 명을 무참하게 사살하고 말았다.

그리고 그날 저녁 존스타운에서는 곧바로 집단자살이 행해지기 시작했다. 당시 900명 이상의 신도들이 한꺼번에 죽음을 맞이했는데, 그중 3분의 1은 아이들이었다. 독약은 아이들부터 줄을 세워 마시게 했다. 자살기도의 능력이 없는 아이들이라는 점에서 명백한 살인행위였음에 틀림없다. 많은 신도는 독약을 마시고 숨을 거두었으며, 일부는 사살되었다. 신도들 가운데 167명은 죽음을 거부하고 그곳을 탈출했다. 짐 존스는 계속 확성기를 통해 죽음을 두려워 말라고 신도들을 독려했으며, 그는 그것을 항상 혁명적 자살이라고 불렀다. 그리고 그 자신은 머리에 총상을 입고 사망했다. 집단자살극 이후 존스타운은 폐허가 되었으나 1980년대 초 라오스 난민들이 잠시 거주하다가 곧 불태워져 지상에서 영원히 사라지고 말았다.

이처럼 참혹하기 그지없는 살인극을 연출한 짐 존스의 과거를 뒤돌아보면 그는 한순간도 안정적인 환경을 경험해보지 못했던 인물이었음을 알 수 있다. 본명이 제임스 워렌 존스인 짐 존스는 미국 인디애나 주 출생으로 외가 쪽으로는 체로키 원주민의 피가 섞여있는 것으로 알려졌다. 그는 부모의 관심을 거의 받지 못하고 자랐는데, 그의 아버지는 제1차 세계대전 당시 프랑스 전선에서 독가스에 노출된 이후 그 후유증으로 호흡기 장애를 앓아 하나뿐인 아들에게 관심조차 두지 않았으며, 어머니 리네타는 가족을 부양하기 위해 공장에서 일을 해야 했기 때문에 집을 비우는 적이 많았다. 따라서 항상 외톨이로 지낸 그는 입심이 사나운 악동으로 유명해 친구들과 어울리는데도 어려움이 컸는데, 그의 입에 붙은 심한 악담은 어머니 말투를 그대로 모방한 것이라고 한다.

이처럼 어려서부터 어머니의 따스한 애정과 보살핌을 받지 못하고 외롭게 성장했기 때문에 세상에 대한 불신과 부정적인 인식이 몸에 배게 된 그는 자신에게 불행한 과거만을 남겨준 가족을 부정하고 더욱 큰 관심과 애정이 보장되는 새로운 대가족을 간절히 바라게 된 것으로 보인다. 그런 점에서 교회라는 상징적 가족은 철저하게 고립된 그에게 일종의 축복으로 다가왔을 것이다. 더군다나 어린 시절 부모의 이혼은 그에게 무기력하고 무능력한 아버지를 자연스럽게 제거하는 한편 어머니를 독점할 수 있는 기회를 부여했으나, 어머니는 생업을 위해 그를 돌볼 여유조차 없었다.

따라서 어머니의 관심과 보호, 보살핌을 제대로 받지 못한 존스는 항상 홀로 서기에 어려움을 보였으며, 누군가로부터 돌봄을 받거나 집단의 지지가 없게 될 경우에는 극심한 불안에 사로잡힌 것으로 보이는데, 그것은 곧 홀로 있는 능력의 결핍을 의미하는 것이다. 존스가 이른 나이에

서둘러 결혼한 것도 의존적 대상이 그만큼 절실했기 때문일 것이다. 그가 18세라는 어린 나이에 네 살이나 연상인 간호사 마셀린 볼드윈과 조혼한 사실이 그런 의존성을 입증해준다. 이는 그에게 엄마 노릇을 해줄 대리인의 필요성이 그만큼 절박했음을 의미한다.

그렇게 일찍 결혼한 몸으로 그는 인디애나 대학에 입학했으나 친구를 사귀는 데 어려움을 겪는 등 학교 생활에 제대로 잘 적응하지 못해 결국 도중 하차하고 말았다. 당시 그의 룸메이트였던 친구 말에 의하면, 처 마셀린은 짐 존스에게 마치 엄마와 같은 존재로 보였다고 할 정도로 그는 수시로 부인에게 전화를 걸어 사소한 문제 해결을 요구하는 등 심한 의존성을 보였다고 한다.

어쨌든 그는 어려서부터 쌓인 분노와 적개심을 세상 전체로 투사함으로써 극심한 피해망상에 빠졌을 뿐만 아니라 그렇게 위험한 세상으로부터 사람들을 자신이 구원한다는 과대망상까지 지니게 되었다. 그러나 존스타운 자체가 세상에 노출될 기미가 보이기 시작하면서 자신이 애써 이룩한 왕국이 와해될까 두려운 나머지 자신과 더불어 신도 전체의 동반자살을 시도한 것으로 보인다. 집단의 붕괴는 곧 자기 자신의 해체를 의미하는 것이었기 때문이다. 결국, 그가 선택한 최후의 카드는 세상 전체를 향해 마지막 복수의 총격을 가하는 일이었다고 할 수 있다.

반사회적 히피 두목 찰스 맨슨

1969년 할리우드 주택가에서 로만 폴란스키 감독의 아내 샤론 테이트를 포함한 다섯 명의 남녀들을 무참하게 살해한 반사회적 히피 집단 '맨슨 패밀리'의 카리스마적 지도자 찰스 맨슨(Charles Manson, 1934-)은 집단살인극을 직접 교사한 혐의로 체포되어 사형선고까지 받았다. 하지만 운 좋게도 당시 캘리포니아 주에서 사형제도가 폐지되는 바람에 사형집행을 면하고 지금까지 연방 교도소에서 45년간 장기수로 복역 중에 있는 희대의 살인마다. 하지만 나이 80세가 넘은 현재까지도 그 자신은 여전히 무죄임을 확신하고 있으며, 미국 사회 일각에서도 그를 숭배하는 집단은 계속해서 그의 석방을 요구하고 있는 실정이니 참으로 기묘한 일이 아닐 수 없다.

찰스 맨슨은 1934년 오하이오 주 신시내티 종합병원에서 당시 16세의 매춘부 출신 미혼모 캐슬린 매덕스의 아들로 태어났다. 비록 그는 사생아로 태어났지만, 어머니가 곧 윌리엄 맨슨이라는 노동자와 결혼했기 때문에 맨슨 성을 지니게 되었다. 생부가 누군지도 모르고 지독한 알코올 중독자인 어머니 밑에서 자란 그는 다섯 살 때 어머니가 절도죄로 체포되어 5년형을 선고받는 바람에 그동안 이모의 보호를 받았다. 그 후 집행유예로 풀려난 어머니는 아들을 돌볼 의사가 없어 아동보호시설에 맡기려 했으나 거절당하기도 했다.

결국, 법원은 소년원에 맨슨의 교육을 맡기도록 조치했지만, 10개월 만에 그는 그곳을 탈출해서 자신을 내버린 어머니에게 다시 돌아갔다. 하지만 어머니는 전혀 아들을 돌볼 생각이 없었기 때문에 그는 어려서부터 불량배들과 어울려 거리를 쏘다니며 식료품점에서 돈과 물건을 훔치는 생활을 계속했다. 13세 때 그는 다시 소년원으로 보내졌지만, 그곳에서 성적인 폭력에 시달리다 못해 다른 두 명의 소년들과 함께 탈출하고 말았다. 그 후 차량 절도죄로 체포되어 워싱턴 시의 국립소년원에 보내졌으며, 그곳에서 그는 매우 공격적인 반사회적 인물이라는 판정을 받았다. 또한, 그의 IQ는 정상이었지만 문맹임이 밝혀지기도 했다. 이처럼 맨슨의 어린 시절은 어머니로부터 유기되고 학대받은 세월의 연속이었다.

맨슨은 20세 때 한 여종업원과 결혼해 아들까지 낳았으나 얼마가지 않아 이혼했으며, 그 아들은 1993년에 자살했다. 맨슨은 그 후에도 두 번 결혼해 자식들을 낳았지만, 가장으로서의 책임감도 없었을 뿐만 아니라 계속되는 범죄행각으로 교도소를 드나들었기 때문에 집에 머물 틈조차 없었다. 그는 계속되는 범죄로 교도소를 안방처럼 드나들면서도 그 안에서 기타를 배우며 음악 실력을 쌓았는데, 비틀즈의 열렬한 숭배자로 그들처럼 유명 가수가 되는 것이 그의 유일한 꿈이었다. 하지만 교도소 생활은 그에게 결코 순탄치가 않았다. 그는 수시로 다른 재소자들에 의해 성적 노리개가 되어 시달림을 받았으며, 시간이 지나면서 그 자신도 다른 재소자들을 성적으로 공격하기에 이르렀다. 이처럼 변질된 성과 폭력에 길들여진 그는 더욱 더 세상에 대한 파괴적인 환상과 증오심에 가득 찬 인간으로 변모해갔다.

그는 자신을 따르는 여성에게도 매춘을 강요하는 착취적인 태도를 보였는데, 그것은 매춘부였던 그 자신의 어머니를 향한 복수심인 동시에 자신을 성적으로 학대했던 남성들에 대한 복수이기도 했다. 따지고 보면 세상에 대한 그의 복수심도 자신을 버린 어머니에 대한 복수심에서 비롯된 것이며, 스스로 예수의 모습을 모방하며 수염을 덥수룩하게 기르고 지냈던 것은 반사회적 히피의 지도자이자 세상을 구원하는 메시아로서의 이미지를 부각시키고자 했던 것으로 보인다. 더욱이 그는 지금도 이마 한가운데 나치 문양을 새겨 넣고 있는데, 세상에 대한 복수심이 여전히 살아있음을 보여주는 모습이 아닐 수 없다.

그런 점에서 찰스 맨슨은 편집증적 망상을 지닌 반사회적 성격 파탄자라 할 수 있다. 그리고 실

찰스 맨슨

제로 그를 도울 수 있는 현실적인 방법은 타인을 해치지 못하도록 강제적 격리 외에는 별다른 방법이 없다고 해도 과언이 아닐 것이다. 물론 어떤 점에서는 그 자신도 희생자일 수 있다. 그는 따뜻한 사랑을 받아본 적이 한 번도 없었으며, 오로지 배운 것이라고는 세상에 대한 적개심 밖에 없었다. 옳고 그름에 대한 가르침 역시 전혀 배운 적이 없었다. 따라서 그는 오로지 영어를 유창하게 구사할 줄 아는 능력 외에는 아무 것도 내세울 게 없는 실로 기묘한 정신적 불구자요 괴물일 뿐이다.

이처럼 그는 태어나면서부터 줄곧 건전한 삶의 과정에 동참할 기회가 전혀 주어지지 못했음을 알 수 있다. 그에게는 부모의 사랑도, 어머니의 보살핌도, 그리고 교육의 기회도 일체 주어지지 않았다. 그는 지옥 같은 소년원을 끊임없이 탈출했지만, 그를 따뜻이 받아줄 가족도 없었을 뿐만 아니라 스스로의 힘으로 세상을 헤쳐 나갈 능력 자체가 결여되어 있었다. 그가 자신만의 패밀리를 구성한 것도 혼자만의 힘으로 살아갈 자신이 없었기 때문일지 모른다. 그야말로 맨슨은 부모와 사회에서 철저히 버림받은 셈이다. 오로지 세상에 대한 복수의 일념에 사로잡히게 만든 장본인은 바로 무책임하기 그지없는 그의 부모와 세상 그 자체였다고 할 수 있으며, 그런 그를 평생 감옥에 가둔 것도 세상이었으니 참으로 골치 아픈 일이 아닐 수 없다.

어쨌든 당시의 시대적 상황은 미국 사회의 희망으로 떠올랐던 지도층 인사들, 존 케네디 대통령, 말콤 엑스, 마틴 루터 킹, 로버트 케네디 등의 연이은 암살사건으로 미국인들이 깊은 좌절에 빠졌을 때였다. 또한, 미국의 월남전 개입 등의 여파로 암담한 현실에 절망한 수많은 젊은이가 무작정 집을 떠나 히피의 천국인 캘리포니아로 향하던 시절이었음을 상기한다면, 1969년 여름 그 유명한 우드스톡 음악축제가 열리고 있던 바로 그 때 할리우드에서 맨슨 일당의 집단적 살인극이 동시에 벌어졌다는 일은 결코 우연이 아니었던 것으로 보이기도 한다. 왜냐하면, 그 사건으로 인해 광적인 히피운동의 열기가 점차 수그러들기 시작했기 때문이다.

그런 점에서 마약과 프리섹스, 그리고 반전 운동으로 상징되는 히피운동이 정점에 달했을 때, 떠돌이 히피 집단인 맨슨 일당이 벌인 참혹한 피의 살육과 광기는 오히려 그런 히피운동에 찬물을 끼얹는 결과를 가져왔을 뿐만 아니라 결국에는 그 운동에 종지부를 찍는 결과까지 초래하고 말았다. 이 끔찍한 집단살인극을 통하여 미국 사회는 더 이상 히피운동에 대하여 관심을 보이지 않고 완전히 등을 돌리게 되었기 때문이다. 결국, 수많은 히피도 짐을 꾸려 각자의 집으로 서서히 돌아가기 시작하면서 한때 미국 사회를 뒤흔들었던 히피운동도 완전히 그 막을 내리게 되었다. 그리고 그런 엄청난 변화의 배경에는 찰스 맨슨이라는 희대의 살인마가 있었던 것이다.

죽음의 천사로 불린 연쇄살인범 해럴드 시프먼

영국의 의사 해럴드 시프먼(Harold Shipman, 1946-2004)은 200명 이상에 달하는 자신의 환자들에게 치명적인 모르핀 과다 투여로 죽게 만든 장본인으로, 1999년 그동안의 범죄행각이 발각되면서 법정에서 종신형의 선고를 받았다. 비록 그 자신은 오로지 환자들의 고통을 줄여주기 위한 행위였다고 강변하며 끝까지 무죄를 주장했으나, 영국 법정은 안락사를 인정하지 않고 그에게 살인죄를 인정해 유죄선고를 내린 것이다. 하지만 그는 복역 4년 만에 웨이크필드 감옥에서 자신의 58회 생일을 맞이하기 하루 전날 스스로 목을 매 자살해버렸다.

영국 노팅엄에서 트럭운전사의 아들로 태어난 시프먼은 어릴 때부터 독실한 감리교 신자인 어머니와 매우 밀착된 관계를 유지한 것으로 알려졌는데, 그가 17세 때 폐암으로 고통 받던 어머니가 세상을 뜨게 되자 마음의 상처를 크게 받은 것으로 보인다. 당시 그녀는 극심한 고통 때문에 숨을 거둘 때까지 모르핀 주사를 계속 맞아야 했으며, 그 덕분에 마지막 순간까지 편안한 상태를 유지한 어머니의 모습을 곁에서 직접 목격했던 사실이 그의 끔찍스러운 범행 동기를 마련해주었는지도 모른다.

어쨌든 수많은 환자를 죽음으로 몰고 간 그에게는 '죽음의 천사'라는 별명이 붙여지기도 했다. 하지만, 과연 그의 행위가 인도주의적 차원의 안락사에 해당한 것인지에 대한 여부는 1957년 160명의 환자를 안락사시킨 혐의로 기소되었다가 무죄 판결을 받고 풀려난 존 보드킨 애덤스과 비교되면서 지금까지도 커다란 논쟁거리가 되고 있다. 물론 시프먼 자신은 안락사 차원에서 환자들을 도와준 것뿐이라고 주장했으나 그것은 자기합리화일 가능성이 높으며, 그의 숨겨진 동기는 오히려 사랑하는 어머니의 존재를 자기로부터 빼앗아간 비정한 세상을 상대로 복수하는 일이었을 가능성이 크다.

분명한 사실은 시프먼이 저지른 범죄의 희생자들이 모두 여성 환자들이었으며, 그것도 대부분 나이가 든 여성들이었다는 점이다. 더군다나 자신의 어머니에게 모르핀 주사를 놓아주던 가정의처럼 그 자신 역시 가정의가 되어 수많은 여성 환자들에게 똑같은 주사를 놓아주었다. 만족스러운 미소를 지으며 죽어가는 그녀들의 모습을 통해 과거에 비슷한 모습으로 죽어가던 어머니의 기억을 되살리는 가운데 교묘한 방식으로 세상에 대한 복수를 동시에 가한 것일지도 모른다.

아무튼 그는 17세 때 어머니를 잃고 나서 불과 3년 만에 메이 옥스토비와 결혼해 네 명의 자녀까지 두었는데, 그렇게 이른 나이에 서둘러 결혼한 것도 결국 어머니를 잃은 상실감이 그만큼 컸기 때문으로 보인다.

또한 1970년 리즈 의대를 졸업하고 의사가 된 것
도 불치병으로 고생한 어머니의 죽음과 결코 무관
치 않을 것이다.

더욱이 그는 맨체스터 주에 속한 하이드 시에
서 오랜 기간 가정의로 일하며 지역사회 주민들로
부터 상당한 존경을 받을 정도로 평소에 매우 헌
신적인 태도를 보인 것으로 알려졌다. 그런 그가
수백 명의 목숨을 앗아가고도 끝까지 당당한 모습
으로 자신의 무죄를 주장했으니, 세상만사 참으로

해럴드 시프먼

알다가도 모를 일이다. 다만 그가 옥중에서 스스로 목숨을 끊은 것은 그
나마 자신의 잘못을 뒤늦게 깨닫고 말이 아니라 행동을 통해 용서를 구
한 것이 아닌지 짐작해볼 따름이다.

9장

대중적 인기를 누린 사람들

사라 베르나르의 집념과 투혼

19세기 말에서 20세기 초엽에 이르기까지 프랑스에서 활동한 전설적인 여배우 사라 베르나르(Sarah Bernhardt, 1844-1923)는 연극무대뿐 아니라 여러 편의 무성영화에도 출연해 세계적인 명성을 얻은 여성이다. 그녀는 매우 극적인 연기로 인해 '여신 사라'라는 별명까지 얻을 정도로 동시대에 유럽과 미국에서 가장 큰 인기를 끌었다. 비록 그녀는 61세 때 난간에서 뛰어내리는 연기 도중에 입은 다리 부상의 후유증으로 오랜 기간 고생해야 했는데, 10년 후에는 한쪽 다리가 썩기 시작해 수술로 절단까지 해야 했으나 의족을 한 상태로 연기 생활을 계속하는 불굴의 투지를 보여 많은 사람을 감동케 했던 여성이기도 하다.

하지만 그녀의 놀라운 용기와 집념은 남달리 어두운 성장배경에 그 뿌리를 두고 있다고 해도 결코 과언이 아닐 것이다. 파리 태생인 그녀는 고급 창녀로 일하던 유대인 여성 줄리 베르나르의 사생아로 태어났는데, 아버지가 누구인지는 알려지지 않았다. 그래도 어머니는 딸 사라를 수녀원 학교에 보내 교육을 제대로 시켰으나, 배우가 될 꿈을 지니고 코메디 프랑세즈에 들어가 연기를 배우던 사라는 얼마 가지 않아 다른 동료의

사라 베르나르

뺨을 때렸다는 이유로 퇴학을 당하고 말았다.

그 후 파리를 떠나 벨기에로 가서 귀족 출신의 앙리 리뉴와 사귀며 아들 모리스를 낳은 그녀는 그와 결혼하려 했으나 귀족 집안의 반대로 뜻을 이루지 못하고 다시 파리로 돌아와 자신의 어머니처럼 고급 창녀 노릇을 하기도 했다. 하지만 연기자의 꿈을 버리지 못한 그녀는 테아트르 드 로데옹에서 연기를 다시 시작해 수년 뒤에는 가장 인기 있는 배우로 떠오르며 파리의 유명인사가 되었는데, 프랑스뿐만 아니라 유럽 전역에까지 그 이름을 떨치게 되었다. 여러 편의 무성영화에 출연한 덕에 미국에까지 이름이 알려져 1915년에는 미국 순회공연에 나서기도 했는데, 당시 71세 나이로 의족을 한 상태에서 연기를 계속하는 놀라운 집념을 보였다.

78세로 죽기 직전까지 영화에도 출연한 그녀는 결국 요독증으로 세상을 떠났는데, 자신의 매니저이기도 했던 아들 모리스의 팔에 안긴 채 조용히 숨을 거두었다. 비천한 유대인 창녀의 사생아로 태어나 본인 자신도 한때 어머니와 마찬가지로 창녀 노릇을 했음에도 불구하고 사람들의 비웃음과 손가락질을 뛰어넘어 프랑스에서 가장 존경받는 대배우로 성공한 사라 베르나르의 놀라운 집념과 투혼이야말로 진정한 인간승리의 한 표본이 아닐 수 없다.

존 배리모어의 어두운 과거

미국의 인기배우 존 배리모어(John Barrymore, 1882-1942)는 어려서부터 말썽만 일으키는 문제아였는데, 배우였던 부모가 바쁜 연기 활동으로 집을 비우는 수가 많아 자녀교육에 신경을 쓰지 못했기 때문에 거의 할머니가 키우다시피 했다. 여러 학교를 전전하던 그는 11세 때 어머니가 결핵으로 죽은 후부터 비뚤어지기 시작해 어린 나이에 이미 술에 취해 돌아다니는가 하면 사창가를 기웃거리다 걸리는 등 문제를 일으켜 학교에서도 쫓겨났다. 15세 때에는 계모의 유혹으로 동정까지 잃고 곧이어 그가 유일하게 의지했던 할머니가 세상을 뜨는 바람에 정신적으로 가장 큰 위기를 맞이하기도 했다.

아버지의 권유로 18세 때 처음 연극무대에 오른 그는 이듬해에 아버지가 신경매독으로 정신착란 증세를 보여 병원에 입원하자 자신도 그런 병에 걸리지 않을까 두려움에 빠지기도 했다. 그럼에도 불구하고 당시 유명 건축가 스탠포드 화이트의 애인이었던 모델 이블린 네스빗에 넋이 나간 그는 곧바로 그녀에게 청혼했지만, 그녀의 어머니가 한사코 반대하는 바람에 뜻을 이루지 못했다. 수년 후 화이트가 이블린의 백만장자 남편이 쏜 총에 맞아 죽는 사건이 벌어지자 배리모어는 법정에서 자신을 증인으로 부르면 어쩔까 전전긍긍할 정도로 그는 정서적으로 매우 불안정한 인물이었다.

1910년 그는 여배우 캐서린 코리 해리스와 결혼했으나 그의 알코올중독으로 불화가 계속 된 끝에 결국 7년 만에 헤어지고 말았다. 두 번째 부인 블랑슈는 원래 두 아이를 지닌 유부녀였으나, 배리모어의 아이를 임신하자 서둘러 남편과 이혼하고 배리모어와 재혼한 여성으로 이들 사이에서 태어난 딸 다이애나 역시 아버지처럼 알코올중독에 빠져 38세 나이로 죽었다. 세 번째 부인 돌로레스

존 배리모어

코스텔로가 낳은 아들 존 드류 배리모어는 현재 활동 중인 여배우 드류 배리모어의 아버지다. 돌로레스와 헤어진 배리모어는 54세 때 자신의 열렬한 팬인 당시 21세의 일레인 배리와 결혼했지만, 당시 그는 이미 파산 상태로 불과 4년 만에 파경을 맞이했으며, 그리고 2년 뒤에 간경화와 신부전증으로 세상을 떴다.

이처럼 알코올중독과 파행적인 결혼 생활로 얼룩진 존 배리모어의 불행한 삶은 결국 어머니의 사랑을 제대로 받지도 못한 채 상실의 아픔만을 겪어야만 했던 어린 시절에 그 뿌리를 두고 있다고 해도 무리가 없을 것이다. 더욱이 철없는 사춘기 시절에 계모의 유혹에 손쉽게 넘어간 것도 그만큼 모정에 굶주려있었기 때문이며, 그런 와중에 자신을 키워준 할머니의 죽음으로 인해 상당한 죄책감을 느꼈을 것으로 보인다. 더군다나 아버지가 매독으로 인해 정신적 폐인이 되자 자신도 그런 천벌을 받지나 않을까 두려움을 지니게 되었으며, 결국 이런저런 복잡한 마음 상태에서 벗어나기 위해 더욱 술에 의지했던 것으로 보인다. 그런 점에서 그의 출세작으로 꼽히는 1920년도 무성영화 〈지킬박사와 하이드씨〉는 존 배리모어 자신의 심리 상태를 그대로 반영한 내용이기에 더욱 실감나는 연기를 했는지도 모른다.

찰리 채플린의 작은 왕국

20세기가 낳은 가장 위대한 희극의 천재로 불리는 찰리 채플린(Charlie Chaplin, 1889-1977)은 무성영화 시절 수많은 걸작 코미디 영화로 폭발적인 인기를 끌었는데, 〈키드〉, 〈황금광 시대〉, 〈시티 라이트〉, 〈모던 타임스〉, 〈독재자〉, 〈라임라이트〉, 〈뉴욕의 왕〉 등 그가 남긴 걸작들은 이루 열거하기 어려울 정도다. 특히 웃음과 페이소스가 한데 어울린 그만의 독특한 블랙 유머는 그가 창조한 캐릭터 떠돌이 찰리를 통해 더욱 빛을 발한다. 하지만 그는 가난하고 헐벗은 서민층과 노동계급에 대해 한없는 애정과 연민을 드러내는 한편, 자본주의 산업사회의 병폐를 날카롭게 비판한 태도 때문에 공산주의자로 오해받은 나머지 결국 1953년 할리우드를 떠나 스위스에 정착해 살다가 그곳에서 88세 나이로 생을 마쳤다.

영국 런던의 빈민가에서 떠돌이 유랑극단 배우의 아들로 태어난 그는 세 살이 채 되기도 전에 부모가 헤어지는 바람에 어린 시절부터 시련을 겪어야 했는데, 아버지는 다른 여자와 살림을 차린 후 단 한 푼의 돈도 지원하지 않아 어머니는 삯바느질로 힘겹게 생계를 이어가야 했다. 이처럼 어려운 형편 때문에 7세 때 구빈원에 들어가 지내던 채플린은 이듬해에 어머니 한나가 정신이상 증세를 보여 정신병원에 입원해 있는 2개월 동안 이복형 시드니와 함께 아버지에게 보내져 지내기도 했으나, 낯설기만 한 아버지는 알코올중독상태로 난폭하기 그지없어 오히려 마음의 상처만 크게 받았으며, 그런 아버지는 결국 2년 뒤에 간경화로 사망하고 말았다.

채플린이 14세가 되었을 때 어머니는 정신병이 재발해 다시 입원하게 되었는데, 이복형 시드니가 군복무를 마치고 돌아올 때까지 홀로 거리를 헤매며 음식을 구하기도 했다. 하지만 8개월 만에 퇴원해 귀가한 어머니는 2년 뒤인 1905년에 다시 병이 재발한 이래 1928년 세상을 뜰 때까지 영구적으로 재기불능 상태에 빠지고 말았으니 그런 그녀를 평생 돌봐야 했던 채플린으로서는 너무도 무거운 짐을 지고 살 수밖에 없는 실로 가혹한 운명의 주인

찰리 채플린

공이었다고 할 수 있다.

　이처럼 어린 나이에 고아나 다름없는 신세로 혹독한 시련을 겪어야만 했던 채플린은 사생아 출신의 이복형 시드니와 함께 서로 의지하며 무언극 배우로 일하는 가운데 일찌감치 코미디 연기뿐 아니라 음악과 발레 실력도 쌓아나갔다. 마침내 24세가 된 1913년 할리우드 영화사의 초청을 받고 새로운 삶에 대한 꿈에 부풀어 미국으로 건너간 후부터 코미디 영화에 새로운 바람을 일으키며 세계적인 희극배우로 성공하기에 이르렀다.

　하지만 천재적인 감각과 재능으로 코미디 영화의 황제로 등극한 그는 치솟는 인기에 힘입어 부와 명성을 크게 얻었으나, 그에 반비례해 숱한 여성들과 염문을 일으키며 사회적 질타의 대상이 되기도 했다. 그것도 미성년의 어린 여배우들을 상대로 벌인 애정행각이라는 점에서 더욱 그랬다. 어쨌든 숱한 법정 시비에 휘말리기도 했던 그는 네 번의 결혼을 통해 모두 11명의 자녀를 낳고 14명의 손자를 얻었는데, 그가 이룩한 작은 왕국은 자신의 불행했던 어린 시절에 대한 보상의 의미가 큰 것으로 보인다.

　마지막으로 그의 네 번째 부인이 된 우나 오닐은 미국의 유명한 노벨 문학상 수상자인 극작가 유진 오닐의 딸이며 18세의 나이로 채플린과 결혼했는데 당시 그의 나이 54세였다. 유진 오닐은 당연히 그 결혼에 반대했지만, 우나는 채플린이 죽을 때까지 34년에 걸친 세월을 동고동락했던 그의 유일한 오랜 동반자였다. 이들 사이에서만 8명의 자녀가 태어났는데, 여배우 제랄딘 채플린은 그중에서 맏딸이다. 막내아들 크리스토퍼가 태어난 것이 채플린의 나이 73세 때였으니 그 스스로도 자신의 남다른 정력이 8번째 세계 불가사의에 속한다고 익살을 떨기도 했지만, 참으로 대단한 정력의 소유자가 아닐 수 없다.

비록 채플린은 숱한 염문을 뿌리며 사회적으로 비난의 화살을 맞기도 했으나, 그것은 그만큼 그가 애정에 굶주려있었다는 사실을 드러낸 것으로 볼 수 있으며, 그리고 자신보다 더 가혹한 운명에 시달린 어머니를 결코 잊지 않았다. 그는 1921년 치매 상태에 빠진 어머니를 미국으로 모셔가 돌봤을 뿐만 아니라 이복형 시드니와 어머니가 낳은 또 다른 사생아 동생 휠러 드라이든과 함께 지내면서 서로 돌아가며 교대로 어머니를 보살폈다. 7년 뒤 어머니는 할리우드에 묻혔지만, 미국에서 추방된 아들은 죽어서 스위스에 묻혔으니 채플린의 마지막 여한은 자신이 어머니 곁에 묻히지 못한 사실이었을지도 모른다.

전설적인 재즈 가수 루이 암스트롱

미국의 흑인 재즈 가수이자 트럼펫 연주자 루이 암스트롱(Louis Armstrong, 1901-1971)은 흑인 특유의 즉흥적인 스캣 창법과 익살맞은 무대 매너로 흑인뿐 아니라 백인사회에서도 널리 사랑을 받은 매우 이례적인 연예인이다. 그만의 독특한 굵은 톤으로 목젖을 쥐어짜는 듯이 부른 〈What a Wonderful World〉, 〈When The Saints Go Marching In〉 등의 히트곡은 지금까지도 널리 애청되는 불후의 명곡으로 말년에 이른 1963년 봄에는 서울 워커힐 호텔에서 내한 공연을 갖기도 했다.

커다란 눈망울을 굴리며 장난기 섞인 웃음으로 많은 팬을 즐겁게 해준 암스트롱이지만, 그의 성장 과정은 그야말로 진창 속을 구르는 삶 그 자체였다. 미국 남부의 항구도시 뉴올리언스에서 노예의 손자로 태어난 그는 젖먹이 때 아버지가 바람이 나서 처자식을 버리고 어디론가 사라지자 어머니 역시 그를 친할머니에게 맡기고 집을 떠났다. 5세 때 어머니

루이 암스트롱

곁으로 다시 돌아갔으나 계부의 폭력에 시달리는 한편, 창부 노릇을 하는 어머니를 돕기 위해 신문 배달 등 온갖 잡일로 돈까지 벌어야 했다.

7세 무렵 우연히 리투아니아에서 이민 온 유대인 출신의 카노프스키 일가를 알게 되었는데, 아버지 없이 살아가는 흑인 꼬마 신세를 안 그들은 암스트롱을 한 식구처럼 여기며 먹을 것과 일거리를 제공하며 큰 도움을 주었다. 그 은혜를 평생 잊지 못한 그는 죽을 때까지 유대인의 상징인 다윗의 별 장신구를 몸에 걸치고 다녔다고 한다.

일찍부터 사창가의 댄스홀에서 연주하는 흑인 밴드 음악에 심취하기 시작한 그는 11세 때 학교를 그만두고 거리에서 노래 부르는 소년들과 어울리며 처음으로 악기 연주를 배웠는데, 본격적인 수업은 그가 수시로 드나들던 소년원에서 밴드 활동을 하는 가운데 이루어진 것이다. 당시 그는 계부의 권총을 훔쳐 공포탄을 허공에 대고 쏘는 등 여러 비행을 저질러 소년원을 자주 드나들었는데, 그곳에 정기적으로 들러 원생들에게 음악을 가르친 피터 데이비스 교수의 특별지도로 트럼펫 연주를 익혔으며, 그의 지원에 힘입어 소년원 밴드 리더까지 되었다.

당시 13세였던 그는 소년원 밴드를 이끌고 뉴올리언스 순회공연을 다니면서 각광을 받기 시작했다. 14세 때 소년원에서 풀려난 후 아버지를 찾아가 잠시 계모와 함께 살다가 다시 생모 곁으로 돌아갔으며, 낮에는 탄부로 일하고 밤에는 댄스홀에서 일했다. 당시 그는 16세라는 어린 나이에 창녀 데이지 파커와 결혼해 살면서 세 살 난 정신지체아를 입양했는데, 5년 뒤 이혼한 후에도 계속해서 그 양자를 돌봤다.

한편 그의 스승이며 아버지처럼 따르던 코르넷 주자 조 올리버가 시카고로 활동무대를 옮기면서 그의 자리를 이어받은 암스트롱은 3년 뒤에 자신도 시카고로 진출해 스승과 다시 합류했으나 그의 두 번째 부인 릴이 솔로 활동을 부추기는 바람에 결국 23세 때 스승과 공식적인 결별을 선언하게 되었다. 그는 릴과 14년을 살고 헤어졌으며, 알파 스미스를 거쳐 네 번째 부인 루실과는 그래도 죽을 때까지 30년 가까이 금슬 좋게 지냈다.

애들을 무척 좋아했던 그였지만, 네 번의 결혼을 통해 그는 단 한 명의 자식도 낳지 않았다. 어쩌면 자신의 어린 시절에 대한 끔찍스러운 기억 때문일지도 모른다. 더군다나 그가 소년 시절에 창녀 데이지와 결혼한 것도 자신이 창녀의 아들이라는 자격지심 때문이었기 쉽다. 어쨌거나 그의 어머니는 그가 데이지와 헤어지고 재혼한 상태에서 시카고에서 활동하고 있을 무렵에 41세 나이로 기구한 생을 마감했다. 그리고 그런 어머니 때문에 숱한 마음의 상처를 받으며 성장한 암스트롱은 국민적인 재즈 가수로 성공함으로써 어린 시절의 불행을 충분히 보상받고도 남음이 있었다고 할 수 있다.

어머니가 죽은 줄만 알았던 케리 그랜트

영국 태생의 할리우드 미남 배우 케리 그랜트(Cary Grant, 1904-1986)는 영화 〈이혼소동〉, 〈필라델피아 스토리〉, 〈나는 결백하다〉, 〈북북서로 진로를 돌려라〉, 〈샤레이드〉 등으로 우리에게 매우 친숙한 배우다. 하지만 모두 다섯 차례 결혼하고 숱한 동성애 파문을 일으키는 등 사생활 면에서 몹시 혼란스럽고 좌충우돌하는 삶으로 일관해 평소 영화에서 드러난 다소 코믹한 멋쟁이 신사의 이미지와는 너무도 다른 모습을 보였다고 할 수 있다. 하지만 그를 자신의 스릴러 영화에 즐겨 기용했던 히치콕 감독에 의하면, 그는 뭔가 딱 꼬집어 드러낼 수 없는 섬뜩한 측면을 지니고 있어서 미스터리하고 위험한 속성을 지닌 어두운 역할을 하기에 아주 적합한 배우였다고 했는데, 히치콕의 그런 지적은 매우 예리한 통찰력에서 나온 것으로 보이며, 실제로 케리 그랜트의 삶은 어두운 미스터리로 가득 차 있었다고 할 수 있다.

아치볼드 알렉산더 리치가 본명인 그는 원래 영국 브리스톨 태생으로 아버지는 공장노동자였고 어머니는 재봉사였다. 하지만 알코올중독자인 아버지와 우울증 환자였던 어머니로 인해서 그는 어려서부터 많은 정신적 고통을 받았다. 특히 어머니는 그보다 다섯 살 위인 형 존이 젖먹이 시절에 결핵성 뇌막염으로 사망한 이후 극심한 자책감에 사로잡힌 나머지 작은아들까지 그렇게 잃을까 몹시 두려워했으며, 원래 애정을 표현하고 주고받는 일에 매우 서툴고 인색했던 어머니였기에 어릴 적 그녀와의 경험은 그 후 여성들과의 관계에서도 매우 불리한 점으로 작용하게 되었다.

그랬던 어머니의 존재가 갑자기 케리 그랜트의 삶에서 사라져버린 것은 9세 때였다. 당시 어머니의 우울증이 심해지자 아버지는 그녀를 정신병원에 입원시키면서 아들에게는 엄마가 멀리 휴가를 떠났다고 둘러댔으며, 나중에는 그녀가 죽었다고 거짓말을 했다. 아버지의 말을 사실로 믿은 그는 자신을 무정하게 버리고 떠난 어머니를 몹시 원망하고 미워하며 자랐다. 할머니와 함께 살던 그는 10세 때 재혼한 아버지가 따로 살림을 차리고 나가면서 홀로 고립되고 말았는데, 그가 31세 때 아버지가 숨을 거두기 직전 어머니가 죽지 않고 살아있다는 사실을 고백함으로써 큰 충격을 받았다. 20년 이상 그녀가 죽은 줄로만 알고 지내던 그는 결국 어머니의 행방을 백방으로 수소문해 찾아내 정신병원에서 퇴원시키긴 했으나 그 후 할리우드로 진출하게 되면서 그녀와 영원히 헤어지고 말았다. 그녀는 1973년 96세 나이로 영국 브리스톨에서 세상을 떴다.

할리우드에서 세계적인 인기스타로 크게 성공했지만, 애정 관계나 사회생활 면에서 어려움을 많이 겪은 그는 아무래도 성장 과정에서 겪은 부모와의 껄끄러운 관계의 여파 때문에 특히 그런 어려움을 겪은 것으로 보이는데, 어머니를 22년 만에 만난 바로 그 해에 첫 아내와 파경을 맞이하고 말았다. 불과 일 년 만에 헤어진 첫 번째 이혼 사유는 아내를 때렸다는 것이었다. 세계적인 갑부로 소문 난 바바라 허튼과의 두 번째 결혼은 3년 만에 헤어지고 말았는데, 재산을 노린 결혼이라는 입방아 소문에 시달려야 했다. 세 번째 아내 벳시 드레이크와는 그래도 가장 오랜 기간인 13년을 살았다. 그녀와 헤어진 후 33년 연하의 여배우 다이안 캐논과 재혼한 그는 62세 때 딸 제니퍼를 낳고 3년 만에 이혼했으며, 그 후 13년을 홀아비로 지내다가 1981년 77세 때 무려 47년이나 연하인 바바라 해리스와 결혼했으나 5년 뒤에 갑자기 뇌출혈로 사망했다.

이처럼 여러 차례 결혼과 이혼을 반복하는 가운데서도 그는 다른 남성들과 동성애적 관계를 맺기도 했으니 참으로 종잡기 어려운 인물임에는 틀림없다. 어쨌든 그는 의상 디자이너 오리 켈리와 관계를 맺었으며, 액션 배우인 랜돌프 스콧과는 10년간 함께 동거하기도 했다. 더욱이 그는 뮤지컬 작곡가 콜 포터와 함께 고급 남창가를 자주 드

케리 그랜트

나든 것으로 알려지기도 했으며, TV 인터뷰에서 자신을 게이라고 농담을 한 코미디언 체비 체이스를 상대로 소송까지 벌였다가 합의로 끝내기도 했다.

이렇게 그가 여성과 남성 사이를 오가며 끝없이 애정행각을 벌인 배경을 정확히 알 도리는 없겠지만, 어릴 적 남달리 애정에 굶주린 그가 아버지와 어머니 사이를 오가며 계속 눈치를 보고 살았던 가정환경에서 그 원인을 찾아볼 수 있을지도 모르겠다. 다만 분명한 사실 한 가지는 그가 남성으로서의 성 정체성을 유지하는데 일찍부터 혼란을 느끼고 있었으며, 어머니의 상실로 인한 충격의 여파로 아버지에 대한 정상적인 동일시 과정에도 문제가 있었을 것으로 보인다.

어머니의 불치병을 이어받은 우디 거스리

미국의 전설적인 포크 가수이며 작곡가인 우디 거스리(Woody Guthrie, 1912-1967)는 경제 대공황으로 미국 사회 전체가 집단공황상태에 빠져 고통 받던 시기에 헐벗고 굶주린 농민과 노동자의 아픔을 대변하는 노래들을 수없이 작곡해 불렀다. 실제로 그는 오클라호마에서 캘리포니아로 이주한 농민들과 함께 고락을 함께하며 그들의 고통을 공유함으로써 좌파 음악가로서의 면모를 유감없이 발휘하기도 했다. 그의 음악은 특히 저항 가수 밥 딜런에게 가장 큰 영향을 준 것으로 평가된다.

우디 거스리의 삶 자체는 고통과 시련의 연속이었다. 그는 오클라호마 주의 작은 도시 오키마에서 사업가의 아들로 태어났는데, 그의 부모는 아들에게 당시 민주당 대통령 후보였던 우드로우 윌슨의 이름을 따서 '우디'라는 이름을 지어주었다. 하지만 그의 아버지는 우디가 태어나기 전 해인 1911년에 오키마에서 발생한 흑인 모자 린치 사건에 가담한 인물로 당시 넬슨 모자는 보안관 살해 혐의로 투옥 중에 있다가 40명의 백인들에게 납치되어 다리 위에 목이 매달린 채 살해당했는데, 자신의 아버지가 KKK 단원이었음을 확신한 우디 거스리는 나중에 그 사건을 주제로 노래를 작곡하기도 했다. 그가 성장한 후에 좌익사상에 기울어진 것도 그런 아버지의 비행에 대한 죄책감 때문이었을 것으로 짐작된다.

우디 거스리

　그런데 우디 거스리의 더 큰 시련은 어머니 노라를 통해 전해졌다. 어머니 자신이 아들을 학대하거나 그런 일 때문이 아니라 불치의 유전성 신경질환인 헌팅턴 병을 아들에게 물려주었기 때문이다. 그의 집에서는 원인 모를 화재가 여러 차례 일어났는데, 그가 7세 때 누나 클라라가 등유 화재로 죽었으며, 아버지도 똑같은 화재로 심한 화상을 입기도 했다. 물론 우연의 사고일 수도 있겠지만, 불치병을 앓고 있던 어머니의 수전증 때문에 일어났을 가능성이 짙다. 하지만 당시만 해도 가족들은 어머니가 그런 병을 앓고 있다는 사실조차 모르고 있을 때였다.

　결국, 그가 14세 때 정신병원에 입원한 어머니는 4년 뒤에 폐인 상태로 세상을 떴는데, 외할아버지 역시 같은 병을 앓다가 익사한 것으로 알려졌다. 어머니의 입원으로 큰 충격을 받은 우디 거스리는 아버지마저 텍사스로 돈을 벌기 위해 떠나버리자 한동안 거리에서 음식을 구걸하거나 친구 집에서 잠을 자는 생활을 하기도 했다. 당시 그의 유일한 위안은 하모니카를 연주하는 일이었는데, 어머니가 세상을 떠난 18세 때는 고등학교마저 도중에 그만두고 거리에서 돈을 받으며 노래를 부르기 시작했다.

경제 대공황이 한창이던 19세 때 무일푼 신세였던 그는 메리 제닝스와 결혼해 3남매를 두었는데, 그렇게 일찍 서둘러 결혼한 것은 아무래도 어머니를 잃은 상실감과 공허함을 메우고자 했기 때문으로 보인다. 하지만 얼마 가지 않아 처자식에 부담을 느낀 그는 가족을 뒤에 남겨두고 집을 떠나 방랑길에 올랐는데, 당시 삶의 터전을 잃고 일자리를 찾아 캘리포니아로 떠나는 수천 명의 오클라호마 농민들 대열에 끼어 스스로 고난의 여정에 동참하면서 그의 노래에 많은 영감을 얻기도 했다. 그렇게 해서 그의 대표적인 노래 〈이 땅은 너의 것(This Land is Your Land)〉도 나오게 된 것이다.

캘리포니아에서 라디오 프로그램을 통해 이름을 날리기 시작한 그는 그곳에서 일련의 좌파인사들과 접촉하며 교류했는데, 그중에는 뉴스캐스터 에드 로빈과 배우 윌 기어, 〈분노의 포도〉를 쓴 작가 존 스타인벡 등이 있었다. 비록 그는 정기적인 송금으로 메리를 도왔지만, 한곳에 정착하지 못하고 여기저기를 떠돌아다니는 그의 못 말리는 방랑벽 때문에 결국 메리와도 헤어지고 말았다. 하지만 그녀가 낳은 3남매는 모두 비극적인 최후를 맞이하고 말았는데, 두 딸은 똑같이 41세에 헌팅턴 병으로 죽었으며, 아들은 23세 젊은 나이에 사고로 죽었다.

메리와 이혼한 후 유대계 여성 마저리 마지아와 재혼해 4남매를 낳았지만 장녀 캐시가 네 살로 화상을 입고 죽자 한동안 극심한 우울증에 빠지기도 했다. 그 후 30대 후반부터 건강이 악화되기 시작하면서 매우 충동적인 행동을 보이기도 했는데, 처음에는 알코올중독, 정신분열병 등으로 진단되기도 했으나 40세에 비로소 어머니로부터 유전된 헌팅턴 병이라는 확진이 나왔다. 크게 낙담한 그는 남은 자녀들도 자신과 같은 유전병을 앓을 것으로 확신한 나머지 결국 마저리와도 헤어지고 말았다.

그 후 아넥 커크와 재혼해 버스에서 생활한 그는 캠프파이어 도중에 손에 화상을 입는 부상으로 영구적으로 기타를 연주할 수 없는 상태가 되자 그를 간병하는 일에 지친 아넥도 결국 이혼을 요구하기에 이르렀다. 그들 사이에 태어난 딸 로리나는 아넥의 친구에게 입양시켰는데, 그녀는 19세 때 교통사고로 사망했다. 어쨌든 마지막 이혼이 이루어진 후 다행히 전처 마저리가 다시 돌아와 그가 죽을 때까지 곁을 지키며 돌봐 주었다.

근육 마비로 점차 거동이 불가능해진 그는 더욱 공격적이고 충동적인 상태를 보이다가 마침내 1956년 처음으로 정신병원에 입원해서 1967년 사망할 때까지 무려 11년간이나 정신병원을 전전하며 지내야 했다. 그 후 마저리의 아들 알로는 아버지처럼 포크 가수가 되었으며, 딸 노라는 레코드 프로듀서로 활동했다. 그리고 알로의 딸 사라 역시 포크 가수로 활동함으로써 거스리 일가는 3대에 걸친 가수 집안이 되었다. 그런데 신기한 점은 메리가 낳은 자녀들이 헌팅턴 병에 걸린 반면에, 마저리의 자녀들은 모두 멀쩡했다는 사실이다. 하지만 우디 거스리는 자신에게 불치병을 안겨준 어머니를 단 한 번도 원망한 적이 없었다.

천의 얼굴을 가진 배우 알렉 기네스

영국을 대표하는 명배우 알렉 기네스(Alec Guinness, 1914-2000)는 셰익스피어 연극 무대에서 닦은 연기력을 바탕으로 영화에도 진출해 특히 데이비드 린 감독의 영화 〈위대한 유산〉, 〈올리버 트위스트〉, 〈콰이강의 다리〉, 〈아라비아의 로렌스〉, 〈닥터 지바고〉, 〈인도로 가는 길〉 등으로 세계적인 명성을 얻었다. 〈콰이강의 다리〉에서 니콜슨 대령 역으로 아카데미 최우수 남우주연상을 획득했을 뿐만 아니라 조지 루카스 감독의

〈스타워즈〉 시리즈에도 출연해 남우조연상 후보에 오르기도 했다.

셰익스피어 연극배우 출신으로 영화에서도 성공한 영국배우로는 알렉 기네스와 로렌스 올리비에, 존 길거드가 유명하지만, 그중에서도 알렉 기네스는 수많은 장르의 영화에서 실로 다양한 역할을 모두 소화해냄으로써 '천의 얼굴을 가진 배우'라는 별명까지 얻을 정도로 뛰어난 연기력을 과시한 배우다. 그가 맡은 역은 황제에서 성직자, 수전노, 소매치기 두목, 군인, 혁명가, 교수, 히틀러와 프로이트 역에 이르기까지 그야말로 폭 넓은 연기력의 달인이었다고 할 수 있다.

하지만 이처럼 천의 얼굴을 가진 배우로 성공하기까지 그의 삶은 결코 순탄하지만도 않았다. 우선 그는 생부의 신원을 알 수 없는 사생아로 태어났다. 알렉 기네스라는 이름은 어머니가 출생 신고서를 작성할 때 그저 적당히 붙인 것으로 그는 죽을 때까지도 자신의 아버지가 누구인지 정확히 알지 못했다. 다만 그 자신이 추측하기로는 당시 은행가였던 앤드류 게디스를 자신의 생부로 믿었는데, 게디스는 그가 어릴 때 삼촌이라고 하면서 가끔씩 기네스 모자를 찾아왔으며, 한동안 그의 학비까지 대준 인물이었다. 어머니는 그 후 전장에서 돌아온 영국 사병과 결혼했으나 외상후 스트레스장애 환자였던 그는 매우 거칠고 난폭한 성향을 보여 얼마 가지 않아 헤어지고 말았다.

알렉 기네스

제2차 세계대전에서 영국 해군으로 참전한 후 영화계에 진출해 눈부신 활약을 보이기 시작한 그는 데이비드 린 감독의 눈에 띄어 성공 가도를 달리게 되었지만, 점차 린 감독과는 뜻이 맞지 않아 서로 마찰을 빚는 경우가 많아졌다. 두 사람 모두 상당한 고집쟁이들이었기 때문이다. 그럼에도 불구하고 린 감독은 자신의 대작 영화에 계속 기네스를 기용했다. 타의 추종을 불허하는 그의 연기력만큼은 인정했기 때문이다.

기네스의 탁월한 연기력은 영국 왕실에서도 인정해 1959년에 그는 엘리자베스 여왕으로부터 기사 작위를 받는 영예까지 누렸다. 사생아로 태어나 귀족 신분에까지 오르게 되었으니 그로서는 실로 감개무량했을 것이다. 더욱이 어머니가 96세 나이로 사망한 지 5년 뒤인 1991년에는 케임브리지 대학에서 명예박사 학위까지 받음으로써 그는 신분 상승뿐 아니라 더없는 자부심까지 얻게 되어 오랜 기간 자신을 괴롭혔던 열등감에서 벗어나는 계기를 맞이하기도 했다. 뿌리 깊은 열등감으로 인해 그는 항상 대중 앞에 서는 일을 극히 꺼려했으며, 매스컴의 조명을 받는 일도 계속 피해왔기 때문이다.

비록 그의 어머니는 일생을 불행하게 보냈지만, 알렉 기네스 자신은 그런 전철을 밟지는 않았다. 1938년 유대계 여배우 머룰라 살라만과 결혼해 아들 매튜를 낳은 그는 60년 이상을 함께 동고동락하며 금슬 좋은 부부로 지냈다. 다만 아들 매튜가 11세 때 소아마비에 걸리자 처음으로 교회에 나가 기도를 드리기 시작했으며, 그리고 수년 후에는 가톨릭으로 개종하고 매일 기도를 올리는 등 경건한 신앙 생활을 유지했다. 그는 암에 걸려 86세를 일기로 생을 마감했는데, 아내 머룰라 역시 86세 나이에 암에 걸려 그가 죽은 지 2개월 만에 남편의 뒤를 따라 숨을 거두었다. 부부가 같은 해에 나란히 사이좋게 세상을 떴으니 기네스로서는 더 이상 바랄 게 없었을 것이다.

홍등가에서 자란 에디트 피아프

프랑스의 국민가수로 군림하며 전 세계적으로도 많은 팬의 사랑을 받은 샹송가수 에디트 피아프(Édith Piaf, 1915-1963)는 불우한 어린 시절의 아픔을 딛고 일어선 의지의 여성으로 어린 소녀 시절부터 파리 뒷골목을 누비며 노래를 불렀다. 사람들의 심금을 울리는 그녀의 애끊는 목소리는 바로 그녀 자신의 비참했던 밑바닥 삶에서 우러난 마음의 상처와 아픔을 그대로 반영한 것이기도 했다.

파리의 한 병원에서 태어난 그녀의 본명은 에디트 가시옹으로 아버지는 거리의 광대였으며, 어머니는 술집에서 가수로 일하던 여성으로 모로코인의 혈통을 이어받은 혼혈 출신이었다. 태어나자마자 어머니에게서 버림받은 그녀는 잠시 외할머니에게 맡겨졌다가 아버지가 제1차 세계대전에 징집되어 떠나는 길에 아기를 자신의 어머니가 운영하던 노르망디의 사창가에 맡기는 바람에 그곳에 일하는 창녀들이 대신 그녀를 돌보며 키웠다.

어릴 때 그녀는 심한 눈병으로 거의 실명 상태였다가 창녀들이 돈을 모아 치료해 준 덕분에 시력을 회복하기도 했는데, 아버지가 전장에서 돌아오자 그와 함께 거리에서 공연하다가 시몬 베르토를 만난 이후로는 둘이서 함께 노래를 부르며 돈을 벌었다. 16세 때 루이 뒤퐁을 만나 열애에 빠진 그녀는 곧바로 동거에 들어갔는데, 이듬해에 그녀가 딸을 낳자 그는 화를 내고 가출해버렸다. 나이가 어렸던 에디트는 자신의 어머니처럼 아기를 돌보는 일이 서툴렀기 때문에 딸을 그대로 방치한 채 거리에 나가 노래를 계속 불렀는데, 그 딸은 뇌막염으로 곧 숨지고 말았다.

20세가 되었을 때 나이트클럽을 운영하고 있던 루이 레플레의 눈에 뜨인 그녀는 그의 권유에 따라 처음으로 무대 위에 올라가 노래를 부르게 되었는데, 비록 키도 작고 볼품없는 외모였지만 뜨거운 열정과 슬픔이 담긴 그녀의 노래는 곧바로 사람들의 심금을 울리며 유명세를 타기 시작했다. 레플레는 그녀에게 피아프라는 예명까지 지어주었는데, 그것은 참새를 뜻하는 말이기도 했다. 몸집이 매우 작은 그녀에게 딱 어울리는 이름이었다. 레플레의 후원에 힘입어 음반까지 취입하면서 에디트 피아프는 정식 가수로 데뷔하는 행운을 얻게 되었다.

그러나 인기 가도를 달리기 시작할 무렵, 갑자기 레플레가 강도에게 살해당하는 사건이 일어나는 바람에 그녀는 한동안 침체기에 빠져들고 말았다. 경찰로부터 강도들의 공범으로 지목되어 조사를 받은 그녀는 다행히 무죄임이 밝혀져 풀려났으나 당시 언론들은 이를 대서특필하며 그녀를 맹비난했는데, 실제로 그 강도들과 과거에 안면이 있는 사이였기 때문이다.

실의에 빠져 지내던 그녀는 심기일전해서 자신의 무대 매너를 바꾸고 고통스러웠던 과거의 뼈아픈 심정을 담아 노래하기 시작하면서 더욱 큰 인기를 끌게 되었다. 하지만 파리가 독일군에 함락된 후 그녀가 독일군 집회에 자주 불려나가 노래를 부른 사실을 두고 많은 사람이 그녀를 반역자 취급을 하기도 했으나, 실제로는 레지스탕스를 위해 일했을 뿐만 아니라 망명자들의 해외도피를 돕기도 했다는 사실이 알려지면서 그녀에 대한 오해가 풀렸으며, 전후에도 계속해서 사람들의 사랑을 받을 수 있었다.

비록 그녀는 한때 연인관계였던 이브 몽탕을 발굴해 가수로 데뷔시켰으나 그가 자신과 맞먹는 인기가수로 성공하자 그와의 관계를 단절하는 모습을 보이기도 했다. 평소에도 정서적으로 몹시

에디트 피아프

불안정한 모습을 보였던 그녀임을 감안한다면, 그녀의 그런 태도는 충분히 이해할 수 있을지 모른다. 그토록 불안정한 심리 상태였기에 그녀는 유달리 사고가 잦았으며, 애정 관계에서도 안정적인 모습을 보여주지 못했다.

태어난 직후 어머니에게 버림을 받고 평생 애정에 굶주리며 살았던 그녀는 많은 남성과 스캔들을 일으켰지만, 십대 소녀 시절 아기를 잃은 후로는 죽을 때까지 아기를 낳지 않았으며, 특히 유부남이었던 전설적인 복싱선수 마르셀 세르당과 벌인 스캔들은 당대 최고의 화젯거리였는데, 그가 에디트를 만나러 미국으로 가던 도중에 비행기 추락사고로 숨지는 바람에 세상에 더욱 큰 충격을 안겨주었다. 그 후 그녀 역시 자동차 사고로 심한 부상을 입은 결과 모르핀과 알코올중독에 빠져 지내기도 했다. 비록 그녀는 자크 필스, 테오 사라포 등과 두 번 결혼했으나 결코 안정을 찾지는 못했으며, 결국 간암으로 47년이라는 짧은 생을 마감하고 말았다.

어머니의 학대에 시달린 프랭크 시나트라

비틀즈와 마이클 잭슨이 나타나기 이전에 엘비스 프레슬리와 쌍벽을 이루며 1950년대 미국 가요계를 석권했던 인기가수 프랭크 시나트라(Frank Sinatra, 1915-1998)는 광적인 소녀 팬들을 몰고 다니며 사상 유례 없는 인기 가도를 달렸다. 그는 가수로서뿐만 아니라 영화에도 출연해 1953년에는 영화 〈지상에서 영원으로〉에서 안젤로 마지오 역으로 아카데미 남우조연상까지 받았으며, 그 외에도 〈황금의 팔〉, 〈상류사회〉, 〈자랑과 열정〉, 〈캉캉〉, 〈페페〉, 〈4시의 악마〉, 〈탈주특급〉 등 많은 작품에 출연해 미국 연예계의 전설적인 존재가 되었다.

프랭크 시나트라

하지만 그렇게 부와 명성을 얻기까지 그는 남다른 시련을 겪어야 했는데, 특히 어려서부터 어머니의 학대에 시달리며 마음고생이 많았다. 뉴저지 주 호보켄에서 이탈리아계 이민의 외아들로 태어난 그는 출생 당시 난산으로 유도분만을 시행하면서 왼쪽 귀와 뺨, 목 등에 심한 흉터가 생겼으며, 고막까지 터져 일생동안 그 흔적이 남게 되었다.

아버지 마티는 전직 복서 출신으로 비록 문맹이었지만 24년간 소방수로 근무했던 반면에, 어머니 돌리는 산파로 일하면서 이탈리아계 소녀들을 상대로 불법 낙태를 밥 먹듯 저질렀으며, 여관업을 하면서 밀주거래와 도박으로도 소문이 자자했던 여성이었다. 매우 저돌적인 성격의 그녀는 어린 아들을 마구 욕하고 때리는 등 심하게 다루면서도 아들이 친구들과 외출할 때는 최고급으로 비싼 옷을 입히고 용돈도 두둑이 주는 등 선심을 썼는데, 당시 미국 사회 전체가 경제 대공황으로 힘겹게 살아가던 시절이었음을 상기한다면 그런 이중적인 어머니의 태도에 아들은 강한 반발심을 지닐 수밖에 없었다.

당연히 그런 어머니와 마찰을 일으키며 말썽을 부리기 시작한 그는 점차 문제아가 되어 고등학교조차 제대로 졸업하지 못하고 신문 배달, 공장직공을 전전하다 십대 나이에 가수로 처음 데뷔했는데, 악보를 제대로 읽지 못하면서도 오로지 귀로만 곡을 듣고 외워 주로 나이트클럽에서 노래를 불렀다. 1940년대 초부터 히트곡을 내기 시작한 그는 특히 십대 소녀들로부터 광적인 인기를 끌었으며, 1960년대에도 〈Strangers in the Night〉, 〈My Way〉 그리고 딸 낸시와 함께 부른 〈Somethin' Stupid〉 등의 히트곡을 계속 내 자신의 건재함을 과시했다.

하지만 독실한 가톨릭 신자로 정통 대중가요를 대표하는 입장에 서있던 시나트라는 1950년대 중반부터 강력한 라이벌로 등장한 엘비스 프레슬리가 폭발적인 인기를 끌기 시작하자 프레슬리의 로큰롤을 악취가 진동하는 최음제에 비유하면서 한창 자라나는 청소년들에게 매우 부정적인 영향을 끼치는 개탄스러운 현상이라고 비난했다. 이에 대해 프레슬리는 로큰롤은 단지 새로운 트렌드일 뿐이라며 시나트라는 그런 말을 할 자격이 없다고 일축했다. 왜냐하면, 시나트라는 이미 오래 전부터 마피아와의 연루설에 휘말려 곤욕을 치러왔기 때문이다. 더욱이 그의 대부였던 윌리 모레티는 마피아 보스로 시나트라의 강력한 후원자였으며, 실제로 쿠바 하바나에서 개최된 마피아 회의에 시나트라도 참석하기도 했으니 그런 소문이 돈 것은 당연한 결과였다. 물론 시나트라 자신은 마피아 연루 사실을 극구 부인했지만, FBI는 수십 년에 걸쳐 그의 행적을 감시하고 있었으니 그럴만한 이유가 다 있었을 것이다. 다만 그가 케네디 대통령, 레이건 대통령 등 최고위층과 긴밀한 관계를 유지한 VIP였기 때문에 감히 손을 대지 못한 것뿐이다.

어쨌든 어릴 때부터 항상 멋진 옷차림이 몸에 밴 그는 가수로 활동하면서도 의상에 몹시 신경을 썼는데, 멋지고 값비싼 의상이야말로 타인들로부터 존경을 받을 수 있는 유일한 수단이라고 굳게 믿었다. 실제로 그런 옷을 입고 있을 때 그는 상당한 자부심을 느낄 수 있었다고 한다. 또한, 그는 하루에 4시간만 잠을 자는 일 중독자인 동시에 강박적일 정도로 청결에 집착했는데, 한때 함께 일하던 밴드 동료들은 수시로 샤워를 하는 그의 모습을 보고 '맥베스 부인'이라는 별명까지 붙여줄 정도였다. 물론 그것은 어릴 때부터 항상 어머니로부터 욕을 먹고 매를 맞으며 주눅든 상태로 자란 탓이기 쉽다.

그런 영향 때문인지 그는 일생동안 기분 변화가 매우 심했는데, 기분이 손쉽게 들떴다가도 이내 우울한 상태로 변하는가 하면 조금이라도 자신을 비난하거나 무시하는 기미가 보이면 충동적으로 난폭해지는 수가 많아서 특히 기자들을 상대로 폭력을 행사한 사건들이 자주 일어나기도 했다. 그만큼 그는 잠재된 열등감과 피해의식에 사로잡혀 지낸 것으로 볼 수 있는데, 타인들로부터 항상 뜨거운 환호성과 박수갈채, 존경과 부러움의 대상이 되어야만 자신의 자존심을 유지해나갈 수밖에 없는 인기 연예인의 입장을 감안한다고 하더라도 시나트라는 그 정도가 너무 지나쳤던 것 같다. 어쨌든 82세로 세상을 뜬 그는 말년에 이르러 치매 증세까지 보였으나 가족들은 그의 대중적인 이미지 손상을 염려해 특별히 보안에 신경을 썼다고 한다.

말론 브란도의 문란한 사생활

영화 〈욕망이라는 이름의 전차〉, 〈혁명아 자바타〉, 〈워터프론트〉, 〈젊은 사자들〉, 〈바운티호의 반란〉, 〈체이스〉, 〈대부〉, 〈지옥의 묵시록〉, 〈파리에서의 마지막 탱고〉 등 수많은 명작에서 탁월한 연기력을 보인 할리우드의 명배우 말론 브란도(Marlon Brando, 1924-2004)는 미국을 대표하는 세계적인 배우로 특히 고뇌하는 반항아의 어두운 모습과 카리스마적 야성미를 겸비한 메소드 연기의 달인이었다. 하지만 문란하기 그지없는 사생활과 반유대주의적 발언 등으로 숱한 논란의 대상이 되기도 했던 인물이

말론 브란도

며, 〈워터프론트〉와 〈대부〉로 두 번씩이나 아카데미 최우수 남우주연상
이 수여되었지만, 〈대부〉에서는 인디언 박해를 이유로 수상을 거부해
큰 화제를 불러일으키기도 했다.

영화 속에서 매력적인 반항아의 모습을 자주 보여준 말론 브란도는
실생활에서도 역시 마찬가지였다고 할 수 있는데, 그런 반항심은 이미
어릴 적부터 싹트고 있었다. 네브래스카 주 오마하에서 살충제 제조업자
의 아들로 태어난 그는 알코올중독자인 어머니로 인해 어린 시절 적지
않게 마음의 상처를 받았다. 비록 그녀는 인습에 얽매이지 않는 자유분
방한 기질의 여성이었지만, 남편이 수시로 술집에서 집으로 모셔가야 할
정도로 항상 술에 절어 살았다. 그의 부모는 함께 금주동맹에 가입까지
하며 노력했으나 결국 브란도가 11세 때 별거하게 되었다. 그 후 어머니
와 함께 캘리포니아에서 지내다가 2년 뒤에 다시 부모가 화해하고 재결
합하면서 가족 모두가 시카고 근교로 이사했다.

하지만 반항적인 소년으로 성장한 그는 교내 복도를 오토바이를 몰고
질주했다는 이유로 퇴학을 당하는가 하면, 군사학교로 옮긴 후에도 훈련
중에 상관에게 불손한 태도를 보여 방에서 나오지 못하도록 근신 처분을
받았으나 숙소를 몰래 빠져나갔다가 붙들려오는 일이 생기면서 결국 그
곳에서도 퇴교를 당하고 말았다. 이처럼 일찍부터 숱한 문제를 일으킨
그는 성인이 되어서도 여전히 요란한 잡음들을 일으키며 살았다. 세 명
의 부인뿐 아니라 여러 여성을 통해 최소한 16명의 자녀를 낳았으며, 오
랜 기간 함께 지낸 가정부 마리아 루이즈와의 사이에서도 세 명의 아이
를 낳기까지 했다. 심지어 신원을 알 수 없는 여성들이 낳은 아이들도 여
러 명 있다.

그는 공식적으로 세 번 결혼했는데, 첫 번째 부인 안나 카슈피는 인도
태생의 혼혈이고, 두 번째 부인 모비타 카스타네다는 멕시코 여성이며,

세 번째 부인 타리타 테리파야는 타히티 원주민 여성으로 그녀들의 공통점은 백인이 아니라는 점이다. 마지막 이혼 후 관계를 맺은 가정부 마리아도 히스패닉 계로 그녀가 낳은 막내아들 티모시는 말론 브란도 나이 70세에 얻은 자식이니 그의 지칠 줄 모르는 정력만큼은 그저 놀라울 따름이다.

어쨌든 브란도가 특별히 이끌린 여성들이 모두 백인이 아니라는 사실은 어릴 적 자신을 제대로 돌봐 주지 않은 어머니에 대한 반감 내지는 원망 때문일 가능성이 높다고 할 수 있다. 비록 그는 자신의 자서전 〈어머니가 내게 가르쳐준 노래〉에서 어머니에 대한 동정심과 아버지에 대한 반감을 표시하고 있지만, 겉으로 드러난 결과로만 봐서는 반드시 그렇지만도 않은 듯하다. 그가 아카데미 남우주연상 수상의 영예를 거부한 이유도 인디언 때문이 아니었겠는가.

그랬던 그가 유독 유대인을 헐뜯은 것은 그들을 증오해서가 아니라 오히려 질투심에서 그랬을 가능성이 더 많아 보인다. 힘을 가진 기득권층과 권력자들에 반감을 지닌 그에게는 사실상 할리우드를 지배하고 있는 유대인들이 너무도 꼴 보기 싫었을 것이기 때문이다. 하지만 데뷔 시절에 그에게 연기 지도를 해주며 대가로 키워준 인물은 다름 아닌 유대인 여성 스텔라 아들러였으니 그는 실로 자가당착에 빠진 셈이다.

그런데 브란도 자신의 문란한 사생활뿐만 아니라 그의 자식들 역시 문제를 일으켜 세상을 시끄럽게 만들기도 했다. 1990년 카슈피가 낳은 아들 크리스찬은 타히티 청년 드롤렛을 총으로 쏘아 살해한 죄로 10년형을 선고받고 감옥에 갔는데, 살해된 청년은 타리타가 낳은 딸 샤이엔의 애인이었다. 당시 브란도는 법정 증언에서 자신이 자식을 잘못 키웠다며 피해자의 가족들에게 사과했지만, 그의 딸 샤이엔은 5년 뒤에 타히티에서 목을 매 자살하고 말았다. 오랜 형기를 마친 크리스찬은 그 후에도 배우 로버트 블레이크의 부인이 살해된 사건에 연루되어 친자 확인문제로 곤욕을 치르다가 수년 후에 병으로 죽었다. 하지만 자식을 잘못 키웠다기보다는 자식을 너무 무책임하게 많이 낳은 게 탈이지 않았을까 싶다. 30명 이상의 손자를 두었던 브란도는 당뇨병과 간암으로 죽었는데, 그의 재는 타히티 섬과 죽음의 계곡에 뿌려졌다. 죽어서도 백인의 땅에 묻히기를 거부한 것이다.

마릴린 먼로의 불행한 삶

눈부신 금발과 벌에 쏘인 듯한 입술, 그리고 먼로 게이트로 알려진 고혹적인 걸음걸이를 통해 세기적인 섹스 심벌이 되어 만인의 사랑을 받은 마릴린 먼로(Marilyn Monroe, 1926-1962)는 36세라는 아까운 나이에 비극적인 자살로 생을 마감하고 말았다. 그녀는 〈나이아가라〉, 〈신사는 금발을 좋아한다〉, 〈돌아오지 않는 강〉, 〈7년만의 외출〉, 〈뜨거운 것이 좋아〉, 〈버스 정류장〉 등 수많은 작품을 통해 할리우드 영화사에 길이 남을 추억의 명배우로 기억되는 여성이다.

그러나 개인적으로는 몹시 불행한 아동기를 겪으며 일생동안 그 상처의 흔적으로 힘겨운 세월을 보내야만 했다. 다른 무엇보다 일찌감치 어머니에게 버림받고 고아 신세로 자라면서 정서적 불안정과 외로움, 열등감 등에 시달리며 살아야만 했다는 점이 그녀에겐 가장 큰 정신적 부담으로 작용했다고 볼 수 있다. 노마 진 모텐슨이 본명인 그녀는 영화사에 근무하던 글래디스 베이커의 딸로 로스엔젤레스 군립병원에서 태어났는데, 당시 어머니 글래디스는 마틴 에드워드 모텐슨과 재혼한 상태에서 먼로를 임신했으나 곧바로 헤어지는 바람에 마릴린 먼로는 어린 시절 내내 베이커와 모텐슨 두 가지 성을 모두 사용하며 지내야 했다.

마릴린 먼로

먼로를 키울 형편이 못되었던 어머니는 출산 직후 볼렌더 부부에게 딸을 맡겼다가 먼로가 일곱 살이 되었을 때 그들 부부가 입양을 원하자 할리우드에 작은 집을 구해 모녀가 함께 지내게 되었다. 하지만 불과 수개월 후 어머니는 정신분열 증세로 주립정신병원에 입원하고 말았으며, 그 이후로는 딸과 거의 접촉할 기회가 없게 되었다. 여생을 정신병원에서 보낸 어머니는 그래도 딸보다 20년 이상을 더 살다가 1984년 82세로 사망했다.

주 정부의 보호대상이 된 먼로는 어머니의 친구였던 그레이스 고다드를 후견인으로 둔 상태에서 여러 양부모를 전전하며 지내는 바람에 학교마저 일정한 곳에서 다니지 못했다. 설상가상으로 첫 번째 양부모 앳킨슨 부부와 함께 살 때 그곳에서 성적인 학대를 받은 결과 항상 부끄럼을 타고 말을 더듬었으며 사람들과의 접촉에 극히 회피적인 태도를 보이기도 했다. 어쩔 수 없이 그레이스는 먼로가 아홉 살 무렵 그녀를 할리우드에 있는 고아원에 보냈는데, 그곳에서 먼로는 더욱 고립된 모습을 보였다.

원아들과 전혀 어울리지 못하는 모습을 보고 고아원 당국은 차라리 입양이 낫겠다고 권해 잠시 그레이스가 데리고 있었으나 이번에는 그녀의 남편이 먼로를 상대로 성추행을 저지르게 되면서 어쩔 수 없이 먼로가 12세가 되었을 때 그레이스의 친척인 애너 애친슨 로워의 집으로 보내게 되었다. 다행히 애너와 함께 살게 되면서 비로소 안정적인 환경에서 학교도 다니게 되었다.

하지만 나이든 애너의 건강이 안 좋아지게 되자 먼로는 15세 때 다시 고다드 부부와 지내게 되었으며, 이듬해 부부가 부득이하게 동부로 이주하게 되면서 법적으로 캘리포니아 주 외부로 함께 갈 수 없었던 먼로는 다시 고아원으로 돌아가야 할 곤란한 입장에 처하게 되자, 말만 들어도 끔찍스러운 고아원으로 가지 않기 위해 스물한 살짜리 이웃집 청년 제임스 도허티와 서둘러 결혼하기에 이르렀다.

당시 그녀 나이 불과 16세로 고아원행을 피하기 위해 고등학교 학업마저 중단한 채 주부의 길을 선택한 것이었으니 그 결혼이 결코 행복할 수 없었다. 물론 부부사이가 특별히 나쁜 것은 아니었지만, 부부끼리 거의 대화를 나누지도 않았는데, 실제로 서로 할 말이 없었기 때문이다. 그렇게 지루한 나날을 보내던 그녀는 남편이 상선 근무를 시작하면서 서로 떨어져 지내게 되자 비로소 따분한 일상에서 벗어나 독자적인 모델 활동에 뛰어들게 되었다.

하지만 남편의 뜻을 거역하고 사진 모델로 나선 그녀가 얼마 가지 않아 가장 인기 있는 핀업 걸로 유명해졌을 뿐만 아니라 영화계에서도 그녀에게 눈독을 들이게 되자 결국 그녀의 연예활동에 반대하던 남편과 결혼 4년 만에 파경을 맞이하고 말았다. 그 후 자유의 몸이 된 그녀는 할리우드 스타로 승승장구하며 전 세계 남성 팬들의 시선을 사로잡게 되었는데, 야구선수 조 디마지오와 재혼했을 때 잠시 한국을 방문해 미군 장병을 상대로 위문공연을 갖기도 했다. 그 후 빌리 와일더 감독의 영화 〈7년 만의 외출〉에서 그 유명한 지하철 통풍구 바람에 흰 스커트 자락이 펄럭이는 장면으로 크게 화제가 되었지만, 이래저래 질투심에 사로잡힌 디마지오가 폭행을 일삼게 되면서 결국 9개월 만에 헤어지고 말았다.

그 후 유대계 극작가 아서 밀러와 재혼한 그녀는 남편의 종교를 따라 유대교로 개종까지 했는데, 사람들은 좌파적 지식인과 세기적인 섹스 심벌의 어울리지 않는 결합을 두고 여러 말이 많았다. 더욱이 아서 밀러는 당시 공산주의자 혐의를 받고 FBI의 수사 대상이 되었던 인물이었기 때문에 그녀 또한 자신의 경력에 불이익이 가해질 위험이 매우 컸지만, 그래도 결혼을 강행했다. 당시 할리우드는 매카시즘의 빨갱이사냥 돌풍에 휘말려 수많은 영화계 인사들이 블랙리스트에 올라 조사를 받는 등 숱한 곤욕을 치러야 했던 시기였다. 결국, 아서 밀러와도 4년 만에 파경을 맞고 말았는데, 그 이듬해에 그녀는 자신의 침대에서 숨진 채 발견되었다.

먼로의 죽음을 처음 발견한 사람은 그동안 그녀를 치료했던 저명한 정신분석가 랠프 그린슨이었다. 항상 정서적으로 불안정한 상태에 있던 그녀는 수시로 수면제를 과용했으며, 오랜 기간 정신분석을 받기도 했지만, 결국에는 약물 과용으로 숨진 채 발견되고 말았다. 물론 그녀의 불안정한 심리의 근원은 어린 시절 겪었던 마음의 상처에서 비롯된 것으로 볼 수 있다. 신원 미상의 아버지는 일찌감치 처자식을 버리고 종적을 감춰버렸고, 어머니마저 정신병원에 들어가는 바람에 그녀는 어려서부터 양부모와 고아원을 전전하며 지내야 했으며, 게다가 양부에게는 성추행까지 당하는 수모를 겪어야 했으니 그녀가 받은 상처는 이루 말할 수 없었을 것이다.

흑인 맹인 가수 레이 찰스

소울 음악의 대부로 불리는 레이 찰스(Ray Charles Robinson, 1930-2004)는 네 살 때부터 녹내장으로 시력이 약화되기 시작해 일곱 살 때에는 완전 실명에 이르렀는데, 그때부터 8년간 맹아학교를 다니며 점자와 음악을 배워 익혔다. 하지만 실명이라는 불운뿐 아니라 그의 어린 시절은 불행

405

의 연속으로 일찌감치 깊은 상처로 얼룩진 세월이었다. 그중에서도 가장 큰 상처는 어린 남동생과 어머니의 죽음이었다.

미국 남부 조지아 주 올버니에서 철도 수리공의 아들로 태어난 그는 가족을 돌보지 않은 아버지와 거의 접촉할 기회가 없이 성장했다. 더욱이 그의 부모가 정식으로 혼인했는지에 대해서도 불분명한 상태인데다 젖먹이 시절에 생모인 아레타의 고향 플로리다 그린빌로 이주해 그곳에서 줄곧 자란 그는 두 명의 어머니를 모시고 사는 기묘한 상황까지 겪으며 성장해야 했다. 왜냐하면, 생모뿐 아니라 아버지의 전처인 메리와도 함께 살았기 때문이다. 그래서 그는 생모 아레타를 엄마라 부르고 전처 메리를 어머니라고 부르며 자랐으니 어린 마음에도 다소 혼란이 생겼을 법하다.

그는 어려서부터 자동차나 농기구 등 기계에 남다른 호기심을 보였으며, 세 살 때부터는 어머니와 함께 자주 들린 카페에서 연주하던 음악에도 관심을 기울이기 시작해 카페 주인으로부터 피아노 연주를 배우기도 했다. 하지만 그의 시력이 점차 약화되면서 배움의 기회를 잃게 되어 실의에 빠졌을 뿐 아니라 5세 때에는 한 살 아래인 남동생 찰스가 빨래통에 빠져 익사하는 사고가 발생해 그에게 큰 충격을 안겨 주었다.

레이 찰스

차남 찰스를 잃은 아픔이 채 아물기도 전에 이번에는 장남 레이가 실명에 이르게 되자 어머니는 백방으로 수소문한 끝에 흑인 아동을 받아주는 맹아학교에 그를 입학시켰다. 처음에는 완강히 등교를 거부하던 그도 담당교사인 로렌스 부인의 헌신적인 격려와 도움에 힘입어 끈질긴 노력 끝에 점자로 악보를 읽게 되었으며, 마침내 피아노를 칠

수 있는 희열을 누리게 되면서 자신의 음악적 재능을 마음껏 발휘하기에 이르렀다. 교내 집회에서 직접 피아노를 연주하며 노래를 부른 그는 라디오 방송에도 출연해 점차 명성을 얻기 시작했다.

하지만 그가 14세 때 갑자기 어머니가 세상을 뜨게 되자 충격과 더불어 크게 상처를 받은 그는 장례식을 마치고 학교에 복귀한 후 선생에게 몹쓸 장난을 쳤다는 이유로 퇴교까지 당하는 불운을 겪었다. 어머니의 갑작스러운 죽음을 받아들이기 어려웠기 때문에 그 화풀이를 선생에게 했던 것으로 보인다. 어쨌든 학교를 떠나 잭슨빌로 간 그는 그곳에서 본격적인 활동에 들어갔으나 가난을 벗어나진 못했다.

결국 18세 때 플로리다를 떠나 북부의 대도시로 진출한 그는 세 살 연하인 퀸시 존스(Quincy Jones, 1933-)를 만나 평생 동지가 되었는데, 신체적 장애에도 불구하고 영감어린 연주를 하는 레이 찰스의 모습에 크게 감동한 퀸시 존스는 그 이후로 더욱 큰 용기를 낼 수 있었다고 한다. 왜냐하면 퀸시 존스 역시 어릴 때 어머니 때문에 마음의 상처를 받은 적이 있었는데, 그의 어머니는 정신분열병으로 정신병원에 입원하게 되면서 이혼까지 당했으며, 그 이후로 퀸시 존스는 계모와 함께 살아야 했기 때문이다.

어쨌든 레이 찰스는 음반 취입을 통해 연달아 히트곡을 내면서 톱스타의 자리에 오르게 되었지만, 1960년대 중반에 헤로인 복용 혐의로 세 번씩이나 경찰에 체포되면서 점차 내리막길로 접어들었다. 그는 설상가상으로 사이키델릭과 하드록이 강세를 보이기 시작하면서 소울 음악에 대한 대중의 관심이 멀어져만 가자 실의에 빠진 나머지 더욱 약물에 의지하는 경향을 보였다. 더욱이 사생활도 복잡해서 두 번 결혼했음에도 불구하고 9명의 여성에게서 12명의 아이를 낳았는데, 본부인 사이에서 낳은 자녀는 3명뿐이다. 물론 그가 불륜을 통해서까지 그토록 많은 자녀를 낳은 것은 홀로 외롭게 자란 환경 때문이 아니었을까 추측해볼 수도 있겠지만, 어릴 때 두 어머니와 함께 살았던 특이한 경험도 알게 모르게 작용했을 것으로 보인다.

사생아로 태어난 프랑수아 트뤼포

장 뤽 고다르와 함께 프랑스 누벨바그 영화의 기수로 손꼽히는 프랑스 영화계의 거장 프랑수아 트뤼포(François Truffaut, 1932-1984)는 어린 시절부터 매우 불행한 환경에서 자랐다. 파리에서 아버지의 신원을 알 수 없는 사생아로 태어난 그는 8세가 될 때까지 외할머니와 함께 살았으며, 그녀가 세상을 떠나자 비로소 어머니와 합류할 수 있었다. 당시 어머니는 롤랑 트뤼포와 결혼한 상태로 그는 그때부터 계부의 성을 따르며 정식 입양이 이루어지면서 가까스로 사생아 신분에서 벗어나게 되었다. 하지만 이미 갓난아기 시절부터 오랜 기간 부모의 정을 받지 못하고 자랐기 때문에 그 후에도 계속해서 외로움과 정신적 방황에 시달리며 보내야만 했다. 가정뿐 아니라 학교에서도 철저히 소외당하며 지낸 탓에 자신의 유일한 위안거리를 영화에서 찾았는데, 그런 이유로 어린 나이부터 대단한 영화광이 되었다. 한때 유대인 치과의사 롤랑 레비가 생부라는 소문이 나돌기도 했지만, 입증된 사실은 아니다.

그런 점에서 1959년 그의 감독 데뷔작으로 발표한 〈400번의 구타〉는 그 자신의 고통스러운 사춘기 시절을 그대로 반영한 자전적인 작품으로 칸 영화제 최우수 감독상과 황금종려상을 받았는데, 영화 제목의 원래 뜻은 '400번의 매질이 아이를 어른답게 만든다.'라는 프랑스 속담에서 나온 말로 트뤼포 감독이 가장 싫어했던 속담이기도 했다. 권위주의적이고도 획일적인 교육방식과 기성세대의 경직된 사고방식에 대한 거부감을 표시한 매우 역설적인 의미로 붙여진 제목이라 할 수 있는데, 영화에서 부모의 곁을 떠나 무단가출한 끝에 감화원을 전전하는 어린 소년 앙투안의 모습은 바로 트뤼포 자신의 분신이라 할 수 있다.

어쨌든 지옥과도 같은 집과 학교에서 벗어나 영화의 세계에서 새로운 천국을 찾게 된 트뤼포는 이미 소년 시절부터 광적으로 영화에 집착하며 영화서클까지 만들어 활동했지만, 영화에만 빠져 지내는 아들을 못마땅하게 여긴 부모는 그를 감화원에 보내고 말았다. 다행히 당시 그의 든든한 후원자였던 앙드레 바쟁의 도움으로 감화원에서 나온 트뤼포는 바쟁의 격려에 힘입어 영화비평에 손을 대기 시작했다. 그러나 트뤼포의 정신적인 아버지였던 바쟁은 〈400번의 구타〉가 첫 촬영에 들어갔을 때 백혈병으로 일찍 세상을 뜨는 바람에 누벨바그의 효시로 알려진 이 기념비적인 작품을 볼 수 없었는데, 트뤼포는 이 영화를 바쟁에게 헌정함으로써 그에 대한 고마움을 표시하기도 했다.

어릴 때부터 냉담한 어머니로부터 사랑을 받지 못하고 자란 트뤼포 감독은 자신이 받은 심리적 상처로 인해 세상의 여성들에 대해서도 매우 부정적인 이미지를 갖게 되었으며, 그런 특성은 그 후 그의 영화에도 반영되어 대부분의 여성이 신비스러우면서도 공포의 대상으로 묘사되는 특성을 보이기도 했다. 〈피아니스트를 쏴라〉, 〈쥘과 짐〉, 〈비련의 신부〉, 〈아델 H 이야기〉, 〈포켓 머니〉, 〈이웃집 여인〉 등이 그 대표적인 경우라 할 수 있다.

프랑수아 트뤼포

트뤼포 감독으로 하여금 자신의 어머니에 대한 악몽에서 그나마 벗어나게 한 것은 1975년도 영화 〈아델 H 이야기〉라 할 수 있는데, 비록 광기어린 한 여성의 무서운 집념을 담고 있기는 하지만 그래도 그 주제는 조건 없는 사랑이기 때문이다. 실화에 기초한 이 영화는 이자벨 아자니의 뛰어난 연기에 힘입어 큰 인기를 얻었다. 한 남성에게 광적인 집착을 보여 오랜 세월 이역만리 타지에서 거지꼴로 배회하다 마침내는 정신병원에서 생을 마감했던 아델 위고에 대한 슬픈 이야기로 그녀는 프랑스의 대문호 빅토르 위고의 딸이기도 했다.

영화 촬영 도중에도 트뤼포 감독은 이자벨 아자니의 연기를 지켜보며 수시로 눈물을 흘렸다고 한다. 아델의 눈물겨운 정신적 고통에 대한 공감인지 아니면 자신은 생전에 그토록 집요한 사랑을 받아본 적이 없어서 흘린 회한의 눈물인지 정확한 속사정은 알 수 없으나 적어도 자신에게 무심했던 어머니의 모습을 연상했기 쉽다. 더욱이 자신에게 사생아라는 불명예까지 안겨 주었을 뿐만 아니라 낙태까지 하려다가 마지못해 자신을 낳았던 어머니였으니 그 원망이 얼마나 컸을지 짐작이 가고도 남는다.

그런 점에서 본다면 비록 광기에 휘말린 여인이긴 했으나 아델의 순수한 사랑이 트뤼포 자신의 냉담한 어머니보다 훨씬 더 인간적이라고 느꼈을지도 모른다. 그 후 트뤼포 감독은 1981년에 〈이웃집 여인〉을 발표한 지 2년 만에 뇌종양으로 사망했는데 당시 그의 나이 불과 52세였다. 적어도 향후 30편의 영화를 제작하기로 목표를 세워둔 시점에 맞이한 갑작스러운 그의 죽음으로 인해 수많은 영화인이 큰 충격과 더불어 애석함을 금치 못했다.

홀로코스트 생존자 로만 폴란스키

폴란드 태생의 유대계 영화감독 로만 폴란스키(Roman Polanski, 1933-)는 영화 〈차이나타운〉을 통해 할리우드 뉴 시네마의 원조로 꼽히는 인물로 유럽에서 촬영한 〈테스〉, 〈피아니스트〉 등을 통해 국제적인 명성을 날린 현대영화의 귀재다. 하지만 그는 1969년 할리우드에서 찰스 맨슨 일당에게 자신의 아내 샤론 테이트가 임신한 상태로 무참히 살해당하는 사건으로 충격에 빠진 나머지 한동안 작품 활동을 할 수 없었다. 설상가상으로 1977년에는 당시 13세의 어린 소녀를 성추행한 혐의로 유죄선고를 받고 프랑스로 도피했는데, 그 이후로는 미국에 입국할 수 없는 처지가 되고 말았다.

이처럼 어이없는 일로 유럽으로 도주한 폴란스키 감독은 이미 어릴 적부터 어이없는 일을 겪은 홀로코스트 생존자였다. 유대계 폴란드인이었던 부모에게서 태어난 그는 독일군이 폴란드를 침공하면서 가족과 함께 게토에 갇혀 지냈으며, 그가 6세 때 부모가 나치수용소로 끌려가면서 생이별을 당한 후로는, 홀로 게토에 숨어 지내다 10세 때 그곳을 탈출해 폴란드인 농부의 도움으로 가까스로 목숨을 부지했다. 당시 임신 중이던 어머니는 아우슈비츠 수용소에 도착한 직후 가스실에서 참혹하게 죽어갔는데, 그래도 아버지는 용케 살아남아 종전 후에 아들과 다시 극적으로 상봉할 수 있었다.

하지만 아버지를 통해 어머니가 고통스럽게 죽어간 사실을 전해 들은 폴란스키는 혼자 살아남은 아버지에 대한 원망으로 그 후부터 아버지와 소원한 관계가 되었으며, 공산치하의 폴란드에서 영화학교에 들어가 감독의 꿈을 키웠다. 데뷔작 〈물속의 칼〉로 일약 주목을 끈 그는 할리우드의 초청을 받아 미국으로 건너가 1968년에 〈악마의 씨〉를 발표했으나,

로만 폴란스키

이 영화가 발표된 직후 그의 아내 샤론 테이트가 임신한 상태에서 찰스 맨슨이 이끄는 광신도 집단의 손에 의해 무참하게 살해당한 사건이 일어나고 만 것이다.

어린 시절 어머니의 비극적인 죽음과 성인이 되어 다시 아내의 참혹한 죽음을 겪어야만 했던 그는 한동안 충격에서 헤어나지 못한 채 무기력한 상태에 빠졌다. 그 후 심기일전해서 만든 〈차이나 타운〉은 그에게 세계적인 명성을 안겨준 미국영화사에 길이 남을 기념비적인 작품이 되었다. 이 영화에 출연한 페이 더너웨이의 캐릭터는 폴란스키 자신의 어머니를 모델로 했다고 알려졌는데, 의상과 메이크업까지 어머니의 스타일을 그대로 따랐다고 한다. 하지만 그는 얼마 가지 않아 미성년을 상대로 그야말로 어처구니없는 성범죄를 저지르는 바람에 유죄선고를 받았으며, 유럽으로 도피해 그곳에서 활동은 계속할 수 있었지만, 그 이후로 미국에는 입국할 수 없는 입장이 되고 말았다.

어머니를 앗아간 홀로코스트의 악몽은 폴란스키 감독에게는 너무도 큰 상처를 남긴 나머지 자신의 작품에서도 아픈 과거의 기억을 떠올리는 홀로코스트의 주제만큼은 극도로 피해왔다. 그래서 전후 세대로 홀로코스트 경험이 없던 스필버그가 한때 〈쉰들러 리스트〉의 감독을 폴란스키에게 의뢰했으나 당시 60세였던 그는 그런 제의를 일언지하에 거절해 버렸다. 대신 그는 〈죽음과 소녀〉에서 어릴 때 자신의 어머니를 빼앗아가고 가스실에서 그녀를 살해한 나치독일의 만행을 가상적인 국가의 설정을 통해 매우 우회적으로 고발하는 가운데 자신이 가했던 성적 범죄의 희생자인 소녀에 대한 죄의식도 동시에 드러낸 것으로 보이는데, 가해자와 피해자 사이에 빚어지는 구원과 용서, 그리고 치유의 문제가 매우 복합적으로 맞물려 있는 작품이기도 하다.

그 후 10년이 지나 나이 70세에 이르러서야 비로소 폴란스키는 난생처음으로 바르샤바 게토의 비극을 직접 다룬 〈피아니스트〉를 발표했는데, 그렇게 오랜 금기에서 벗어나게 되면서 그 후에도 고아의 비극을 다룬 〈올리버 트위스트〉를 통해 자신의 삶에서 갑자기 증발해 버린 아동기를 새롭게 복원하는 시도를 한 것으로 보인다. 어쨌든 수용소에서 아버지가 대신 죽고 어머니가 살아 돌아왔다면 그의 삶이 좀 더 순탄했을지 모르나 만약 그랬다면 오늘날의 폴란스키 영화는 존재하지 않았을지도 모른다.

그런데 폴란스키뿐 아니라 홀로코스트의 상처를 겪은 영화감독들이 또 있다. 체코 태생의 카렐 라이즈(Karel Reisz, 1926-2002)와 밀로스 포만(Miloš Forman, 1932-)이 바로 그들이다. 영화 〈맨발의 이사도라〉, 〈프랑스 중위의 여자〉로 유명한 카렐 라이즈는 12세 때 니콜라스 윈튼 경의 난민 구출작전에 의해 영국으로 이송된 669명의 아동 가운데 한 명이었는데, 윈튼 경 역시 유대계 출신이다. 카렐 라이즈의 부모는 물론 아우슈비츠에서 모두 죽었다. 고아로 자란 그는 케임브리지 대학을 졸업한 후 감독으로 데뷔했는데, 전설적인 무용가 이사도라 던컨의 일생을 담은 〈맨발의 이사도라〉는 칸 영화제에서 황금종려상 후보에 올랐으며, 〈프랑스 중위의 여자〉는 5개 부문에서 아카데미상 후보에 오르는 기염을 토하기도 했다.

하지만 밀로스 포만은 더욱 기구한 운명을 겪었다. 그의 아버지 루돌프 포만은 제2차 세계대전 당시 저항운동을 벌이다 독일군에 체포되어 나치수용소에서 죽었으며, 어머니 역시 아우슈비츠에서 최후를 맞이했는데, 당시 그의 나이 11세였다. 혼자 살아남은 그는 나중에 가서야 비로소 자신의 생부가 유대인 건축가 오토 콘이었다는 사실을 알게 되었다. 종전이 되자 몇 편의 체코 영화를 통해 국제적인 주목을 받은 그는 1968년 프라하의 봄 당시 소련군이 침공하자 미국으로 망명했다.

할리우드에 진출한 후 고기가 물을 만난 듯이 연이어 문제작을 내놓은 그는 아카데미 영화제에서 작품상, 감독상, 남녀주연상, 각본상 등 5개 부문을 석권한 〈뻐꾸기 둥지 위로 날아간 새〉로 일약 세계적인 명성을 얻었으며, 그 후 〈아마데우스〉는 8개 부문을 휩쓰는 기염을 토했다. 컬럼비아 대학 영화과 교수로 재직하느라 7년간의 공백기를 가진 후 영화계로 복귀해 2006년에 발표한 〈고야의 유령〉은 중세 유럽에서 마녀재판에 희생된 나머지 미쳐버린 가련한 여성 이네스의 비극적인 삶을 다루고 있는데, 마치 나치의 광기에 희생당한 어머니의 모습을 염두에 둔 것처럼 보이기도 한다.

반전운동의 기수 제인 폰다

할리우드의 인기스타 제인 폰다(Jane Fonda, 1937-)는 미국의 명배우 헨리 폰다의 딸로 70년대 영화 〈클루트〉와 〈귀향〉으로 아카데미 여우주연상을 두 번이나 수상했으며, 그 외에도 〈줄리아〉, 〈황금연못〉, 〈신의 아그네스〉 등 많은 문제작에 출연해 아버지에 못지않은 연기력을 과시했다. 또한, 그녀는 월남전과 이라크전쟁에 반대하는 반전운동 및 여성에 대한 폭력에 반대하는 인권운동 등 다양한 정치적 활동을 통해 강한 여전사의 이미지를 유감없이 발휘했는데, 특히 월남전 당시에는 전국 대학 캠퍼스를 순회하며 반전기금을 모으기도 했으며, 인권운동가 톰 헤이든과 결혼해 부부가 함께 반전 기록영화에 직접 출연하기까지 했다.

그런데 그녀가 그렇게까지 온몸을 바쳐 반전 및 여권운동에 뛰어들게 된 것은 어릴 때 겪었던 어머니의 비극적인 죽음이 동기를 제공한 것으로 보인다. 헨리 폰다와 그의 두 번째 부인 프랜시스 사이에서 태어난 제인 폰다는 그녀의 나이 12세 때 극심한 가정불화로 정신병원에 입원 중이던 어머니가 남편인 헨리 폰다로부터 이혼을 요구받은 직후 병실에서 면도칼로 자신의 목을 그어 자살하고 말았다. 아내가 죽은 후 곧바로 아버지가 딸 제인보다 불과 9년 연상인 수잔 블랜차드와 재혼하게 되자 제인 폰다는 그 후부터 아버지를 원망하며 소원한 관계를 유지했는데, 그것은 남동생 피터 폰다 역시 마찬가지였다. 아버지는 프랜시스가 자살한 후에도 세 차례나 혼인했다.

어머니의 자살로 크게 충격을 받은 제인 폰다는 그녀의 진료기록을 통해 어머니가 어릴 때부터 성적인 학대를 받은 사실을 알게 되면서부터 남성들로부터 피해를 입는 여성들의 권익보호에 앞장서게 되었으며, 인디언과 흑인 인권문제에도 깊이 개입하기에 이르렀다. 특히 월남전이 한창일 때 가장 급진적인 반전운동을 벌인 그녀는 점차 그 정도가 심해져 미군을 모욕하는 발언뿐 아니라 월맹의 수도 하노이를 직접 방문해 미군의 공습 피해에 시달리는 하노이 시민들의 참상을 알리는데 주력함으로써 오히려 미국 시민들의 반감을 불러일으키는 결과를 초래하기도 했다. 그런 행적 때문에 '하노이 제인'이라는 별칭으로 불리기도 했던 그녀는 비록 나중에 가서 자신의 일부 행동이 지나쳤음을 후회하기도 했다. 그 후 이라크 전쟁이 발발하자 다시 반전운동에 뛰어들어 미국 정부를 맹렬히 비난함으로써 여전히 그녀의 기개가 살아있음을 과시했다.

제인 폰다

아카데미 영화제에서 이미 두 차례나 최우수연기상을 받은 딸에 비해 그동안 상복이 지지리도 없었던 아버지 헨리 폰다는 사망하기 1년 전에 마지막으로 출연한 영화 〈황금연못〉으로 생애 처음 남우주연상을 수상했다. 부녀가 함께 공연한 그 영화의 내용 또한 오랜 기간 소원한 관계에 있던 부녀가 모처럼 화해에 도달하게 된다는 것으로 마치 실제 폰다 부녀 관계를 묘사한 것처럼 보이기도 했다. 한편 독립영화 〈이지라이더〉를 통해 저항세대의 아이콘으로 떠오른 남동생 피터 폰다는 동료 데니스 호퍼의 몰락과 함께 그 이후로는 배우로 크게 성공하지 못한 대신 오히려 그의 딸 브리짓 폰다가 더 큰 활약을 보이고 있다.

존 레논과 폴 매카트니

서양의 대중음악 역사에서 가장 큰 돌풍을 일으킨 주역 가운데 하나인 영국의 4인조 록 밴드 '비틀즈'만큼 서양 대중문화에 혁명적인 변화를 몰고 온 그룹도 드물 것이다. 1962년 데뷔한 이래 영국 가요계를 석권한 비틀즈는 1964년에는 미국도 방문해 광적인 소녀 팬들의 뜨거운 환영을 받았는데, 공연 중에 히트곡 〈I Want to Hold Your Hand〉를 부를 때는 실신해 실려 나가는 여성들이 속출하기까지 했다. 그래서 당시 미국의 매스컴은 비틀즈의 미국 상륙을 영국 침공(British Invasion)에 빗대기도 했다.

미국 공연을 성공적으로 마치고 귀국한 후 비틀즈는 이례적으로 영국 왕실로부터 귀족 서훈까지 받았지만, 비틀즈의 구심점 역할을 맡았던 매니저 엡스타인이 갑자기 사망하면서 내부 갈등을 빚기 시작해 결국 1970년에 해체를 선언함으로써 전 세계 비틀즈마니아들을 충격에 빠트리고 말았다. 비틀즈가 해체된 이후 멤버들은 제각기 솔로 활동을 벌였지만, 예전만큼의 인기를 얻지는 못하고 말았다. 더욱이 일본인 여성 오노 요코와 결혼해 미국으로 이주한 존 레논은 1980년에 뉴욕에서 마크 채프먼의 총을 맞고 암살당했으며, 조지 해리슨은 2001년에 암으로 사망했다.

1970년까지 총 12장의 정규 음반을 발표한 비틀즈는 전 세계에서 5억 장 이상의 음반 판매고를 올리는 대기록을 낳았으며, 미국에서만도 1억 7천만 장이 팔려나갔다. 그들은 빌보드 차트에서도 20곡이나 1위에 오르는 기염을 토했으며, 지금까지도 비틀즈 음악은 계속 팬들의 사랑을 받고 있어 대중음악의 역사에서 가장 성공한 밴드로 평가된다.

그런데 이처럼 전설적인 비틀즈의 핵심 인물이었던 존 레논(John Lennon, 1940-1980)과 폴 매카트니(Paul McCartney, 1942-)는 두 사람 모두 전시 중에 리버풀에서 태어났다는 점과 소년 시절에 어머니를 잃었다는 공통점을 안고 있다. 특히 존 레논은 부모 사이에 끼어 우여곡절이 많았는데, 집을 비우는 수가 많았던 아버지가 어느 날 6개월 만에 귀가해보니 아내 줄리아가 이미 다른 남자의 아기를 밴 상태임을 알고 더 이상 부부관계가 아님을 선언했다. 그날 이후로 존 레논은 자식이 없는 이모 부부에게 맡겨져 자랐다.

하지만 그가 5세 때 아버지가 느닷없이 찾아와 아들을 데리고 몰래 뉴질랜드로 이민을 떠날 심산이었는데, 그런 사실을 눈치 챈 어머니가 동거남과 함께 뒤를 따라와 아버지와 격렬하게 언쟁을 벌인 끝에 결국 그 선택권을 어린

존 레논(왼쪽)과 폴 매카트니(오른쪽)

아들에게 주어 결정하도록 강요했다. 처음에 그는 아버지를 선택했으나 곧바로 어머니가 손을 잡아끌며 다그치자 존 레논은 울음을 터뜨리며 어쩔 수 없이 어머니를 따라갔다. 그렇게 헤어진 부자는 그 후 20년간 서로 만날 기회가 없었다.

장성할 때까지 이모와 이모부의 보살핌을 받으며 지낸 존 레논은 정기적으로 어머니의 방문을 받았지만, 이모와 어머니 사이에서 또 갈등을 느끼게 되었다. 왜냐하면, 어머니는 기타까지 사주며 음악을 권장했지만, 이모는 음악보다 미술 공부에 전념하도록 강요했기 때문이다. 그러던 차에 그가 14세 때 그동안 아버지 노릇을 대신해 주었던 이모부가 갑자기 세상을 떴으며, 17세가 되었을 때는 아들을 만나고 집으로 돌아가던 어머니가 차에 치어 숨을 거두고 말았는데, 그런 일을 겪은 후부터 그는 더욱 심술궂고 반항적인 문제아가 되어 의도적으로 사람들을 괴롭히고 골탕 먹이는 일을 즐기기 시작했다.

어쨌든 15세 때부터 이미 그룹 쿼리멘을 결성해 연주 활동을 시작한 그는 당시 어머니를 잃은 폴 매카트니와 처음 만나 합류할 것을 권유했으며, 그 후 조지 해리슨까지 가담해 마침내 4인조 밴드 '비틀즈'가 탄생하게 된 것이다. 매카트니의 어머니는 1956년 10월에, 그리고 존 레논의 어머니는 1958년 7월에 사망했으니 그들이 처음 만난 것은 바로 그 중간 시기인 1957년이었다. 두 사람이 특히 의기가 투합한 것도 그런 아픔을 공유할 수 있었기 때문이라고 본다.

그런 점에서 존 레논의 히트곡 〈마더〉는 사실상 그 자신의 어린 시절 체험을 그대로 고백한 것이나 다름없다고 할 수 있다. "어머니, 당신은 나를 낳으셨죠/ 그러나 나는 당신의 사랑을 받지 못했어요/ 나는 어머니를 원했지만/ 어머니는 나를 원하지 않으셨죠/ 그래서 이제는 당신께 말하려고요/ 굿바이, 굿바이/ 아버지, 당신은 날 떠났지만/ 나는 결코 당신을 떠난 적이 없어요/ 나는 당신이 필요해요/ 당신은 날 필요로 하지 않았어요/ 그래서 이제는 당신에게 말하려고요/ 굿바이, 굿바이/ 얘들아, 나처럼 살지는 말아라/ 나는 앞으로 나아갈 수도 없었고/ 나는 가출을 시도 했어/ 그래서 이제는 너에게 말해/ 굿바이, 굿바이/ 엄마 떠나가지 말아요/ 아빠 집으로 돌아와요"

존 레논의 〈마더〉가 처절한 느낌을 준다면 폴 매카트니가 작곡한 불후의 명곡 〈예스터데이〉는 어려서부터 시를 좋아했던 그의 섬세한 감성이 그대로 드러난 걸작이라고 할 수 있다. 트럼펫과 피아노 연주에 능한 음악가인 아버지와 간호사로 일하며 생계를 도왔던 어머니를 둔 그는 음악에 대한 아버지의 격려와 자신이 쓴 시에 대한 어머니의 칭찬에 힘입어 성실하게 학교를 다닌 모범생이었다. 하지만 14세 때 어머니가 갑자기 세상을 뜨면서 크게 상심한 그는 이듬해 존 레논을 만나게 되면서 음악을 통해 자신의 활로를 찾게 되었으나 비틀즈 멤버들과 함께 손을 대게 된 환각제 복용으로 인해 오랜 기간 곤욕을 치르기도 했다. 어쨌든 그는 존 레논이 죽은 지 35년이 지난 지금까지도 정력적인 활동을 보이고 있다.

천재 소녀가수 장덕의 비극

1970년대에 14세라는 어린나이에 처음 가요계에 데뷔한 이래 오빠 장현과 함께 듀엣 '현이와 덕이'를 결성해 뛰어난 재능을 발휘한 가수 장덕(張德, 1961-1990)은 자신이 부른 노래를 직접 작사, 작곡까지 하는 싱어송라이터로 활동해 천재 소녀가수로 소문났다. 28세라는 짧은 생애 중에 그녀가 만든 노래는 중학교 2학년 때 작곡한 〈소녀와 가로등〉을 비롯해 총 130곡에 가깝다.

더욱이 예쁘고 깜찍한 외모로 영화에도 출연해 하이틴 스타로도 명성을 날린 그녀는 성인이 되어 솔로로 독립한 이후에도 다양한 연예활동으로 스타의 자리를 꾸준히 지켜 나갔다. 하지만 그녀는 암과 투병하던 오빠를 병간호하던 중에 수면제 과용으로 숨지고 말았다. 과거에도 불행한 가정환경 때문에 수차례 자살을 기도한 전력이 있어서 한때 자살설이 제기되기도 했다. 오빠 장현은 동생이 죽은 지 6개월 뒤에 사망했는데, 자신을 대신해서 동생이 죽었다며 죄책감에 시달렸다고 한다.

서울시향 첼리스트였던 아버지와 화가였던 어머니 밑에서 자라며 어릴 적부터 일찍 음악을 배운 그녀는 초등학교 2학년 때인 8세 무렵에 부모가 이혼하게 되면서 마음의 상처를 입고 시련을 겪기 시작했다. 당시 아버지는 장덕을 고모집에, 오빠는 친구집에 맡기고 홀로 지방공연을 훌쩍 떠나버리면서 가족이 뿔뿔이 흩어지게 되었는데, 이듬해에 어머니를 만나러 가다 교통사고를 당한 장덕은 2개월간 입원해 있는 동안 어머니의 병간을 받으며 그나마 마음의 위로를 받기도 했다.

그 후 10세 무렵에 아버지가 남매를 데리고 도봉산 외진 집에서 1년간 지내면서 학교마저 제대로 다닐 수 없게 되었으며, 그때부터 오빠에게서 처음으로 기타를 배워 외롭고 답답한 마음을 달래기 시작했다. 이듬해에 남매는 아버지를 따라 북한산 기슭의 작은 집으로 이사했는데, 아버지는 항상 술에 취해 밤늦게 귀가한데다 새로 계모까지 맞아들이는 바람에 남달리 감수성이 예민한 장덕은 어린 나이에 처음으로 음독자살을 기도하기도 했다.

장덕

초등학교 6학년이 된 12세 때 장덕은 동요 경연

대회에 나가 1등을 한 후 그때부터 이미 기타로 작곡을 시작했으며, 다양한 악기 연주뿐 아니라 글짓기에도 뛰어난 솜씨를 발휘했다. 이듬해 서울사대 부속 중학교에 입학한 장덕은 자신의 불행한 가정환경으로 우울해 하다가 어느 날 갑자기 아무 말도 없이 가출해 대구에 사는 친구 집에 다녀온 후 수면제 여러 알을 먹고 다시 자살을 기도했다. 이 소식을 듣고 놀란 어머니는 딸의 외로움을 덜어내 주기 위해 오빠 장현과 함께 남매 듀엣을 결성해 활동하도록 힘을 써주었다.

중학교 2학년이 된 14세 때 오빠와 함께 '드래곤 래츠'라는 듀엣으로 미8군 무대에 처음 데뷔한 장덕은 곧바로 방송국 PD들의 눈에 띄어 스카우트된 후 TV 방송까지 출연해 이때부터 작사, 작곡에 능한 천재소녀로 각광을 받기에 이르렀다. 그리고 이듬해에는 듀엣 명칭을 "현이와 덕이"로 바꾸고 손수 작사, 작곡한 노래로 첫 음반 〈친구야 친구〉를 발표했다. 그녀가 중학교 2학년 때 작곡한 '소녀와 가로등'을 우연히 듣고 감탄한 가수 송창식의 적극적인 권유로 서울가요제에 출전했는데, 당시 진미령이 노래를 부르고 어린 소녀 장덕은 작곡자로 나와 빵떡모자를 눌러쓴 깜찍스러운 모습으로 악단까지 지휘해 사람들을 놀라게 했다.

그 후 안양예고 1학년이던 16세 때에는 임원식 감독의 영화 〈내 마음 나도 몰라〉에서 처음으로 주연을 맡기도 했으며, 이듬해에는 하이틴 영화 〈우리들의 고교시대〉에도 출연해 청순미로 인기를 끌었다. 당시 결혼한 오빠 장현의 집에 얹혀 지내던 무렵 어머니가 미군과 재혼해 미국으로 이민을 가면서 학교를 졸업하면 반드시 딸을 부르겠다고 약속했지만, 장덕은 그런 어머니의 제안을 거절했다. 어머니가 미국으로 떠난 후 그녀는 오빠 집에서 나와 혼자 지내게 되었는데, 외로움을 견디지 못하고 동맥을 끊어 자살을 시도했으며, 그 일로 해서 오빠와 아버지 가족과 함께 한 지붕 밑에서 살게 되었다. 하지만 어머니는 그런 사실조차 모르고 있었다.

19세가 되었을 때 장덕은 잡지를 통해 딸의 자살기도 사실을 알고 충격을 받은 어머니의 간곡한 요청으로 어머니가 살고 있는 테네시 주 내쉬빌로 갔다. 그곳 대학에서 본격적으로 음악을 공부하는 가운데, 현지 한인 가족으로 구성된 밴드 '리 패밀리'에 가담해 활동하기도 했는데, 당시 멤버 중의 한사람인 이승언과 가까워진 끝에 어머니의 반대를 무릅쓰고 결혼까지 하게 되었다. 하지만 고국에서 누리던 인기에 대한 미련과 가족에 대한 그리움 등 향수병에 걸린 그녀는 결국 22세 때 이혼하고 어머니에게 메모 한 장만 달랑 남긴 채 귀국길에 오르고 말았다.

귀국 후 혼자 자취 생활을 시작한 그녀는 영화 〈수렁에서 건진 내 딸〉의 음악감독을 맡는 한편, 솔로 앨범을 내기도 했으나 대중의 반응은 예전 같지 않았다. 팬들의 시들한 반응에 실망한 그녀는 솔로 활동에 어려움을 느낀 나머지 하루 종일 식사도 거른 채 우울한 상태로 자기 방에 틀어박혀 지냈다. 그런 모습을 안타깝게 여긴 오빠 장현이 울산에서 서울로 상경해 남매 듀엣 활동 재개를 제안하기에 이르렀다. 그렇게 눈물겨운 과정을 거쳐 재기에 성공한 그녀는 20대 중반에 이르러 제2의 전성기를 구가하게 되었으며, 해외에서 개최된 국제가요제에 한국 대표로 참가하는 등 분주한 나날을 보냈다.

하지만 오빠 장현이 설암 판정을 받으면서 그녀는 자기 때문에 스트레스를 받아 생긴 병이라며 심한 죄책감에 빠졌다. 장현은 수술을 하게 되면 더 이상 가수 활동을 할 수 없다는 이유로 수술을 거부하고 다른 대체요법을 고집하는 바람에 스스로 생명을 단축하고 말았다. 정규 6집 〈예정된 시간을 위하여〉를 발표한 후 음악 활동을 중단한 채 오빠의 병간호에 전념하던 그녀는 극심한 우울증과 불면증에 시달리다 결국에는 약물 과용으로 숨지고 말았다. 뜻하지 않은 동생의 죽음에 죄책감을 느끈 오빠 장현도 6개월 후 어머니가 지켜보는 가운데 숨을 거두었다. 같은 해에 나란히 죽음을 맞이한 남매의 비극적인 최후로 인해 일반 대중이 받은 충격이 크기도 했지만, 그녀의 마지막 유작 〈예정된 시간을 위하여〉의 제목이 마치 남매의 죽음을 암시하는 듯이 보여 그녀를 아끼던 수많은 팬의 마음을 더욱 안타깝게 만들기도 했다.

체조의 검은 요정 시몬 바일즈

2016년 리우데자네이루 하계 올림픽에서 기계체조 부문을 석권하며 네 개의 금메달을 따낸 미국의 흑인 체조선수 시몬 바일즈(Simone Biles, 1997-)는 신장 145cm의 단신으로 여섯 살이라는 어린 나이에 체조를 시작했으며, 8세 때부터 정식으로 코치 에이미 부어맨의 지도를 받았다. 홀어머니 밑에서 자라며 가난의 역경을 이겨낸 부어맨 코치는 부모 없이 자란 어린 시몬 바일즈에게 특별한 애정을 지니고 체조를 가르쳤는데, 2013년부터 2015년에 이르는 3년 동안 세계선수권대회에서 10개의 금메달을 휩쓸며 3연패를 달성하는 동시에 역대 최다 금메달 수상자라는 기록까지 남겨 일약 세계적인 스포츠 스타가 되었다.

하지만 그런 영광이 있기까지 시몬 바일즈의 성장 배경은 너무도 불우하기 짝이 없었다. 미국 오하이오 콜럼버스에서 사생아로 태어난 그녀는 약물과 알코올중독자인 어머니로부터 일찌감치 버림을 받고 여동생 애드리아와 함께 텍사스에 사는 외조부모에게 맡겨졌는데, 6세 때 정식으로 그들에게 입양되었다. 특히 외조모 넬리는 외조부 론 바일즈와 재혼한 여성으로 시몬 바일즈와는 직접적인 혈연관계가 없음에도 불구하고 지극정성으로 돌봐주며 생모가 주지 못한 애정을 듬뿍 쏟아줌으로써

시몬 바일즈

어린 시몬 바일즈에게 강한 정신력과 자신감을 불어넣어 주었다.

원래 외조부는 네 명의 손자 중에서 가장 막내인 애드리아만 입양하려 했으나 넬리는 시몬까지 맡아 키우겠다고 자청했으며, 시몬의 언니와 오빠는 넬리의 아들이 입양시켰다. 어릴 때부터 외조부모를 엄마, 아빠라고 부르며 자란 시몬 바일즈는 나이보다 훨씬 조숙해서 강한 의지력을 보였다. 어린 나이에도 불구하고 스스로 훈련에 참가해 구슬땀을 흘리는 등 체조에 남다른 집념을 보인 그녀는 마침내 전미 선수권대회 4연패라는 위업까지 달성했으며, 그 여세를 몰아 올림픽 체조 금메달 4관왕에 오르는 영광을 안게 되었다. 그야말로 감동적인 인간승리의 주인공이 아닐 수 없다. 두 살 아래인 동생 애드리아 역시 체조선수로 활동하며 언니의 뒤를 이어가고 있다.

에필로그

　지금까지 우리는 다양한 분야에서 나름대로 큰 업적을 남긴 역사적 인물들의 매우 특이한 삶의 여정을 비교적 간단한 소개 형식으로나마 따라가 보았다. 물론 이들의 공통점은 본의든 아니든 어머니들이 남겨준 마음의 상처 때문에 일생동안 숱한 시련과 고통을 겪었을 뿐만 아니라 그런 경험으로 인해서 인생의 진로를 선택하는 데까지 영향을 받게 되었다는 사실에 있다.

　정신분석에서, 특히 대상관계이론(object relation theory)에서는 출생 직후 모자 관계의 경험이 일생을 좌우한다고 보고 이미 그 시기에 무의식적 환상과 욕구의 좌절을 겪은 어린 아기들은 매우 원초적인 방어기제(defense mechanism)의 동원은 물론 분리불안과 의존성 우울증 등의 정서적 불안정 상태에 놓인다고 주장했다. 그런 점에서 건강한 모성애가 뒷받침된 양육의 중요성이 더욱 강조되기에 이른 것이다.

　하지만 세상에 완벽한 심성을 갖춘 사람이 없듯이 이 세상의 모든 어머니가 훌륭한 것은 아니며 더군다나 본의 아니게 일찍 죽거나 헤어지는 경우 또는 정신적으로 문제가 있어서 제대로 된 양육에 실패했을 경우

등 다양한 이유로 아기의 심리적 성장에 막대한 지장을 초래하기도 한다. 그럼에도 이런 마음의 상처를 딛고 일어서 인류 문화사에 뚜렷한 족적을 남긴 인물도 적지 않다고 볼 수 있는데, 이 책에서 소개한 사람들의 대부분이 바로 그런 경우라고 할 수 있다.

정신분석에서는 그런 경우를 승화(sublimation)라고 부르고 있지만, 비유컨대 그것은 오염된 흙탕물을 정수해서 수돗물로 바꾸는 과정에 견줄 수 있을 것이다. 그리고 승화의 기제가 없이는 인류 문명의 존립 자체도 위협받기 쉬울 것이다. 왜냐하면, 인류 문명의 가치를 빛내주는 모든 종교적 승화, 예술적 승화, 학문적 승화, 이념적 승화의 토대 자체가 흔들리는 것이기 때문이다. 사실상 따지고 보면 올림픽 경기나 월드컵 축구도 일종의 승화된 형태의 국제적 대리전쟁으로 볼 수 있다는 점에서 세계평화 유지에 큰 일익을 담당하고 있는 셈이 아니겠는가.

어쨌든 세상에 넘쳐나는 것이 위인전이요 자서전이지만, 그럼에도 불구하고 그야말로 통렬한 자기반성에 입각한 참회록은 정말 찾아보기 힘들다. 그런 점에서 아우구스티누스, 루소, 톨스토이의 참회록이 더욱 빛을 발하는 것일지도 모르지만, 사실 이들 세 사람 모두가 알고 보면 어린 시절 고아가 되어 어머니의 사랑을 제대로 받지 못했거나 아니면 어머니와 심각한 갈등관계에 있었음을 알 수 있다. 그런데 한 가지 궁금해지는 것은 오천년의 유구한 역사를 지녔다는 우리나라에는 어째서 그토록 치열한 자기반성에 입각한 참회록이 없을까 하는 점이다. 하지만 어디 우리뿐인가. 중국이나 일본 역시 마찬가지다.

물론 서양인들은 원죄를 강조하는 기독교 문화의 영향으로 오래전부터 이미 죄의 고백과 회개에 익숙했기 때문이기도 하겠지만, 남달리 엄격한 윤리의식과 예를 강조한 동양의 유교문화권에서 뼈저린 참회의 정신이 엿보이지 않는다는 점은 실로 의외의 현상이 아닐 수 없다.

실제로 미국의 정신분석가 프레드 앨포드는 현장 답습을 통한 보고서에서 한국인에게는 죄의식이 희박하다고 주장했는데, 사실 그런 주장은 한국뿐 아니라 일본이나 중국에도 해당되는 말이기도 하다. 그런데 정작 우리의 가장 큰 문제는 죄의식의 유무에 있다기보다 기록문화의 전통이 희박하다는 점과 무조건 자식을 감싸고 도는 어머니의 과잉보호적인 양육태도에 있다고 보는 것이 더욱 타당하지 않을까 한다.

그런 점에서 스스로를 돌이켜보고 자기반성을 하거나 뉘우침이 없는 개인 또는 집단은 더 이상의 성숙이나 발전을 기대하기 어렵다고 할 수 있다. 그리고 그런 내성능력은 적절한 모성의 보살핌과 훈육을 통해 형성되기 마련이다. 따라서 지나친 과잉보호나 무관심 모두가 성숙으로 나아가는 길에 장애물로 작용하기 쉽다. 물론 이 책에서 소개한 인물들의 대부분은 그런 장벽을 용케 뚫고 나와 나름대로 개인적 승화에 성공한 경우에 해당된다고 하겠지만, 사실 그렇지 못한 사람들이 훨씬 더 많을 것이다.

그럼에도 우리가 그들의 삶에 주목하는 이유는 그토록 불리한 조건을 무릅쓰고 홀로서기에 이르기까지 그들은 엄청난 정신적 대가를 치렀다는 사실에 있다. 그리고 그런 시련의 과정이 오히려 그들에게 가혹한 운명과 맞서 싸워나갈 수 있는 강력한 힘을 심어주는 계기가 되었다는 점에서 우리 모두는 겸허한 마음으로 그들이 보여준 굴곡진 삶의 과정 자체를 타산지석으로 삼아 우리 자신을 새롭게 가다듬어야 하지 않을까. 우리 속담에 '잘 되면 내 탓, 못되면 조상 탓'이라는 말도 있지만, 그렇게 항상 누구 탓을 하기 이전에 자기 자신의 고유한 삶을 이룩해 나가기 위해서는 남다른 용기와 배짱이 필요할 것으로 본다.

정신분석 용어 해설(가나다순)

강박신경증(obssesive-compulsive neurosis): 주로 강박적인 성격에서 보이는 특성으로 이런 사람들은 매우 사변적이며, 강박적인 사고(obsession)와 강박적 행동(compulsion)에 매달리고, 완벽주의, 원칙주의, 의구심, 청결벽, 인색함, 주도면밀성, 우유부단성, 감정적 냉담성, 도덕주의, 금욕주의, 일중독 등에 얽매여 매우 고지식하고 융통성 없이 살아가기 쉽다.

거세공포(castration fear): 프로이트에 의해 확립된 개념으로 아동기 시절에 남자아이는 어머니에 대한 근친상간적 욕망과 환상을 품기 마련이지만, 그런 욕망을 지녔다는 이유로 자신의 강력한 라이벌인 아버지의 보복을 두려워하기 쉽다. 물론 그런 보복은 거세당하지나 않을까 하는 공포심을 불러일으키고 결국에는 그런 두려움을 극복하기 위한 방편으로 아버지의 남자다운 특성을 동일시하게 된다는 것이다. 반면에 여아의 경우는 자신에게 남근이 없다는 사실로 인해 남근선망(penis envy)의 태도를 지니게 되고 남성들과 경쟁하는 모습으로 발전하기도 한다.

격리(isolation): 사고와 감정을 따로 분리시키는 과정으로 의식에서 용납될 수 없는 고통스럽고 부도덕한 감정에서 회피하기 위한 수단으로 오로지 생각에만 의지해 살아가는 강박적인 사람들이 특히 자주 동원하는 방어기제의 하나다.

광장공포증(agoraphobia): 사람들이 많은 공공장소에 대한 극심한 두려움을 말한다. 이런 증상이 있는 사람들은 혼자 외출하기를 꺼리게 되고 동반자가 곁에 있을 경우에만 간신히 외출하기도 한다. 대중교통을 이용하는데 어려움을 느끼며, 극심한 불안 때문에 혼자 길을 가다 쓰러질까 두려워하는 수가 많다.

구순성격(oral character): 프로이트의 정신-성 발달이론에서 주장한 성격 특성으로 출생 직후 젖을 빠는 단계에서 적절한 만족을 얻지 못하고 좌절을 겪게 될 경우 그 여파가 성인이 된 후에도 성격 형성에 영향을 주게 된다는 것이다. 매우 소심하고 의존적인 성향뿐 아니라 유아적 단계로의 퇴행이 자주 일어나 특히 입을 통한 욕구 충족에 몰입하는 경향을 보인다. 예를 들어, 술과 담배, 약물 등에 중독되거나 욕설, 침 뱉기, 엄지손가락 깨물기, 손톱 씹기 등의 행동이 이에 속한다. 반면에 구순기 이후에 나타나는 항문기에는 주로 배변훈련에 집중하는 단계로 이 시기에 문제가 생길 경우 완벽주의를 추구하는 강박적인 성격이 농후해진다.

구원환상(rescue fantasy): 아동기 시절에 남자아이는 어머니를 가운데 두고 아버지와 치열한 경쟁을 벌이기 쉬운데, 특히 폭군적인 아버지에게 시달리는 희생적인 어머니를 자신이 구원해야만 한다는 환상에 사로잡혀 아버지를 상대로 내면적인 투쟁을 벌이기도 한다.

근친상간적 욕구(incestuous wish): 이성인 부모에게 지니는 아이의 감정과 태도를 말하는 것으로 반드시 성적인 의미로 사용하는 용어는 아니다. 남아는 어머니에게, 그리고 여아는 아버지에게 더욱 친밀감을 느끼고 접근하는데, 경우에 따라서는 오히려 부모 쪽에서 그런 태도를 조장하기도 한다.

나르시시즘(narcissism): 자기애(自己愛)로 번역된다. 인간은 누구나 다 자기를 사랑하기 마련이지만, 특히 젖먹이 시절에는 전적으로 나르시시즘 상태에 빠져 있다고 본다. 그런 점에서 자기애는 지나친 자기 사랑, 또는 매우 자기중심적인 성향을 지칭하는 것으로 매우 미숙한 형태의 심리상태를 뜻한다고 할 수 있다. 따라서 나르시시즘 경향이 두드러진 사람은 타인에게는 관심이 없으며, 오로지 자신의 이익을 위해 타인을 이용만 할 뿐 건전한 대인관계를 이루지 못하는 약점을 지닌다. 이들의 가장 중요한 결함 가운데 하나는 타인의 입장을 이해하지 못하는 공감 능력의 결여라 할 수 있으며, 그래서 매우 냉담하고 이기적이며 정이 없는 사람으로 보이기 쉽다.

단어연상검사(word association test): 여러 개의 자극단어를 제시함으로써 그에 대한 연상을 통해 갈등의 실체를 탐색하고자 하는 일종의 투사적 검사법이다. 예를 들어, 빨강이라는 단어를 제시했을 때, 빨갱이를 연상하고 과거에 자신의 부모가 인민군에게 학살당한 기억을 되살리는 경우가 이에 해당된다. 칼 융이 처음 고안한 것으로 알려져 있으나 그 이전에 이미 영국의 갈톤과 독일의 크레펠린이 사용한 방법이다.

대상관계이론(object relation theory): 영국의 정신분석가 멜라니 클라인에 의해 발전된 대상관계이론의 핵심은 생의 가장 초기에 형성되는 모자 관계에서 벌어지는 심리적 경험이라 할 수 있는데, 어머니의 젖가슴만을 상대하는 부분 대상(part object)과 어머니를 총체적인 한 인간으로 인식하는 전체 대상(whole object)의 과정을 거치며 심리적 성숙을 이루어 나간다고 본다. 그런 과정을 통해 형성된 대상과의 심리적 경험은 아이의 내면에 계속 간직되어 성인이 되어서도 그런 내적 대상(internal object)과의 관계를 유지해 나간다고 보는 것이다.

대인공포증(anthropophobia): 낯선 사람과 마주치고 어울리는 것을 두려워하는 공포증이다. 공포증은 신경증적 증세로 환자 본인은 자신의 상태가 불합리하다는 점을 잘 알고 있는 반면에 피해망상 때문에 사람들을 두려워하는 정신병 환자는 그런 불합리성을 인식하지 못한다.

대인관계이론(interpersonal theory): 미국의 정신분석가 설리반이 주장한 학설로 인격의 형성은 성적 에너지나 생물학적으로 결정되는 것이 아니라 인간 상호관계의 작용에 의해 점진적으로 이루어진다고 보았다. 따라서 타인의 관심과 인정을 받는 특성들을 자신의 일부로 받아들여 자기만의 독특한 인격 특성을 이룬다는 것이 주된 핵심을 이룬다.

동일시(identification): 건전한 인격발달 과정에서 가장 중요한 정신방어기제에 속하는 것으로 남아는 아버지의 특성을, 그리고 여아는 어머니의 특성을 자신의 내면에 받아들여 제각기 남성다움과 여성다움의 특징을 형성하게 되는데, 이런 과정은 가장 바람직한 형태로 간주되지만, 경우에 따라서는 병적 동일시, 적대적 동일시, 나르시시즘적 동일시처럼 미숙한 형태로 발전하기도 한다. 무능력한 부모 대신 카리스마적인 지도자를 동일시하는 경우는 병적 동일시(pathologic identification)에 속하며, 포악한 술주정뱅이 아버지를 증오하면서도 그런 아버지를 동일시해 그 자신이 아버지처럼 똑같이 술주정뱅이 폭군이 되거나 처자식을 버리고 가출한 아버지처럼 그 자신도 나중에 똑같은 짓을 벌이는 경우는 적대적 동일시(hostile identification)라고 한다.

마돈나-창녀 콤플렉스(Madonna-whore complex): 병적으로 왜곡된 애정관계의 결함을 나타낸 것으로 정상적인 부부관계를 가질 수 없으면서도 창녀와는 성행위가 가능한 비정상적인 상태를 말한다. 간단히 줄여 마돈나 콤플렉스로 불리기도 한다. 자신이 숭배하는 어머니에 대해 성스럽고 이상적인 이미지를 지니고 있기 때문에 어머니의 상징적 대리인인 아내에게 불안과 죄의식을 느껴 성적인 접근을 하지 못하는 대신 죄의식을 느끼지 않아도 되는 부도덕한 창녀와는 정상적인 성관계를 맺을 수 있게 된다.

반동형성(reaction formation): 정신방어기제의 하나로 내면에 감추고 있는 감정과 정반대의 태도를 겉으로 취하는 경우를 말하는데, 예를 들어 내면적으로는 항상 성적인 유혹에 시달리는 사람이 겉으로는 성에 대해 매우 혐오적인 태도를 취하는 경우 반동형성의 기제를 동원한 것으로 본다. 겉으로는 열렬한 동물보호 운동을 벌이는 사람이 자신의 내면에는 동물학대 감정을 숨기고 있는 경우도 마찬가지다.

방어기제(defense mechanism): 의식세계에 떠오르려는 무의식적 충동을 억누르기 위해 동원되는 자아의 기능으로 다양한 방식이 존재한다. 억압, 부정, 투사, 합리화, 퇴행, 승화, 동일시, 반동형성, 전환 등 수많은 방어기제가 우리가 알지 못하는 사이에 동원되며 그런 방편을 통해 우리 자신의 심리적 균형을 유지하고자 애쓴다.

분리-개별화(separation-individuation): 아기가 엄마 곁을 떠나 심리적으로 불안을 겪지 않고 보다 자율적인 홀로서기가 가능해질 때까지 과정을 가리킨 용어로 미국의 정신분석가 마가렛 말러가 처음으로 그 단계를 밝혔다. 아기가 불안해하지 않고 안정적인 모습으로 엄마와 떨어질 경우 대상항상성(object constancy) 확립에 성공한 것으로 평가된다.

분리불안(separation anxiety): 이별불안이라고도 부른다. 아기가 엄마에게서 떨어질 때 느끼는 강한 불안 심리를 의미한다. 특히 강한 애착관계에 있거나 의존성이 심한 경우 일종의 공포반응에 가까운 극심한 분리불안을 겪기 쉽다. 이유기에 가짜 젖꼭지를 물려 주는 것도 아기의 분리불안을 가라앉히기 위한 방편에 속한다.

속죄양(scapegoating): 집단 전체의 문제나 결함을 어느 한 사람의 탓으로 돌리는 병적인 방어기제를 뜻한다. 이런 현상은 가정이나 학교, 직장 등에서도 흔히 나타나는데, 희생양이라고도 한다. 최근 사회문제가 되고 있는 왕따현상도 일종의 속죄양 만들기의 결과로 볼 수 있다. 이것과 반대되는 기제는 일반화(generalization)라고 할 수 있는데, 이는 한 개인의 문제를 집단 전체의 문제 탓으로 돌리는 경우를 말한다.

승화(sublimation): 가장 건전한 방어기제의 하나로 꼽히는 승화는 의식에서 용납될 수 없는 부도덕한 욕망이나 환상을 사회적으로 용인될 수 있는 형태로 변형시켜 발산하는 것을 말한다. 예를 들어, 누군가를 죽이고 싶도록 미운 감정을 권투나 격투기로 해소하거나 용솟음치는 성적 욕망을 예술적 창작 활동을 통해 분출시키는 행위 등이 승화의 기제에 속한다. 집단적으로는 국가 간의 전쟁보다 국가 대항 축구시합을 통해 부분적으로 적개심을 해소하는 것도 승화의 한 형태로 볼 수 있다.

양가감정(ambivalence): 동일한 대상에 대해 서로 공존하기 힘든 상반된 감정이 동시에 존재하는 상태를 말한다. 예를 들어, 사랑과 미움의 감정이 동시에 공존하는 경우가 이에 속한다. 이런 감정의 기원은 어린 시절 경험에서 비롯되기 쉬운데, 예를 들어 애정과 체벌을 동시에 보여준 부모에 대한 상반된 감정경험 등이 단적인 예라 할 수 있다. 그런 태도는 정신분석 과정에서도 나타나기 마련인데, 자신을 돕기 위해 애쓰는 치료자에 대해서도 친밀감과 적대감을 동시에 느낄 수가 있다.

애도과정(mourning process): 애도과정은 사랑하는 대상이 죽었을 때 느끼는 상실감을 극복하는 정상적인 과정을 의미하며, 비록 외관상으로는 비탄과 낙심상태에 빠지고 현실생활에 무관심해짐으로써 우울증처럼 보이기도 하나 병적으로 장기간 지속되는 것은 아니다. 애도과정에서는 죽은 사람에 대한 집착이나 회상, 심지어는 죽은 사람과 자신을 동일시하기도 한다.

애정결핍(affection hunger): 어려서부터 적절한 부모의 사랑과 관심, 인정을 받지 못한 상태를 뜻하지만, 주로 모정의 결핍을 의미하는 수가 많다. 우울하고 불행에 처한 엄마일수록 자신의 아기에게 무관심하거나 냉담한 반응을 보이기 쉬운데, 그런 엄마에게서 키워진 아기는 성장해 가면서 소심하고 우울하며 불안정한 심리에 빠져 외톨이가 되거나 적절한 친구관계를 맺는데 어려움을 보이기 쉽다.

오이디푸스 콤플렉스(Oedipus complex): 이성의 부모에게 이끌리고 동성의 부모에게 경쟁심을 갖게 되는 아동기 시절의 갈등상황을 가리키는 용어로 프로이트는 이러한 갈등적 삼각관계에 빠진 시기를 오이디푸스 단계로 부르고 인류 보편적인 현상이라고 했으나 말리노프스키 등 인류학자들은 그런 주장에 반기를 들기도 했다.

요구-공포 딜레마(need-fear dilemma): 충족되지 못한 욕망이나 충동으로 인해 일어나는 내적 긴장상태를 요구라고 부르는데, 그런 욕망의 충족을 간절히 원하면서도 정작 그런 요구를 들어주고자 접근할 경우 오히려 극심한 두려움을 갖게 되는 이율배반적인 상황을 말한다. 일반적으로 매우 유아적인 태도의 흔적으로 간주된다.

원형(archetypes): 칼 융이 사용한 용어로 시대와 문화적 차이를 넘어서 보편적으로 존재하는 인간 심성의 핵심적인 부분을 원형이라고 불렀는데, 오랜 역사를 통해 조상 대대로 물려받은 심리적 특성들이 집단무의식 형태로 전해진다고 주장했다.

의존성 우울증(anaclitic depression): 어머니로부터 아기가 장기간 떨어졌을 때 나타내는 반응으로 이런 경우 아기는 울다 지친 나머지 점차 사람들의 접근에도 아무런 반응을 드러내지 않고 무표정한 상태로 혼자 지내려하거나 먹을 것을 찾지도 않아 체중도 빠지고 시름시름 앓게 된다. 물론 단기간에 어머니와 재결합이 이루어지게 되면 그런 우울상태에서 회복이 가능하지만, 6개월 이상 장기화 되면 지능 발달이나 심신 발달에 지장을 초래하기 쉽다.

이차적 이득(secondary gain): 심리적 원인에 의해 나타난 증상을 자신의 개인적 이득을 위해 사용하는 경우를 말하며, 그런 의도가 받아들여지지 않을 때는 증상이 더욱 악화되거나 호전되지 않고 장기화되는 수가 많다. 예를 들어 부부싸움 끝에 혀가 마비된 여성 환자가 남편이 사과하지 않을 경우 증상의 호전을 보이지 않다가 자신의 요구가 받아들여지면 곧바로 증상이 풀리는 경우, 이차적 이득이 충족되었기 때문이다.

이행기(transitional stage): 영국의 정신분석가 도날드 위니콧이 사용한 용어로 아기가 어머니의 품에서 벗어나 홀로서기의 단계로 접어드는 시기를 말한다. 평소에 어머니로부터 충분한 애정을 받은 아기는 별다른 어려움 없이 이 시기를 극복해 나가지만, 그렇지 못한 아기는 극심한 분리불안 반응을 보이기 쉽다. 울고 보채는 아기에게 가짜 젖꼭지를 물려주는 것도 그런 불안반응을 경감시켜주기 위한 일종의 방편으로 이처럼 아기의 불안을 대신 가라앉혀주는 것을 이행기 대상(transitional object)이라고 하며, 그런 시기에 아기가 갖게 되는 환상을 이행기 환상(transitional fantasy)이라고 한다. 그리고 어머니와 아기 사이에 형성되는 특이한 심리적 공간을 이행기 공간(transitional space)이라고 부른다.

일반화(generalization): 개인적으로 매우 국소적이고도 지엽적인 문제를 세상 또는 집단 전체의 문제로 돌림으로써 자신의 문제에 직면하기를 회피하는 태도를 말한다. 예를 들어, 부부관계에 대해 질문했을 때, 세상 부부가 다 그렇게 사는 게 아니냐고 답하면서 질문의 의도를 희석시켜버리는 경우가 이에 속한다. 세상 남자들은 모두 도둑놈이요 늑대라고 하거나, 여자들은 모두 여우라고 하는 경우도 일반화에 속하는 방어기제라 할 수 있다.

자궁회귀설(wish to return to the womb): 헝가리의 정신분석가 페렌치가 주장한 이론으로 인간은 근원적인 모태로 돌아가고자 하는 무의식적 소망을 지니고 있다는 주장이다. 그러나 그의 자궁회귀 욕구에 대한 이론은 오토 랑크의 출생외상이론(birth trauma theory)과 더불어 너무도 비과학적이라는 이유로 학계에서 도외시당하고 말았다.

전이(transference): 정신분석과정에서 나타나는 매우 특이한 현상으로 환자의 과거에 의미 있는 관계를 맺었던 인물에 대한 감정적 태도가 분석가에게 향해져 나타나는 경우를 전이라고 하는데, 예를 들어 두려운 아버지 밑에서 자란 환자가 분석가에게서도 동일한 두려움을 갖게 되는 경우를 말한다. 정신분석에서는 이런 전이적 반응을 해석하는 것이 가장 중요한 핵심 과제로 간주한다. 하지만 보다 넓은 의미로는 분석상황뿐 아니라 일상생활에서도 다른 주변 인물들에게도 전이적 태도를 보일 수 있으며, 더 나아가 어떤 단체나 기관에 대해서도 전이현상을 보일 수 있다.

정신-성 발달(psycho-sexual development): 프로이트의 초기이론 가운데 하나로 인격의 발달과정을 리비도의 발전과정과 결합시켜 설명하고자 했는데, 구순기,

항문기, 남근기, 잠재기, 성기기 등 5단계로 구분지어 설명했다. 다시 말해서 구순기(oral stage)에는 리비도가 엄마 젖꼭지에 집중되는 시기이며, 항문기(anal stage)에는 대변 가리기에, 그리고 남근기(phallic stage)에는 남근의 존재 여부에 주된 관심이 기울어진다는 것으로 각 단계마다 적절한 욕구 충족이 이루어지지 못할 경우 신경증을 유발하기 쉬우며, 인격 형성에도 큰 영향을 준다고 주장한 것이다. 그러나 오늘날에 와서는 이런 이론이 전적으로 받아들여지지는 않고 있다.

정체성 혼란(identity confusion): 미국의 정신분석가 에릭 에릭슨이 소개한 개념으로 그는 이것이 청소년기에 마주치고 해결해야 할 가장 중요한 심리적 과제라고 설명했다. 자기 자신의 정체가 과연 무엇인지에 대해 혼란을 일으키며 정신적 방황을 겪는 시기가 청소년기라는 점에서 이런 개념을 소개한 것이다. 하지만 남성다움과 여성다움을 발휘하는 데 매우 중요한 성별 구분의 차원에서 정체성의 혼란을 느끼는 경우도 있다.

퇴행(regression): 예기치 못한 위기나 곤경에 처했을 때 자신을 스스로 방어하기 위해 심리적으로 마치 어린아이처럼 행동하는 경우를 말하는데, 더 이상 앞으로 나아가지 못하고 어린 시절로 되돌아가기 때문에 퇴행이라고 부른다. 가장 전형적인 경우는 정신병 환자에서 볼 수 있으나 정상인에서도 흔히 나타나는 방어기제로 예를 들어, 술에 취해 어린아이처럼 굴거나 연인끼리 사랑을 나눌 때도 퇴행적인 모습을 보이기 쉽다.

투사(projection): 가장 원시적인 방어기제에 속하는 것으로 의식에서 받아들이기 어려운 고통스러운 내용을 사실이 아니라고 부정하고 외부의 탓으로 돌려 마음의 평안을 얻고자 하는 기제다. '물에 빠진 장님이 개천 나무란다.' '똥 묻은 개가 겨 묻은 개 흉본다.' 등의 속담은 투사의 좋은 예라 할 수 있다. '잘 되면 내 탓, 못 되면 조상 탓'하는 것도 투사에 해당된다.

투사적 동일시(projective identification): 영국의 정신분석가 멜라니 클라인이 소개한 용어로 매우 원초적인 정신방어기제의 하나다. 생후 초기 젖먹이 시절에 유아가 이분법적 논리에 의거해서 자신에게 해롭고 불쾌하게 느껴지는 속성을 어머니에게 투사한 후 그런 나쁜 속성을 어머니가 지닌 것으로 오해한 나머지 어머니에 대해 적대적인 환상을 지니게 되는 과정을 말한다. 이처럼 미숙한 방어기제는 성인이 되어서도 다른 대인관계를 통해서 얼마든지 나타날 수 있다.

편집증(paranoia): 기본적으로 사람을 믿지 못하고 의심하며 매우 경직된 사고와 감정의 특성을 보이는 성격을 편집성 인격이라 부르는데, 이들은 자신의 결함을 남의 탓으로 돌리기 쉬우며, 항상 타인들이 자신을 음해하려 들지도 모른다는 피해의식을 갖기 쉽다. 그러나 그런 피해의식이 깊어지면 망상단계로까지 진전되어 피해망상에 사로잡히게 되는데, 그런 경우를 편집증 상태라고 부른다.

피해망상(persecutory delusion): 타인들이 자기를 해치기 위해 음모를 꾸미고 위협을 가한다는 망상이다. 단순히 주위사람들이 자신을 무시하고 미워한다는 피해의식과는 달리 피해망상은 구체적인 방법으로 자신을 해치려든다고 굳게 믿는다. 대부분의 경우 자신의 내면에 간직한 부도덕한 욕망이나 죄책감, 열등감, 적개심, 불신감 등 의식에서 용납하기 어려운 내용들을 외부로 투사해 거꾸로 주위에서 자신을 해친다고 여긴다.

회피성 인격(avoidant personality): 낯선 사람들과의 접촉에서 극도의 불안과 수줍음을 지니기 때문에 정상적인 외부활동을 피하고 집안에서만 은둔한 상태로 지내는 성격의 한 유형이다. 그러나 가족이나 친숙한 사람들과의 관계는 매우 제한적으로 유지된다. 또한, 본인 자신도 남들처럼 정상적인 사회활동을 원하기도 하지만 감히 실천하지 못하는 경우가 많다.

히스테리(hysteria): 감정적으로 몹시 풍부하고 쾌활한 모습을 보여 겉으로 보기에는 상당히 매력적이긴 하나 사고능력의 빈곤을 보이는 여성들의 성격을 말하는 것으로 타인의 시선을 끌기 위해 매우 극적이며 과장된 행동이나 제스처를 보이기 때문에 정신의학에서는 연극성 인격으로 부르기도 한다. 정서적으로 매우 불안정하며 변덕이 심하기 때문에 지속적인 애정 관계의 유지에 어려움을 보이기도 한다.

참고문헌

고 은(1973). 이상평전. 서울: 민음사.

권혁건(1997). 일본 근대 작가의 이해. 대구: 학사원.

김상운(2005). 세계를 뒤흔든 광기의 권력자들. 서울: 자음과모음.

김재영(1998). 조선의 인물 뒤집어 읽기. 서울: 삼인.

김채수(1994). 가와바타 야스나리 연구. 서울: 고려대학교 출판부.

박진환(1996). 소설속에서 만난 李箱과 프로이트. 서울: 자유지성사.

이병욱(2012). 정신분석을 통해 본 욕망과 환상의 세계. 서울: 학지사.

이병욱(2013). 정신분석으로 본 한국인과 한국문화. 서울: 소울메이트.

이병욱(2014). 프로이트와 함께하는 세계문학일주. 서울: 학지사.

이병욱(2015). 카우치에 누운 시인들의 삶과 노래. 서울: 학지사.

이병욱(2015). 위대한 환자들의 정신병리. 서울: 학지사.

이병욱(2017). 영원한 맞수와 적수들의 세계. 서울: 학지사.

이병윤(1997). 정신의학사전. 서울: 일조각.

이재우(1996). D.H. 로렌스-성을 통한 현대문명의 고발. 서울: 건국대학교출판부.

전인권(2000). 아름다운 사람 이중섭. 서울: 문학과 지성사.

정유석(2009). 예술가들의 이상심리. 서울: 랜덤하우스코리아.

정종진(1991). 한국 작가의 생태학. 서울: 우리문학사.

조두영(1999). 프로이트와 한국문학. 서울: 일조각.

Alford CF(1999). *Think No Evil: Korean Values in the Age of Globalization*. Ithaca, New York: Cornell University Press.

Althusser L(1992). *L'avenir dure longtemps, suivi de Les faits*. Paris: Stock/IMEC. 권은미 역

(1993). 미래는 오래 지속된다. 서울: 돌베개.

Andersen HC(2000). *The Fairy Tale of My Life*. New York: Cooper Square Press.

Arnold, M(1986). *Edvard Munch*. Hamburg: Rowohlt Taschenbuch Verlag GmbH. 김재웅 역 (1997). 뭉크. 서울: 한길사.

Barber S(2004). *Jean Genet*. London: Reaktion.

Bergler E(1992). *The Writer and Psychoanalysis*. Madison: International University Press.

Birkin A(2003). *J. M. Barrie and the Lost Boys: The Real Story Behind Peter Pan*. New Haven: Yale University Press.

Bobrick B(1990). *Ivan the Terrible*. Edinburgh: Canongate Books.

Bowlby J(1961). Processes of mourning. *International Journal of Psycho-Analysis, 42*: 317-340.

Bowlby J(1991). *Charles Darwin: A New Life*. New York: Norton.

Bown S(2012). *The Last Viking-The Life of Roald Amundsen: conqueror of the South Pole*. London: Aurum Press Ltd.

Brando M, Lindsey R(1994). *Brando: Songs My Mother Taught Me*. New York: Random House.

Brandon R(1992). *Being Divine: A Biography of Sarah Bernhardt*. London: Mandarin.

Brown M(2005). *Lawrence of Arabia: the Life, the Legend*. London: Thames & Hudson.

Brown P(1968). *Augustine of Hippo: A Biography*. Berkeley & Los Angeles: University of California Press.

Bugliosi V, Gentry C(1974). *Helter Skelter: The True Story of the Manson Murders*. New York: WW Norton.

Burke C(2011). *No Regrets: The Life of Edith Piaf*. New York: Alfred A. Knopf.

Burlingame M(2008). *Abraham Lincoln: A Life*. Baltimore: Johns Hopkins University Press.

Carpenter H(1977). *Tolkien: A Biography*. New York: Ballantine Books.

Cartwright D(2010). *Schopenhauer: A Biography*. Cambridge: Cambridge University Press.

Cassirer E(1981). *Kant's Life and Thought*. New Haven, CT: Yale University Press.

Clarke D(2006). *Descartes: A Biography*. Cambridge: Cambridge University Press.

Colarusso CA(2000). Separation. Individuation Phenomena in Adulthood: General Concepts and the Fifth Individuation. *Journal of the American Psychoanlytic Association, 48*: 1467-1489.

Davidson HM(1983). *Blaise Pascal*. Boston: Twayne Publishers.

DeSalvo L(1989). *Virginia Woolf: The Impact of Childhood Sexual Abuse on Her Life and Work*. Boston: Beacon Press.

Doubek K(1999). *Das Intime Lexikon*. Frankfurt: Eichborn Verlag AG. 남문희 역(2001). 은밀한 사전. 서울: 청년사.

Eissler KR(1961). *Leonardo da Vinci: Psychoanalytic Note on the Enigma*. New York:

International University Press.

Endleman R(1993). *Jonestown and the Manson Family: Race, Sexuality, and Collective Madness*. New York: Psyche Press.

Erikson EH(1956). The problem of ego identity. *Journal of American Psychoanalytic Association 4*, 56-121.

Ferenczi S(1968). *Thalassa: A Theory of Genitality*. New York: WW Norton & Co.

Freud S(1908). *Creative Writers and Day-Dreaming*. Standard Editions, 9, London: Hogarth Press. pp.141-154.

Freud S(1910). *Leonardo Da Vinci and a memory of his Childhood*. Standard Editions, 11, London: Hogarth Press. pp. 59-137.

Freud S(1914). *The Moses of Michelangelo*. Standard Editions, 13, London: Hogarth Press. pp. 211-238.

Freud S(1922). *Some Neurotic Mechanisms in Jeolousy, Paranoia and Homosexuality*. Standard Editions, 18, London: Hogarth Press. pp. 223-232.

Freud S(1927). *Dostoevsky and Parricide*. Standard Editions, 21, London: Hogarth Press. pp. 173-194.

Freedland M(1998). *All the Way: A Biography of Frank Sinatra*. New York: St. Martin's Press.

Fromm E(1956). *The Art of Loving*. New York: Harper & Row.

Griffin MT(1985). *Nero: The End of a Dynasty*. New Haven, CT: Yale University Press.

Grosskurth P(1997). *Byron: The Flawed Angel*. London: Hodder & Stoughton.

Hannay A(2003). *Kierkegaard: A Biography*. Cambridge: Cambridge University Press.

Hastings S(2009). *The Secret Lives of Somerset Maugham-A biography*. London: John Murray.

Hibbert C(1994). *Nelson: A Personal History*. Boston: Addison-Wesley.

Isaacson W(2011). *Steve Jobs*. New York: Simon & Schuster.

Jaffrelot C(2004). *Ambedkar and Untouchability*. Analysing and Fighting Caste. New York: Columbia University Press.

Jamison KR(1996). *Touched With Fire: Manic Depressive Illness and the Artistic Temperament*. New York: Free Press.

Jones RE(1974). *Gerard de Nerval*. New York: Twayne Publishers.

Kernberg O(1995). *Love Relations: Normality and Pathology*. New Haven & London: Yale University Press.

Kerr J(1993). *A Most Dangerous Method: The Story of Jung, Freud, and Spielrein*. New York: Knopf.

Kiernan T(1980). *Roman Polanski, A Biography*. New York: Delilah/Grove Press.

Klein J(1980). *Woody Guthrie: A Life*. New York: Random House.

Lash JP(1971). *Eleanor and Franklin: The Story of their Relationship, Based on Eleanor*

Roosevelt's Private Papers. New York: W. W. Norton.

Mahler A(1958). My Life, My Loves: Memoirs of Alma Mahler. New York: St. Martin's Press.

Mahler M, Pine F, Bergman A(1975). The Psychological Birth of the Human Infant. New York: Basic Books.

Mathews NM(2001). Paul Gauguin, an Erotic Life. New Haven: Yale University Press.

Meissner WW(1992). Ignatius of Loyola: The Psychology of A Saint. New Haven: Yale University Press.

Monk R(1997). Bertrand Russell: Mathematics: Dreams and Nightmares. London: Phoenix.

Morton A(1992). Diana: Her True Story. London: Michael O'Mara Books.

Ostrovsky E(1978). Eye of Dawn: The Rise and Fall of Mata Hari. New York: Macmillan.

Parker J(1994). Polanski. London: Victor Gollancz Ltd.

Pollock G H(1970). Anniversary reactions, trauma and mourning. Psychoanalytic Quarterly, 39, 347-371.

Porter C(1980). Alexandra Kollontai: A Biography. New York: Doubleday.

Puyi A(2002). The First Half of My Life; From Emperor to Citizen: The Autobiography of Aisin-Gioro Puyi. Beijing: Foreign Languages Press.

Quinn S(1996). Marie Curie: A Life. New York: Da Capo Press.

Raddeker HB(1997). Treacherous Women of Imperial Japan: Patriarchal Fictions, Patricidal Fantasies. London: Routledge.

Robb G(1994). Balzac: A Biography. New York: WW Norton & Company.

Sabler L(2004). Dali. London: Haus Publishing.

Saint Augustine(1961). Confessions. London & New York: Penguin Books. 김평옥 역(2008). 성 아우구스티누스 고백록. 파주: 범우사.

Sharaf MR(1994). Fury on Earth: A Biography of Wilhelm Reich. New York: Da Capo Press.

Smith SB(2000). Diana in Search of Herself: Portrait of a Troubled Princess. New York: Signet.

Spoto D(2001). Marilyn Monroe: The Biography. Lanham, Maryland: Cooper Square Press.

Stassinopoulos A(1981). Maria Callas: The Woman behind the Legend. New York: Simon and Schuster.

Steinberg S, Weiss J(1954). The art of Edvard Munch and its function in his mental life. Psychoanalytic Quarterly 23, 409-423.

Stern K(2009). Queers in History: The Comprehensive Encyclopedia of Historical Gays, Lesbians and Bisexual. Jackson, Tennessee: BenBella Books.

Storm J(1958). The Valadon Drama. New York: E. P. Dutton.

Sukhotina-Tolstaia T(1975). Avec Leon Tolstoi: Souvenirs. Paris: Albin Michel.

Thomas D(1998). The Marquis De Sade: A New Biography. New York: Citadel Press.

Thompson JM(1988). Robespierre. Oxford: Blackwell Publishers.

Thomsen CB(2004). *Fassbinder: Life and Work of a Provocative Genius*. Minneapolis, IL: University of Minnesota Press.

Tolstoy L(1988). *A Confession and Other Religious Writings*. 박형규 역(1998). 톨스토이 참회록. 파주: 범우사.

Unger MJ(2014). *Michelangelo: A Life in Six Masterpieces*. New York: Simon & Schuster.

Vaughan H(2011). *Sleeping with the Enemy: Coco Chanel's Secret War*. New York: Knopf.

Weintraub S(2001). *Whistler: A Biography*. New York: Da Capo Press.

Westfall RS(1981). *Never at Rest: A Biography of Isaac Newton*. Cambridge: Cambridge University Press.

Wheen F(2001). *Karl Marx: A Life*. New York: W.W. Norton & Co.

저자소개

이병욱(Lee, Byung-Wook)

서울 출생으로 고려대학교 의과대학을 졸업하고 동 대학에서 박사학위를 받았다. 한림대학교 정신건강의학과 교수로 재직하면서 정신치료와 정신분석에 주된 관심을 기울여 121편의 논문을 발표하였으며, 대한신경정신의학회 학술부장, 한국정신분석학회 간행위원장과 회장을 역임하고, 제1회 한국정신분석학회 학술상을 받았다. 현재는 한빛마음연구소를 개설하여 인간심리 연구 및 저술 활동에 전념하고 있다.

⟨저서⟩
마음의 상처, 영화로 힐링하기(소울메이트, 2012)
정신분석을 통해 본 욕망과 환상의 세계(학지사, 2012)
프로이트, 인생에 답하다(소울메이트, 2012)
정신분석으로 본 한국인과 한국문화(소울메이트, 2013)
세상을 놀라게 한 의사들의 발자취(학지사, 2014)
프로이트와 함께하는 세계문학일주(학지사, 2014)
위대한 환자들의 정신병리(학지사, 2015)
카우치에 누운 시인들의 삶과 노래(학지사, 2015)
영원한 맞수와 적수들의 세계(학지사, 2017)
자살의 역사(학지사, 2017)

어머니는 살아있다

어머니가 남긴 상처의 흔적을 찾아서

Mother is Alive Forever

2018년 1월 25일 1판 1쇄 인쇄
2018년 1월 30일 1판 1쇄 발행

지은이 • 이병욱
펴낸이 • 김진환
펴낸곳 • (주) **학지사**

　　　　04031 서울특별시 마포구 양화로 15길 20 마인드월드빌딩
대표전화 • 02)330-5114　　　팩스 • 02)324-2345
등록번호 • 제313-2006-000265호

홈페이지 • http://www.hakjisa.co.kr
페이스북 • https://www.facebook.com/hakjisa

ISBN 978-89-997-1446-7　03180

정가 17,000원

이 도서의 국립중앙도서관 출판시도서목록(CIP)은 서지정보유통지
원시스템 홈페이지(http://seoji.nl.go.kr)와 국가자료공동목록시스템
(http://www.nl.go.kr/kolisnet)에서 이용하실 수 있습니다.
(CIP 제어번호: CIP2017034868)

교육문화출판미디어그룹 학지사

심리검사연구소 **인싸이트** www.inpsyt.co.kr
원격교육연수원 **카운피아** www.counpia.com
학술논문서비스 **뉴논문** www.newnonmun.com
간호보건의학출판사 **정담미디어** www.jdmpub.com